U0571256

高/职/高/专/规/划/教/材

税收实务

学习训练与解析

Shuishou Shiwu Xuexi Xunlian Yu Jiexi

[第2版]

主　编○陆建军

副主编○施　刚　金锡鸽　陈晓梅
　　　　赵　龙　张建芳

经济管理出版社
ECONOMY & MANAGEMENT PUBLISHING HOUSE

图书在版编目(CIP)数据

税收实务学习训练与解析/陆建军主编 . —2 版 .
—北京:经济管理出版社,2010.6
　ISBN 978－7－5096－1012－1

Ⅰ.①税…　Ⅱ.①陆…　Ⅲ.①税收管理－中国－
解题　Ⅳ.①F812.423－44

中国版本图书馆 CIP 数据核字(2010)第 103483 号

出版发行:**经济管理出版社**

北京市海淀区北蜂窝 8 号中雅大厦 11 层

电话:(010)51915602　　　　邮编:100038

印刷:世界知识印刷厂　　　　经销:新华书店

组稿编辑:胡翠平　　　　　　责任编辑:魏晨红
技术编辑:杨国强　　　　　　责任校对:超　凡

787mm×1092mm/16　　　20 印张　　　462 千字
2010 年 7 月第 2 版　　　2010 年 7 月第 2 次印刷
印数:4001－8000 册　　　　定价:32.00 元
书号:ISBN 978－7－5096－1012－1

前　言

在当今国家职能不断加强，市场经济飞速发展的世界上，很难找到一块无税的净土，你我都生活在税收中，税收就像大家的影子，时刻伴随在身边。随着我国社会主义市场经济的不断深入发展和税收法制的完善，纳税问题成为政府、企业和社会公众越来越关注的焦点之一，正越来越深刻地对人们的社会经济活动和社会经济运行产生着重要的影响。对企业而言，纳税工作的重要性不言而喻。一切税收活动必须符合法定的方式，税法必须对税收活动予以严格约束与规范，尤其在实践中更要求征税主体依法行政和纳税主体依法纳税。从某种意义上说，对税法的严格遵守，往往更多地取决于对其认识和理解的程度。纳税又具有很强的操作性和实践性。由此可见，税收知识在"高职"教育经济与管理类人才培养课程体系中处于重要的地位。

我们于 2009 年 1 月编写的《税收实务学习训练与解析》一书，自出版以来受到读者的欢迎，由于其间我国税收法规发生了很多变化（尤其是新的增值税、消费税、营业税条例及实施细则），因此本次修订以国家最新的税收法律法规、新企业会计准则体系为依据，在内容体系上作了较大调整，增加了耕地占用税、车辆购置税、纳税检查与账务调整及各税种税务会计的权重，仍以现行税种实训为中心，以技能训练为主线，解析为核心，实务习题为重点。结合不同行业中企业的生产经营流程，通过一些大型综合的案例分析使读者对企业纳税筹划的整体操作有较全面的了解。基于这样的考虑：在法制社会中，依法纳税是每个纳税人的法定义务，每个纳税人都应依照法律规定及时、足额地缴纳税款。同时，纳税筹划也是纳税人的一项基本权利。纳税人可以根据税收法规的要求，通过对经营业务的合理安排，合法地降低纳税成本，获取最大经济效益。

修订后的体例、结构不变，仅对其内容随主教材的变化进行修改调整。对原有过时的和有问题的试题及答案作了删减和更正。本书修订的体例和范围与《税收实务》（第二版）大体相同，共二十章。全书仍分为复习与思考题和技能训练题两大部分。

在本书的编写过程中，以学生通过初级会计专业技术资格考试科目——经济法基础为目标，并增加了近几年注册类税法考试的试题。结合近几年的试题进行解析，使学生了解职业资格考试的要求，通晓就业岗位所需的技能知识水平。

全书案例、技能训练、资格考试等方面的内容翔实，将有力地提升"高职"学生的岗位竞争能力，突出了"高职"的特色，为学生后续的职业发展奠定了基础。书中还重点突出了流转税（增值税、消费税、营业税）、所得税（企业所得税、个人所得税）。为巩固所学内容，本书附有各章技能训练题参考答案，以供参考，但若有新的税收法规的具体变动，应以新法规为准。

本教材在编写过程中参阅了大量近年来出版的税法类专著、教材，得到了有关老师的大力支持、帮助，并提出了不少有见地的建议，借此机会致以谢意！同时也感谢编者所任教的各类班级的同学，感谢用书的企业单位，他们在探讨问题的过程中给了我们不少启发并提供了许多鲜活的案例。参与本次教材修订的人员都是专门从事税收教学、研究的一线教师，税务局、税收事务所的工作人员，企业的财务人员。

本教材是为高职院校会计、税务、贸易、市场营销等经济与管理类专业培养技术应用型人才，针对税法课程的教学需要而编写的，可作为企业初级会计人员、管理人员的学习用书，也可作为初级会计职称考试的辅导参考用书。

本教材由陆建军任主编，施刚、金锡鸽、陈晓梅、赵龙、张建芳任副主编。参编人员及分工如下：

陆建军负责第一、二、五、十六、十八、十九、二十章及自测模拟卷。施刚负责第三、四、十七章。陈晓梅负责第六、七、八章。张建芳负责第十、十一章。金锡鸽负责第九、十四章。赵龙负责第十二、十三、十五章。全书由陆建军修改和总纂。

尽管我们做了努力，但学识水平有限，时间较紧，加之税制仍在不断完善，难免有疏漏和不足之处，希望读者赐教，不胜感激。

E-mail：nt123a@yahoo. com. cn。

编者

2010 年 6 月

目　录

上篇　纳税基础

下篇　税收筹划

上 篇
纳税基础

第一章 概 述

复习与思考题

一、名词术语解释

税收法律关系主体　税收法律关系客体　纳税人　征税对象　税率　税目　纳税环节
起征点

二、简答题

1. 税收有哪些形式特征？
2. 税收有哪些基本要素？
3. 简述比例税率、累进税率和定额税率的含义。
4. 起征点与免征额有何异同？
5. 简述税务会计的特点及应遵循的基本制度。
6. 简述税务会计与财务会计的关系。

技能训练题

一、单项选择题

1. 下列特征中不属于税收"三性"特征的是（　　）。
   A. 强制性　　　　　　B. 公平性　　　　　　C. 无偿性　　　　　　D. 固定性
2. 下列税种中，属于中央税的是（　　）。
   A. 增值税　　　　　　B. 营业税　　　　　　C. 消费税　　　　　　D. 印花税
3. 我国确定纳税人采用的原则是（　　）。
   A. 属地原则　　　　　　　　　　　　B. 属人原则
   C. 实质重于形式的原则　　　　　　　D. 属地兼属人原则
4. 在适用同一层次的法律过程中，就其适用性和法律效力而言，（　　）。
   A. 普通法优于特别法　　　　　　　　B. 特别法优于普通法
   C. 普通法等于特别法　　　　　　　　D. 视其规定内容而作具体划分
5. 由税务机关负责征收的税种的征收管理，按照（　　）执行。
   A.《进出口关税条例》　　　　　　　B.《税收征收管理法》

C.《税务代理试行办法》　　　　　　　　D.《全国税政实施细则》

6. 根据税收法律制度的规定，下列各项中，属于超率累进税率的是（　　　）。

  A. 资源税   B. 城镇土地使用税 C. 车辆购置税 D. 土地增值税

7. 下列各项中，属于中央税的是（　　　）。

  A. 契税   B. 消费税   C. 营业税   D. 增值税

8. 下列各项中，属于税收法律关系客体的是（　　　）。

  A. 征税人   B. 课税对象   C. 纳税人   D. 纳税义务

9. 下列各项中，不属于构成税法三个最基本要素的是（　　　）。

  A. 纳税义务人 B. 征税人   C. 征税对象   D. 税率

10. 按照税收的征收权限和收放支配权限分类，可以将我国税种分为中央税、地方税和中央地方共享税。下列各项中，属于中央税的税种是（　　　）

  A. 车船税   B. 土地增值税 C. 车辆购置税 D. 车船使用牌照税

11. 下列税种中，不属于流转税的是（　　　）。

  A. 关税   B. 营业税   C. 增值税   D. 土地增值税

12. 下列税种中，不属于中央税的是（　　　）。

  A. 消费税   B. 车辆购置税 C. 关税   D. 企业所得税

13. 区别不同类型税种的主要标志是（　　　）。

  A. 税率   B. 纳税人   C. 征税对象   D. 纳税期限

14. （　　　）是征税的具体根据，规定了征税对象的具体范围。

  A. 税目   B. 计税依据   C. 税率   D. 纳税环节

15. 在税制要素中，对纳税对象总额中的一部分数额免予征税，只就减除后的剩余部分计征税款，被免予征税的这部分数额是（　　　）。

  A. 计税依据   B. 免征额   C. 税基   D. 起征点

16. 根据规定，有权制定税收法律的是（　　　）。

  A. 全国人民代表大会及其常务委员会 B. 国务院

  C. 财政部   D. 国家税务总局

17. 下列各项中，属于税收特征的是（　　　）。

  A. 稳定性   B. 及时性   C. 合法性   D. 无偿性

18. 下列各项中，属于纳税义务人享有的权利是（　　　）。

  A. 申请延期纳税 B. 办理税务登记 C. 进行纳税申报 D. 依法缴纳税款

19. 税收权利主体是指（　　　）。

  A. 征税方   B. 纳税方   C. 征纳双方   D. 中央政府

20. 在法学上被称为纳税客体的，也就是税法上的（　　　），主要指税收法律关系中征纳双方权利义务所指向的物或行为，是区分不同税种的主要标志。

  A. 税目   B. 税率   C. 征税对象   D. 纳税义务人

21. 引起税收法律关系的前提条件是（　　　）。

  A. 权利主体   B. 税法   C. 权利客体   D. 税收法律事实

22. 下列税种采用比例税率的有（　　　）。

A. 个人所得税　　　　B. 增值税　　　　　C. 车船税　　　　　D. 土地增值税

23. 下列税种中,采用超额累进税率的税种是(　　　)。

A. 增值税　　　　　　B. 资源税　　　　　C. 个人所得税　　　D. 企业所得税

24. 下列税种中,采用定额税率的有(　　　)。

A. 营业税　　　　　　B. 车船税　　　　　C. 企业所得税　　　D. 土地增值税

25. 下列有关税法概念的说法正确的是(　　　)。

A. 税法是国家制定的用来调整纳税人之间权利与义务关系的法律规范的总称

B. 制定税法的目的是为了保障国家利益和纳税人的合法权益

C. 税法的特征是强制性、无偿性和固定性

D. 税法是国家凭借其权力,利用税收工具参与社会产品和国民收入分配的法律规
　　范的总称

26. 税收法律关系的核心和灵魂是(　　　)。

A. 征税主体　　　　　　　　　　　　B. 税收法律关系的对象

C. 纳税主体　　　　　　　　　　　　D. 税收法律关系的内容

27. 根据我国立法体制,(　　　)有权根据宪法和法律制定行政法规和规章。

A. 全国人民代表大会及其常务委员会　　B. 国务院

C. 地方人民代表大会及其常务委员会　　D. 民族自治地区的人大

28. 下列税种中,属于流转税的是(　　　)。

A. 关税　　　　　　　　　　　　　　B. 增值税

C. 土地使用税　　　　　　　　　　　D. 城市维护建设税

29. 财政部颁发的《增值税暂行条例实施细则》属于(　　　)。

A. 税收法律　　　　　　　　　　　　B. 税收部门规章

C. 税收行政法规　　　　　　　　　　D. 税收地方性法规

30. 在下列各项税种中,(　　　)不属于流转税类。

A. 增值税　　　　　　B. 营业税　　　　　C. 消费税　　　　　D. 个人所得税

31. 按照税法的职能作用不同,税法可以分为(　　　)。

A. 税收基本法和税收普通法　　　　　B. 所得税法和流转税法

C. 实体税法和程序税法　　　　　　　D. 中央税法和地方税法

32. 按照税收的征收和收入支配权限分类,可以将我国税种分为中央税、地方税和中央
　　地方共享税。下列各项中,属于中央税的是(　　　)。

A. 契税　　　　　　　B. 消费税　　　　　C. 营业税　　　　　D. 个人所得税

33. 减免税的方式不包括(　　　)。

A. 税基式减免　　　　B. 税率式减免　　　C. 税额式减免　　　D. 自由式减免

34. 我国税法构成要素中,(　　　)是税法中具体规定应当征税的项目,是征税对象的具
　　体化。

A. 税率　　　　　　　B. 税目　　　　　　C. 征税对象　　　　D. 纳税期限

35. 关于税法构成要素,下列说法不正确的是(　　　)。

A. 纳税人就是实际负担税款的单位和个人

B. 征税对象是国家征税的依据

C. 税率是计算税额的尺度

D. 税目是征税对象的具体化，是征税的具体品目

36. 税务会计以（　　）为准绳。

A. 会计制度　　　B. 会计准则　　　C. 国家税收法律制度　D. 财务会计

37. 税务会计主体与纳税主体之间（　　）。

A. 完全一致　　　　　　　　　　　B. 可能一致，也可能不一致

C. 完全不一致　　　　　　　　　　D. 不能确定

38. 税务会计从其性质上讲，它属于（　　）。

A. 预算会计体系　B. 企业会计体系　C. 管理会计体系　　D. 税收会计范畴

39. 税务会计受会计准则、会计制度和税收法律制度等多重因素影响，如果对某项经济业务的处理在会计准则、会计制度、税收法律制度上不相一致时，则税务会计应按照（　　）的规定进行处理。

A. 会计准则　　　B. 会计制度　　　C. 税收法律制度　　D. 国际会计准则

二、多项选择题

1. 下列属于特定目的税类的税种有（　　）。

A. 土地增值税　　B. 城镇土地使用税　C. 城市维护建设税　D. 车辆购置税

2. 张某于 2005 年以每套 80 万元的价格购入两套高档公寓作为投资。2006 年将其中一套公寓以 100 万元的价格转让给谢某，从中获利 20 万元，根据我国税收法律制度的规定，张某出售公寓的行为应缴纳的税种有（　　）。

A. 个人所得税　　B. 营业税　　　　C. 契税　　　　　　D. 土地增值税

3. 税收立法程序通常包括的阶段有（　　）。

A. 提议阶段　　　B. 审议阶段　　　C. 通过和公布阶段　D. 试行阶段

4. 税收作为国家取得财政收入的一种形式，具有（　　）的特征。

A. 强制性　　　　B. 公平性　　　　C. 无偿性　　　　　D. 固定性

5. 下列各项中，属于所得税法律关系客体的有（　　）。

A. 货物销售收入　B. 生产经营所得　C. 劳务收入　　　　D. 其他所得

6. 下列各项中，属于税务机关享有的职权有（　　）。

A. 税法解释权　　B. 行政处罚权　　C. 税收检查权　　　D. 提起行政诉讼权

7. 下列税种中，属于流转税类的有（　　）。

A. 增值税　　　　B. 消费税　　　　C. 营业税　　　　　D. 房产税

8. 下列税种中，属于中央税的有（　　）。

A. 消费税　　　　B. 增值税　　　　C. 车辆购置税　　　D. 资源税

9. 下列各项中，属于税收实体法基本要素的有（　　）。

A. 计税依据　　　B. 纳税义务人　　C. 征税人　　　　　D. 税务代理人

10. 在我国现行税制中，对部分税种实行起征点的减免优惠制度，下列税种中，规定了起征点的有（　　）。

A. 增值税　　　　B. 消费税　　　　C. 营业税　　　　　D. 个人所得税

11. 根据税收法律制度的规定,下列各项中,规定了比例税率和定额税率两种税率的税种有( )。

    A. 印花税   B. 消费税   C. 房产税   D. 营业税

12. 税收实体法由多种要素构成。下列各项中,不属于税收实体法基本要素的有( )。

    A. 纳税担保人   B. 纳税义务人   C. 征税人   D. 税务代理人

13. 下列税种中,属于地方税的有( )。

    A. 增值税   B. 房产税   C. 车船税   D. 土地增值税

14. 下列各项中,构成税法的三个最基本的要素包括( )。

    A. 纳税义务人   B. 税率   C. 征税对象   D. 税目

15. 税收法律关系的构成要素包括( )。

    A. 权利主体   B. 权利客体

    C. 税收法律关系的内容   D. 国家

16. 税收法律关系中的征税主体,包括( )。

    A. 国家税务局   B. 海关   C. 地方税务局   D. 代扣代缴单位

17. 我国现行税法中的纳税期限,主要有( )几种形式。

    A. 按期纳税   B. 按次纳税

    C. 按月纳税   D. 按率计征,分期预缴

18. 纳税义务人的权利主要有( )。

    A. 多缴税款申请退还   B. 延期纳税权

    C. 依法申请减免税权   D. 申请复议和提起诉讼权等

19. 我国现行的税率主要有( )。

    A. 比例税率   B. 超额累进税率   C. 定额税率   D. 超率累进税率

20. 下列各项中,属于纳税主体享有的权利有( )。

    A. 知情权   B. 延期申报请求权

    C. 委托税务代理权   D. 申请行政复议和提起行政诉讼权

21. 全国人大及其常委会的税收立法权主要包括( )。

    A. 中央税税法制定   B. 税种开征停征权

    C. 税目税率调整权   D. 税收法律解释权

22. 下列属于省级人民政府制定的税收规章的有( )。

    A.《城市维护建设税实施细则》   B.《车船税实施细则》

    C.《增值税暂行条例实施细则》   D.《房产税实施细则》

23. 下列各项中,属于中国税收法律关系权利主体的有( )。

    A. 国家税务局   B. 海关   C. 财政机关   D. 人民政府

24. 我国现行税制中采用的累进税率有( )。

    A. 全额累进税率   B. 超额累进税率   C. 超率累进税率   D. 超倍累进税率

25. 下列税种中,属于中央与地方共享税的有( )。

    A. 房产税   B. 资源税   C. 土地增值税   D. 增值税

26. 税务会计的对象是( )。

    A. 商品销售及经营收入　　　　　　B. 生产经营成本与费用、损失

    C. 收益分配　　　　　　　　　　　D. 税款的计算与纳税申报

27. 税务会计的基本前提有( )。

    A. 纳税主体　　　B. 持续经营　　　C. 资金时间价值　　　D. 纳税会计期间

★28. 根据税收法律制度的规定，我国对纳税人和征税对象实行减免税的方式主要有
    ( )。(2009 年)

    A. 税基式减免　　　B. 税率式减免　　　C. 税额式减免　　　D. 协商式减免

三、判断题

1. 税收法律关系的产生、变更与消灭是由税务机关依法征税的行为和纳税人的经济活
   动行为等事实决定的。( )

2. 当税法的某些规范与民法的规范基本相同时，税法可以援引民法条款；当涉及税收
   征纳关系时，一般应以税法的规范为准。( )

3. 没有法律、法规的授权，地方政府无权自定税收规章。( )

4. 省、自治区、直辖市以及省、自治区的人民政府所在地的市和国务院批准的较大的
   市的人民政府，可以根据本地区的经济发展情况制定地方性税收规章。( )

5. 在计算营业税应纳税额时，纳税人的营业额超过起征点的，仅就超过起征点的部分
   征税。( )

6. 课税对象的数额超过免征额的，只就减除免征额后的剩余部分计征税款。( )

7. 国家税务总局有权根据税收法律制定税收行政法规。( )

8. 起征点是指征税对象达到一定数额才开始征税的界限，征税对象的数额达到规定数
   额的，只对其超过起征点部分的数额征税。( )

9. 非企业性单位如果经常发生增值税应税行为，并且符合一般纳税人条件的，可以由
   税务机关认定为增值税一般纳税人。( )

10. 由于纳税人享有延期纳税权，因而纳税人可以自行决定是否延期纳税。( )

11. 税收收入与企业收入是同等性质的财政收入形式。( )

12. 税收法律关系的保护对权利主体双方是对等的。( )

13. 各级地方政府有权根据本地区的具体情况作出减税、免税的有关规定。( )

14. 我国现行税法体系由 23 个税种组成。( )

15. 我国税法的执行，就是要求税务机关、税务人员执法，公民、法人、社会团体及其
    他组织守法。( )

16. 税收法律关系的内容是税法的灵魂。( )

17. 税法的目的是保障国家利益和纳税人的合法权益，维护正常的税收秩序，保证国家
    的财政收入。( )

18. 我国地方权力机构有权制定税收的地方性法规。( )

19. 违反了税法，就是犯了危害税收征管罪。( )

20. 增值税、消费税和营业税都属于流转税。( )

21. 直接税就是由纳税人直接缴纳的税；间接税就是由其他单位和个人代为缴纳的

税。（　　）

22. 在税收工作中，各地方人民政府和税务机关可以根据本地区的实际情况决定减税、免税或征税。（　　）

23. 制定税收法律的机关只能是全国人民代表大会及其常务委员会。（　　）

24. 税法是调整国家与社会成员在征纳税上的权利与义务关系，维护社会秩序和纳税秩序，保障国家利益和纳税人合法权益的法律规范的总称。（　　）

25. 国家征税的目的是保证国家机关正常运转所需经费来源。（　　）

26. 税务机关在征税过程中，是否征税或征收多少税款，可以与纳税人协商议定。（　　）

27. 税务机关及税务人员对纳税人作出征税行为或处罚行为，必须以税法规定为依据，没有税法依据的行为是违法行为。（　　）

28. 税法是国家制定的用以调整国家与纳税人之间在征税方面的权利与义务关系的法律规范的总称。（　　）

29. 国家采取多种措施取消不合理收费，其实质是降低了纳税人的税负。（　　）

30. 税法是税收的法律表现形式，税收则是税法所确定的具体内容。（　　）

31. 税收法律关系是由权利主体、客体和法律关系三方面内容构成的。（　　）

32. 我国税收法律关系中，权利主体一方是代表国家行使征税职责的国家税务机关，另一方是履行纳税义务的人。在确定纳税义务人时，采取的是属地兼属人的原则。（　　）

33. 在税收法律关系中权利主体双方的法律地位是平等的，双方的权利与义务也是对等的。（　　）

34. 税法是引起税收法律关系的前提条件，但税法本身并不能产生具体的税收法律关系。（　　）

35. 税收法律关系的保护对权利主体双方是对等的，不能只保护一方，而对另一方不予保护。（　　）

36. 我国的增值税、营业税、资源税、企业所得税采用的是比例税率。（　　）

37. 制定税收法律、法规、规章的机关只能是全国人民代表大会及其常务委员会。（　　）

38. 流转税在生产和流通环节纳税，所得税在分配环节纳税。（　　）

39. 纳税人的具体纳税期限，由主管税务机关根据纳税人应纳税额的大小分别核定，不能按照固定期限纳税的，可以按次纳税。（　　）

40. 消费税为中央税，增值税为中央、地方共享税。（　　）

41. 依据国家有关法律、法规的规定，税务机关是国家税收征收的唯一行政执法主体。（　　）

★42. 税收的固定性既包括时间上的连续性，又包括征收比例的固定性。（　　）（2009年）

四、计算题

小李经营复印业务月收入900元，服务业营业税税率5%，在规定起征点、免征额分别为600元的情况下，试计算其应纳税款。

第二章 增值税

复习与思考题

一、名词术语解释

增值税 一般纳税人 小规模纳税人 进项税额 销项税额 含税销售额 增值税出口退（免）税 出口免抵退 兼营行为 混合销售行为 视同销售 折扣销售 销售折扣、折让和退货

二、简答题

1. 增值税有哪些特点？
2. 增值税一般纳税人与小规模纳税人如何划分？
3. 增值税的征税范围包括哪些内容？
4. 增值税的视同销售货物行为如何确定？
5. 什么是兼营非应税劳务行为？其税务处理如何？
6. 增值税低税率适用哪些范围？
7. 何谓销项税额、进项税额？
8. 增值税的计税依据有哪些主要规定？
9. 准予抵扣的进项税额包括哪些内容？
10. 不得抵扣的进项税额包括哪些内容？
11. 进项税额转出有哪些情况？

技能训练题

一、单项选择题

1. 某商业零售企业为增值税小规模纳税人。2009 年 3 月，该商业零售企业销售商品收入（含增值税）41200 元。已知该商业零售企业增值税征收率为 3%。该企业 3 月份应缴纳的增值税额为（ ）元。

    A. 1248   B. 1872   C. 1766.04   D. 1200

2. 某零售企业为增值税一般纳税人，月销售额为 29250 元，则该企业当月增值税的计税销售额为（ ）元。

A. 25000　　　　　　B. 25880　　　　　　C. 27594　　　　　　D. 35240

3. 按照对外购固定资产价值的处理方式，可以将增值税划分为不同类型，我国实行的增值税属于(　　)。

A. 消费型增值税　　　　　　　　　　B. 收入型增值税

C. 生产型增值税　　　　　　　　　　D. 实耗型增值税

4. 甲汽车配件商店（小规模纳税人）2009年6月购进零配件15000元，支付电费500元，当月销售取得收入18000元。该商店应纳增值税是(　　)元。

A. 1018.87　　　　B. 720　　　　　C. 1080　　　　　D. 692.31

5. 某服装厂受剧团委托加工一批演出服装，衣料由剧团提供，剧团支付加工费10000元，该业务中增值税由(　　)。

A. 服装厂缴纳　　　　　　　　　　　B. 剧团缴纳

C. 服装厂代扣代缴　　　　　　　　　D. 剧团代扣代缴

6. 企业将购进生产经营用钢材用于基建，作会计分录(　　)。

A. 借：在建工程

　　贷：原材料

　　　　应交税费——应交增值税（进项税额转出）

B. 借：在建工程

　　贷：原材料

C. 借：在建工程

　　贷：原材料

　　　　应交税费——应交增值税（销项税额）

D. 借：在建工程

　　贷：主营业务收入

　　　　应交税费——应交增值税（销项税额）

7. 企业因仓库保管不善，产品被盗，作会计分录(　　)。

A. 借：待处理财产损溢

　　贷：库存商品

　　　　应交税费——应交增值税（进项税额转出）

B. 借：待处理财产损溢

　　贷：库存商品

C. 借：待处理财产损溢

　　贷：库存商品

　　　　应交税费——应交增值税（销项税额）

D. 借：待处理财产损溢

　　贷：主营业务收入

　　　　应交税费——应交增值税（进项税额转出）

8. 包装物随同货物销售收取押金，逾期未退还包装物，没收押金的会计分录(　　)。

A. 借：其他应付款

    贷：其他业务收入

      应交税费——应交增值税（销项税额）

  B. 借：其他应付款

    贷：其他业务收入

  C. 借：其他应付款

    贷：其他业务收入

      应交税费——应交增值税（进项税额转出）

  D. 借：其他应付款

    贷：主营业务收入

      应交税费——应交增值税（销项税额）

9. 某工业企业（增值税一般纳税人）主要生产农业机械设备，2009 年 3 月发生以下购销业务：购进生产原料一批，取得的税控增值税专用发票（当月通过税务机关的认证）上注明的价款、税款分别为 23 万元、3.91 万元，另支付运费（取得发票）3 万元；购进钢材 20 吨，未验收入库，取得的税控增值税专用发票上注明价款、税款分别为 8 万元、1.36 万元，取得专用发票的当月通过税务机关认证；直接向农民收购用于生产加工的农产品一批，经税务机关批准的收购凭证上注明价款为 42 万元；销售产品一批，货已发出并办妥银行托收手续，但货款未到，向买方开具的专用发票注明销售额 42 万元。已知期初留抵税额 0.5 万元，则当期应纳增值税额为（ ）万元。

  A. 0   B. 7.14   C. 10.85   D. 4.3

10. 某烟厂 2009 年 9 月份向农民收购一批烟叶，收购价款为 150 万元，并开具了从税务机关领购的收购凭证，当月将烟叶发往某烟丝加工厂生产烟丝，取得了税务机关代开的增值税专用发票，发票中注明的加工费为 35 万元，假设烟厂当期没有涉及增值税的项目，则当期期末的留抵税额为（ ）万元。

  A. 27.84   B. 25.74   C. 22.95   D. 20

11. 某电视机厂（一般纳税人）销售给某商场 100 台电视，不含税单价为 2300 元/台，已开具增值税专用发票，双方议定送货上门，商场支付运费 1500 元（开具普通发票）。当月该企业可以抵扣的进项税额为 3400 元，该企业当月应纳增值税是（ ）元。

  A. 35955   B. 35917.95   C. 35700   D. 4127.95

12. 进口货物的增值税应由（ ）征税。

  A. 进口地税务机关   B. 海关

  C. 交货地税务机关   D. 进口方所在地税务机关

13. 某市百货商厦销售新冰箱，若顾客交还同品牌旧冰箱作价 900 元，即可换回全新冰箱的会计分录为（ ）。

  A. 借：银行存款

    库存商品

    贷：主营业务收入

　　　　　　应交税费——应交增值税（销项税额）

　　B. 借：银行存款

　　　　　　库存商品

　　　　　　应交税费——应交增值税（进项税额）

　　　　　贷：主营业务收入

　　　　　　应交税费——应交增值税（销项税额）

　　C. 借：银行存款

　　　　　销售费用

　　　　　贷：主营业务收入

　　　　　　应交税费——应交增值税（销项税额）

　　D. 借：银行存款

　　　　　营业税金及附加

　　　　　贷：主营业务收入

　　　　　　应交税费——应交增值税（销项税额）

14. 下列行为中，属于视同销售行为征收增值税的是（　　）。

　　A. 企业将购进的酒发给职工作为福利

　　B. 企业将上月购进用于生产的钢材用于建房

　　C. 委托手表厂加工了一批手表送给客户

　　D. 黄金经营单位进口的标准黄金

15. 根据增值税法律制度的规定，下列各项中属于不得抵扣进项税额的是（　　）。

　　A. 将外购的货物分配给股东　　　　　B. 将外购的货物用于投资

　　C. 将外购的货物用于集体福利　　　　D. 将外购的货物无偿赠送他人

16. 下列各项中，属于增值税征收范围的是（　　）。

　　A. 提供通信服务　　B. 提供金融服务　　C. 提供加工劳务　　D. 提供旅游服务

17. 增值税一般纳税人发生的下列业务中，应当开具增值税专用发票的是（　　）。

　　A. 向一般纳税人销售应税货物　　　　B. 向消费者销售应税货物

　　C. 将自产货物用于个人消费　　　　　D. 销售不动产

18. 根据增值税法律制度的规定，下列各项中，增值税一般纳税人应当开具增值税专用发票的是（　　）。

　　A. 销售不动产　　　　　　　　　　　B. 向个人消费者销售应税货物

　　C. 将货物用于集体福利　　　　　　　D. 收到代销单位送交的代销货物清单

19. 天海贸易公司进口应税消费品一批，关税完税价格 140 万元，关税 70 万元，该商品消费税税率为 30%，增值税税率为 17%，则进口该商品由海关代征增值税（　　）万元。

　　A. 90　　　　　　　　B. 51　　　　　　　　C. 63　　　　　　　　D. 35.7

20. 下列各项中，属于增值税征收范围的是（　　）。

　　A. 汽车修理业务

　　B. 提供通信服务

C. 提供房屋修缮服务

D. 从事电信业务，并同时销售移动电话机

21. 某五金工具厂为小规模纳税人，适用的增值税征收率为 3%。2009 年 3 月份，该厂取得销售收入（含增值税）5512 元，则该厂 3 月份应缴纳的增值税为（　　）元。

    A. 160.54　　　　　　B. 330.72　　　　　　C. 884　　　　　　　D. 937.04

22. 根据《增值税专用发票使用规定》，一般纳税人的下列销售行为中，应开具增值税专用发票的是（　　）。

    A. 向消费者个人销售应税货物　　　　B. 向小规模纳税人转让专利权

    C. 向一般纳税人销售房地产　　　　　D. 向一般纳税人销售应税货物

23. 某食品加工企业为小规模纳税人，适用增值税征收率为 3%。2 月份取得销售收入 32960 元；直接从农户购入农产品价值 6400 元，支付运输费 600 元，当月支付人员工资 2460 元，该企业当月应缴纳的增值税为（　　）元。

    A. 450　　　　　　　B. 597.6　　　　　　C. 870　　　　　　　D. 960

24. 某企业为增值税小规模纳税人，2009 年 6 月取得销售收入（含增值税）185400 元，购进原材料支付价款（含增值税）36400 元。已知小规模纳税人适用的增值税征收率为 3%。该企业 2009 年 6 月应缴纳的增值税为（　　）元。

    A. 3540　　　　　　B. 5400　　　　　　C. 5724　　　　　　D. 6089

25. 根据增值税法律制度的规定，下列各项中，应缴纳增值税的是（　　）。

    A. 银行销售金银　　　　　　　　　　B. 邮政部门销售集邮商品

    C. 房地产公司销售商品房　　　　　　D. 融资租赁公司出租设备

26. 某外贸公司 2009 年 3 月份购进及出口情况如下：（1）第一次购进电风扇 500 台，单价 150 元/台；第二次购进电风扇 200 台，单价 148 元/台（均已取得增值税专用发票）。（2）将两次外购的电风扇 700 台报关出口，离岸单价 20 美元/台，此笔出口已收汇并做销售处理（美元与人民币比价为 1：8.30，退税率为 15%）。该笔出口业务应退增值税为（　　）元。

    A. 15750　　　　　　B. 17640　　　　　　C. 1168.50　　　　　D. 15690

27. 某企业为增值税一般纳税人，购入材料一批，增值税专用发票上标明的价款为 25 万元，增值税为 4.25 万元，另支付材料的保险费 2 万元、包装物押金 2 万元。该批材料的采购成本为（　　）万元。

    A. 27　　　　　　　　B. 29　　　　　　　C. 29.25　　　　　　D. 31.25

28. 某小型工业企业为增值税小规模纳税人。2009 年 3 月取得销售收入 16.48 万元（含增值税）；购进原材料一批，支付货款 2.12 万元（含增值税）。已知该企业适用的增值税征收率为 3%。该企业当月应缴纳的增值税为（　　）万元。

    A. 0.48　　　　　　B. 0.36　　　　　　C. 0.31　　　　　　D. 0.25

29. 按现行增值税制度规定，适用 13% 低税率货物"农机"的具体征收范围是指（　　）。

    A. 森林砍伐机械　　　B. 农用汽车　　　C. 复式播种机　　　D. 机动渔船

30. 下列混合销售行为中，应当征收增值税的是（　　）。

  A. 饭店提供餐饮服务并销售酒水

  B. 电信部门自己销售移动电话并为客户提供有偿电信服务

  C. 装潢公司为客户包工包料装修房屋

  D. 零售商店销售家具并实行有偿送货上门

31. 下列行为属于视同销售货物，应征收增值税的是(　　)。

  A. 某商店为服装厂代销儿童服装

  B. 某批发部门将外购的部分饮料用于职工福利

  C. 某企业将外购的水泥用于基建工程

  D. 某企业将外购的洗衣粉用于个人消费

32. 按照增值税专用发票管理的规定，在一定条件下，可以开具专用发票的是(　　)。

  A. 销售免税项目   B. 销售不动产

  C. 将货物无偿赠送他人   D. 将货物用于非应税项目

33. 某一般纳税人 2009 年 2 月份购进免税农产品一批，支付给农业生产者收购价格为 20000 元，该项业务准许抵扣的进项税额为 (　　)元。

  A. 2600   B. 2000   C. 0   D. 3400

34. 某服装厂为一饭店加工一批工作服，其制作成本 18 万元，同类产品成本利润为 8%，按同类产品售价计算的销售价格为 27 万元，则该批加工服装计征增值税销项税额的依据为(　　)万元。

  A. 18   B. 19.44   C. 19.8   D. 27

35. 某百货商场（一般纳税人）2009 年 5 月份零售收入为 800 万元。5 月份取得防伪税控系统开具的增值税专用发票 80 张，全部经税务机关认证，上面注明销售额共计 300 万元（其中有 60 万元的商品未付款）；将上月收购的成本为 2 万元的免税农产品作为福利发放给职工。5 月份库存（2008 年 12 月购进）的 10 台彩电因事故被毁坏，已知账面成本为每台 5480 元，其中含运费、搬运费若干，但是具体金额无法准确计算。该商场 5 月份应缴纳的增值税为(　　)万元。

  A. 66.44   B. 65.37   C. 66.47   D. 66.57

36. 下列行为中，涉及的进项税额不得从销项税额中抵扣的是(　　)。

  A. 将外购的货物用于本单位集体福利

  B. 将外购的货物分配给股东和投资者

  C. 将外购的货物无偿赠送给其他个人

  D. 将外购的货物作为投资提供给其他单位

37. 某卷烟厂 2009 年 6 月份收购烟叶生产卷烟，收购凭证上注明价款 50 万元，并向烟叶生产者支付了价外补贴。该卷烟厂 6 月份收购烟叶可抵扣的进项税额为(　　)万元。

  A. 6.5   B. 7.15   C. 8.58   D. 8.86

38. 某制药企业为增值税一般纳税人，2009 年 6 月份外购原材料取得防伪税控系统开具的增值税专用发票，注明进项税额 204 万元并通过主管税务机关认证，本月取得运费发票注明运费 150 万元、建设基金 12 万元、杂费 4.5 万元。当月销售自产应税

药品取得不含税销售额 2000 万元。该制药企业 6 月份应缴纳的增值税为（　　）
万元。

  A. 124.66　　　　　B. 100.9　　　　　C. 119.6　　　　　D. 137.7

39. 某企业本月外购原材料并入库，取得增值税专用发票上注明的价款为 12000 元，增
    值税额为 2040 元，数量为 10 吨，销货方代垫运费 2100 元。其中包括建设基金 500
    元，装卸费、保险费 100 元，原材料因运输不当造成非正常损失 1 吨。上述款项均
    已付清，下述分录正确的是（　　）。

  A. 借：管理费用　　　　　　　　　　　　　　　　　2100
       原材料　　　　　　　　　　　　　　　　　12000
       应交税费——应交增值税（进项税额）　　　2040
        贷：银行存款　　　　　　　　　　　　　　　　16140
  B. 借：原材料　　　　　　　　　　　　　　　　　　12564
       应交税费——应交增值税（进项税额）　　　1962
       待处理财产损溢　　　　　　　　　　　　　1614
        贷：银行存款　　　　　　　　　　　　　　　　16140
  C. 借：原材料　　　　　　　　　　　　　　　　　　14100
       应交税费——应交增值税（进项税额）　　　2040
        贷：银行存款　　　　　　　　　　　　　　　　16140
  D. 借：原材料　　　　　　　　　　　　　　　　　　12339
       应交税费——应交增值税（进项税额）　　　2187
       待处理财产损溢　　　　　　　　　　　　　1614
        贷：银行存款　　　　　　　　　　　　　　　　16140

40. 下列销售行为不属于增值税征税范围的有（　　）。

  A. 将自产的货物分配给投资者　　　　　B. 典当业销售死当物品
  C. 银行销售金银　　　　　　　　　　　D. 邮局销售邮票、信封

★41. 根据增值税法律制度的规定，纳税人采取托收承付和委托银行收款方式销售货物
    的，其纳税义务的发生时间为（　　）。（2009 年）

  A. 货物发出的当天　　　　　　　　　　B. 合同约定的收款日期的当天
  C. 收到销货款的当天　　　　　　　　　D. 发出货物并办妥托收手续的当天

二、多项选择题

1. 随同产品销售而单独计价包装物的会计分录为（　　）。

  A. 借：银行存款
       贷：其他业务收入
         应交税费——应交增值税（销项税额）
  B. 借：其他业务成本
       贷：应交税费——应交消费税
  C. 借：营业税金及附加
       贷：应交税费——应交消费税

D. 借：银行存款

　　贷：营业外收入

　　　　应交税费——应交增值税（销项税额）

2. 以收取手续费方式的受托代销，售出代销商品及收到委托单位的增值税专用发票时的会计分录为（　　）。

　　A. 借：银行存款

　　　　贷：主营业务收入

　　　　　　应交税费——应交增值税（销项税额）

　　B. 借：应交税费——应交增值税（进项税额）

　　　　贷：主营业务收入

　　C. 借：银行存款

　　　　贷：应付账款

　　　　　　应交税费——应交增值税（销项税额）

　　D. 借：应交税费——应交增值税（进项税额）

　　　　贷：应付账款

3. 在下列项目中，应视同销售计算增值税销项税额或应纳税额的有（　　）。

　　A. 将购进的货物无偿赠送他人

　　B. 将购进的货物分配给职工

　　C. 将委托加工收回的货物用于本企业在建工程

　　D. 将自制的货物用于对外投资

4. 根据增值税法律制度的有关规定，下列各项中，不征收增值税的有（　　）。

　　A. 电力公司销售电力　　　　　　　　　B. 销售商品混凝土

　　C. 发行体育彩票　　　　　　　　　　　D. 融资租赁业务

5. 甲公司自产货物用于下列用途，应交增值税的有（　　）。

　　A. 作为中间产品继续加工使用　　　　　B. 作为职工福利发放

　　C. 调运外省销售分公司准备出售　　　　D. 作为赠品送给顾客

6. 下列项目中，属于增值税应税项目的有（　　）。

　　A. 经营租赁业务　　　　　　　　　　　B. 建造大型客轮并销售

　　C. 货物期货　　　　　　　　　　　　　D. 缝纫业务

7. 增值税一般纳税人在确定增值税纳税申报表中"本期进项税额"的"本期发生额"时，下列说法正确的有（　　）。

　　A. 纳税人购进"农业产品"，按采购免税农业产品买价的13％扣除率计算填列"免税农业产品"项目

　　B. "运输费用"项目，按照销售和购进货物所支付的运费金额的7％计算填列

　　C. 生产企业购进从废旧物资经营单位购进废旧物资按10％的扣除率计算填列，发生的运费如是运输单位开的发票也可以按7％计算填列

　　D. 购进的货物于10天后用于非应税项目的，其支付的增值税额不能在进项税额项目中填列

8. 在确定增值税纳税申报表中本期进项税额时，下列进项税额应当作为减项处理的有（　　）。

    A. 免税货物的进项税额　　　　　　　B. 非常损失货物的进项税额

    C. 简易办法征税货物的进项税额　　　D. 非应税项目用货物的进项税额

9. 下列情形中不得开具增值税专用发票的有（　　）。

    A. 向消费者销售应税项目　　　　　　B. 提供营业税劳务

    C. 销售报关出口的货物　　　　　　　D. 将货物无偿赠送他人用于集体福利

10. 下列销售行为，货物发出的当天允许开具增值税专用发票的有（　　）。

    A. 采用预收货款方式结算的　　　　　B. 采用分期付款方式结算的

    C. 将货物作为股息分配给股东　　　　D. 将货物作为投资

11. 下列各项中，按照增值税法律制度的有关规定，不得开具增值税专用发票的有（　　）。

    A. 在境外销售应税劳务　　　　　　　B. 销售报关出口的货物

    C. 将自产货物用于集体福利　　　　　D. 转让非专利技术

12. 根据《增值税暂行条例》及其实施细则规定，下列各项中，视同销售货物计算缴纳增值税的有（　　）。

    A. 销售代销货物　　　　　　　　　　B. 将货物交付他人代销

    C. 将自产货物分配给股东　　　　　　D. 将自产货物用于集体福利

13. 根据《增值税暂行条例》的规定，下列各项中，应缴纳增值税的有（　　）。

    A. 将自产的货物用于投资　　　　　　B. 将自产的货物分配给股东

    C. 将自产的货物用于集体福利　　　　D. 将自建的厂房对外转让

14. 根据《增值税暂行条例》的规定，下列关于增值税专用发票开具时限的表述中，正确的有（　　）。

    A. 采取交款提货结算方式的，增值税专用发票开具时限为合同约定发货日期的当天

    B. 采取分期付款结算方式的，增值税专用发票开具时限为货物发出的当天

    C. 采取托收承付结算方式的，增值税专用发票开具时限为货物发出的当天

    D. 采取委托银行收款结算方式的，增值税专用发票开具时限为货物发出的当天

15. 企业外购的下列经营性货物中，不得抵扣进项税额的有（　　）。

    A. 用于建造固定资产　　　　　　　　B. 用于对外投资

    C. 用于生产免税项目　　　　　　　　D. 用于生产产品

16. 下列各项，增值税一般纳税企业需要转出进项税额的有（　　）。

    A. 自制产成品用于职工福利　　　　　B. 自制产成品用于对外投资

    C. 外购的生产用原材料发生非正常损失　D. 外购的生产用原材料改用于自建厂房

17. 下列各项中，应缴纳增值税的有（　　）。

    A. 销售机器设备　　　　　　　　　　B. 邮政部门发行报刊

    C. 进口货物　　　　　　　　　　　　D. 银行销售金银业务

18. 根据增值税法律制度的规定，下列关于使用填开增值税专用发票的情形中，不正确

的有(　　　)。

    A. 全部联次一次填开，上、下联的内容和金额一致

    B. 发票联和抵扣联加盖出具单位财务专用章

    C. 如填写有误，在涂改处加盖财务专用章

    D. 经单位负责人同意，拆本使用增值税专用发票

19. 根据增值税法律制度的规定，下列各项业务的处理方法中，不正确的有(　　　)。

    A. 纳税人销售货物或提供应税劳务，采用价税合并定价并合并收取的，以不含增值税的销售额为计税销售额

    B. 纳税人以价格折扣方式销售货物，不论折扣额是否在同一张发票上注明，均以扣除折扣额以后的销售额为计税销售额

    C. 纳税人采取以旧换新方式销售货物，以扣除旧货物折价款以后的销售额为计税销售额

    D. 纳税人采取以物易物方式销售货物，购销双方均应作购销处理，以各自发出的货物核算计税销售额并计算销项税额，以各自收到的货物核算购货额并计算进项税额

20. 下列税额，可以从销项税额中抵扣或从应纳税额中抵免的有(　　　)。

    A. 营业税纳税人购置税控收款机取得的增值税专用发票上注明的税额

    B. 增值税一般纳税人购置税控收款机取得的增值税专用发票上注明的税额

    C. 增值税小规模纳税人购置税控收款机取得的增值税专用发票上注明的税额

    D. 增值税一般纳税人购置防伪税控通用设备取得的增值税专用发票上注明的税额

21. 纳税人销售货物时，下列情况中不能开具增值税专用发票的有(　　　)。

    A. 购货方购进免税药品要求开具专用发票

    B. 消费者个人购进电脑要求开具专用发票

    C. 销售报关出口货物

    D. 境内易货贸易

22. 纳税人的下列行为中，属于混合销售应征增值税的有(　　　)。

    A. 某运输公司从甲地运输一批木材到乙地并销售给某贸易公司，取得销售额56000元

    B. 某邮局函件、包件传递业务收入20万元，邮务物品销售收入0.5万元

    C. 某铝合金生产企业，销售铝合金产品并负责安装，取得销售额800万元

    D. 某照相馆在拍照的同时销售镜框，月收入1.2万元

23. 税务机关为小规模纳税人代开的增值税专用发票上，必须加盖印章的有(　　　)。

    A. 纳税人财务专用章　　　　　　　　B. 扣缴义务人财务专用章

    C. 专用发票专用章　　　　　　　　　D. 代开专用发票专用章

24. 单位和个人提供的下列劳务应征增值税的有(　　　)。

    A. 汽车修理　　　　B. 房屋修理　　　　C. 受托加工白酒　　　D. 房屋装潢

25. 生产企业出口应纳增值税货物"免、抵、退"税额中的"免、抵"税额计算的正确公式有(　　　)。

A. 用国内料件生产出口产品，免、抵税额＝出口货物离岸价×外汇人民币牌价×退税税率－已退税额

B. 用国内料件生产出口产品，免、抵税额＝出口货物离岸价×外汇人民币牌价×退税税率

C. 以进料加工方式出口货物的，免、抵税额＝（出口货物离岸价×外汇人民币牌价－海关核销免税进口料件组成的计税价格）×退税率－已退税额

D. 以进料加工方式出口货物的，免、抵税额＝（出口货物离岸价×外汇人民币牌价－海关核销进口料件组成的计税价格）×退税率

26. 混合销售行为的基本特征为（　　　）。

A. 既涉及货物销售又涉及非应税劳务　　　B. 发生在同一项销售行为中

C. 从一个购买方取得货款　　　　　　　　D. 从不同购买方收取货款

27. 某农机厂为增值税一般纳税人，其本期发生的经济业务中，需作进项税额转出处理的购进货物有（　　　）。

A. 用于本企业基建项目的上期购买的钢材

B. 用于本企业农机产品生产耗用的上期购买的钢材

C. 用于生产赠送灾区农业机械耗用的上期购买的钢材

D. 五台本期被盗农机产品耗用的上期购买的钢材

28. 下列各项中，属于增值税征收范围的有（　　　）。

A. 销售钢材　　　　B. 销售自来水　　　　C. 销售电力　　　　D. 销售房屋

三、判断题

1. 纳税人委托其他纳税人代销货物的，其增值税纳税义务的发生时间为发出代销货物的当天。（　　　）

2. 如果向小规模纳税义务人销售货物，则在收取销项税额时，应按照 3% 的征收率征税，而不能按照 17% 或 13% 的税率征税。（　　　）

3. 某公司在同一市内设有两个实行统一核算的机构，将货物从一个机构移送至其他机构用于销售，视同销售，应当征收增值税。（　　　）

4. 一般纳税义务人总、分支机构不在同一市（县）的，应分别向其机构所在地主管税务机关申请办理一般纳税义务人认定手续。（　　　）

5. 将购买的货物分配给股东时，进项税额不得抵扣。（　　　）

6. 销售给商业小规模纳税义务人的货物按 3% 计税。（　　　）

7. 去年购进的一批货物，今年领用一部分发给职工，发放时应做销售计征销项税。（　　　）

8. 某商业企业某月购进货物，货款 60000 元（不含税价），当月支付了 20000 元，则这批货物可以抵扣的增值税进项税额为 3400 元。（　　　）

9. 丙公司委托他人加工产品一批，加工产品耗用材料成本 100 万元，支付加工费 60 万元（不含增值税），消费税 40 万元，双方均为增值税一般纳税人，产品适用 17% 的增值税税率，则该批加工产品应缴纳增值税 27.2 万元。（　　　）

10. 一般纳税义务人购买或销售免税货物所发生的运输费用，可以根据运输部门开具的

运费结算单据所列运费金额，依照7％的扣除率计算抵扣进项税额。（　　　）

11. 计算增值税销售额时，凡随同销售货物或提供应税劳务向购买方收取的价外费用，在会计上分开核算的，允许将其从销售额中扣除。（　　　）

12. 对销售除啤酒、黄酒以外的其他酒类产品而收取的包装物押金，无论是否返还，均应并入销售额计税。（　　　）

13. 已抵扣进项税额的购进货物，如果作为集体福利发放给职工个人，发放时应视同销售计算增值税销项税额。（　　　）

14. 采用分期收款方式销售货物，应以货物发出当天作为增值税专用发票的开具时限。（　　　）

15. 对从事成品油销售的加油站，无论其年应税销售额是否超过180万元，一律按增值税一般纳税人征税。（　　　）

16. "生产型"增值税与"消费型"增值税的区别在于是否允许企业对购入的固定资产所含增值税进行抵扣。（　　　）

17. 增值税一般纳税人兼营不同税率的货物，未分别核算或不能准确核算销售额的，从高适用税率。（　　　）

18. 生产企业委托外贸企业代理出口自产货物以及有出口经营权的外贸企业收购货物后委托其他外贸企业代理出口，均适用"免、抵、退"方法计算应退税额。（　　　）

19. 自2007年1月1日起，增值税一般纳税人购进或销售货物取得的货运发票，必须是通过货运发票税控系统开具的新版发票，否则不得作为扣税凭证计算抵扣进项税额。（　　　）

四、计算题

1. 某外贸公司于2009年8月进口货物一批。该批货物在国外的买价为90万元，运抵我国口岸前发生的包装费、运输费、保险费等共计20万元。货物已报关纳税并取得了海关开具的完税凭证。假定该批进口货物在国内全部销售，取得不含税销售额150万元。

　　要求：计算该批货物进口环节、国内销售环节分别应缴纳的增值税税额（货物进口关税税率15％，增值税税率17％）。

2. 某电子企业为增值税一般纳税人，2009年2月发生下列经济业务：

（1）销售A产品50台，不含税单价8000元，货款收到后，向购买方开具了增值税专用发票，并将提货单交给了购买方。截至月底，购买方尚未提货。

（2）将20台新试制的B产品分配给投资者，单位成本为6000元，该产品尚未投放市场。

（3）单位内部基本建设领用甲材料1000公斤，每公斤单位成本为50元。

（4）改、扩建单位幼儿园领用甲材料200公斤，每公斤单位成本为50元。同时领用A产品5台。

（5）当月丢失库存乙材料800公斤，每公斤单位成本为20元，作待处理财产损溢处理。

（6）当月发生购进货物的全部进项税额为70000元。

其他相关资料：上月进项税额已全部抵扣完毕。购销货物增值税税率均为 17%。税务局核定的 B 产品成本利润率为 10%。

要求：

(1) 计算当月销项税额。

(2) 计算当月可抵扣进项税额。

(3) 计算当月应缴纳的增值税。

3. 某服装公司为增值税一般纳税人。2009 年 10 月份从国外进口一批服装面料，海关审定的完税价格为 50 万元，该批服装面料分别按 5% 和 17% 的税率向海关缴纳了关税和进口环节增值税，并取得了相关完税凭证。该批服装面料当月加工成服装后全部在国内销售，取得销售收入 100 万元（不含增值税），同时支付运输费 3 万元（取得运费发票）。已知：该公司适用的增值税税率为 17%。

要求：

(1) 计算该公司当月进口服装面料应缴纳的增值税。

(2) 计算该公司当月允许抵扣的增值税进项税额。

(3) 计算该公司当月销售服装应缴纳的增值税。

4. 某商场 2009 年 10 月份发生以下购销业务：

(1) 购入日用品取得增值税专用发票上注明的进项税额 20 万元，同时支付货物的运输费 0.8 万元。

(2) 零售商品的销售收入为 120 万元。

(3) 将一部分购入的货物作为礼品赠送关联企业，相当于同类商品销售价格为 4 万元（不含增值税价格）。上述购销货物的增值税税率为 17%。

要求：计算该商场当月应缴纳的增值税。

5. 某商场为增值税一般纳税人，2009 年 3 月份发生以下购销业务：

(1) 购入日用品取得增值税专用发票上注明的货款为 100000 元，同时支付货物运输费 3500 元。

(2) 将购入的一批货物作为礼物赠送给关联企业，同类商品的销售价为 30000 元（不含税价）。

(3) 向小规模纳税人销售货物金额为 23400 元，柜台零售货物金额为 11700 元，向一般纳税人销售货物价款 60000 元。

(4) "三八"节以价值 8000 元（不含税进价）的库存商品为女职工发放福利。

(5) 向灾区捐赠货物一批，不含税金额为 50000 元。

要求：计算该商场当月应缴纳的增值税。

6. 某玩具厂是有出口经营权的集体所有制的生产企业。2009 年 12 月在国内销售毛绒玩具，不含税的销售额为 3000 万元；该季度报关离境的出口毛绒玩具离岸价为 1000 万美元；该月购入纺织品等原料，增值税专用发票上注明的金额为 5000 万元。上期未抵扣完结转当期抵扣的进项税额为 5 万元（汇率为 1∶8.30）（出口玩具退税率为 15%）。

要求：

（1）该企业适用的出口退税办法是什么？为什么？

（2）外销货物出口环节应纳增值税为多少？为什么？

（3）当期不予抵扣或退税的数额是多少？

（4）当期应纳税额是多少？

（5）当期是否应退税？若应退税，退税额为多少？

7. 某自营出口的生产企业为增值税一般纳税人，适用的增值税税率为 17%，退税率为 13%。

2009 年 11 月和 12 月的生产经营情况如下：

（1）11 月份：①外购原材料、燃料取得增值税专用发票，注明支付价款 850 万元、增值税额 144.5 万元，材料、燃料已验收入库。②外购动力取得增值税专用发票，注明支付价款 150 万元、增值税额 25.5 万元，其中 20% 用于企业基建工程。③以外购原材料 80 万元委托某公司加工货物，支付加工费取得增值税专用发票，注明价款 30 万元、增值税额 5.1 万元，支付加工货物的运输费用 10 万元并取得运输公司开具的普通发票。④内销货物取得不含税销售额 300 万元，支付销售货物运输费用 18 万元并取得运输公司开具的普通发票；出口销售货物的销售额为 500 万元。

（2）12 月份：①免税进口料件一批，支付国外买价 300 万元、运抵我国海关前的运输费用、保管费用和装卸费用 50 万元，该料件进口关税税率为 20%，料件已验收入库（注：关税暂不减免）。②出口货物销售取得销售额 600 万元；内销货物 600 件，开具普通发票，取得含税销售额 140.4 万元；将与内销货物相同的自产货物 200 件用于本企业基建工程，货物已移送。

要求：

（1）采用"免、抵、退"法计算企业 2009 年 11 月份应缴纳（或应退）的增值税。

（2）采用"免、抵、退"法计算企业 2009 年 12 月份应缴纳（或应退）的增值税。

8. A 电子设备生产企业（本题下称 A 企业）与 B 商贸公司（本题下称 B 公司）均为增值税一般纳税人，2009 年 12 月份有关经营业务如下：

（1）A 企业从 B 公司购进生产用原材料和零部件，取得 B 公司开具的增值税专用发票，注明货款 180 万元、增值税 30.6 万元，货物已验收入库，货款和税款未付。

（2）B 公司从 A 企业购电脑 600 台，每台不含税单价 0.45 万元，取得 A 企业开具的增值税专用发票，注明货款 270 万元、增值税 45.9 万元。B 公司以销货款抵顶应付 A 企业的货款和税款后，实付购货款 90 万元、增值税 15.3 万元。

（3）A 企业为 B 公司制作大型电子显示屏，开具了普通发票，取得含税销售额 9.36 万元、调试费收入 2.34 万元。制作过程中委托 C 公司进行专业加工，支付加工费 2 万元、增值税 0.34 万元，取得 C 公司增值税专用发票。

（4）B 公司从农民手中购进免税农产品，收购凭证上注明支付收购货款 30 万元，支付运输公司的运输费 3 万元，取得普通发票。入库后，将收购的农产品的 40% 作为职工福利，60% 零售给消费者并取得含税收入 35.03 万元。

（5）B 公司销售电脑和其他物品取得含税销售额 298.35 万元，均开具普通发票。

要求：

（1）计算 A 企业 2009 年 12 月份应缴纳的增值税。

（2）计算 B 公司 2009 年 12 月份应缴纳的增值税。

9. A 企业于 2007 年成立，具有进出口经营权，被主管税务机关认定为增值税一般纳税人，主要生产各种型号的空调。出口货物增值税实行"免、抵、退"管理方法（空调的出口退税率为 15%）。2009 年 1 月 A 企业有关业务资料如下：

（1）1 月 4 日根据美国创业公司的订货单出口空调 28000 台，以每台 200 美元离岸价成交，人民币外汇牌价为 1：8.2836。上述款项已收存银行。

（2）1 月 5 日从中国境内光明公司购进生产用原材料 A，增值税专用发票上注明的价款为 6000 万元、税款 1020 万元，材料均已验收入库，货款已付。

（3）1 月 18 日又根据美国创业公司的订货单出口空调 2000 台，以每台 208 美元离岸价格成交，人民币外汇牌价为 1：8.2948。上述款项已收存银行。

（4）1 月 26 日根据当期签订的购销合同，销售给中国境内长青商场空调 19400 台，单价 1800 元，价款 3492 万元，税款 5936400 元，价税合计为 40856400 元，上述款项已收存银行。

（5）1 月 28 日因销售给中国境内商家空调支付给承运部门运费，取得承运部门开具的运费普通发票上注明的运费金额累计 200 万元，款项已付。

（6）1 月 30 日因办公需要从境内购进电脑 20 台，取得的增值税专用发票上注明价款为 20 万元、税款 34000 元；购进货物包装箱一批，取得的增值税专用发票上注明价款 10000 元、税款 1700 元，包装箱已验收入库。上述款项均已支付。

要求：计算本月 A 公司应抵、退的增值税税额。

10. 某税务师事务所接受委托，为有进出口经营权的某生产企业代理出口退税业务。该企业 7、8 月份分别发生以下购销业务：

7 月份：

（1）报关离境出口一批货物，离岸价是 40 万美元（当日市场汇率为 1：7.00）。

（2）内销一批货物，销售额是 350 万元。

（3）购进所需原材料等货物，购货额是 500 万元。

8 月份：

（1）报关离境出口一批货物，离岸价是 60 万美元（当日市场汇率为 1：7.00）。

（2）内销一批货物，销售额是 240 万元。

（3）购进所需原材料等货物，购货额是 450 万元。已知上述购销货物增值税税率均为 17%，上述购销额均为不含税价，该企业办理出口退（免）税适用"免、抵、退"办法，退税率为 15%。

要求：计算该企业 7、8 月份应纳或应退的增值税税额。

11. 某外贸公司购进供出口的商品一批，取得的增值税专用发票上注明：价款为 220000 元，税额为 37400 元，该批商品的一半已办理了出口报关手续，并已收到销货款 15000 美元，当日的外汇牌价为 1：8.40，出口商品退税率为 9%。

要求：作商品购进、入库、出口、结转出口商品销售成本、应退税款、实际收到退税款等相应的会计分录。

12. A 工厂委托 B 外贸公司出口化妆品一批，出口金额为 100000 美元（CIF），交单日外汇牌价为 1：7.00（买入价）。支付运费 1500 美元，保险费率为出口额的 0.3%，支付日外汇牌价为 1：7.00（卖出价）。半个月后，B 外贸公司收到银行的结汇通知，转来的外汇水单上载明实际收款为 99600 美元，当日的外汇牌价为 1：7.00。B 外贸公司收取 A 工厂 1.5% 的代理手续费。化妆品增值税税率为 17%，退税率为 9%，消费税税率为 30%。

要求：在假设所有单证齐备的条件下，分别站在 B 公司、A 工厂的角度，作相关的会计分录。

13. 某生产企业 2009 年 5 月份内销货物销售额 10 万元，内销货物销项税额 1.7 万元，出口销售额 1300 万元；当月进项税额 18 万元，进口料件组成计税价格 700 万元。增值税税率为 17%，退税率为 15%。

要求：计算出口货物应纳（退）税额，并作相应的会计处理。

14. 某自营出口生产企业，当月外购原材料、动力等支付价款 600 万元，支付进项税额 102 万元；本月海关核准免税进口料件价格 100 万元，本月内销货物销售额 500 万元；自营进料加工复出口货物 FOB 的价格折合人民币金额 600 万元。增值税税率为 17%，退税率为 15%。假定期初无留抵税款，当月未发生其他进项税额。

要求：计算该企业当月应纳或应退的增值税税额，并作相应的会计处理。

五、综合业务题

1. 某中外合资化妆品生产企业为增值税一般纳税人，2009 年 2 月份发生以下业务：

（1）从国外进口一批散装化妆品，支付给国外的货价 120 万元、运抵我国海关前的运杂费和保险费 30 万元。

（2）进口机器设备一套，支付给国外的货价 35 万元、运抵我国海关前的运杂费和保险费 5 万元。散装化妆品和机器设备均验收入库。

（3）本月企业将进口的散装化妆品全部生产加工为成套化妆品，对外批发销售取得不含税销售额 290 万元；向消费者零售取得含税销售额 51.48 万元。

（化妆品的进口关税税率 40%、消费税税率 30%；机器设备的进口关税税率 20%）

要求：

（1）计算进口散装化妆品应缴纳的消费税。

（2）计算进口散装化妆品应缴纳的增值税。

（3）计算进口机器设备应缴纳的增值税。

（4）计算该企业国内生产销售环节应缴纳的增值税。

（5）计算该企业国内生产销售环节应缴纳的消费税。

2. 视讯电器商场为增值税一般纳税人，2009 年 3 月份发生如下经济业务：

（1）销售特种空调取得含税销售收入 177840 元，同时提供安装服务收取安装费 19890 元。

（2）销售电视机 120 台，每台含税零售价为 2223 元。

（3）代销一批数码相机，按含税销售总额的 5% 提取代销手续费 14391 元。

（4）购进热水器 50 台，不含税单价 800 元，货款已付；购进 DVD 播放机 100 台，不含税单价 600 元，货款已付。两项业务均已取得增值税专用发票。

（5）当月该商场其他商品含税销售收入为 163800 元。

已知：该商场上月末抵扣进项税额 6110 元；增值税适用税率为 17%。

要求：

（1）计算该商场 3 月份的销项税额、进项税额、应缴纳的增值税。

（2）该商场提供空调安装服务是否应缴纳营业税？为什么？

3. 某面粉有限公司，系增值税一般纳税人，主营面粉、挂面加工等，共有职工 90 人，其中生产工人 80 人，厂部管理人员 10 人。8 月份，公司决定以其生产的特制面粉作为福利发放给职工，每人 2 袋面粉。每袋面粉单位生产成本 40 元，当月平均销售价格 67.80 元/袋（含增值税）。试进行会计处理。

4. 某超市开展"买一赠一"的促销活动，当日卖出 10 大瓶花生油，每瓶售价（含税，下同）90 元，每瓶进价 55 元；按超市承诺，顾客购买 1 大瓶花生油，赠送 1 小瓶花生油；因此，当日赠送 10 小瓶花生油，每小瓶进价 15 元，每小瓶售价 30 元。试进行会计处理。

5. 某五金矿产进出口公司在国内收购 500 吨铝锭用于出口，不含税单价为 18000 元/吨。增值税税率为 17%，退税率为 15%。出口售价每吨为 USD1950（CIF）。财务会计上已作出口销售，外汇牌价为 1：8.40，出口退税所需凭证已全部备齐。试进行会计处理。

6. 雪花电冰箱厂，为增值税一般纳税人，2006 年 6 月份增值税纳税申报，经查阅有关账簿和凭证，获得如下资料：

（1）采取交款提货结算方式向甲家电商场销售 A 型电冰箱 100 台，统一出厂价为 5000 元/台。由于商场购买的数量多，按照协议规定，厂家给予商场统一出厂价 5% 的优惠，货款全部以银行存款收讫；向乙家电商场销售 A 型电冰箱 50 台，为了尽快收回货款，厂家提供价税金额 2% 的现金折扣，乙家电商场及时付款享受了现金折扣。

（2）采取以旧换新方式，从消费者个人手中收购旧电冰箱，销售 A 型电冰箱 10 台，旧电冰箱作价 1000 元/台。

（3）采取还本销售方式销售 A 型电冰箱给消费者 15 台，根据协议规定，五年后厂家应当将全部货款以价税合计总额退还给购货方。销售后，开出普通发票 15 张，含税销售收入合计金额为 87750 元。

（4）以 30 台 A 型电冰箱向丙单位等价换取原材料，A 型电冰箱成本每台 3500 元。双方均按 17% 的税率开具了增值税专用发票。

（5）当月向丁商场销售 A 型电冰箱共 200 台。商场在对外销售时发现，有 3 台商品存在严重的质量问题，商场当即要求退货，该厂于本月末将电冰箱收回，货款退回，并向商场开具了红字增值税专用发票。

（6）向戊商场赊销 A 型电冰箱 80 台，合同约定 3 个月内付清全款，协议当日提货，开具了增值税专用发票。

（7）本月共发生可抵扣进项税额 380000 元（含从丙单位换入原材料应抵扣的进项税

额）。假设上述增值税专用发票均已通过认证。

要求：

（1）计算向甲家电商场及乙家电商场销售产生的增值税销项税额。

（2）计算以旧换新方式销售货物产生的增值税销项税额。

（3）计算还本销售货物产生的增值税销项税额。

（4）计算以物易物方式销售货物产生的增值税销项税额。

（5）分析判断丁商场退货业务处理是否正确。

（6）计算赊销业务产生的增值税销项税额。

（7）计算企业当期应缴纳的增值税。

六、实训题

（一）1. 企业概况

企业名称：南通华鸿实业有限责任公司

企业性质：有限责任公司

企业法定代表人：张三

企业地址及电话：南通青年路 139 号　5237167

开户银行及账号：工商银行青年路分理处　018401028

税务登记号：32060200000000000123

2. 模拟业务

该公司执行《企业会计制度》与现行税收政策，会计核算健全，被税务机关认定为增值税一般纳税人，增值税税率为 17%，按月缴纳增值税。包装物单独核算。2007 年 12 月份发生下列经济业务：

（1）12 月 2 日缴纳上月的增值税 16540 元。

（2）12 月 3 日由东方工厂购入甲材料 150 吨，每吨 2100 元，收到增值税专用发票，价款 315000 元，税款 53550 元，价税合计 368550 元，已认证并申报抵扣，材料已验收入库，货款以银行存款支付。

（3）12 月 4 日由南方批发市场购入乙材料 180 吨，每吨 3500 元，收到增值税专用发票，价款 630000 元，税款 107100 元，价税合计 737100 元，已认证并申报抵扣，材料已验收入库，货款用支票支付，另以银行存款支付运费（取得普通发票）25500 元。

（4）12 月 4 日用转账支票直接向农场收购用于生产加工的农产品一批，已验收入库，经税务机关批准的收购凭证上注明价款为 100000 元。

（5）12 月 8 日从西单百货公司收到委托代销的代销清单，销售 A 产品 5 台，每台 58000 元，增值税税率为 17%，开具增值税专用发票，对方按价款的 5%收取手续费，收到支票一张存入银行。

（6）12 月 10 日销售 B 产品 8 台，每台 35100 元，货款 240000 元，税款 40800 元，同时随同产品一起售出包装箱 4 个，不含税价每个 800 元，货款 3200 元，税款 544 元，开具增值税专用发票。款项已存入银行。

（7）12 月 14 日向小规模纳税人天阳公司售出 10 吨甲材料，开出 29250 元的普通发票，取得支票存入银行。

（8）12月18日将B产品两台转为本企业生产用，实际成本共计60000元，税务机关认定的计税价格为80000元，未开具发票。

（9）12月18日将总价值为84000元的本月外购甲材料20吨及库存甲材料20吨移送本企业修建产品仓库工程使用。

（10）12月20日将B产品5台，价值150000元（税务机关认定的计税价格为200000元），无偿捐赠给新疆化工厂，用以支援西部开发，开具增值税专用发票。

（11）12月21日委托安徽一加工厂加工配件，材料上月已发出，本月支付加工费3000元和增值税510元，取得增值税专用发票，已认证并申报抵扣。另付往返运杂费860元，其中装卸费100元，运费760元，取得普通发票，用支票支付。

（12）12月22日购入小汽车一辆，取得增值税专用发票，价款150000元，税款25500元，价税合计175500元，用支票付款。

（13）12月27日机修车间对外提供加工服务，收取劳务费9000元（含税），开具普通发票。

（14）12月30日，企业上月销售的B产品5台发生销售退回，价款175500元，应退增值税29835元。企业开出红字增值税专用发票，并以银行存款支付退货款项。

（15）月末盘存发现上月购进的甲材料15吨被盗，金额31500元（其中含分摊的运输费用1070元，上月均已认证并申报抵扣），经批准作为营业外支出处理。

要求：

（1）计算本月应缴纳的增值税。

（2）填制一般纳税人增值税纳税申报表、增值税纳税申报表附列资料。

（二）某市税务局12366税务热线电话受理辖区企业的下列涉税业务咨询，请代税务局12366热线回答。

（1）某公司向A公司购买货物，取得A公司开具的增值税专用发票，但A公司却委托B公司收款，即这家公司将货款支付给B公司。请问，这家公司取得的增值税专用发票能否抵扣？

（2）一般纳税人购买用于企业内部职工食堂的饮具设备，能否抵扣进项税额？

（3）医药公司购进的药品存放过期，是否属正常损失？

（4）某单位一张进项税发票认证期的最后一天是星期天，星期一到税务局认证时，税务人员说进项税发票已过认证期，税票认证节假日不顺延。请问此种说法是否正确？

（5）租车接送员工运费能否抵扣？

（6）企业购进货物，取得增值税专用发票并已通过认证，稽核比对时发现该票属失控发票。原因是销货方当月没有进行正常的纳税申报，但事后已补申报纳税。请问在这种情况下，购货方能否抵扣增值税进项税额？

（7）企业出售2008年购进、提前解除海关监管的进口免税设备，是否允许抵扣已缴纳的增值税？

第三章　消费税

复习与思考题

一、名词术语解释

消费税　委托加工　自产自用　组成计税价格　从量税　从价税　复合计税

二、简答题

1. 什么是消费税？
2. 消费税的重要意义是什么？
3. 消费税和增值税相比有什么区别和联系？
4. 消费税的征税范围包括哪些？
5. 消费税的纳税环节有什么规定？
6. 消费税的基本计算方法有几种？
7. 委托加工应税消费品如何计税？
8. 自产自用应税消费品如何计税？
9. 消费税出口退（免）税规定和增值税出口退（免）税规定有什么异同？

技能训练题

一、单项选择题

1. 委托加工的应税消费品，按受托方同类消费品的销售价，计算纳税；没有同类消费品的销售价格的，按照组成计税价格，计算纳税，其计税价格为（　　）。
   A. （材料加工成本＋加工费）／（1＋消费税税率）
   B. （材料加工成本＋加工费）／（1－消费税税率）
   C. （材料加工成本＋加工费）／（1＋增值税税率或征收率）
   D. （材料加工成本＋加工费）／（1－增值税税率或征收率）

2. 纳税人销售应税消费品时，发生价款和增值税税款合并收取的现象，则确定消费税计税公式依据为应税消费品的销售额（　　）。
   A. 含增值税的销售额／（1－增值税税率或征收率）
   B. 含增值税的销售额／（1＋增值税税率或征收率）

    C. 含增值税的销售额／（1－消费税税率）

    D. 含增值税的销售额／（1＋消费税税率）

3. 根据《消费税暂行条例》及其实施细则规定，纳税人销售应税消费品向购买方收取的下列税金、价外费用中，不应并入应税消费品销售额的是（　　　）。

    A. 向购买方收取的手续费　　　　　　B. 向购买方收取的价外基金

    C. 向购买方收取的增值税税款　　　　D. 向购买方收取的消费税税款

4. 纳税人用于抵偿债务的应税消费品，应当以（　　　）作为计税依据计算消费税。

    A. 市场价格　　　　　　　　　　　　B. 组成计税价格

    C. 纳税人同类应税消费品的加权平均价　　D. 纳税人同类应税消费品的最高价格

5. 某金店采取以旧换新方式销售的金耳环，其征收消费税的计税依据是（　　　）。

    A. 同类新金耳环的销售价格

    B. 实际收取的含增值税的全部价款

    C. 实际收取金耳环不含增值税的全部价款

    D. 同期新金耳环的含税销售价格

6. 某啤酒厂 2009 年 9 月生产了 15000 吨生啤，当月销售了 10000 吨，取得含税销售收入 117 万元。则啤酒厂计算其应缴纳消费税的计税依据为（　　　）。

    A. 100 万元　　　　B. 117 万元　　　　C. 10000 吨　　　　D. 15000 吨

7. 某精工机械制造公司系增值税一般纳税人，生产各种礼品手表。2006 年 8 月为某部委制造纪念表 300 只，每只不含税价为 9000 元，制造国宾表 12 只，每只不含税价为 1.5 万元；为某银行成立 100 周年特制尊贵金表 2 只，消耗黄金 59 克，人造钻石 3 克，不含税价合计 18 万元；赠送某关系企业一只光电纯银手表，无同类售价，成本利润率为 20%，成本为 8689 元。则上述业务共应缴纳消费税为（　　　）元。

    A. 66769　　　　B. 68952.23　　　　C. 74606.7　　　　D. 72000

8. 某汽车轮胎厂下设一非独立核算门市部，该厂将一批汽车轮胎交门市部出售，计价 60 万元。门市部零售取得含增值税的销售收入 77.22 万元。汽车轮胎的消费税税率为 3%。该企业应缴纳消费税为（　　　）万元。

    A. 1.8　　　　B. 2.32　　　　C. 1.98　　　　D. 7.72

9. 某酒厂为增值税一般纳税人，主要生产粮食白酒和啤酒。2009 年 5 月销售粮食白酒 50000 斤，取得不含税销售额 105000 元；销售啤酒 150 吨，每吨不含税售价 2900 元。收取粮食白酒品牌使用费 4680 元，销售啤酒每吨收取包装物租金 234 元；本月销售粮食白酒收取包装物押金 9360 元，销售啤酒收取包装物押金 1170 元。2009 年 12 月，该酒厂将销售粮食白酒的包装物押金中的 3510 元返还给购货方，其余包装物押金不再返还。该酒厂 2009 年 5 月应缴纳的消费税（　　　）元。

    A. 86250　　　　B. 92250　　　　C. 85900　　　　D. 96920

10. 红星化妆品公司（增值税一般纳税人）2006 年 10 月将购进的低档洗发水（不含税价 7 万元）全部和自产的化妆品搭配成成套化妆品 5000 套，12 月份对外销售成套化妆品 3000 套，不含税价 14 万元，销售中低档自产护发素，取得不含税销售额 9 万元。该企业上述业务应缴纳的消费税为（　　　）万元。

　　A. 4.89　　　　　　　B. 4.92　　　　　　　C. 4.36　　　　　　　D. 4.20

11. 下列可以扣除外购应税消费品已纳消费税的是（　　）。
　　A. 外购已税润滑油生产并销售的润滑油
　　B. 外购已税汽车轮胎生产并销售的小汽车
　　C. 外购酒精生产并销售的白酒
　　D. 外购已税护肤护发品生产并销售的化妆品

12. 下列应税消费品在零售环节征收消费税的是（　　）。
　　A. 化妆品　　　　　　B. 成品油　　　　　　C. 金银首饰　　　　　　D. 烟

13. 某生产企业将本厂生产的护肤护发品作为福利发给本厂职工，该类产品没有同类消费品销售价格，生产成本 10000 元，成本利润率为 5%，护肤护发品适用消费税税率为 17%，则确定组成的计税价格为（　　）元。
　　A. 13068　　　　　　B. 14096　　　　　　C. 11700　　　　　　D. 12650.60

14. 下列项目中应视同销售，需要缴纳消费税的是（　　）。
　　A. 用外购已税酒精继续加工成粮食白酒
　　B. 用自制的酒精继续加工成粮食白酒
　　C. 某汽车厂将自制的小汽车用于对外投资
　　D. 委托加工收回的酒精继续加工成粮食白酒

15. 根据消费税的有关规定，下列纳税人自产自用应税消费品不缴纳消费税的是（　　）。
　　A. 炼油厂用于本企业基建部门车辆的自产柴油
　　B. 汽车厂用于管理部门的自产汽车
　　C. 日化厂用于交易会样品的自产化妆品
　　D. 卷烟厂用于生产卷烟的自制烟丝

16. 下列各项行为一般不需自行缴纳消费税的是（　　）。
　　A. 将自产的应税消费品对外交换其他应税消费品
　　B. 将自产的应税消费品对外投资的
　　C. 将外购的商品委托加工应税消费品
　　D. 将自产的应税消费品对外交换其他非应税消费品

17. 根据《消费税暂行条例》及其实施细则规定，下列各项中，纳税人不缴纳消费税的是（　　）。
　　A. 将自产的应税消费品用于职工福利
　　B. 随同应税消费品销售而取得的包装物作价收入
　　C. 将自产的应税消费品用于连续生产应税消费品
　　D. 销售应税消费品而收取的超过一年以上的包装物押金

18. 某化妆品企业于 2009 年 3 月 8 日将一批自制护肤品用于职工福利，该产品无同类消费品销售价格，该批产品成本为 10 万元，成本利率为 5%，消费税税率为 8%，该批产品应纳消费税税额为（　　）万元。
　　A. 0.91　　　　　　B. 0.84　　　　　　C. 0.78　　　　　　D. 0.74

19. 某啤酒厂以赊销方式销售一批啤酒。根据消费税法律制度的规定，该啤酒厂的消费税纳税义务的发生时间为(　　)。

    A. 啤酒厂发出啤酒的当天　　　　　　　B. 购买方收到啤酒的当天

    C. 销售合同规定的收款日期的当天　　　D. 取得索取销货款凭据的当天

20. 某化工企业为增值税一般纳税人。2005 年 4 月份销售一批化妆品，取得销售收入(含增值税)81900 元，已知该化妆品适用消费税税率为 30%。该化工企业 4 月份应缴纳的消费税税额为(　　)元。

    A. 21000　　　　　B. 22200　　　　　C. 24570　　　　　D. 25770

21. 我国消费税对不同应税消费品采用了不同的税率形式。下列应税消费品种，适用复合计税方法计征消费税的是(　　)。

    A. 粮食白酒　　　B. 酒精　　　　C. 成品油　　　　D. 摩托车

22. 根据消费税法律制度的规定，纳税人销售应税消费品，采取赊销和分期收款结算方式的，其纳税义务的发生时间为(　　)。

    A. 发生应税消费品的当天　　　　　　B. 取得全部价款的当天

    C. 销售合同规定的收款日期的当天　　D. 每一期纳税人销售应税货物

23. 根据《消费税暂行条例》的规定，纳税人自产的用于下列用途的应税消费品中，不需要缴纳消费税的是(　　)。

    A. 用于赞助的消费品　　　　　　　　B. 用于职工福利的消费品

    C. 用于广告的消费品　　　　　　　　D. 用于连续生产应税消费品的消费品

24. A 酒厂 3 月份委托 B 酒厂生产酒精 30 吨，一次性支付加工费 9500 元。已知 A 酒厂提供原料的成本为 57000 元，B 酒厂无同类产品销售价格，酒精适用的消费税税率为 5%，则该批酒精的消费税组成计税价格是(　　)元。

    A. 50000　　　　　B. 60000　　　　　C. 70000　　　　　D. 63333.331

25. 某外贸进出口公司 2005 年 3 月进口 100 辆小轿车，每辆车关税完税价格为人民币 14.3 万元，缴纳关税 4.1 万元。已知小轿车适用的消费税税率为 8%。该批进口小轿车应缴纳的消费税为(　　)万元。

    A. 76　　　　　　B. 87　　　　　　C. 123　　　　　D. 160

26. 某酒厂为增值税一般纳税人，2009 年 4 月销售粮食白酒 4000 斤，取得销售收入 14040 元(含增值税)。已知粮食白酒消费税定额税率为 0.5 元/斤，比例税率为 25%。该酒厂 4 月份应缴纳的消费税为(　　)元。

    A. 6229.92　　　　B. 5510　　　　　C. 5000　　　　　D. 4000

27. 应缴纳消费税的委托加工物资收回后用于连续生产应税消费品的，按规定准予抵扣的由受托方代扣代缴的消费税，应当计入(　　)。

    A. 生产成本　　B. 应交税金　　　C. 主营业务成本　　D. 委托加工物资

28. 某企业将自产的一批应税消费品(非金银首饰)用于在建工程。该批消费品成本为 750 万元，计税价格为 1250 万元，适用的增值税税率为 17%，消费税税率为 10%。计入在建工程成本的金额为(　　)万元。

    A. 875　　　　　B. 962.5　　　　　C. 1087.5　　　　D. 1587.5

29. 下列各项中，与我国现行出口应税消费品的退（免）消费税政策不符的是（　　）。

　　A. 免税但不退税　　　　　　　　　B. 不免税也不退税

　　C. 不免税但退税　　　　　　　　　D. 免税并退税

30. 某汽车轮胎厂为增值税一般纳税人，下设一非独立核算的门市部，2000 年 8 月该厂将生产的一批汽车轮胎交门市部，计价 60 万元。门市部将其零售，取得含税销售额 77.22 万元。汽车轮胎的消费税税率为 10%，该项业务应缴纳的消费税为（　　）万元。

　　A. 5.13　　　　　　B. 6　　　　　　C. 6.60　　　　　　D. 7.72

31. 下列各项中，符合消费税纳税义务发生时间规定的是（　　）。

　　A. 进口的应税消费品，为取得进口货物的当天

　　B. 自产自用的应税消费品，为移送使用的当天

　　C. 委托加工的应税消费品，为支付加工费的当天

　　D. 采取预收货款结算方式的，为收到预收款的当天

32. 下列各项中，符合消费税法有关应按当期生产领用数量计算准予扣除外购的应税消费品已纳消费税税款规定的是（　　）。

　　A. 外购已税白酒生产的药酒

　　B. 外购已税化妆品生产的化妆品

　　C. 外购已税白酒生产的巧克力

　　D. 外购已税珠宝玉石生产的金银镶嵌首饰

33. 现行消费税的计税依据是指（　　）。

　　A. 含消费税而不含增值税的销售额　　　B. 含消费税且含增值税的销售额

　　C. 不含消费税而含增值税的销售额　　　D. 不含消费税也不含增值税的销售额

34. 下列项目中，属于消费税"化妆品"税目征收范围的是（　　）。

　　A. 演员用的油彩　　　　　　　　　B. 演员用的卸妆油

　　C. 演员化妆用的头发漂白剂　　　　D. 演员化妆用的眉笔

35. 按照现行消费税制度规定，下列说法正确的是（　　）。

　　A. 委托加工的卷烟按照委托方同规格卷烟的征税类别和适用税率征税

　　B. 残次品卷烟一律按照丙类卷烟税率征税

　　C. 白包卷烟不分征税类别一律按照甲类卷烟税率征税

　　D. 手工卷烟不分征税类别一律按照乙类卷烟税率征税

36. 某日化厂既生产化妆品又生产护肤护发品，为了扩大销路，该厂将化妆品和护肤护发品组成礼品盒销售，当月销售化妆品取得收入 0.85 万元，销售护肤品取得收入 0.68 万元，销售礼品盒取得收入 1.2 万元，上述收入均不含增值税。该企业应缴纳的消费税为（　　）万元。

　　A. 0.6694　　　　　B. 0.2550　　　　　C. 0.3600　　　　　D. 0.0544

37. 金银首饰与其他产品组成成套消费品销售的，计算征收消费税的依据是（　　）。

　　A. 组成计税价格　　　　　　　　　B. 销售全额

　　C. 金银首饰的销售额　　　　　　　D. 购销差额

38. 按照现行消费税制度规定，卷烟由于接装过滤嘴，改变包装或其他原因提高销售价格后，征税的方法是按（　　　）。

    A. 原销售价格征税

    B. 新的销售价格确定征税类别和适用税率征税

    C. 新的销售价格征税，但不相应提高征税类别和适用税率

    D. 原销售价格征税，差价按新税率征税

39. 纳税人采用以旧换新方式销售的金银首饰，其征收消费税的计税依据是（　　　）。

    A. 同类新金银首饰的销售价格　　　　B. 实际收取的含增值税的全部价款

    C. 实际收取的不含增值税的全部价款　　D. 同期新金银首饰的含税销售价格

40. 某白酒厂用粮食酒精勾兑白酒销售，当月取得销售额 480 万元（不含税），当月初库存外购粮食酒精余额为 90 万元，当月购进粮食酒精 110 万元，月末库存外购粮食酒精 20 万元。该厂当月应缴纳的消费税是（　　　）万元。

    A. 121　　　　　　B. 111　　　　　　C. 129　　　　　　D. 120

41. 某摩托车制造厂为一摩托车越野赛提供赞助，无偿赠送比赛单位摩托车 10 辆，每辆市场售价 5.85 万元（含增值税），按规定摩托车制造厂应缴纳的消费税是（　　　）万元（消费税率为 10%）。

    A. 5　　　　　　　B. 5.85　　　　　　C. 10　　　　　　D. 12

42. 下列各项需缴纳消费税的有（　　　）。

    A. 委托加工的应税消费品（受托方已代收代缴消费税），委托方收回后直接销售的

    B. 自产自用的应税消费品，用于连续生产应税消费品的

    C. 有出口经营权的生产性企业生产的应税消费品直接出口的

    D. 自产自用的应税消费品用于生产非应税消费品的

43. 某汽车制造厂（一般纳税人）2009 年 9 月经营情况如下：购进生产用原材料取得增值税专用发票上注明的增值税为 3623800 元；购进纪念品一批发给职工作为"十一"的节日礼物，取得增值税专用发票上注明的增值税为 8900 元；从小规模纳税人购进低值易耗品一批，普通发票上注明的价款为 7890 元，货物均已验收入库。销售自产轿车（排量 2.0 升）58 辆，销售自产载重汽车 56 辆。其他业务：将自产轿车 40 辆向某汽车租赁公司进行投资，双方协议投资作价 120000 元/辆；将自产轿车 3 辆作为本企业固定资产；将自产轿车 4 辆作为专车配给对企业发展有突出贡献的专家。该企业生产的上述轿车不含税售价为 180000 元/辆，载重汽车不含税售价为 58000 元/辆，成本利润率为 8%，消费税税率为 5%。该企业上述企业税务处理正确的有（　　　）。

    A. 应缴纳增值税 141360 元，应缴纳消费税 945000 元

    B. 应缴纳增值税 181200 元，应缴纳消费税 1771840 元

    C. 应缴纳增值税 141360 元，应缴纳消费税 1701000 元

    D. 自产（排量 2.0 升）轿车 4 辆作为专车配给专家的车辆不缴纳消费税

44. 某小轿车生产企业为增值税一般纳税人，2009 年 12 月生产并销售小轿车 300 辆，每辆含税销售价格 17.55 万元，适用消费税税率 9%，经审查该企业生产的小轿车

已达到减征消费税的国家标准。该企业 12 月份应缴纳消费税(　　)万元。

A. 243　　　　　　B. 283.5　　　　　　C. 364.5　　　　　　D. 405

45. 某公司将自制产品作为职工福利发放，该产品成本 100 万元，核定的利润 40 万元，适用 30% 的消费税税率，则该产品应缴纳消费税(　　)万元。

A. 12　　　　　　B. 30　　　　　　C. 60　　　　　　D. 42

46. 根据现行消费税法律制度的规定，纳税人对外购下列已税消费品用于连续生产应税消费品的，其已缴纳的消费税税款不能从应缴纳的消费税税额中抵扣的是(　　)。

A. 外购已税烟丝为原料生产的卷烟　　　B. 外购已税汽车轮胎生产的小轿车

C. 外购已税化妆品为原料生产的化妆品　D. 外购已税摩托车生产的摩托车

47. 下列各项中，应征收消费税的是(　　)。

A. 某商店（一般纳税人）销售的啤酒

B. 某公司委托一日用品加工企业生产的高级竹筷

C. 某酒厂生产并销售给批发商的白酒

D. 某盐场将购进的液体盐继续加工成固体盐

48. 根据消费税法律制度的规定，对部分应税消费品实行从量定额和从价定率相结合的复合计税办法。下列各项中，属于实行复合计税办法的消费品有(　　)。

A. 化妆品　　　　B. 烟丝　　　　　C. 卷烟　　　　　D. 高档手表

49. 企业销售实现时计提消费税的会计分录为(　　)。

A. 借：营业税金及附加

　　　　贷：应交税费——应交消费税

B. 借：应交税费——应交消费税

　　　　贷：银行存款

C. 借：销售费用

　　　　贷：应交税费——应交消费税

D. 借：销售费用

　　　　贷：银行存款

50. 委托加工应税消费品委托方收回后直接用于销售，支付代扣代缴消费税的会计分录为(　　)。

A. 借：委托加工物资

　　　　贷：银行存款

B. 借：营业税金及附加

　　　　贷：银行存款

C. 借：应交税费——应交消费税

　　　　贷：银行存款

D. 借：代扣税金——代扣消费税

　　　　贷：银行存款

51. 委托加工应税消费品委托方收回后连续生产应税消费品，支付代扣消费税的会计分录为(　　)。

A. 借：委托加工物资

　　贷：银行存款

B. 借：营业税金及附加

　　贷：银行存款

C. 借：应交税费——应交消费税

　　贷：代扣税金——代扣消费税

D. 借：代扣税金——代扣消费税

　　贷：银行存款

52. 受托加工应税消费品受托方收取代扣代缴消费税的会计分录为(　　)。

A. 借：银行存款

　　贷：应交税费——应交消费税

B. 借：应交税费——应交消费税

　　贷：银行存款

C. 借：银行存款

　　贷：代扣税金——代扣消费税

D. 借：代扣税金——代扣消费税

　　贷：银行存款

53. 委托加工应税消费品的组成计税价格为(　　)。

A. (材料成本＋加工费)÷(1－消费税税率)

B. (成本＋利润)÷(1－消费税税率)

C. (材料成本＋加工费)÷(1＋消费税税率)

D. (成本＋利润)÷(1＋消费税税率)

54. 进口应税消费品组成计税价格为(　　)。

A. (关税完税价格＋关税)÷(1－消费税税率)

B. (关税完税价格＋关税)÷(1＋消费税税率)

C. (关税完税价格＋关税)×消费税税率

D. (关税完税价格－关税)÷(1－消费税税率)

55. 根据消费税法律制度的规定，下列消费品中，不属于消费税征税范围的是(　　)。

A. 汽车轮胎　　　　B. 网球及球具　　　　C. 烟丝　　　　　　D. 实木地板

二、多项选择题

1. 某酒厂生产的下列白酒，属于按粮食白酒税率征收消费税的有(　　)。

A. 以外购的不同品种的白酒勾兑的白酒

B. 用粮食、薯类等单种原料混合生产的白酒

C. 用甜菜为原料生产的白酒

D. 用山药为原料生产的白酒

2. 根据《消费税暂行条例》的规定，下列各项中，不应征收消费税的有(　　)。

A. 建材企业生产实木地板销售　　　　B. 外贸企业进口彩色电视机

C. 日化企业将自产化妆品用于职工福利　　D. 商业企业销售摩托车

3. 下列不属于消费税征税范围的是（   ）。

    A. 工业酒精   B. 痱子粉   C. 医用酒精   D. 爽身粉

4. 下列不属于"润滑油"的征收范围的是（   ）。

    A. 矿物性润滑油   B. 植物性润滑油

    C. 动物性润滑油   D. 化工原料合成润滑油

5. 甲卷烟厂（位于市区）为增值税一般纳税人，2009 年 12 月从农民手中收购烟叶，收购凭证上注明收购价 30000 元，支付运费 1000 元，装卸费 500 元，并取得了符合规定的运费发票；将购买的烟叶直接运往乙企业（位于县城，增值税一般纳税人）委托其加工烟丝，取得增值税专用发票，注明加工费 5000 元、增值税 850 元，乙企业代收代缴了消费税；甲卷烟厂将收回的烟丝的 20% 直接销售，取得不含税销售额 35000 元，80% 用于生产 A 牌卷烟，本月销售卷烟 17 箱（标准箱），取得不含税销售额 416500 元；企业职工浴池领用从小规模纳税人购进的取得普通发票的劳保用品，成本 8600 元，领用从一般纳税人购进的取得增值税专用发票和合法运输发票的煤炭，成本 34290 元（包括买价 30000 元，运输成本 2790 元，装卸费 1500 元）。对上述业务税务处理正确的有（   ）元（A 牌卷烟的不含增值税调拨价为 98 元/条，本月取得的发票均在本月认证并抵扣）。

    A. 甲卷烟厂本月转出进项税额 4138   B. 甲卷烟厂应缴纳的增值税 75077.5

    C. 甲卷烟厂应申报缴纳消费税 176986.89 D. 乙企业应代收代缴消费税 16235.14

6. 下列关于消费税纳税义务发生时间的问题，说法正确的有（   ）。

    A. 某金银珠宝店销售金银首饰 10 件，收取价款 25 万元，其纳税义务发生时间为收款的当天

    B. 某汽车厂采取赊销方式销售，其纳税义务发生时间为合同规定的收到货款的当天

    C. 某汽车厂采用托收承付结算方式销售汽车，其纳税义务发生时间为发出汽车并办妥托收手续的当天

    D. 某化妆品厂销售化妆品采用赊销方式，合同规定收款日为 5 月份，实际收到货款为 6 月份，纳税义务发生时间为 6 月份

7. 下列流转环节能够成为消费税不同应税产品的纳税环节的有（   ）。

    A. 批发环节   B. 进口环节   C. 零售环节   D. 生产销售环节

8. 纳税人销售应税消费品，以外汇结算销售额，计税时其销售额的人民币折合率可以选择（   ）国家外汇牌价。

    A. 上次申报纳税时的   B. 当月 1 日的

    C. 结算当天的   D. 事先确定并经税务机关核准的

9. 根据《消费税暂行条例》及其实施细则的规定，纳税人自产自用的应税消费品用于下列用途时，应缴纳消费税的有（   ）。

    A. 用于职工福利和奖励   B. 用于生产非应税消费品

    C. 用于生产应税消费品   D. 用于馈赠、赞助

10. 根据消费税法律制度的有关规定，纳税人外购和委托加工的特定应税消费品，用于继续生产应税消费品的，已缴纳的消费税税款准予从应纳消费税税额中抵扣。下列

各项中，可以抵扣已缴纳的消费税的有（　　）。

A. 外购的已税护肤品用于生产护肤品　　B. 外购的已税玉石用于生产首饰

C. 外购的已税汽车轮胎用于生产小汽车　D. 外购的已税烟丝用于生产卷烟

11. 根据消费税法律制度的规定，纳税人外购和委托加工的应税消费品，用于连续生产应税消费品的，已缴纳的消费税税款准予从应纳消费税税额中抵扣。下列各项中，可以抵扣已缴纳的消费税的有（　　）。

A. 委托加工收回的已税化妆品用于生产化妆品

B. 委托加工收回的已税玉石用于生产首饰

C. 委托加工收回的已税汽车轮胎用于生产小汽车

D. 委托加工收回的已税烟丝用于生产卷烟

12. 下列各项中，符合消费税纳税地点规定的有（　　）。

A. 委托加工的应税消费品，由委托方向所在地税务机关申报缴纳

B. 进口的应税消费品由进口人或其代理人向报关地海关申报缴纳

C. 纳税人的总机构与分支机构不在同一县（市）的，分支机构应回总机构申报缴纳

D. 纳税人到外县（市）销售自产应税消费品的，应回纳税人核算地或所在地申报缴纳

13. 某白酒生产企业与某商贸公司共同出资注册成立了一家白酒销售公司，并且以低于正常出厂价的价格向销售公司提供其生产的白酒用于销售。根据消费税有关规定，税务机关应调整其计税收入额。调整计税收入额时可以采用的方法有（　　）。

A. 按照双方协商确定的价格

B. 按照成本加合理的费用和利润

C. 按照再销售给无关联的第三者的价格

D. 按照独立企业之间进行相同业务活动的价格

14. 根据消费税法律制度的规定，下列各项中，应当缴纳消费税的有（　　）。

A. 销售白酒而取得的包装物作价收入　　B. 销售白酒而取得的包装物押金收入

C. 将自产白酒作为福利发给本厂职工　　D. 使用自产酒精生产白酒

15. 下列各项中，可按委托加工应税消费品的规定征收消费税的有（　　）。

A. 受托方代垫原料，委托方提供辅助材料的

B. 委托方提供原料和主要材料，受托方代垫部分辅助材料的

C. 受托方负责采购委托方所需原材料的

D. 委托方提供原料、材料和全部辅助材料的

16. 根据消费税法律制度的规定，对部分应税消费品实行从量定额和从价定率相结合的复合计税办法，下列各项中，属于实行复合计税办法的消费品有（　　）。

A. 卷烟　　　　　　B. 烟丝　　　　　　C. 粮食白酒　　　　D. 薯类白酒

17. 根据《消费税暂行条例》的规定，下列各项中，属于消费税征收范围的有（　　）。

A. 卷烟　　　　　　B. 化妆品　　　　　C. 自行车　　　　　D. 小汽车

18. 根据消费税法律制度的规定，下列各项中，适用从量定额与从价定率相结合的复合

计税方法的有(　　)

  A. 汽油　　　　　　B. 卷烟　　　　　　C. 薯类白酒　　　　D. 啤酒

19. 纳税人销售的卷烟价格经常上下浮动的,应以该牌号规格卷烟销售当月的加权平均销售价格确定征税类别和适用税率,但下列情况中不应采用加权平均计算方法的有(　　)。

  A. 赠送关系户的无销售价格的卷烟　　　B. 分给职工的价格明显偏低的卷烟

  C. 按批发价格销售给烟酒公司的卷烟　　　D. 按出厂价格销售给某招待所的卷烟

20. 下列情况,应按照受托方销售自制应税消费品对待征收增值税的有(　　)。

  A. 由受托方提供原材料生产的应税消费品

  B. 委托方提供原材料,受托方收取加工费加工的应税消费品

  C. 受托方先将原材料卖给委托方,然后再加工的应税消费品

  D. 受托方以委托方名义购进原材料生产的应税消费品

21. 下列包装物押金应征消费税的有(　　)。

  A. 盛装盐酸的坛子,单独收取包装物押金,6个月后坛子收回,押金返还

  B. 工业专用的容器,单独收取包装物押金,14个月后容器收回,押金返还

  C. 白酒专用的瓶子,单独收取包装物押金,两个月后瓶子收回,押金返还

  D. 工业专用的容器,单独收取的包装物押金不再退还

22. 实行从价定率法征收进口消费税的,其组成计税价格为(　　)。

  A. 关税完税价格+关税

  B. 关税完税价格+关税+消费税

  C. 关税完税价格+关税+消费税+增值税

  D. (关税完税价格+关税)÷(1-消费税税率)

23. 自产应税消费品用于(　　),应按视同销售计征消费税。

  A. 作为福利发给职工　　　　　　B. 连续生产应税消费品

  C. 连续生产非应税消费品　　　　D. 广告样品

24. 消费税中实行从量定额和从价定率相结合计算应纳税额办法的有(　　)。

  A. 卷烟　　　　　　B. 粮食白酒　　　　C. 黄酒　　　　D. 薯类白酒

25. 纳税人自产自用的应税消费品,用于(　　)的应缴纳消费税。

  A. 在建工程　　　　　　　　　　B. 职工福利

  C. 管理部门　　　　　　　　　　D. 连续生产应税消费品

26. 下列应税消费品中实行从量征税的有(　　)。

  A. 啤酒　　　　　　B. 游艇　　　　　　C. 成品油　　　　D. 白酒

27. 下列项目中,应当征收消费税的有(　　)。

  A. 木制一次性筷子　　　　　　　B. 2000元以上的高档手表

  C. 高档护肤护发品　　　　　　　D. 游艇

28. 酒类企业中的关联企业不按照独立企业之间的业务往来作价,税务机关按照规定调整其消费税计税收入额时,可以采用的方法有(　　)。

  A. 按照成本加合理的费用和利润

    B. 按照独立企业之间进行相同业务活动的价格

    C. 按照企业开具的增值税专用发票上注明的销售价格

    D. 按照再销售给无关联关系的第三者的价格所取得的收入

29. 下列各项中，符合应税消费品销售数量规定的有(　　)。

    A. 生产销售应税消费品的，为应税消费品的销售数量

    B. 自产自用应税消费品的，为应税消费品的生产数量

    C. 委托加工应税消费品的，为纳税人收回的应税消费品数量

    D. 进口应税消费品的，为海关核定的应税消费品进口征税数量

30. 根据消费税法律制度的规定，纳税人用于(　　)的应税消费品，应当以纳税人同类应税消费品的最高销售价格作为计税依据计算征收消费税。

    A. 换取生产资料　　　　B. 换取消费资料　　　　C. 投资入股　　　　　　D. 抵偿债务

31. 应税消费品在视同销售情况下，其组成计税价格的计算公式为(　　)。

    A. 组成计税价格＝〔成本×（1＋成本利润率）〕÷（1－消费税税率）

    B. 组成计税价格＝〔成本×（1＋10％）〕÷（1－消费税税率）

    C. 组成计税价格＝（成本＋利润）÷（1＋消费税税率）

    D. 组成计税价格＝（成本＋利润）÷（1－消费税税率）

32. 某汽车制造厂将自产的一辆小汽车用于在建工程的会计分录(　　)。

    A. 借：在建工程

         贷：库存商品

            应交增值税（销项税额）

    B. 借：在建工程

         贷：应交税费——应交消费税

    C. 借：营业税金及附加

         贷：应交税费——应交消费税

    D. 借：在建工程

         贷：库存商品

三、判断题

1. 从其他工商企业购进的已税消费品，用于继续生产应税消费品销售的，在计征消费税时，生产耗用的外购应税消费品的已纳消费税税款准予扣除。(　　)

2. 消费税纳税人销售的应税消费品，如因质量等原因由购买者退回时，经所在地主管税务机关审核批准后，可以直接抵减其应缴纳的消费税税额。(　　)

3. 外贸企业只有受其他外贸企业委托，代理出口应税消费品才可办理消费税的退税。(　　)

4. 纳税人除委托个体经营者加工应税消费品一律于委托方收回后在委托方所在地缴纳消费税外，其余的委托加工应税消费品均由受托方在向委托方交货时代收代缴消费税。(　　)

5. 出口应税消费品的消费税退税率为该应税消费品的消费税税率。(　　)

6. 包装物已作价随同应税消费品销售，又另外收取押金并在规定期限内未予退还的押

金，不应并入应税消费品的销售额计征消费税。（　　　）

7. 委托加工的应税消费品，受托方在交货时已代收代缴消费税，委托方收回后直接出售的，不再征收消费税。（　　　）

8. 我国现行税法规定，纳税人用于抵偿债务的应税消费品，应当以纳税人生产同类应税消费品的最高销售价格作为计税依据计算消费税。（　　　）

9. 企业应将不同消费税税率的出口应税消费品分开核算和申报退税，凡划分不清适用税率的，一律从低适用税率计算应退消费税税额。（　　　）

★10. 某卷烟厂通过自设独立核算门市部销售自产卷烟，应当按照门市部对外销售额或销售数量计算征收消费税。（　　　）（2009 年）

四、计算题

1. 某卷烟厂委托某烟丝加工厂加工一批烟丝，委托方提供的材料成本为 76000 元，由受托方支付的辅助材料价值为 12000 元，卷烟厂提货时支付的加工费用为 4500 元，计算烟丝加工厂应代扣代缴的消费税额（已知烟丝的消费税税率为 30%）。

2. 甲企业委托乙企业加工一批应税消费品，受托加工合同上注明甲企业提供原材料的实际成本为 7000 元；支付乙企业加工费 2000 元，其中包括乙企业代垫的辅助材料 500 元。该批消费品的消费税税率为 10%。计算乙企业代收代缴的消费税税额。

3. 某日化厂 2009 年 10 月份发生以下各项业务：

（1）从国外进口一批化妆品香粉，关税完税价格为 60000 元，缴纳关税为 35000 元。

（2）以价值 80000 元的原材料委托他厂加工防皱化妆品，支付加工费 55000 元，该批加工产品已收回（防皱化妆品受委托方没有同类货物价格可以参照）。

（3）用价值为 68000 元的护肤护发品与价值 32000 元的防皱化妆品组成精美的礼品盒销售，共得价款 120000 元。

化妆品消费税税率为 30%，护肤护发品消费税税率为 17%。

根据上述业务回答下列问题（每题的备选项中，只有 1 个最符合题意）：

（1）该日化厂进口香粉应缴纳消费税为（　　　）元。

    A. 135714　　B. 73076　　　　C. 40714　　　　D. 25714

（2）委托加工应税消费品的计税价格为（　　　）元。

    A. 266666　　B. 450000　　　C. 78571　　　　D. 192857

（3）组成礼品盒销售应缴纳消费税为（　　　）元。

    A. 6000　　　B. 36000　　　　C. 20400　　　　D. 21160

（4）该日化厂 2009 年 10 月份应缴纳消费税为（　　　）元。

    A. 269571　　B. 239731　　　C. 134571　　　D. 119731

4. 某企业 2009 年 3 月份发生下列业务：

（1）从国外进口一批 A 类化妆品，关税完税价格为 820000 元，已缴纳关税 230000 元。

（2）委托某工厂加工 B 类化妆品，提供原材料价值 68000 元，支付加工费 2000 元，该批加工产品已收回（受托方没有 B 类化妆品同类货物价格）。

（3）销售本企业生产的 C 类护肤品，取得销售额 580000 元（不含增值税）。

（4）"三八"妇女节，向女职工发放 C 类护肤品，计税价格 8000 元（不含增值税）。

其他相关资料：A 类、B 类化妆品适用的消费税税率均为 30%，C 类护肤品适用的消费税税率为 8%。

要求：

（1）计算 A 类化妆品应缴纳的消费税。

（2）计算 B 类化妆品应缴纳的消费税。

（3）计算 C 类护肤品应缴纳的消费税。

（4）计算该企业 3 月份应缴纳的消费税。

5. 某化工公司是增值税一般纳税人，生产护肤护发品。2009 年 4 月 6 日，该公司向当地税务机关申报纳税，结清 3 月份应缴纳税款。4 月 20 日，税务机关在对该公司 3 月份纳税情况实施税务稽核时，发现以下情况：

（1）连同护肤护发品一同销售的特制包装盒收入（含增值税）9360 元，未纳入增值税、消费税销售额中。生产特制包装盒发生的进项税额已在 3 月份销项税额中抵扣。

（2）外购一批用于生产护肤护发品的原料并验收入库，支付货款（含增值税）35100 元，取得对方开具的增值税专用发票上注明的增值税额为 5100 元。经核查，该批原料因管理不善已被盗，但其进项税额已从 3 月份销项税额中抵扣。

（3）将新开发的×牌洗发露 40 箱作为样品用于新产品发布会，会后全部赠送与会人员，该批样品未计入销售收入。生产该批样品发生的进项税额已在 3 月份销项税额中抵扣。×牌洗发露每箱市场销售价格（含增值税）315.9 元。

已知：护肤护发品适用的增值税税率为 17%，消费税税率为 8%。

要求：

（1）计算该公司 3 月份应补缴的增值税税额。

（2）计算该公司 3 月份应补缴的消费税税额。

五、综合业务题

1. 江南汽车制造厂为增值税一般纳税人，生产制造和销售小汽车。2009 年 5 月份发生如下业务：

（1）购进生产用钢材，取得税控防伪增值税专用发票注明价款 600 万元，增值税 102 万元，专用发票已通过税务机关认证。

（2）委托建新加工厂加工汽车轮胎 20 件，委托合同注明成本为每件 200 元，取得税控防伪增值税专用发票上注明支付加工费 3000 元，税款 510 元（专用发票已通过税务机关认证）；收回后，有 12 件对外销售，每件不含税价格为 300 元，其余 8 件用于本企业小汽车的装配。

（3）本月制造普通小汽车 150 辆，其中 10 辆转作固定资产自用，20 辆偿还贷款，其余全部销售。

（4）本月还特制 5 辆小汽车用于奖励为企业做出特殊贡献的技术人才。

已知：普通小汽车不含税销售价格为每辆 12 万元，特制小汽车生产成本为每辆 7 万元，小汽车的成本利润率为 8%，小汽车适用的消费税税率为 3%，汽车轮胎消费税税率为 3%。

要求：

（1）计算加工厂代收代缴的消费税。

（2）计算销售汽车轮胎应缴纳的消费税。

（3）计算纳税人当月应缴纳的消费税。

（4）计算纳税人当月应缴纳的增值税。

2. 有进出口经营权的某外贸公司，2009 年 10 月份发生以下经营业务：

（1）经有关部门批准从境外进口小轿车 30 辆，每辆小轿车买价 15 万元，运抵我国海关前发生的运输费用、保险费用无法确定，经海关查实其他运输公司相同业务的运输费用占货价的比例为 2%。向海关缴纳了相关税款，并取得了完税凭证。

公司委托运输公司将小轿车从海关运回本单位，支付运输公司运输费用 9 万元，取得了运输公司开具的普通发票。当月售出 24 辆，每辆取得含税销售额 40.95 万元，公司将两辆作为本企业固定资产使用。

（2）月初将上月购进的库存材料价款 40 万元，经海关核准委托境外公司加工一批货物，月末该批加工货物在海关规定的期限内复运进境供销售，支付给境外公司的加工费 20 万元，进境前的运输费和保险费共 3 万元。向海关缴纳了相关税款，并取得了完税凭证（提示：小轿车关税税率 60%、货物关税税率 20%、增值税税率 17%、消费税税率 8%）。

要求：

（1）计算小轿车在进口环节应缴纳的关税、消费税和增值税。

（2）计算加工货物在进口环节应缴纳的关税、增值税。

（3）计算国内销售环节应缴纳的增值税。

3. 某商贸公司为增值税一般纳税人，并具有进出口经营权，2009 年 3 月份发生相关经营业务如下：

（1）从国外进口小轿车一辆，支付买价 400000 元、相关费用 30000 元，支付到达我国海关前的运输费用 40000 元、保险费用 20000 元。

（2）将生产中使用的价值 500000 元设备运往国外修理，出境时已向海关报明，支付给境外的修理费用 50000 元，料件费 100000 元，并在海关规定的期限内收回了该设备。

（3）从国外进口卷烟 80000 条（每条 200 支），支付买价 2000000 元，支付到达我国海关前的运输费用 120000 元，保险费用 80000 元（进口关税税率均为 20%、小轿车消费税税率 8%）。

要求：

（1）计算进口小轿车、修理设备和进口卷烟应缴纳的关税。

（2）计算小轿车在进口环节应缴纳的消费税。

（3）计算卷烟在进口环节应缴纳的消费税。

（4）计算小轿车、修理设备和卷烟在进口环节应缴纳的增值税。

4. 某市大型商贸公司为增值税一般纳税人，兼营商品加工、批发、零售和进出口业务，2009 年 12 月份相关经营业务如下：

（1）进口化妆品一批，支付国外的买价 220 万元、国外的采购代理人佣金 6 万元、国外的经纪费 4 万元；支付运抵我国海关地前的运输费用 20 万元、装卸费用和保险费用 11 万元；支付海关地再运往商贸公司的运输费用 8 万元、装卸费用和保险费用 3 万元。

（2）受托加工化妆品一批，委托方提供的原材料不含税金额 86 万元，加工结束向委托方开具普通发票收取加工费和添加辅助材料的含税金额共计 46.8 万元，该化妆品商贸公司当地无同类产品市场价格。

（3）收购免税农产品一批，支付收购价款 70 万元、运输费用 10 万元，当月将购回免税农产品的 30% 用于公司饮食部。

（4）购进其他商品，取得增值税专用发票，支付价款 200 万元、增值税 34 万元，支付运输单位运输费用 20 万元，待货物验收入库时发现短缺商品金额 10 万元（占支付金额的 5%），经查实应由运输单位赔偿。

（5）将进口化妆品的 80% 重新加工制作成套装化妆品，当月销售给其他商场并开具增值税专用发票，取得不含税销售额 650 万元；直接销售给消费者个人，开具普通发票，取得含税销售额 70.2 万元。

（6）销售除化妆品以外的其他商品，开具增值税专用发票，应收不含税销售额 300 万元，由于月末前可将全部货款收回，给所有购货方的销售折扣比例为 5%，实际收到金额 285 万元。

（7）取得化妆品的逾期包装押金收入 14.04 万元（关税税率为 20%，化妆品消费税税率为 30%；当月购销各环节所涉及的票据符合税法规定，并经过税务机关认证）。

要求：

（1）分别计算该公司进口环节应缴纳的关税、消费税、增值税。

（2）计算该公司加工环节应代扣代缴的消费税、城市维护建设税和教育费附加。

（3）计算该公司国内销售环节应缴纳的消费税。

（4）计算该公司国内销售环节实现的销项税额。

（5）计算该公司国内销售环节准予抵扣的进项税额。

5. 某卷烟厂为增值税一般纳税人，2009 年生产经营情况如下：

（1）2009 年期初库存外购已税烟丝 80 万元，当年外购已税烟丝取得增值税专用发票，注明支付货款金额 1200 万元、进项税额 204 万元，烟丝全部验收入库。

（2）1～5 月领用外购已税烟丝 400 万元，生产卷烟 1500 箱（标准箱，下同），全部对外销售，取得含税销售额 4563 万元。支付销货运输费用 60 万元，取得运输单位开具的普通发票。

（3）6～12 月领用外购已税烟丝 850 万元，生产卷烟 3500 箱，销售 3000 箱给某烟草批发公司，开具增值税专用发票，不含税销售额 7500 万元。

（4）经烟草专卖机关批准，9 月签订委托代销协议，委托某商场代销卷烟 200 箱，每箱按不含税销售额 2.6 万元与商场结算。为了占领销售市场，卷烟厂与商场商定以结算价为基数加价 3% 对外销售，另外，再按每箱结算价支付商场 2% 的代销手续费。11 月代销业务结束，双方按协议结算了款项，并开具了相应的合法票据（烟丝消费税税率为 30%；卷烟消费税税率 2009 年 1～5 月为 50%，从 2009 年 6 月 1 日起卷烟由比例税率调整为从量定额和从价定率相结合的复合计税办法,定额税率为每标准箱 150 元,比例税率为 45%)。

要求:

(1) 计算卷烟厂 2009 年应缴纳的增值税、消费税。

(2) 计算商场代销卷烟业务应缴纳的增值税、营业税。

6. 坐落在县城的某酒厂,被税务机关认定为增值税一般纳税人,2009 年 9 月份购销情况如下:

(1) 9 月 3 日,销售粮食白酒 100 箱,每箱单价 1280 元(开出增值税专用发票)。

(2) 9 月 5 日,用自制的粮食白酒泡制药酒,销售 50 箱,每箱单价 540 元(开出增值税专用发票)。

(3) 9 月 7 日,外购已税薯类白酒一批,买价为 6800 元(已取得增值税专用发票),当月已全部用于勾兑成散装白酒,该散装白酒销售额为 24000 元(开出普通发票),另收取包装物押金 1860 元,年内已返还。

(4) 9 月 11 日,外购酒瓶一批,增值税专用发票注明税款 1425 元;从农民手中直接收购玉米一批,收购凭证注明的价款为 3400 元。

(5) 9 月 20 日,用自制的粮食白酒 10 瓶做广告样品,20 瓶用于展览会做展品,50 瓶用于职工福利,正常销售价格为 25 元/瓶。

根据以上资料,回答下列问题:

(1) 对收取的白酒包装物押金征收的消费税为( )元。

    A. 0   B. 238.46   C. 56.02   D. 397.44

(2) 增值税的进项税额为( )元。

    A. 1425   B. 1520   C. 2921   D. 1156

(3) 增值税的应纳税额为( )元。

    A. 27526.44   B. 27255.78   C. 27571.98   D. 29291.44

(4) 消费税的应纳税额为( )元。

    A. 443218   B. 37495.38   C. 38276.92   D. 42565.38

7. 某摩托车制造厂为增值税一般纳税人,2009 年 8 月份,该厂购进用于摩托车生产的原材料,取得的增值税专用发票上注明的税款共 800 万元,销售摩托车取得销售收入 9000 万元(含增值税);兼营摩托车修理修配业务收入 30 万元(不含增值税),用于摩托车修理修配业务所购进的零部件、原材料等所取得的增值税专用发票上注明的税款共 4 万元;兼营摩托车租赁业务取得收入 50 万元。该厂分别核算摩托车销售、摩托车修理修配、摩托车租赁业务的营业额。

已知:该厂摩托车适用的消费税税率为 10%。

要求:分别计算该厂 8 月份应缴纳的增值税、消费税、营业税。

8. 某卷烟厂为增值税一般纳税人,2009 年 9 月份生产经营情况如下:

(1) 月初库存外购已税烟丝 80 万元,当月外购已税烟丝取得增值税专用发票,注明支付货款金额 1200 万元、进项税额 204 万元,烟丝全部验收入库。

(2) 本月生产领用外购已税烟丝 400 万元。

（3）生产卷烟 1500 箱（标准箱，下同），全部对外销售，取得含税销售额 4563 万元。支付销货运输费用 60 万元，取得运输单位开具的普通发票。

（4）销售外购已税烟丝 50 万元，开具普通发票（烟丝消费税税率为 30%；卷烟消费税定额税率为每标准箱 150 元，比例税率为 45%）。

要求：

（1）计算卷烟厂 9 月份准予扣除的进项税额。

（2）计算卷烟厂 9 月份应缴纳的增值税额。

（3）计算卷烟厂 9 月份生产领用烟丝应扣除的消费税额。

（4）计算卷烟厂 9 月份应缴纳的消费税。

★9. 某酒厂为增值税一般纳税人，主要从事粮食白酒的生产和销售业务。2008 年 8 月份该厂发生以下经济业务：

（1）5 日向农户购进免税粮食，开具的农业品收购发票上注明的价款为 50000 元，货款以现金支付。

（2）10 日外购一批包装材料，取得的增值税专用发票上注明的价款为 150000 元，增值税税额为 25500 元，货款已付。

（3）26 日销售粮食白酒 5 吨，不含增值税的销售价格为 60 元/斤，另外向购货方收取包装物租金 23400 元，款项已收讫。

已知：粮食白酒适用的增值税税率为 17%；粮食白酒适用的消费税比例税率为 20%，定额税率为 0.5 元/斤；免税粮食增值税的扣除率为 13%；7 月末该酒厂增值税留抵税额为零；农产品收购发票和增值税专用发票已经向税务机关认定：1 吨 = 2000 斤。

要求：

（1）计算该酒厂当月应缴纳的消费税税额。

（2）计算该酒厂当月可抵扣的增值税进项税额。

（3）计算该酒厂当月增值税销项税额。

（4）计算该酒厂当月应缴纳的增值税税额。（2009 年）

第四章　营业税

复习与思考题

一、名词术语解释

营业税　营业税的扣缴义务人　混合销售行为　兼营行为　计税营业额

二、简答题

1. 营业税的征税范围和增值税有什么区别和联系？
2. 营业税有哪些应税项目？
3. 营业税的扣缴义务人是如何规定的？
4. 建筑业应纳营业税额的计算有哪几种类型？
5. 混合销售行为、兼营行为如何计征营业税？
6. 营业税的会计处理是怎样的？

技能训练题

一、单项选择题

1. 某旅行社组织 50 人的旅游团赴太湖旅游，每人收取旅游费 2000 元。旅行社实际为每人支付住宿费 500 元，餐费 500 元，交通费 400 元，门票 80 元。已知旅游业营业税税率为 5%。该旅行社此次旅游业务应缴纳的营业税税额为(　　)元。

   A. 5000　　　　　B. 2500　　　　　C. 1500　　　　　D. 1300

2. 根据现行营业税规定，下列说法错误的是(　　)。

   A. 有线电视台收取的初装费，属于服务业征税范围

   B. 金融机构的出纳长款收入，不征收营业税

   C. 将自建的房屋对外销售，既要缴纳建筑业营业税，又要缴纳销售不动产营业税

   D. 无船承运业务收取的收入，属于服务业征税范围

3. 2009 年 3 月，甲房地产公司采用预收款方式将一栋自建写字楼出售给乙公司。合同规定销售价格为 3000 万元，当月乙公司预付了 1600 万元，余款在以后两个月内结清。已知销售不动产的营业税税率为 5%，甲公司 3 月份应缴纳的营业税为(　　)万元。

A. 150　　　　　　B. 80　　　　　　　C. 70　　　　　　　D. 0

4. 下列各项金融保险业务的营业税计税依据，表述正确的是（　　）。

　　A. 一般贷款业务的计税依据为利差收入

　　B. 转让股票的计税依据为卖出股票的全部收入

　　C. 金融中间业务的计税依据为佣金的全部收入

　　D. 融资租赁业务的计税依据为向承租者收取的全部价款

5. 某公司采用的经营方式为以承运人的身份接受托运人的货载，签发自己的提单或其他运输凭证，向托运人收取运费，通过国际船舶运输经营者完成国际海上货物运输，承担承运人责任，2006 年 10 月，向委托人收取的运输费为 120 万元、装卸费为 10 万元、保险费为 15 万元，支付给国家船舶运输公司的海运费为 100 万元，支付给海关的保管费为 10 万元，装卸费为 5 万元，则 2006 年 10 月，该企业应缴纳的营业税为（　　）万元。

　　A. 0.9　　　　　　B. 1.35　　　　　　C. 1.5　　　　　　D. 2.25

6. 关于营业税的计税依据，下列说法正确的是（　　）。

　　A. 个人销售不动产，因买方违约而取得的赔偿金，不征收营业税

　　B. 个人销售不动产，价款与折扣额在同一张发票上注明的，仍按全额征收营业税

　　C. 拍卖行应以向委托方收取的手续费计征营业税

　　D. 单位销售不动产发生退款，不允许退还已征税款

7. 单位将不动产无偿赠与他人，视同销售不动产征收营业税。其纳税义务发生时间为（　　）。

　　A. 将不动产交付对方使用的当天　　　　B. 不动产所有权转移的当天

　　C. 签订不动产赠与文书的当天　　　　　D. 承受不动产人缴纳契税的当天

8. 纳税人提供的应税劳务发生在外县（市），应向（　　）主管税务机关申报纳税。

　　A. 机构所在地　　　B. 劳务发生地　　　C. 居住地　　　　D. 注册地

9. "快捷"搬家公司取得劳务收入 5 万元，则应比照（　　）税目征收营业税。

　　A. 交通运输——陆路运输　　　　　　　B. 交通运输——装卸运输

　　C. 服务业——代租业　　　　　　　　　D. 服务业——租赁业

10. 下列项目中，属于营业税中金融保险业征收范围的是（　　）。

　　A. 金融机构销售支票　　　　　　　　　B. 典当业销售死当物品

　　C. 销售金银　　　　　　　　　　　　　D. 邮政储蓄

11. 2009 年 3 月，某音乐茶座门票收入 1 万元，台位费、点歌费等收入 5 万元，茶水、烟酒、饮料收入 12 万元；发生工资性支出 1.8 万元，水电费以及购买烟酒等支出 3.6 万元。已知当地娱乐业适用的营业税税率为 15%。该音乐茶座 3 月份应缴纳的营业税税额为（　　）万元。

　　A. 0.15　　　　　　B. 0.9　　　　　　C. 1.89　　　　　　D. 2.7

12. 根据我国《营业税暂行条例》的规定，下列各项中，应当缴纳的营业税为（　　）万元。

　　A. 某网络公司买卖股票取得收入 8　　　B. 某旅行社从事旅游业务取得收入 20

C. 某修理厂从事汽车修理取得收入 1.2　　D. 某商场批发、零售商品取得收入 3

13. 根据营业税法律制度的规定，下列各项收入中，免征营业税的是( )。
    A. 某科研单位取得的技术转让收入
    B. 某冰箱厂取得的商标权转让收入
    C. 某房地产公司取得的商品房销售收入
    D. 某歌厅为顾客提供娱乐服务取得的收入

14. 根据《营业税暂行条例》及其实施细则规定，下列各项中，不属于营业税征收范围的是( )。
    A. 金融保险业　　　B. 修理修配业　　　C. 文化体育业　　　D. 建筑业

15. 2009 年 3 月，某县邮政局发生以下经济业务：传递函件、包件取得收入 3 万元，报刊发行收入 9 万元，邮务物品销售和其他邮政业务收入 8 万元；发生工资等支出 6 万元。已知邮政局适用的营业税税率为 3%。该邮政局 3 月份应缴纳的营业税为( )万元。
    A. 0.42　　　　B. 0.60　　　　C. 1.00　　　　D. 1.18

16. 根据《营业税暂行条例》的规定，下列各项中，属于营业税征收范围的是( )。
    A. 销售货物　　　　　　　　　B. 进口货物
    C. 转让无形资产　　　　　　　D. 提供修理修配劳务

17. 根据《营业税暂行条例》的规定，纳税人销售不动产，其申报缴纳营业税的地点是( )。
    A. 纳税人居住地　　　　　　　B. 不动产所在地
    C. 纳税人经营所在地　　　　　D. 销售不动产行为发生地

18. 下列各项中，不属于营业税征收范围的是( )。
    A. 物业管理公司代供电部门收取电费取得的收入
    B. 金融机构实际收到的结算罚款、罚息收入
    C. 国家进出口银行办理出口信用保险业务取得的收入
    D. 拍卖行受理拍卖文物古董取得的手续费收入

19. 下列各项收入中，可以免征营业税的是( )。
    A. 电影发行单位取得的片租收入
    B. 个人出租自有住房取得的租金收入
    C. 企业按房改标准价向职工出售住房的收入
    D. 高等学校利用学生公寓为社会服务取得的收入

20. 某城市税务分局对辖区内一家内资企业进行税务检查时，发现该企业故意少缴营业税 58 万元，遂按相关执法程序对该企业做出补缴营业税、城建税和教育费附加并加收滞纳金（滞纳时间 50 天）和罚款（与税款等额）的处罚决定。该企业于当日接受了税务机关的处罚，补缴的营业税、城建税及滞纳金、罚款合计为( )元。
    A. 1215100　　　B. 1216115　　　C. 1241200　　　D. 1256715

21. 某建筑设计院中标后对一建筑工程项目负责设计，而未对该工程的施工进行承包，则对其取得的该工程的收入征收营业税时，适用的税目应为( )。

A. 建筑业——建筑　　　　　　　　　　B. 建筑业——其他工程作业

C. 服务业——代理服务　　　　　　　　D. 服务业——其他服务

22. 国内某建筑公司在他国承包了一项建筑工程，取得工程价款 3000 万元；在境内承包了一外商独资企业的建筑工程，取得工程价款 1500 万元；建设一幢办公楼自用，价值 1000 万元。该建筑公司应缴纳的营业税为（　　）万元。

A. 165　　　　　　B. 75　　　　　　C. 135　　　　　　D. 45

23. 某机械厂委托甲金属企业购钢材两批。一批为 100 吨，每吨购进价格 2000 元，增值税共 34000 元，甲将从销售方取得的专用发票转交给了机械厂并与机械厂结清了价税 234000 元；另外收取手续费 29250 元，开具了普通发票。另一批为 200 吨，每吨买价 2000 元，取得了增值税专用发票，甲企业以购进价向机械厂开具了增值税专用发票，另外收取手续费 29250 元，开具了普通发票。则该两批代购业务应缴纳的营业税为（　　）元。

A. 1462.5　　　　　B. 877.50　　　　C. 2925　　　　　D. 2500

24. 下列混合销售行为中，应缴纳营业税的是（　　）。

A. 钢窗厂生产钢窗并负责安装　　　　　B. 建筑公司建造并自用的办公楼

C. 电信局销售手机并提供网络服务　　　D. 福利彩票机构发行销售福利彩票

25. 王先生个人 2009 年 11 月 5 日以 23 万元购买一套普通住宅，2011 年 1 月 10 日以 30 万元将这套住宅卖掉。王先生应缴纳的营业税为（　　）万元。

A. 1.15　　　　　　B. 1.5　　　　　　C. 0.35　　　　　　D. 0

26. 某运输公司 3 月份取得运营收入 400 万元，另取得联运收入 200 万元，其中支付给其他承运单位承运费 100 万元，已知交通运输业适用的营业税税率为 3%，该公司当月应缴纳的营业税为（　　）万元。

A. 3　　　　　　　B. 12　　　　　　C. 15　　　　　　D. 18

27. 根据营业税法律制度的规定，下列各项中，应缴纳营业税的是（　　）。

A. 某商场销售烟酒　　　　　　　　　　B. 高某将闲置住房无偿赠与他人

C. 某房地产公司销售商品房　　　　　　D. 某服装厂加工服装

28. 乙建筑公司为甲企业下属的非独立核算单位，乙公司将建设完成的一栋楼房交由甲企业使用，乙公司与甲企业结算工程价款，则对乙公司应（　　）。

A. 免征营业税

B. 按建筑业税目征收营业税

C. 按建筑业税目和销售不动产税目分别征收营业税

D. 按销售不动产税目征收营业税

29. 国内某海运公司某月在境内取得货运收入 800 万元，销售货物并负责运输取得收入为 100 万元；从境外某港口向境内某港口运输货物取得营业收入 1000 万元，由境内某港口向境外某港口运输货物共取得营业收入 1200 万元，其中转付给境外承运企业 600 万元。该海运公司应缴纳的营业税为（　　）万元。

A. 45　　　　　　　B. 42　　　　　　C. 72　　　　　　D. 60

30. 某展览馆 2009 年 2 月取得门票收入 1 万元，馆内设置的保龄球馆取得经营收入 8

万元，给某民间艺术团提供表演场地取得收入 0.8 万元，当地娱乐业营业税税率为 10%。该展览馆当月应缴纳的营业税为（　　）万元。

    A. 0.87　　　　　　B. 0.98　　　　　　C. 0.84　　　　　　D. 0.85

31. 甲歌舞团经与乙演出公司联系，在某文化活动中心连续演出，共取得门票收入 35 万元。根据协议规定，付给乙公司中介费 7 万元，付给文化活动中心 10 万元，乙公司应纳营业税为（　　）万元。

    A. 0.35　　　　　　B. 0.21　　　　　　C. 0.90　　　　　　D. 0.54

32. 某典当行某月取得死当物品销售收入 12 万元，抵押贷款利息及保管费收入 25 万元。该典当行当月应缴纳的营业税为（　　）万元。

    A. 2.96　　　　　　B. 1.85　　　　　　C. 2　　　　　　D. 1.25

33. 某广告经营公司某月份取得广告业务收入 18 万元，支付给其他单位广告制作费 5 万元，支付给电视台广告费 3 万元，收取广告赞助费 1 万元。该公司当月应缴纳的营业税为（　　）万元。

    A. 0.8　　　　　　B. 0.55　　　　　　C. 0.7　　　　　　D. 0.95

34. 纳税人将不动产无偿赠与他人的，其营业税纳税义务发生时间为（　　）。

    A. 不动产处置权转移的次日　　　　B. 不动产处置权转移的当天

    C. 不动产收益权转移的当天　　　　D. 不动产所有权转移的当天

35. 某饭店 2009 年 5 月取得住宿收入 50 万元，理发收入 2 万元，游艺收入 20 万元，卡拉 OK 歌舞厅收入 30 万元，餐厅收入 50 万元，代理服务手续费收入 2 万元，当地娱乐业营业税税率 10%。该饭店当月应缴纳的营业税为（　　）万元。

    A. 20.6　　　　　　B. 10.2　　　　　　C. 7.7　　　　　　D. 9.2

36. 某文化馆下乡文艺演出取得收入 5000 元，将其部分房产出租取得租金收入 3500 元，开设的歌厅取得收入 15000 元，设立的"电子游戏机"取得收入 20000 元，当地娱乐业营业税税率为 20%。该文化馆应缴纳的营业税为（　　）元。

    A. 7175　　　　　　B. 4325　　　　　　C. 7325　　　　　　D. 4175

37. 某企业以自有不动产作抵押向银行贷款，双方商定，借款人取得借款后，将不动产交与银行使用，以不动产租金抵充贷款利息。对该企业应（　　）。

    A. 按"金融业"税目征收营业税　　　B. 按"销售不动产"税目征收营业税

    C. 按"服务业"税目征收营业税　　　D. 不征收营业税

38. 下列经营者中属于营业税纳税人的是（　　）。

    A. 从事修理业的个人

    B. 将不动产无偿赠送他人的行政单位

    C. 生产并销售集邮商品的企业

    D. 发生货物销售并负责运输所售货物的生产单位

39. 纳税人从事运输业务，其营业税的纳税地点为（　　）。

    A. 机构所在地　　　　　　　　　　B. 劳务发生地

    C. 运输业务所经地　　　　　　　　D. 以上任选一地

40. 根据规定，营业税纳税人个人按次纳税的起征点为每次营业额（　　）。

A. 50 元   B. 100 元   C. 200 元   D. 500 元

41. 企业的应纳税额以人民币为计算单位，如果纳税人以外汇结算营业额，须按外汇市场价格折合成人民币计算。下列有关不同企业可以选择的折合率的说法，正确的是( )。

  A. 工业企业可以选择当月月末的国家外汇牌价

  B. 商业企业可以选择当月平均的国家外汇牌价

  C. 金融业可以选择当月月末人民银行公布的基准汇价

  D. 保险业可以选择当月月末人民银行公布的基准汇价

42. 下列各项中，应征收营业税的是( )。

  A. 保险公司取得的追偿款   B. 转让企业产权取得的收入

  C. 金融机构的出纳长款收入   D. 转让高速公路收费权取得的收入

43. 企业冲回多计的营业税，应作会计分录( )。

  A. 借：应交税费——应交营业税

     贷：营业税金及附加

  B. 借：银行存款

     贷：营业税金及附加

  C. 借：营业税金及附加

     贷：应交税费——应交营业税

  D. 借：应交税费——应交营业税

     贷：银行存款

★44. 下列关于金融业营业税计税营业额的确定方法中，符合营业税法律制度规定的是( )。(2009 年)

  A. 债券买卖业务，以卖出价减去买入价后的余额为营业额

  B. 融资租赁业务，以向承租者收取的全部价款和价外费用为营业额

  C. 一般贷款业务，以贷款利息收入减去借款利息支出后的余额为营业额

  D. 金融经纪业务，以金融服务手续费收入减去相关成本后的余额为营业额

二、多项选择题

1. 下列各项保险收入，应当缴纳营业税的有( )。

  A. 境内某保险公司为某公司境内财产提供的保险

  B. 境外某保险机构为某公司境内货物提供的保险

  C. 境内某保险公司为某外贸公司出口货物提供的保险

  D. 境内某保险公司开展的一年期以上的返还性人身保险

2. 2006 年 10 月张某按遗嘱继承父亲留下的住房一套，在办理营业税免税申请手续时，向税务机关提交的证明资料包括( )。

  A.《个人无偿赠与不动产登记表》   B. 遗嘱继承权公证书复印件

  C. 继承权公证书原件   D. 房产所有权证原件

3. 下列经营项目其营业额确定符合营业税规定的是( )。

  A. 从事安装工程作业所安装的设备价值作为安装工程价值的，其营业额应包括设备

　　价款

　　B. 娱乐业的营业额应包括门票收费、台位费、点歌费、烟酒和饮料收费及其他各项
　　　　收费

　　C. 纳税人以签订建设工程施工总承包方式开展经营活动时销售自产货物并同时提供
　　　　建筑业劳务，凡分别核算的，应分别缴纳增值税和营业税

　　D. 凡从事融资租赁业务的，其营业额为收取的全部价款和价外费用

4. 下列项目中，由《营业税条例》规定直接免征营业税的有（　　）。

　　A. 保险公司开展的一年期以上返还性人身保险业务的保费收入

　　B. 科研单位取得的技术转让收入

　　C. 残疾人员个人为社会提供的劳务

　　D. 学生勤工俭学提供的劳务

5. 下列各项中，免征营业税的有（　　）。

　　A. 房地产开发企业代收的住房专项维修基金

　　B. 电脑福利彩票投注点代销福利彩票取得的手续费收入

　　C. 保险企业取得的追偿款收入

　　D. 军队出租空余房产取得的租赁收入

6. 下列营业行为，纳税义务发生时间的表述正确的是（　　）。

　　A. 提供保险服务，为收到保险费的当天

　　B. 从事货物运输服务，为该货物运到目的地的当天

　　C. 从事房地产销售业务采用预收款方式的，为收到预收款的当天

　　D. 从事建筑安装服务，实行合同完成后一次性结算价款办法的，为工程竣工后与发
　　　　包单位进行价款结算的当天

7. 下列说法符合现行税法规定的是（　　）。

　　A. 增值税纳税人发生退货的，可以抵税，但不可退税

　　B. 消费税纳税人发生退货的，不可抵税，但可以退税

　　C. 营业税纳税人发生退款的，可以抵税，也可以退税

　　D. 上述说法都不正确

8. 下列各项中，属于营业税扣缴义务人的有（　　）。

　　A. 向境外联运企业支付运费的国内运输企业

　　B. 境外单位在境内发生应税行为而境内未设机构的，其代理人或购买者

　　C. 个人转让专利权的受让人

　　D. 分保险业务的初保人

9. 下列各项保险收入，应当缴纳营业税的有（　　）。

　　A. 境内某保险公司为某公司境内财产提供的保险

　　B. 境外某保险机构为某公司境内货物提供的保险

　　C. 境内某保险公司为某外贸公司出口货物提供的保险

　　D. 境内某保险公司开展的一年期以上的返还性人身保险

10. 下列各项中，符合营业税有关规定的有（　　）。

    A. 对娱乐业向顾客收取的各项费用可减除其销售商品的收入后计征营业税

    B. 拍卖行向委托方收取的手续费可减除拍卖过程中发生的费用后计征营业税

    C. 对参与提供跨省电信业务的电信部门按各自取得的全部价款为营业额计征营业税

    D. 对旅行社组织境外旅游收取的各项费用可减除其付给境外接团企业的费用后的余额计征营业税

11. 根据营业税法律制度的规定，下列各项中，应当缴纳营业税的有（　　　）。

    A. 销售房产　　　　　　　　　　　　B. 转让土地使用权

    C. 以房产投资入股　　　　　　　　　D. 以土地使用权投资入股

12. 根据营业税法律制度的规定，下列项目中，免征营业税的有（　　　）。

    A. 幼儿园提供的育养服务　　　　　　B. 学生勤工俭学所提供的劳务

    C. 航空运输部门提供的运输服务　　　D. 婚姻介绍所提供的婚姻介绍服务

13. 根据营业税法律制度的规定，下列确定营业额的方法中，正确的有（　　　）。

    A. 建筑工程实行分包或者转包的，以工程的全部承包额减去付给分包人或者转包人的工程价款后的余额为总承包人的营业额

    B. 保险业实行分保险的，以全部保费收入减去分给分保人的收入后的余额为初保人的营业额

    C. 单位或个人进行演出，以全部票价收入或者包场收入减去付给提供演出场所的单位、演出公司或者经纪人的费用后的余额为营业额

    D. 从事娱乐业经营的，以向顾客收取的费用总额为营业额（其中包括门票收费、台位费、点歌费、烟酒和饮料及其他费用）

14. 在营业税中，以营业收入减去一定的支出作为计税依据计征营业税的金融业务包括（　　　）。

    A. 转贷外汇业务　　　　　　　　　　B. 金融经纪业务

    C. 金融商品转让业务　　　　　　　　D. 抵押贷款业务

15. 按照现行营业税制度规定，下列行为应按服务业税目征收营业税的有（　　　）。

    A. 企业之间因拆借周转金而收取资金占用费

    B. 航空联运公司从事快件传递托运业务

    C. 民政部门取得社会福利彩票收入

    D. 建筑设计院进行工程设计

16. 在营业税中，关于金融保险业计税依据的下列说法，正确的有（　　　）。

    A. 金融机构的出纳长款收入，应并入营业额中计征营业税

    B. 金融商品转让以买卖差价为营业额计征营业税

    C. 融资租赁业务以其向承租者收取的全部价款和价外费用为营业额计征营业税

    D. 典当业的抵押贷款营业额为经营者取得的利息和其他费用

17. 下列行为，应按"转让无形资产"税目征收营业税的有（　　　）。

    A. 甲企业将其原有名称有偿转让给乙企业

    B. 某画家将其作品原稿的财产权和著作权一起出售

　　C. 甲企业以其一商标权投资入股

　　D. 某电影公司将其拍摄的故事片的母片卖给乙公司

18. 下列行为中，应缴纳营业税的有（　　）。

　　A. 甲国某公司在甲国向中国某公司转让一项专利权，该专利在中国使用

　　B. 甲国某公司在中国向中国某公司转让一项专利权，该专利在中国使用

　　C. 甲国某公司在甲国向中国某公司转让一项专利权，该专利在甲国使用

　　D. 甲国某公司在中国向中国某公司转让一项专利权，该专利在甲国使用

19. 甲方提供资金，乙方提供土地使用权合作建房，在下列不同合作方式中，乙方应按"转让无形资产"税目缴纳营业税的有（　　）。

　　A. 双方直接按一定比例分配房屋

　　B. 乙方将土地使用权租给甲方若干年，甲方负责建房并使用，租赁期满后，甲方将土地使用权及建筑物交还乙方

　　C. 双方成立股份制合营企业，风险共担，利润共享

　　D. 双方合股，成立合营企业，乙方按销售收入的一定比例提成的方式参与分配

20. 下列企业的营业行为，属于混合销售，应征营业税的有（　　）。

　　A. 某保龄球馆在提供娱乐服务的同时销售罐装饮料

　　B. 某饭店同时开设餐厅、客房，又开设商场

　　C. 某商店销售并负责为用户安装空调

　　D. 建筑安装企业承包工程并负责施工的同时，给建设单位提供建筑材料

21. 下列表述中，符合营业税规定的有（　　）。

　　A. 主管部门将资金提供给所属单位收取的资金占用费应按"金融保险业"税目征收营业税

　　B. 将土地使用权转让给农业生产者用于农业生产免征营业税

　　C. 企业和个人的营业税起征点为：按期纳税的每月营业额 200～800 元；按次纳税的每次（日）营业额 50 元

　　D. 营业税实行比例税率，共有 9 档税目

22. 下列属于营业税计税依据的有（　　）。

　　A. 转贷业务取得的利息

　　B. 娱乐业向顾客收取的各项费用

　　C. 代理业向委托方收取的全部报酬

　　D. 广告业向委托方收取的全部价款和价外费用

23. 以下税目适用 3％营业税税率的有（　　）。

　　A. 交通运输业　　B. 文化体育业　　C. 娱乐业　　D. 金融保险业

24. 营业税按行业实行有差别的比例税率，其中适用 5％营业税税率的有（　　）。

　　A. 服务业　　B. 金融保险业　　C. 交通运输业　　D. 房地产业

25. 电信部门开办 168 台电话，利用电话开展有偿咨询、点歌等业务以及经营邮电礼仪业务，下列说法错误的是（　　）。

　　A. 对有偿咨询业务应当按中介服务业征收营业税，对点歌业务应当按娱乐业征收

营业税，对邮电礼仪业务应当按服务业征收营业税

  B. 对咨询业务应当按中介服务业征收营业税，对点歌业务应当按娱乐业征收营业税，对邮电礼仪业务应当按服务业征收营业税

  C. 对有偿咨询业务、邮电礼仪业务应当按中介服务业征收营业税，对点歌业务应当按娱乐业征收营业税

  D. 对上述业务均应当按邮电通信业征收营业税

26. 下列各项中，应计入营业税计税依据的有（　　　）。

  A. 建筑工程所使用的建筑材料价款

  B. 通信线路工程所使用的电缆、电线等设备价款

  C. 修缮工程所耗用的原材料及其他物资和能源动力价款

  D. 清包工形式提供装饰劳务的，其装饰工程所用原材料价款

27. 下列各项中，属于营业税征税范围的是（　　　）。

  A. 汽车修理厂的修理修配劳务

  B. 企业转让土地使用权

  C. 个人从事的快递业务收入

  D. 邮电部门代出版单位收订、投递和销售报纸、杂志的业务

★28. 下列关于营业税纳税地点的表述中，符合营业税法律制度规定的有（　　　）。（2009 年）

  A. 纳税人销售不动产，应当向不动产所在地主管税务机关申报纳税

  B. 纳税人从事运输业务，应当向运输劳务发生地主管税务机关申报纳税

  C. 纳税人转让土地使用权，应当向土地所在地主管税务机关申报纳税

  D. 纳税人在本省从事建筑劳务，应当向其机构所在地主管税务机关申报纳税

三、判断题

1. 在我国境内提供各种劳务的收入，均应缴纳营业税。（　　　）

2. 自 2006 年 5 月 1 日起，纳税人销售外购建筑防水材料的同时提供建筑业劳务，符合国家税务总局规定的纳税人销售自产货物并提供建筑业劳务规定的，可以分别计算征收增值税和营业税。（　　　）

3. 根据营业税暂行条例及有关规定，纳税人经营融资租赁业务，以其向承租人收取的全部价款和价外费用减去出租方承担的出租货物的实际成本后的余额为营业额。（　　　）

4. 某单位 2006 年 2 月取得用于抵债的房屋一幢，作价 20 万元，8 月份将其出售，取得转让收入 30 万元，则该项行为应缴纳营业税 0.5 万元。（　　　）

5. 对社保基金管理人从事基金管理活动应征收营业税，但对其从事买卖证券投资基金、股票、债券取得的差价收入，暂免征收营业税。（　　　）

6. 单位出租土地使用权、不动产的营业税纳税地点为出租单位机构所在地。（　　　）

7. 根据营业税暂行条例及有关规定，纳税人经营融资租赁业务，以其向承租人收取的全部价款和价外费用减去出租方承担的出租货物的实际成本后的余额为营业额。（　　　）

8. 在我国境内提供各种劳务的收入，均应缴纳营业税。（　　　）

9. 纳税人不以自用为目的，而是将自建的房屋对外销售，其自建行为应先按建筑业缴

纳营业税，再按销售不动产征收营业税。（　　）

10. 保险公司如采用收取储金方式取得经济利益的，其"储金业务"的营业额为纳税人在纳税期内的储金期末余额乘以人民银行公布的一年期存款的年利率。（　　）

11. 营业税纳税人兼营增值税应税劳务不能分别核算的，其应税劳务应一并征收营业税。（　　）

12. 单位或个人经营者聘用的员工为本单位或雇主提供的劳务，不属于营业税的应税劳务。（　　）

13. 在我国境内提供各种劳务的收入，均应缴纳营业税。（　　）

14. 对金融机构当期实际收到的结算罚款、罚息、加息、出纳长款等收入，应并入营业额中征收营业税。（　　）

15. 非金融企业以货币资金投资收取固定利润的行为，应按照"金融保险业"税目征收营业税。（　　）

16. 销售房地产、热处理加工和房屋租赁业，均属于营业税征税范围。（　　）

17. 根据现行税法的有关规定，对货物期货征收营业税，对非货物期货不征收营业税。（　　）

四、计算题

1. 商业银行 2009 年第 2 季度发生如下业务：

(1) 取得人民币贷款利息收入 80 万元，外汇贷款利息收入 20 万美元（按 1 美元＝8.30 元人民币），另外受托发放贷款取得利息收入 20 万元。

(2) 转让某种债券的买卖价差为 10 万元，发放政策性贴息贷款取得利差补贴 8 万元，销售支票收入 2 万元。

(3) 销售黄金 15 万元，其购入价为 12 万元。

(4) 变卖房产取得收入 200 万元，出租另一处房产取得租金收入 12 万元（金融业营业税率为 8%，服务业营业税率为 5%，销售不动产营业税率为 5%）。

根据上述业务计算回答下列问题：

(1) 该银行上述第①笔业务应缴纳营业税为（　　）万元。
　　A. 21.28　　B. 19.68　　C. 9.6　　D. 6.4

(2) 该银行上述第②笔业务应缴纳营业税为（　　）万元。
　　A. 0.8　　B. 1.6　　C. 1.44　　D. 0.96

(3) 该银行第 2 季度应缴纳营业税为（　　）万元。
　　A. 31.24　　B. 32.44　　C. 31.88　　D. 32.84

(4) 该银行应代扣代缴的营业税为（　　）万元。
　　A. 8　　B. 2.8　　C. 1.6　　D. 0

2. 某旅行社于 2009 年 5 月份发生如下业务：

(1) 组织旅游团到西安旅游，共收取旅游费用 20 万元，其中替旅游者支付其他单位的房费、餐费、交通费、门票费等共计 12 万元。

(2) 组织旅游团到韩国旅游，到国外后由境外某旅游公司接团。全程旅游费 50 万元，转付接团公司旅游费 30 万元。

要求：计算该旅行社本期应缴纳的营业税。

3. 某影剧院经地方税务机关确定其税款征税方式为查账征收。2009 年 4 月份业务收入如下：放映业务门票收入 80000 元，代售某歌舞团表演门票收入 20000 元，从中收取场地租金 6000 元，付给经纪人（个人）3000 元。

　　要求：计算该影剧院本月应缴纳的营业税和应代扣代缴的营业税。

4. 某市工商银行 2009 年第 4 季度发生如下经营业务：

　(1) 受托发放为期 1 年、利率为 3%的贷款 200 万元，已收手续费 0.8 万元，当季利息收回。

　(2) 吸收存款 800 万元，支付存款利息 10 万元，10 月 1 日用自有资金发放贷款 1200 万元，年利率 3%，贷款利息收入尚未取得。

　(3) 取得结算业务手续费收入 30 万元，销售支票、账单凭证收入 10 万元，结算罚息、加息收入 3 万元，出纳长款收入 0.3 万元。

　(4) 为开展融资租赁业务（该业务已经相关部门批准）从国外购进设备一台，成交价格折合人民币 900 万元，境外运输费用和保险费用 46 万元，入境后由海关至单位所在地的运输费用 12 万元，为购买该设备向境外借款折合人民币 900 万元，支付利息折合人民币 144 万元，将该设备租赁给境内的 A 公司，租赁年限 15 年，收取价款 3400 万元。进口设备关税税率 10%，假定每年按 360 天、每月按 30 天计算。

　　要求：计算该银行本期应扣缴和应缴纳的营业税。

5. 甲建筑工程公司 2009 年 1 月份承建一项住宅工程，全部工程于 2009 年 12 月份竣工并通过验收，取得工程总价款 7860 万元。另外，由于工程保质保量提前完工，获得建设单位额外奖励 10 万元。在施工期间，甲公司将建筑工程的装饰装修部分转包给乙公司来完成，按合同支付给乙公司 1800 万元的装饰装修工程款。甲公司承建住宅工程期间，支付工程原料价款 3782 万元，支付员工劳动保护费、工资和过节补助费等 173 万元，建筑储料场、员工宿舍、食堂等临时设施支出 28 万元，发放优秀员工奖金 4 万元，支付业务招待费 24 万元，支出水、电、暖和施工现场管理费 64 万元。

已知：建筑业适用的营业税税率为 5%，甲公司承建住宅工程已预缴营业税 273 万元。

要求：

(1) 计算甲公司承建住宅工程的营业额。

(2) 计算甲公司承建住宅工程应缴纳的营业税。

(3) 计算甲公司应代扣代缴乙公司的营业税。

(4) 计算甲公司承建住宅工程应补缴的营业税。

6. 甲建筑公司以 16000 万元的总承包额中标为某房地产开发公司承建一幢写字楼，之后，甲建筑公司又将该写字楼工程的装饰工程以 7000 万元分包给乙建筑公司。工程完工后，房地产开发公司用其自有的市值 4000 万元的两幢普通住宅楼抵顶了应付给甲建筑公司的工程劳务费；甲建筑公司将一幢普通住宅楼自用，另一幢市值 2200 万元的普通住宅抵顶了应付给乙建筑公司的工程劳务费。

　　要求：请分别计算有关各方应缴纳和应扣缴的营业税。

7. 某经国家社团主管部门批准成立的非营利性的协会，2009年8月份取得以下收入：

(1) 依照社团章程的规定，收取团体会员会费40000元，个人会员会费10000元。

(2) 代售大型演唱会门票21000元，其中包括代售手续费1000元。

(3) 代销中国福利彩票50000元，取得代销手续费500元。

(4) 协会开设的照相馆营业收入28000元，其中包括相册、镜框等销售收入2000元。

(5) 委派两人到国外提供咨询服务，收取咨询费折合人民币60000元。

(6) 举办一期培训班，收取培训费120000元，资料费8000元。

要求：

(1) 计算上述业务应缴纳的营业税。

(2) 计算该协会应代扣代缴的营业税。

8. 某市商业银行2009年第2季度有关业务资料如下：

(1) 向生产企业贷款取得利息收入600万元，逾期贷款的罚息收入8万元。

(2) 为电信部门代收电话费取得手续费收入14万元。

(3) 4月10日购进有价证券800万元，6月25日以860万元价格卖出。

(4) 受某公司委托发放贷款，金额5000万元，贷款期限2个月，年利息率4.8%，银行按贷款利息收入的10%收取手续费。

(5) 2008年3月31日向商场定期贷款1500万元，贷款期限1年，年利息率5.4%。该贷款至2009年6月30日仍未收回，商场也未向银行支付利息（提示：2009年银行适用营业税税率6%）。

要求：计算该银行2009年第2季度应缴纳和应代扣代缴的营业税。

9. 甲房地产公司2009年11月份发生如下经济业务：

(1) 与乙企业联合开发一商品房小区，按照合同规定，甲公司出资20000万元，乙企业提供土地使用权，房屋按6:4的比例分配，当地税务机关核定其成本利润率为15%。当期全部商品房竣工验收，甲公司将其应得商品房的80%售出，取得销售收入18000万元（其中代收的城市基础设施配套费等费用900万元）。甲公司还将小区内一临街房屋租给某银行作为经营场所，取得抵押贷款2000万元，当月取得的租金15万元全部用于抵冲贷款利息。

(2) 甲公司下属非独立核算的建筑施工企业参与了上述小区的开发建设，独立建成商品房两栋，建筑安装成本800万元，无同类工程价格，其成本利润率为10%。房屋建成后，将相当于建筑安装成本20%的商品房留给甲企业所属非独立核算的物业管理公司使用，施工企业与甲公司未结算工程价款。

(3) 甲公司所属非独立核算的物业管理公司当月收取物业管理费10万元，代收水、煤、电费共8万元，获得手续费0.16万元，对外出租停车场收费0.6万元，开设的保龄球馆取得经营收入5万元，小区闭路电视取得收入2万元。当地娱乐业营业税税率为10%。

根据以上资料，回答下列问题：

(1) 甲公司应按销售不动产税目缴纳的营业税为（   ）万元。

　　　　A. 900　　　　　B. 1626.32　　　　　C. 484.21　　　　　D. 726.32

（2）甲公司应按建筑业税目缴纳的营业税为（　　）。

　　　　A. 24　　　　　B. 19.20　　　　　C. 21.77　　　　　D. 27.22

（3）甲公司应按服务业税目缴纳的营业税为（　　）万元。

　　　　A. 1.038　　　　B. 1.788　　　　C. 1.288　　　　D. 1.388

（4）甲公司应缴纳的营业税合计为（　　）万元。

　　　　A. 1407.078　　　B. 1407.618　　　C. 1407.868　　　D. 923.618

★10. 某温泉度假酒店是一家集餐饮、住宿和娱乐为一体的综合性餐饮企业，酒店设有
　　　餐饮部、客房部、娱乐部等经营部门，各经营部门业务实行独立核算。2008 年 6
　　　月酒店取得以下收入：

　　　（1）餐饮收入 150 万元。

　　　（2）住宿收入 86 万元。

　　　（3）出租商业用房租金收入 9 万元。

　　　（4）卡拉 OK 门票收入 17 万元、点歌费收入 6 万元、台位费收入 23 万元、烟酒
　　　和饮料费收入 71 万元。

　　　已知：服务业适用的营业税税率为 5%，娱乐业适用的营业税税率为 20%。

　　　要求：

　　　（1）计算该酒店当月餐饮收入应缴纳的营业税税额。

　　　（2）计算该酒店当月住宿收入应缴纳的营业税税额。

　　　（3）计算该酒店当月租金收入应缴纳的营业税税额。

　　　（4）计算该酒店当月娱乐收入应缴纳的营业税税额。（2009 年）

五、综合业务题

1. 东方花园日化用品有限公司为增值税一般纳税人，2009 年 1 月，该公司发生以下经
济业务：

（1）外购原材料一批，货款已付并验收入库。从供货方取得的增值税专用发票上注
明的增值税税额为 30 万元。另支付运费 10 万元，运输单位已开具运输发票。

（2）外购机器设置一套，从供货方取得的增值税专用发票上注明的增值税额为 2.2
万元，货款已付并验收入库。

（3）销售化妆品一批，取得产品销售收入 2457 万元（含增值税），向购货方收到手
续费 11.7 万元（含增值税）。

（4）将公司闲置的一套设备出租，取得租金收入 1 万元。

其他相关资料：该公司月初增值税进项税余额为 6.3 万元；增值税税率为 17%，运
费的进项税额扣除率为 7%，消费税税率为 30%，营业税税率为 5%。

要求：

（1）计算该公司 1 月份的增值税销项税额及可抵扣的进项税额。

（2）计算该公司 1 月份应缴纳的增值税税额。

（3）计算该公司 1 月份应缴纳的消费税税额。

（4）计算该公司 1 月份应缴纳的营业税税额。

2. 某省甲市粮油公司，以货物生产为主，并兼营货物批发零售业务，为增值税一般纳税人，不承担粮食收储任务，也不享受国家关于粮食企业的有关税收优惠政策。该公司 2009 年 9～10 月份发生如下经济业务：

(1) 9 月份销售给消费者豆油 2000 公斤，每公斤 6 元（不含税），但只开出普通发票，合计金额 6000 元；其余消费者因未索取或未交款而没给其开发票。

(2) 9 月份用自产豆油若干公斤（不含税）与农民换取免税大豆一批，收购凭证上注明价款 15000 元，大豆已验收入库。

(3) 9 月份销售给邻省乙市某酒厂高粱 50 吨，每吨不含税价格 600 元，由于甲市没有火车站，便将高粱运至本省丙市丁县火车站，并发往乙市。该粮油公司收到货款的同时，还收到代垫火车运费 2000 元，其中装卸费 200 元（铁路部门开具的运输货票上注明的付款单位是甲市粮油公司，该发票未转给购买方）。

(4) 10 月份购进磨面机一台，价款合计 11700 元，取得增值税专用发票注明税款 1700 元；支付运输费 200 元，并取得承运部门运输发票。磨面机已安装并投入使用。

(5) 10 月份因管理不善，库房大豆被盗 1000 公斤，按收购价计算损失 2200 元，随即犯罪分子在当日被捕归案，收回赃款 1000 元，公司净损失 1200 元。

(6) 10 月份该粮油公司采取托收承付方式给某酒厂发出玉米一批，不含税价格 80000 元。

(7) 10 月份受委托加工玉米面粉一批，收取加工费 2000 元（不含税）。

(8) 10 月份该粮油公司所属汽车队从河滩挖沙卖给某建材厂并负责运送，共运 100 车，每车沙子 30 元（其中沙款 20 元，运费 10 元）。

(9) 10 月份该粮油公司购进水泥、大理石 5000 元，准备装修公司大门。该粮油公司所属建筑公司（独立核算）为公司修建大门收取人工费 5000 元。沙子的增值税税率为 13%。

根据以上资料，回答下列问题：

(1) 9 月份该粮油公司增值税销项税额为（   ）元。

    A. 7640.09   B. 4680   C. 5690.91   D. 6006

(2) 第三笔业务中该粮油公司纳税地点不应为（   ）。

    A. 甲市   B. 乙市   C. 丙市   D. 丁县

(3) 9 月份该粮油公司应缴纳的增值税为（   ）元。

    A. 6000.09   B. 3040   C. 4526   D. 6140.09

(4) 10 月份该粮油公司可抵扣的进项税额为（   ）元。

    A. 2904   B. 120   C. 6664   D. 960

(5) 10 月份该粮油公司所属的建筑公司应缴纳的营业税为（   ）元。

    A. 280   B. 340   C. 325.5   D. 300

(6) 10 月份该粮油公司应缴纳的增值税为（   ）元。

    A. 10670   B. 9830   C. 9580   D. 7890

3. 某食品加工厂（增值税一般纳税人）2009 年 9～10 月份发生如下经济业务：

(1) 9 月份从农民手中收购其自产的玉米、小麦一批，收购凭证上注明价款 50000

元；支付运输公司运费 320 元，其中：建设基金 50 元，装卸费 20 元，并取得运输部门的运费发票。玉米、小麦已验收入库。

（2）9 月份销售给小规模纳税人挂面一批，收回货款 21200 元。

（3）10 月份该食品加工厂委托某酒厂（增值税一般纳税人）加工粮食白酒，发出玉米一批，其玉米成本为 10000 元，双方签订加工合同，加工费为 3300 元（不含增值税），其中包括酒厂代垫辅助材料 300 元（不含税），酒厂没有同类白酒价格。

（4）10 月份收回已加工完的白酒，支付酒厂加工费及酒厂代扣代缴的消费税，取得酒厂开出的增值税专用发票。

（5）10 月份将收回的白酒的一半用于职工食堂，一半按收回价格向外出售，并于月底售完。

（6）10 月份将自产的面粉分给 100 名下岗职工，每人一袋，每袋作价 30 元，本月每袋面粉平均售价 70 元（不含税）。

（7）10 月份销售给小规模纳税人方便面一批，收到货款 11700 元。

（8）10 月份支付自来水公司水费，增值税专用发票注明税款 500 元。已知白酒厂成本利润率为 10%。

根据以上资料，回答下列问题：

（1）该食品加工厂 9 月份应抵扣进项税额为（　　）元。

    A. 5019.63　　B. 5021　　　　C. 5022.40　　　　D. 5020.93

（2）该食品加工厂应支付给酒厂的代收代缴消费税为（　　）元。

    A. 4433.33　　B. 4333.33　　C. 3325　　　　D. 3250

（3）食品加工厂 9 月份应缴纳的增值税为（　　）元。

    A. −1940.66　　B. −1417　　C. −1941.59　　D. −1942.06

（4）该食品加工厂 10 月份应缴纳的增值税的销售额合计为（　　）元。

    A. 26015　　B. 36466.67　　C. 34733.33　　D. 22853.98

（5）该食品加工厂 10 月份应缴纳的增值税为（　　）元。

    A. 4858.33　　B. 2917.67　　C. 1149　　　　D. 2903.01

（6）酒厂在本题中属于委托加工的受托方，就此笔业务，下列说法不正确的是（　　）。

    A. 酒厂应缴纳消费税

    B. 酒厂应缴纳营业税

    C. 酒厂收取的委托加工费应缴纳增值税

    D. 酒厂收取的委托加工费应缴纳营业税

4. 甲食品有限责任公司为增值税一般纳税人。2009 年 10 月份发生如下经济业务：

（1）购进一批用于生产的花生油，金额为 56500 元（含增值税）。

（2）以每公斤 2 元的价格向农业生产者收购草莓 2000 公斤。

（3）购置办公用电脑 10 台，单价 20000 元，售货方开具的增值税专用发票上注明的增值税税额为 34000 元。

（4）向乙商厦销售月饼 5000 公斤，取得销售收入 117000 元（含增值税）；销售草莓酱 1000 箱，取得销售收入 93600 元（含增值税）。

（5）直接向消费者销售月饼 400 公斤，取得销售收入 14040 元（含增值税），其中有笔业务开具了增值税专用发票，专用发票注明的增值税税额为 306 元。

（6）将一废弃厂房转让给丙房地产开发公司，取得收入 500000 元。该厂房账面原值为 800000 元，累计折旧 200000 元。

已知：花生油适用 13% 的增值税税率，营业税税率为 5%。

要求：

（1）计算该公司当期增值税进项税额、销项税额，当期应缴纳的增值税。

（2）如果转让厂房业务在财务上单独核算，那么该公司是否应缴纳营业税？如需缴纳，请计算应缴纳的营业税。

5. 某旅游开发有限公司 2009 年 8 月发生有关业务及收入如下：

（1）旅游景点门票收入 650 万元。

（2）景区索道客运收入 380 万元。

（3）民俗文化村项目表演收入 120 万元。

（4）与甲企业签订合作经营协议：以景区内价值 2000 万元的房产使用权与甲企业合作经营景区酒店（房屋产权仍属公司所有），按照约定旅游公司每月收取 20 万元的固定收入。

（5）与乙企业签订协议，准予其生产的旅游产品进入公司非独立核算的商店（增值税小规模纳税人）销售，一次性收取进场费 10 万元。当月该产品销售收入 30 万元，开具旅游公司普通发票。

要求：

（1）计算门票收入应缴纳的营业税。

（2）计算索道客运收入应缴纳的营业税。

（3）计算民俗文化村表演收入应缴纳的营业税。

（4）计算合作经营酒店收入应缴纳的营业税。

（5）计算商店应缴纳的营业税。

（6）计算商店应缴纳的增值税。

六、实训题

（一）交通运输业营业税会计实务

1. 某运输有限公司的基本情况

企业名称：××运输有限责任公司

企业注册号：32060201089456

企业地址：江苏省南通市青年东路 148 号

法定代表人：陈晓芸

注册资本：30000 万元

实收资本：30000 万元

企业类别：有限责任公司

经营范围：汽车货运、客运及船舶货运

企业执行的会计期间与公历年度一致，以人民币为记账本位币

企业的税务登记证号：320602672043360

企业的机构代码证号：190970109

企业开户银行：交通银行青年路支行

账号：0184010128

2. 该运输有限公司 2009 年汽车货运情况

2009 年 1 月取得运输货物收入为 900 万元，其中，运输货物出境取得收入 200 万元，销售货物并负责运输所售货物共取得收入 100 万元，附属非独立核算的搬家公司取得收入 15 万元。

该运输有限公司 2009 年 1 月应缴纳的营业税税额计算如下：

该公司应缴纳的营业税＝（9000000－2000000）×3‰＋150000×3‰＝214500（元）

借：营业税金及附加　　　　　　　　　　　　　　　　　　214500

　　贷：应交税费——应交营业税　　　　　　　　　　　　　　214500

2009 年 2 月 8 日缴纳营业税时，会计分录为：

借：应交税费——应交营业税　　　　　　　　　　　　　214500

　　贷：银行存款　　　　　　　　　　　　　　　　　　　　214500

试为该企业填写营业税纳税申报表。

交通运输业营业税纳税申报表

（适用于交通运输业营业税纳税人）

纳税人识别号：32060201089456

纳税人名称（公章）：××运输有限责任公司

税款所属时间：自 2009 年 1 月 1 日至 2009 年 1 月 31 日　　　　　　填表日期：2009 年 2 月 8 日

金额单位：元（列至角分）

应税项目	营业额						税率(%)	本期税款计算			期初前期欠缴税额	期初前期多缴税额	税款缴纳					
													本期已缴税额			本期应缴税额计算		
	应税收入	应税减除项目金额			应税营业额	免税收入		小计	本期应纳税额	免(减)税额			小计	已缴本期应纳税额	本期已缴欠缴税	小计	本期期末应缴税额	本期期末应缴欠缴税额
		小计	支付合作运输方运费金额	其他减除项目金额														
1	2	3=4+5	4	5	6=2-3	7	8	9=10+11	10=(6-7)×8	11=7×9	12	13	14=15+16	15	16	17=18+19	18=10-15	19=12-13-16
铁路运输																		
其中:货运																		
客运																		
公路运输																		
其中:货运																		
客运																		
水路运输																		

续表

应税项目	营业额						税率(%)	本期税款计算			期初前期欠缴多缴税额		税款缴纳					
	应税收入	应税减除项目金额			应税营业额	免税收入		小计	本期应纳税额	免(减)税额	欠缴税额	多缴税额	本期已缴税额			本期应缴税额计算		
		小计	支付合作运输方运费金额	其他减除项目金额									小计	已缴本期应纳税额	本期已缴欠缴税额	小计	本期期末应缴税额	本期期末应缴欠缴税额
1	2	3=4+5	4	5	6=2-3	7	8	9=10+11	10=(6-7)×8	11=7×9	12	13	14=15+16	15	16	17=18+19	18=10-15	19=12-13-16
其中:货运																		
客运																		
航空运输																		
其中:货运																		
客运																		
管道运输																		
装卸搬运																		
合计																		

以下由税务机关填写:

受理人: 　　　　　受理日期: 　　年　月　日　　　　受理税务机关(签章):

本表为 A3 横式一式三份,一份纳税人留存,一份主管税务机关留存,一份征收部门留存。

(二)服务业营业税会计实务

1. 某旅行社的基本情况

企业名称:××旅行社

企业注册号:32060238695

企业地址:江苏省南通市青年东路 139 号

法定代表人:游八方

注册资本:100 万元

企业类别:有限责任公司

经营范围:旅游服务等

企业执行的会计期间与公历年度一致,以人民币为记账本位币

企业的税务登记账号:320602839512

企业的机构代码证号:2348645

企业开户银行:江苏省南通市青年路支行

账号:320785947374

2. 该旅行社 2009 年旅游服务情况

2009 年 7 月组织境内团体旅游收入为 30 万元,代旅游者支付给其他单位餐费、住宿费、交通费、门票共计 18 万元,后为应付其他旅行社的竞争,该旅行社同意

给予旅游者 5%的折扣，并将价款与折扣额在同一张发票上注明；另外为散客代购火车票、机票、船票取得手续费收入 1 万元，为游客提供打字、复印、洗相服务收入 6000 元。

该旅行社 2009 年 7 月应缴纳的营业税计算如下：

该公司应缴纳的旅游业的营业税＝〔30×（1－5%）－18〕×5%＝5250（元）

该公司应缴纳的代理业营业税＝10000×5%＝500（元）

该公司应缴纳的其他代理业营业税＝6000×5%＝300（元）

该公司本月应缴纳的营业税＝5250＋500＋300＝6050（元）

借：营业税金及附加　　　　　　　　　　　　　　　　　6050

　　贷：应交税费——应交营业税　　　　　　　　　　　　　　6050

2009 年 8 月 8 日缴纳营业税时，会计分录为：

借：应交税费——应交营业税　　　　　　　　　　　　6050

　　贷：银行存款　　　　　　　　　　　　　　　　　　　　6050

该公司 2009 年 8 月 8 日进行纳税申报时，请为其填写营业税纳税申报表（如下表所示）。

服务业营业税纳税申报表
（适用于服务业营业税纳税人）

纳税人识别号：32060238695

纳税人名称（公章）：××旅行社

税款所属时间：自 2009 年 7 月 1 日至 2009 年 7 月 31 日　　　　　　填表日期：2009 年 8 月 8 日

金额单位：元（列至角分）

应税项目	营业额					税率(%)	本期税款计算			税款缴纳						
	应税收入	应税减除项目金额	应税营业额	免税收入			小计	本期应纳税额	免(减)税额	期初欠缴税额	前期多缴税额	本期已缴税额			本期应缴税额计算	
												小计	已缴本期应纳税额	本期已缴欠缴税额	小计	本期期末应缴税额	本期期末应缴欠缴税额
1	2	3	4=2-3	5		6	7=8+9	8=(4-5)×6	9=5×6	10	11	12=13+14	13	14	15=16+17	16=8-13	17=10-11-14
旅店业																
饮食业																
旅游业																
仓储业																
租赁业																
广告业																
代理业																

续表

应税项目	营业额				税率(%)	本期税款计算			税款缴纳							
	应税收入	应税减除项目金额	应税营业额	免税收入		小计	本期应纳税额	免(减)税额	期初欠缴税额	前期多缴税额	本期已缴税额			本期应缴税额计算		
											小计	已缴本期应纳税额	本期已缴欠缴税额	小计	本期期末应缴税额	本期期末应缴欠缴税额
1	2	3	4=2-3	5	6	7=8+9	8=(4-5)×6	9=5×6	10	11	12=13+14		13	14	15=16+17	16=8-13	17=10-11-14
其他服务业																
合计																

以下由税务机关填写:

受理人: 受理日期: 年 月 日 受理税务机关(签章):

本表为 A3 横式一式三份,一份纳税人留存,一份主管税务机关留存,一份征收部门留存。

第五章 关 税

复习与思考题

一、名词术语解释

关税 关税税则 关税完税价格 复合关税 法定减免税 特定减免税 临时减免税

二、简答题

1. 什么叫关税,它有哪些种类?
2. 什么是国境和关境?国境和关境有哪些区别和联系?
3. 进口关税的完税价格如何确定?
4. 出口关税的完税价格如何确定?
5. 一般进口货物的完税价格如何估定?
6. 运往境外修理、加工货物的完税价格如何确定?
7. 关税减免税规定有哪些?

技能训练题

一、单项选择题

1. 下列不属于关税纳税义务人的是( )。
   A. 进口货物的收货人 B. 出口货物的发货人
   C. 邮递出口物品的收件人 D. 进境物品的携带人
2. 在加入世界贸易组织之前,我国进口关税税则规定了两栏税率,即( )。
   A. 普通税率和优惠税率 B. 最惠国税率和普通税率
   C. 暂定税率和普通税率 D. 协定税率和普通税率
3. 下列说法不符合关税税率规定的是( )。
   A. 进口关税的暂定税率优先适用于最惠国税率
   B. 对农药原药和中间体、乐器及生产设备实行关税配额税率
   C. 按普通税率征税的进口货物不适用暂定税率
   D. 对由于改变税则归类而需补税的,应按原征税日期实施的税率征税
4. 下列进口货物中实行滑准税的是( )。

A. 原油 　　　B. 胶卷 　　　C. 冻鸡肉 　　　D. 新闻纸

5. 下列属于我国确定进口货物原产地的标准之一的是( )。
   A. 主要产地生产标准 　　　　　　B. 最后产地生产标准
   C. 最初产地生产标准 　　　　　　D. 全部产地生产标准

6. 关于进出口货物完税价格中的运费、保险费的计算，说法正确的是( )。
   A. 陆运进口的货物如成交价格中包含运、保、杂费支付至内地到达口岸的，关境的第一口岸至内地一段的运费和相关费用、保险费应扣除
   B. 进口货物以离岸价格成交的，应加上途中实际支付的运保费，如实际支付的运保费无法确定时，进口人可按以往的运费率和保险费率计算
   C. 进口货物的保险费无法确定时，可按"货价加运费"两者总额的5‰计算保险费
   D. 出口货物的离岸价格应以该项货物运离关境前的最后口岸价格为实际价格

7. 某公司 2009 年以 150 万元的价格进口了一台仪器；2010 年 1 月因出现故障运往日本修理（出境时已向海关报明），2010 年 5 月，按海关规定的期限复运进境。此时，该仪器的国际市场价已为 200 万元。若经海关审定的修理费和料件费为 40 万元，运费为 1.5 万元，保险费用为 2.8 万元，进口关税税率为 6%，该仪器复运进境时，应缴纳的进口关税为( )万元。
   A. 9 　　　B. 3 　　　C. 2.4 　　　D. 12

8. 以下进口的货物，海关可以酌情减免关税的是( )。
   A. 进口 1 年内在境内使用的货样 　　　B. 为制造外销产品而进口的原材料
   C. 在境外运输途中遭受损坏的物品 　　　D. 外国政府无偿赠送的物资

9. 2007 年 9 月 1 日某公司由于承担国家重要工程项目，经批准免税进口了一套电子设备。使用 2 年后项目完工，2009 年 8 月 31 日公司将该设备出售给了国内另一家企业。该电子设备的到岸价格为 300 万元，关税税率为 10%。海关规定的监管年限为 5 年，按规定公司应补缴关税( )万元。
   A. 12 　　　B. 15 　　　C. 18 　　　D. 30

10. 下列各项中，符合关税有关对特殊进口货物完税价格规定的有( )。
    A. 运往境外加工的货物，应以加工后进境时的到岸价格为完税价格
    B. 准予暂时进口的施工机械，按同类货物的到岸价格为完税价格
    C. 转让进口的免税旧货物，以原入境的到岸价为完税价格
    D. 留购的进口货样，以留购价格作为完税价格

11. 下列各项中，符合关税法定免税规定的是( )。
    A. 保税区进出口的基建物资和生产用车辆
    B. 边境贸易进出口的基建物资和生产用车辆
    C. 关税税款在人民币 100 元以下的一票货物
    D. 经海关核准进口的无商业价值的广告品和货样

12. 到岸价格包括的内容有( )。
    A. 买方佣金 　　　　　　　　B. 卖方佣金
    C. 卖方付给买方的正常价格回扣 　　　D. 因延期付款而支付的利息罚款

13. 出口货物成交价格中，含有支付给国外的佣金，如未单独列明的，在完税价格中（　　）。

    A. 应予扣除　　　　B. 不予扣除　　　　C. 部分扣除　　　　D. 估价扣除

14. 进口货物的完税价格是指货物的（　　）。

    A. 成交价格　　　　　　　　　　　　B. 到岸价格

    C. 成交价格为基础的到岸价格　　　　D. 到岸价格为基础的成交价格

15. 下列不属于特别关税的是（　　）。

    A. 反倾销税　　　　B. 保障性关税　　　C. 报复性关税　　　D. 关税追征

16. 如果一个国家的国境内设有免征关税的自由港或自由贸易区，这时（　　）。

    A. 关境与国境一致　　　　　　　　　B. 关境与国境不一致

    C. 关境大于国境　　　　　　　　　　D. 关境小于国境

17. 下列各项中，符合进口关税完税价格规定的是（　　）。

    A. 留购的进口货样，以海关审定的留购价格为完税价格

    B. 转让进口的免税旧货物，以原入境的到岸价格为完税价格

    C. 准予暂时进口的施工机械，按同类货物的价格为完税价格

    D. 运往境外加工的货物，应以加工后入境时的到岸价格为完税价格

18. 出口货物关税完税价格计算公式为（　　）。

    A. 离岸价格÷（1＋出口税率）　　　B. 离岸价格÷（1－出口税率）

    C. 成交价格÷（1＋出口税率）　　　D. 到岸价格÷（1－出口税率）

19. 某进出口公司从美国进口一批化工原料共 500 吨，货物以境外口离岸价格成交，单价折合人民币为 20000 元（不包括另向卖方支付的佣金每吨 1000 元人民币），已知该货物运抵中国海关境内输入地起卸前的包装、运输、保险和其他劳务费用为每吨 2000 元人民币，关税税率为 10%，则该批化工原料应缴纳的关税为（　　）万元。

    A. 100　　　　　　B. 105　　　　　　C. 110　　　　　　D. 115

20. 代理出口受托方计缴出口关税的会计分录为（　　）。

    A. 借：应收账款

          贷：应交税费——出口关税

    B. 借：营业税金及附加

          贷：应交税费——出口关税

    C. 借：应交税费——出口关税

          贷：银行存款

    D. 借：应收账款

          贷：应交税费——出口关税

21. 某外贸进出口公司进口一批小汽车，到岸价格为 2000 万元，关税税额为 2000 万元，小汽车适用增值税税率为 17%，消费税税率为 5%，则该公司应缴纳的增值税为（　　）万元。

    A. 680　　　　　　B. 375.79　　　　C. 1395.79　　　　D. 715.79

★22. 根据关税法律制度的规定，下列各项中，不计入进口货物完税价格的是（　　）。

(2009 年)

    A. 货物成交价格

    B. 进口关税税额

    C. 由买方负担的包装材料和包装劳务费用

    D. 由买方负担的除购货佣金以外的佣金和经纪费

二、多项选择题

1. 下列各项中，属于关税征税对象的是（   ）。

    A. 贸易性商品

    B. 个人邮寄物品

    C. 入境旅客随身携带的行李和物品

    D. 馈赠物品或以其他方式进入国境的个人物品

2. 下列关于关税的规定，说法正确的是（   ）。

    A. 我国进口关税税率共设有最惠国税率、协定税率、特惠税率、普通税率等

    B. 目前，我国对部分鸡产品、啤酒、胶卷和数字照相机计征从量税

    C. 滑准税的特点是关税税率随进口商品价格由高到低而由低至高变化

    D. 从 1997 年 7 月 1 日起，关税税率计征办法有从价税、从量税、复合税和滑准税等

3. 进口关税有正税和附加税之分，附加税不是一个独立的税种，从属于进口正税的一部分。它的目的和名称繁多，如（   ）。

    A. 反倾销税   B. 反补贴税   C. 过境税   D. 报复关税

4. 下列（   ）费用，如能与该货物实付价格区分，不得列入进口关税完税价格。

    A. 进口关税及其他国内税

    B. 货物运抵境内输入地点之后的运输费用

    C. 买方为购进货物向代表双方利益的经纪人支付的劳务费

    D. 工业设施、机械设备类货物进口后发生的基建、安装、调试、技术指导等费用

5. 根据《进出口关税条例》的规定，下列情形中，纳税人或其代理人可以向海关申请退税的有（   ）。

    A. 进口货物起卸后海关放行前，因不可抗力遭受损坏或损失的

    B. 因海关误征，多纳税款的

    C. 已征出口关税的货物，因故未装运出口，申报退税，经海关查验属实的

    D. 海关核准免验进口的货物，在完税后，发现有短缺情况，经海关审查认可的

6. 进口货物的成交价格不符合规定或者成交价格不能确定的，海关经了解有关情况，并与纳税义务人进行价格磋商后，可以按顺序采用一定方法审查确定该货物的完税价格。下列属于海关可以采用的方法是（   ）。

    A. 相同货物成交价格估价方法   B. 类似货物成交价格估价方法

    C. 倒扣价格估价方法   D. 最大销售总量法

7. 关于完税价格，下列说法正确的是（   ）。

    A. 加工贸易进口料件及制成品凡内销需补税的，要按一般进口货物的完税价格规定

来审定完税价格

B. 租赁方式进口的留购货物，应以该同类货物进口时到岸价格作为完税价格

C. 接受捐赠进口的货物如有类似货物成交价格的，应按该类似货物成交价格作为完税价

D. 出口的货物一般以境外买方向卖方实付或应付的货价作为完税价格

8. 下列属于法定减免关税的是（　　　）。

　A. 进料加工剩余的料件内销的收入　　　B. 进口保税区使用的机器

　C. 无商业价值的货样　　　　　　　　　D. 外国政府无偿赠送的物资

9. 下列进口货物，海关可以酌情减免关税的有（　　　）。

　A. 在境外运输途中或者起卸时，遭受损坏或者损失的货物

　B. 起卸后海关放行前，因不可抗力遭受损坏或者损失的货物

　C. 海关查验时已经破漏、损坏或者腐烂，经查为保管不慎的货物

　D. 因不可抗力，缴税确有困难的纳税人进口的货物

10. 按照关税的有关规定，进出口货物的收发货人或他们的代理人，可以自缴纳税款之日起1年内，书面声明理由，申请退还关税。下列各项中，经海关确定可申请退税的有（　　　）。

　A. 因海关误征，多缴纳税款的

　B. 海关核准免验进口的货物，在完税后发现有短缺的

　C. 已征收出口关税的货物，因故未装运出口的

　D. 已征收出口关税的货物，因故发生退货的

11. 下列各项中，属于关税法定纳税义务人的有（　　　）。

　A. 进口货物的收货人　　　　　　　　　B. 进口货物的代理人

　C. 出口货物的发货人　　　　　　　　　D. 出口货物的代理人

12. 下列出口货物完税价格确定方法中，符合关税法规定的有（　　　）。

　A. 海关依法估价确定的完税价格

　B. 以成交价格为基础确定的完税价格

　C. 根据境内生产类似货物的成本、利润和费用计算出的价格

　D. 以相同或类似的进口货物在境内销售价格为基础估定的完税价格

13. 下列各项费用中，应当计入进口关税完税价格的有（　　　）。

　A. 由买方负担的购货佣金

　B. 由买方负担的包装劳务费用

　C. 卖方间接从买方对该货物的使用所得中获得的收益

　D. 与该货物有关由买方支付的特许权使用费

14. 下列各项中，经海关查明属实，可酌情减免进口关税的有（　　　）。

　A. 在境外运输途中遭受损坏或损失的货物

　B. 因不可抗力缴税确有困难的纳税人进口的货物

　C. 起卸后海关放行前，因不可抗力遭受损坏的货物

　D. 海关查验时已经损坏，经证明为保管不慎的货物

15. 外贸企业自营进口业务，实际缴纳进口关税的分录为（　　）。

    A. 借：在途物资

          贷：银行存款

    B. 借：应交税费——进口关税

          贷：银行存款

    C. 借：营业税金及附加

          贷：银行存款

    D. 借：物资采购

          贷：应交税费——进口关税

三、判断题

1. 出口货物应以海关审定的成交价格为基础的离岸价格为关税的完税价格。（　　）

2. 某企业向海关报明后将一台价值 65 万元的机械运往境外维修，机械修复后准时复运进境。假设该机械的关税税率为 5％，支付的修理费和料件费为 35 万元（经海关审查确定），该企业缴纳的关税应为 1.75 万元。（　　）

3. 我国对少数进口商品计征关税时所采用的滑准税实质上是一种特殊的从价税。（　　）

4. 海关在对进出口货物的完税价格进行审定时，可以进入进出口货物收发货人的生产经营场所，检查与进出口活动有关的货物和生产经营情况，但不可以进入该收发货人的业务关联企业进行检查。（　　）

5. 如果租赁进口货物是一次性支付租金，那么以该项货物的成交价格确定为完税价格。（　　）

6. 如果出口货物中申报价格明显偏高的，而又不能提供合法证据和正当理由的，可由海关估价征税。（　　）

7. 外国政府、国际组织无偿赠送的物资，依照关税基本法的规定，可实行特定减免。（　　）

8. 进口货物离岸价格中不包括货物从内地口岸至最后出境口岸所支付的国内段运输费用。（　　）

9. 进口货物完税价格中所含的陆、空、邮运货物的保险费无法确定时，可按货价的 3‰ 计算保险费。（　　）

10. 出口货物的完税价格，是由海关以该货物向境外销售的成交价格为基础审查确定，包括货物运至我国境内输出地点装卸前的运输费、保险费，但不包括出口关税。（　　）

四、计算题

1. 某外贸企业从钢铁厂购进钢铁废料 500 吨，直接报关离境出口。钢铁废料出厂价每吨 5000 元，离岸价每辆 720 美元（汇率 1∶8.3）。假设出口关税税率为 30％，请计算该批钢铁废料应缴出口关税税额是多少？

2. 某外贸公司进口小轿车 200 辆，每辆小轿车到岸价格为 80000 元，小轿车关税税率为 100％，计算该批小轿车应缴纳的关税。

3. 某公司从新加坡进口钻石一批，到岸价格共计 200000 元，另外在成交过程中，公司还向卖方支付了佣金 30000 元，卖方付给买方的正常价格回扣（发票中已列出）10000 元，已知钻石进口税率 50%，计算该批钻石应缴纳的关税。

4. 某进出口公司进口一批机器设备，经海关审定的成交价为 200 万美元。另外，货物运抵我国境内输入地点起卸前的运输费 10 万美元，保险费 20 万美元，由买方负担的购货佣金 5 万美元、包装劳务费 3 万美元。

　　已知：市场汇率为 1：8.3，该机器设备适用关税税率为 30%。

　　要求：根据上述情况和关税法律制度的有关规定，回答下列问题：

　　(1) 进出口公司在进口该批机器设备过程中发生的哪些费用应计入货物的完税价格？

　　(2) 计算进口该批机器设备应缴纳的关税。

　　(3) 说明进出口公司进口该批机器设备申报缴纳关税的期限。

5. 某企业进口原材料一批，发票价格为 CIF 上海 USD 80000，材料尚在运输途中，货款已由银行存款美元户支付，当天的外汇牌价为 1：7.00。上述进口材料到达上海口岸，缴纳关税及支付国内运费共计 90000 元，由银行存款人民币户付款。上述材料运达企业，已验收入库，按材料实际采购成本入账。

　　要求：根据上述资料，按实际成本计价编制有关会计分录。

6. 某公司进口机械设备一套，完税价格为人民币 1000 万元（进口关税率为 10%），海关于 2009 年 9 月 1 日填发税款缴纳证，公司于 2009 年 9 月 28 日才缴纳税款。则该公司应缴纳多少滞纳金？

7. 某外贸公司进口 10 台高级摄像机，每台 CIF 价格 USD 7600。关税税率 3%。该公司同期出口 5000 吨锌矿砂，每吨 FOB 价格 USD 240，出口关税税率 10%。当日的外汇牌价为 1：7.00。

　　要求：

　　(1) 计算进口摄像机应缴纳的关税、进口增值税；出口锌矿砂应缴纳的关税。

　　(2) 作相应的会计处理。

8. 某外贸公司进口挖掘机一批，总价值 USD 120000（FOB），另付运费 USD 1200、保险费 USD 1500，关税税率 12%。报关日的外汇牌价为 1：7.00。

　　要求：计算应缴纳的关税、增值税。

五、综合业务题

1. 某进出口公司 2009 年 4 月发生如下进口业务（假定题目中货物的关税税率均为 10%）：

　　(1) 免税进口一台设备，海关审定的完税价格为 50 万元，海关规定的监管期限为 3 年，该设备使用 18 个月后出售给某内资企业。

　　(2) 以租赁方式进口一台机械，海关审定的租金价格为 100 万元，分 5 次平均支付租金，经海关同意，承租人一次性缴纳税款。

　　(3) 运往境外加工的货物复运进境，海关审定的境外加工费为 5 万元，料件费为 8 万元，运输费及其相关费用 1.2 万元，保险费 0.5 万元。

　　(4) 进口原材料一批，成交价格为 150 万元，运输费及其相关费用 2 万元，保险费

1.5 万元；另外按合同规定在 3 年内每年支付该材料的技术专利费用 5 万元。

要求：

（1）计算免税进口设备应补缴的关税。

（2）计算以租赁方式进口的机械应缴纳的关税。

（3）计算境外加工应缴纳的关税。

（4）计算该公司当月应缴纳的关税。

2. 上海某进出口公司从美国进口货物一批，货物以离岸价格成交，成交价折合人民币为 1410 万元（包括单独计价并经海关审查属实的向境外采购代理人支付的买方佣金 10 万元，但不包括因使用该货物而向境外支付的软件费 50 万元、向卖方支付的佣金 15 万元），另支付货物运抵我国上海港的运费、保险费等 35 万元。假设该货物适用的关税税率为 20%、增值税税率为 17%、消费税税率为 10%。

要求：请分别计算该公司应缴纳的关税、消费税和增值税。

3. 进出口公司从 A 国进口货物一批，成交价（离岸价）折合人民币 9000 万元（包括单独计价并经海关审查属实的货物进口后装配调试费用 60 万元，向境外采购代理人支付的买方佣金 50 万元）。另支付运费 180 万元，保险费 90 万元。货物运抵我国口岸后，该公司在未经批准缓税的情况下，于海关填发税款缴纳证的次日起第 20 天才缴纳税款。假设该货物适用的关税税率为 100%，增值税税率为 17%，消费税税率为 5%。

要求：请分别计算该公司应缴的关税、关税滞纳金、消费税和增值税。

4. 某轿车生产企业为增值税一般纳税人，2009 年 11 月份和 12 月份的生产经营情况如下：

（1）11 月从国内购进汽车配件，取得防伪税控系统开具的增值税专用发票，注明金额 280 万元、增值税税额 47.6 万元，取得的货运发票上注明运费 10 万元，建设基金 2 万元。

（2）11 月在国内销售发动机 10 台给一小规模纳税人，取得收入 28.08 万元；出口发动机 80 台，取得销售额 200 万元。

（3）12 月进口原材料一批，支付给国外的买价 120 万元，包装材料 8 万元，到达我国海关以前的运输装卸费 3 万元、保险费 13 万元，从海关运往企业所在地支付运输费 7 万元。

（4）12 月进口两台机械设备，支付给国外的买价 60 万元，相关税金 3 万元，支付到达我国海关以前的装卸费、运输费 6 万元，保险费 2 万元，从海关运往企业所在地支付运输费 4 万元。

（5）12 月国内购进钢材，取得防伪税控系统开具的增值税专用发票，注明金额 300 万元、增值税税额 51 万元，另支付购货运输费用 12 万元、装卸费用 3 万元；当月将 30% 用于企业基建工程。

（6）12 月从废旧物资回收经营单位购入报废汽车部件，取得废旧物资回收经营单位开具的税务机关监制的普通发票，注明金额 90 万元，另支付运输费、装卸费共计 6 万元。

（7）12 月 1 日将 A 型小轿车 130 辆赊销给境内某代理商，约定 12 月 15 日付款，15 日企业开具增值税专用发票，注明金额 2340 万元、增值税税额 397.8 万元，代理商

30 日将货款和延期付款的违约金 8 万元支付给企业。

（8）12 月销售 A 型小轿车 10 辆给本企业有突出贡献的业务人员，以成本价核算取得销售金额 80 万元。

（9）12 月企业新设计生产 B 型小轿车 2 辆，每辆成本价 12 万元，为了检测其性能，将其移送企业下设的汽车维修厂进行碰撞试验，企业和维修厂位于同一市区，市场上无 B 型小轿车销售价格。

其他相关资料：①该企业进口原材料和机械设备的关税税率为 10%；②生产销售的小轿车适用消费税税率为 12%；③B 型小轿车成本利润率为 8%；④城市维护建设税税率为 7%；⑤教育费附加征收率为 3%；⑥退税率为 13%；⑦相关票据在有效期内均通过主管税务机关认证。

要求：

（1）计算企业 11 月份应退的增值税。

（2）计算企业 11 月份留抵的增值税。

（3）计算企业 12 月进口原材料应缴纳的关税。

（4）计算企业 12 月进口原材料应缴纳的增值税。

（5）计算企业 12 月进口机械设备应缴纳的关税。

（6）计算企业 12 月进口机械设备应缴纳的增值税。

（7）计算企业 12 月国内购进原材料和运费可抵扣的进项税额。

（8）计算企业 12 月购入报废汽车部件可抵扣的进项税额。

（9）计算企业 12 月销售 A 型小轿车的销项税额。

（10）计算企业 12 月 B 型小轿车的销项税额。

（11）计算企业 12 月应缴纳的增值税。

（12）计算企业 12 月应缴纳的消费税（不含进口环节）。

（13）计算企业 12 月应缴纳的城市维护建设税和教育费附加。

5. 有进出口经营权的某外贸公司，8 月经有关部门批准从境外进口小轿车 30 辆，每辆小轿车货价 15 万元，运抵我国海关前发生的运输费用为 9 万元、保险费用为 1.38 万元，公司委托运输公司将小轿车从海关运回本单位，支付运输公司运输费用 9 万元，取得了运输公司开具的普通发票。当月售出 24 辆，每辆取得含税销售额 40.95 万元，公司自用 2 辆并作为本企业固定资产（提示：小轿车关税税率 60%、增值税税率 17%、消费税税率 9%）。

要求：

（1）计算小轿车在进口环节应缴纳的关税、消费税和增值税。

（2）计算国内销售环节 8 月份应缴纳的增值税。

6. 某外贸进出口公司受某单位委托进口商品一批，该批商品成交价 CIF 上海 USD 200000，进口税率为 30%，手续费按进价的 2%收取。计税日外汇牌价：1∶7.00。委托单位已经预付款 2000000 元。该批商品已经运达，进出口商向海关办理完报关及进口关税完税手续后，再跟委托单位办理计算。

要求：计算应缴纳的关税并作相关的会计处理。

第六章 城市维护建设税

复习与思考题

一、名词术语解释

城市维护建设税

二、简答题

1. 简述城市维护建设税的计税依据。
2. 城市维护建设税的税率是如何规定的?

技能训练题

一、单项选择题

1. 流动经营的单位,在经营地缴纳"三税"的,则其城市维护建设税应在(　　)缴纳。
   A. 经营地按当地适用税率计算
   B. 机构所在地按当地适用税率计算
   C. 经营地但按机构所在地的适用税率计算
   D. 机构所在地但按经营地的适用税率计算

2. 市区某企业无故拖欠了当年应缴纳的营业税 20 万元,经税务人员进行检查后,补缴了拖欠税款,同时加收了滞纳金 500 元(滞纳 5 天),下列对该企业处理正确的为(　　)。
   A. 补缴城建税 14000 元
   B. 补缴城建税的滞纳金 28 元
   C. 补缴城建税 14000 元,滞纳金 35 元
   D. 补缴城建税 14000 元,滞纳金 140 元

3. 某市进出口公司某月进口小汽车(消费税税率 5%)一批,关税完税价格 100 万元,已纳关税 90 万元。进口后当月在国内全部销售,取得销售收入 300 万元(不含增值税),该公司应缴纳城建税为(　　)万元。
   A. 1.19
   B. 3.57
   C. 0
   D. 1.89

4. 某城市税务分局对辖区内一家内资企业进行税务检查时,发现该企业故意少缴营业税 58 万元,遂按相关执法程序对该企业作出补缴营业税、城建税和教育费附加并加收滞纳金(滞纳时间 50 天)和罚款(与税款等额)的处罚决定。该企业于当日接受

了税务机关的处罚，补缴的营业税、城建税及滞纳金、罚款合计为（　　）元。

　A. 1215100　　　　　B. 1216115　　　　　C. 1241200　　　　　D. 1256715

5. 下列不属于城建税的税率之一的是（　　）。

　A. 7%　　　　　　　B. 5%　　　　　　　C. 3%　　　　　　　D. 1%

6. 某企业 3 月份销售应税货物缴纳增值税 34 万元、消费税 12 万元，出售房产缴纳营业税 10 万元、土地增值税 4 万元。已知该企业所在地使用的城市维护建设税税率为 7%。该企业 3 月份应缴纳的城市维护建设税税额为（　　）万元。

　A. 4.20　　　　　　　B. 3.92　　　　　　　C. 3.22　　　　　　　D. 2.38

7. 某企业 1 月份缴纳增值税 34 万元，消费税 60 万元，所得税 13 万元。如按 7% 的税率计算，该企业应缴纳的城市维护建设税是（　　）万元。

　A. 8.4　　　　　　　B. 4.2　　　　　　　C. 6.58　　　　　　　D. 6.02

二、多项选择题

1. 以下不属于我国城市维护建设税的纳税人的是（　　）。

　A. 国有企业　　　　　　　　　　　B. 外国企业

　C. 股份制企业　　　　　　　　　　D. 外商投资企业

2. 以下情况符合城建税计征规定的有（　　）。

　A. 对出口产品退还增值税、消费税的，也一并退还已纳城建税

　B. 纳税人享受增值税、消费税、营业税的免征优惠时，也同时免征城建税

　C. 纳税人违反增值税、消费税、营业税有关税法而加收的滞纳金和罚款，也作为城建税的计税依据

　D. 海关对进口产品代征的增值税、消费税，不征收城建税

3. 下列说法符合城建税规定的是（　　）。

　A. 纳税人缴纳"三税"的地点，就是该纳税人缴纳城建税的地点

　B. 只要缴纳增值税、消费税、营业税的企业都应缴纳城市维护建设税

　C. 海关对进口产品代征的增值税、消费税，不征收城市维护建设税

　D. 纳税人因延迟缴纳而补缴"三税"的，城建税应同时补缴

4. 根据《城市维护建设税暂行条例》的规定，下列各项中，构成城市维护建设税计税依据的有（　　）。

　A. 缴纳的增值税税额　　　　　　　B. 缴纳的消费税税额

　C. 缴纳的营业税税额　　　　　　　D. 缴纳的所得税税额

5. 下列各项，可以计入利润表"主营业务税金及附加"项目的有（　　）。

　A. 增值税　　　　　　　　　　　　B. 城市维护建设税

　C. 教育费附加　　　　　　　　　　D. 矿产资源补偿费

6. 下列各项中，符合城市维护建设税计税依据规定的有（　　）。

　A. 偷逃营业税而被查补的税款　　　B. 偷逃消费税而加收的滞纳金

　C. 出口货物免抵的增值税税额　　　D. 出口产品征收的消费税税额

7. 下列各项中，属于城建税计税依据的是（　　）。

　A. 实际应缴纳的"三税"税额　　　B. 纳税人滞纳"三税"而加收的滞纳金

C. 纳税人偷逃"三税"而被处的罚款　　D. 纳税人偷逃"三税"被查补的税款

三、判断题

1. 城市维护建设税既是一种附加税，又是一种具有特定目的的税种。（　　）

2. 自 1997 年 1 月 1 日起，供货企业向出口企业和市县外贸企业销售出口产品时，以增值税当期销项税额抵扣进项税额后的余额，计算城建税。（　　）

3. 由受托方代收代缴消费税的，应代收代缴的城市维护建设税按委托方所在地的适用税率计算。（　　）

4. 卷烟厂的教育费附加按 3% 减半征收。（　　）

四、计算题

1. （1）某市区一企业 2009 年 8 月份实际缴纳增值税 250000 元，缴纳消费税 400000 元，缴纳营业税 80000 元。计算该企业应缴纳的城市维护建设税税额。

（2）某市区一企业 2009 年 8 月份实际缴纳增值税 500000 元，同时缴纳营业税 30000 元，该企业无须缴纳消费税。请计算该企业应缴纳的教育费附加。

2. 某县城生产护肤品的公司本月缴纳增值税 10 万元、消费税 30 万元，补缴上月应纳消费税 6 万元，取得出口退还增值税 5 万元，缴纳进口关税 8 万元、进口增值税 20 万元、进口消费税 10 万元。计算本月应缴纳的城建税和教育费附加。

3. 某地方税务分局对辖区内一家内资企业进行税务检查时，发现该企业故意少缴营业税 58 万元，遂按相关执法程序对该企业做出补缴营业税、城建税和教育费附加并加收滞纳金（滞纳天数 40 天）和罚款（与税款等额）的处罚决定。该企业于当日接受了税务机关的处罚，补缴的营业税、城建税及滞纳金、罚款合计是多少？

4. 北京市某内资白酒生产企业 2006 年 10 月进口酒精海关审定关税完税价格 150 万元，缴纳关税 15 万元，酒精消费税税率为 5%，当月领用酒精 80 万元用于生产白酒；当月向农民收购粮食一批，收购凭证上的收购价为 200 万元；当月销售粮食白酒 200 吨，取得销售收入 400 万元；粮食白酒消费税税率为 20%，每 500 克消费税税额为 0.5 元。则 10 月份该白酒生产企业应缴纳城建税及教育费附加为多少？

5. 某市摩托车制造公司被税务机关认定为增值税一般纳税人。已知：摩托车适用的消费税税率为 10%，轮胎适用的消费税税率为 3%，2006 年 5 月份，该公司发生以下经济业务：

（1）销售自产摩托车 50 辆，取得价款（不含增值税）550 万元。另外，向购买方收取价外费用 5 万元。

（2）销售自产轮胎取得销售额（含增值税）58.50 万元。

（3）购进各种原材料，从销售方取得的增值税专用发票上注明的增值税税额合计为 70 万元。

（4）购进原材料，支付了运输公司运费 3 万元，取得运输公司开具的运费发票。

（5）兼营摩托车租赁业务取得收入 70 万元。

该企业分别核算摩托车销售额、租赁业务营业额。

要求：

（1）计算该公司 5 月份销售摩托车应缴纳的消费税，并列出计算过程。

（2）计算该公司 5 月份销售轮胎应缴纳的消费税，并列出计算过程。

（3）计算该公司 5 月份应缴纳的增值税，并列出计算过程。

（4）计算该公司 5 月份应缴纳的营业税（租赁业务适用的营业税税率为 5%）。

（5）计算该公司 5 月份应缴纳的城建税。

第七章　资源税

复习与思考题

一、名词术语解释

资源税

二、简答题

1. 资源税的征税范围是如何规定的？
2. 资源税的计税依据是什么？
3. 资源税有哪些优惠政策？

技能训练题

一、单项选择题

1. 扣缴义务人代扣代缴的资源税，应当向（　　　　）主管税务机关缴纳。
   A. 收购地　　　　　　B. 开采地　　　　　　C. 生产地　　　　　　D. 销售地

2. 下列说法不符合资源税规定的是（　　　）。
   A. 与原油和煤矿同时开采的天然气暂不征税
   B. 对独立铁矿的铁矿石资源税应按规定税额标准的四折征收
   C. 扣缴义务人代扣代缴的资源税应当向收购地主管税务机关缴纳
   D. 扣缴义务人代扣代缴资源税的纳税义务发生时间为支付首笔货款或者开具应付货款凭据的当天

3. 江西某铁矿（独立开采、提纯）6月份将开采的三等铁矿加工成精矿销售，因特殊原因税务机关无法准确掌握入选精矿时移送使用和销售的原矿数量，只知入选后的精矿数量为500吨，选矿比为1∶20，三等铁矿单位税额为每吨2.4元，该铁矿6月份应纳资源税税额为（　　　）元。
   A. 500　　　　　　　B. 700　　　　　　　C. 9600　　　　　　　D. 14000

4. 某沿海盐场为增值税一般纳税人，2006年9月取得的增值税防伪税控系统开具的专用发票注明的销售额为130万元。当月自产液体盐500吨，其中300吨对外销售，取得的不含增值税的销售收入为15万元，其余用于加工固体盐100吨，当月售出80

吨取得不含增值税的销售收入为 133.6 万元，另有 10 吨作为职工福利和赠送相关客户发放，假设当月该盐场液体盐单位税额为 5 元/吨，固体盐 10 元/每吨。该盐场应缴纳的资源税和增值税合计(　　)元。

    A. 58258　　　　　　　B. 62410　　　　　　　C. 12955　　　　　　　D. 29590

5. 某铁矿山 2004 年 12 月份销售铁矿石原矿 6 万吨，移送入选精矿 0.5 万吨，选矿比为 40%，适用税额为 10 元/吨。该铁矿山当月应缴纳的资源税为(　　)万元。

    A. 26　　　　　　　　B. 29　　　　　　　　C. 43.5　　　　　　　D. 65

6. 根据资源税法律制度的规定，下列各项中，不属于资源税征税范围的是(　　)。

    A. 天然气　　　　　　B. 地下水　　　　　　C. 原油　　　　　　　D. 液体盐

7. 某石油开采企业 2004 年 2 月开采原油 20 万吨，其中用于加热、修井的原油 0.2 万吨。如油田的资源税税率为 10 元/吨。该企业当月应缴纳的资源税税额为(　　)万元。

    A. 198　　　　　　　　B. 297　　　　　　　　C. 200　　　　　　　　D. 300

8. 根据资源税法律制度的规定，下列各项中，不属于资源税征税范围的有(　　)。

    A. 与原油同时开采的天然气　　　　　　B. 煤矿生产的天然气
    C. 开采的天然原油　　　　　　　　　　D. 生产资源税征税范围的海盐原盐

9. 根据《资源税暂行条例》规定，下列单位属于资源税的纳税人的是(　　)。

    A. 生产天然气的油田　　　　　　　　　B. 出口天然气的石化公司
    C. 销售天然气的天然气公司　　　　　　D. 使用天然气的用户

10. 某铜矿 2002 年 11 月开采铜矿石 50000 吨，全部对外销售。该铜矿属于三等矿，单位税额为每吨 1.4 元，则其本月应缴纳的资源税为(　　)万元。

    A. 2.8　　　　　　　　B. 4.2　　　　　　　　C. 4.9　　　　　　　　D. 7

11. 某钨矿企业 2006 年 10 月共开采钨矿石原矿 80000 吨，直接对外销售钨矿石原矿 40000 吨，以部分钨矿石原矿入选精矿 9000 吨，选矿比为 40%。钨矿石选用税额每吨 0.6 元。该企业 10 月份应缴纳的资源税(　　)元。

    A. 20580　　　　　　B. 26250　　　　　　C. 29400　　　　　　D. 37500

12. 某独立矿山企业收购铁矿石 4 万吨，每吨收购价为 70 万元，单位税额为 14.5 元/吨，该企业所作的会计分录为(　　)。

    A. 借：在途物资　　　　　　　　　　　　　　　　　222
          应交税费——应交资源税　　　　　　　　58
            贷：银行存款　　　　　　　　　　　　　　　280

    B. 借：在途物资　　　　　　　　　　　　　　　　　338
          贷：应交税费——应交资源税　　　　　　　　58
             银行存款　　　　　　　　　　　　　　　280

    C. 借：在途物资　　　　　　　　　　　　　　　303.20
          贷：应交税费——应交资源税　　　　　　23.20
             银行存款　　　　　　　　　　　　　　　280

    D. 借：物资采购　　　　　　　　　　　　　　　256.80

　　　　　　　应交税费——应交资源税　　　　　　　　　　　　　　　　23.20
　　　　　　　　贷：银行存款　　　　　　　　　　　　　　　　　　　　　　280

13. 企业未按期缴纳资源税，向税务部门缴纳滞纳金时，应借记(　　　)账户，贷记"银行存款"账户。
　　A. 营业税金及附加　　　　　　　　　　B. 生产成本
　　C. 其他业务成本　　　　　　　　　　　D. 营业外支出

14. 企业按规定计算出对外销售应税产品应缴纳资源税时，借记(　　　)账户，贷记"应交税费——应交资源税"账户。
　　A. 营业税金及附加　　　　　　　　　　B. 生产成本
　　C. 其他业务成本　　　　　　　　　　　D. 营业外支出

★15. 某油田 3 月份生产原油 5000 吨，当月销售 3000 吨，加热、修井自用 100 吨。已知该油田原油适用的资源税单位税额为 8 元/吨。该油田 3 月份应缴纳的资源税税额为(　　　)元。(2009 年)
　　A. 40000　　　　　B. 24800　　　　　C. 24000　　　　　D. 23200

二、多项选择题

1. 下列由省级政府确定，并报财政部和国家税务总局备案的情形有(　　　)。
　　A. 未列举名称的其他非金属矿原矿是否征收资源税
　　B. 未列举名称的其他有色金属矿是否征收资源税
　　C. 未列举名称的纳税人适用的税额标准
　　D. 纳税人不能准确提供应税产品课税数量

2. 根据《资源税暂行条例》的规定，下列有关资源税课税数量的表述中，正确的有(　　　)。
　　A. 纳税人开采或者生产应税产品销售的，以开采或者生产的数量为课税数量
　　B. 纳税人开采或者生产应税产品自用的，以自用数量为课税数量
　　C. 扣缴义务人代扣代缴资源税的，以收购未税矿产品的数量为课税数量
　　D. 纳税人不能准确提供应税产品销售数量的，以应税产品的产量为课税数量

3. 下列说法符合资源税规定的有(　　　)。
　　A. 纳税人以委托加工收回的液体盐连续加工成固体盐，其加工固体盐所耗用液体盐的已纳税额准予扣除
　　B. 纳税人跨地区开采，其下属生产单位和核算单位不在同一地区的，对其开采的矿产品一律在开采地缴纳资源税
　　C. 对冶金联合企业矿山及从其独立出来的铁矿山企业开采的铁矿石，在规定税额的基础上减征 60%
　　D. 纳税人开采或生产应税产品过程中因意外事故或者自然灾害等原因造成重大损失的，由省级人民政府酌情决定减税或免税

4. 资源税纳税义务人销售应税产品，采取除分期收款和预收货款以外结算方式的，其纳税义务发生时间为(　　　)。
　　A. 销售合同规定的收款日期的当天　　　B. 收讫销售款的当天

　　C. 发出应税产品的当天　　　　　　　　D. 取得索取销售款凭据的当天

5. 根据资源税法律制度的规定，下列各项中，应征收资源税的有(　　　)。

　　A. 开采井矿盐　　　　B. 开采地下水　　　　C. 开采原煤　　　　D. 开采原油

6. 根据资源税法律制度的规定，下列各项中，属于资源税征税范围的有(　　　)。

　　A. 与原油同时开采的天然气　　　　　　B. 煤矿生产的天然气

　　C. 开采的天然原油　　　　　　　　　　D. 生产的海盐原盐

三、判断题

1. 根据《资源税暂行条例》的规定，资源税的纳税义务人暂不含外资企业和外国企业。(　　)

2. 资源税仅对在中国境内开采或生产应税产品的单位和个人征收，对进口的矿产品和盐不征收。(　　)

3. 某独立核算的铁矿企业，其下属生产单位在外省。2006 年开采原矿 500 万吨(其中含外省生产单位开采的 100 万吨)，当年销售 350 万吨(其中含外省生产单位生产的 50 万吨)。已知每吨铁矿石税额 4 元，则该企业向本省应纳税额为 0 元。(　　)

4. 资源税纳税人开采或者生产应税产品销售的，以销售数量为课税数量；纳税人开采或者生产应税产品自用的，以自用(非生产用)数量为课税数量。但纳税人不能准确提供其自用数量的，应以应税产品的产量或主管税务机关确定的折算比换算成的数量为课税数量。(　　)

5. 进口的矿产品和盐，不征收资源税；出口的矿产品和盐，也不免征或退还已纳资源税。(　　)

6. 资源税的纳税义务人是指在中华人民共和国境内开采应税资源的矿产品或者生产盐的单位和个人，包括中外合作开采石油、天然气的企业。(　　)

四、计算题

1. 某油田当年销售原油 70 万吨，油田自用 5 万吨，另有 2 万吨在采油过程中用于加热和修理油井。已知该油田适用的税额为每吨 15 元，则该油田当年应缴纳的资源税是多少？

2. 某冶金联合企业矿山，8 月份开采铁矿石 5000 吨，销售 4000 吨，适用的单位税额为每吨 14 元，该矿当月应缴纳的资源税是多少？

3. 某油田某月开采原油 12.5 万吨，其中已销售 10 万吨，自用 0.5 万吨，尚待销售 2 万吨。该油田适用的单位税额为每吨 12 元，其当月应缴纳的资源税是多少？

4. 某油田 10 月份生产原油 8 万吨(单位税额 8 元/吨)，其中销售 6 万吨，用于加热、修井的原油 1 万吨，待销售 1 万吨，当月在开采过程中还回收并销售伴生天然气 10000 千立方米(单位税额 8 元/千立方米)。请计算该油田 10 月份应缴纳的资源税。

五、综合业务题

1. 某联合企业为增值税一般纳税人，2009 年 12 月生产经营情况如下：

　　(1) 专门开采的天然气 45000 千立方米，开采原煤 450 万吨，采煤过程中生产天然气 2800 千立方米。

　　(2) 销售原煤 280 万吨，取得不含税销售额 22400 万元。

（3）以原煤直接加工洗煤 110 万吨，对外销售 90 万吨，取得不含税销售额 15840 万元。

（4）企业职工食堂和供热等用原煤 2500 吨。

（5）销售天然气 37000 千立方米（含采煤过程中生产的 2000 千立方米），取得不含税销售额 6660 万元。

（6）购入采煤用原材料和低值易耗品，取得增值税专用发票，注明支付货款 7000 万元、增值税税额 1190 万元。支付购原材料运输费 200 万元，取得运输公司开具的普通发票，原材料和低值易耗品验收入库。

（7）购进采煤机械设备 10 台，取得增值税专用发票，注明每台设备支付货款 25 万元、增值税 4.25 万元，已全部投入使用。

（提示：资源税单位税额，原煤 3 元/吨，天然气 8 元/千立方米；洗煤与原煤的选矿比为 60%）

要求：

（1）计算该联合企业 2009 年 12 月应缴纳的资源税。

（2）计算该联合企业 2009 年 12 月应缴纳的增值税。

2. 位于县城的某铜矿冶炼联合企业为增值税一般纳税人，2009 年 4 月发生下列经营业务：

（1）开采铜矿石 5000 吨，在邻县收购未税铜矿石 3000 吨，收购未税锡矿石 2000 吨，货款已支付，尚未取得专用发票。

（2）进口一套冶炼设备，境外成交价格（FOB）100000 美元，支付境外运输及保险费共计 10000 美元、境外佣金费用 2500 美元，缴纳相关税金后，海关放行；运至企业发生的境内运费 80000 元，取得运输企业开具的运费发票。

（3）进口铜矿石 1000 吨，支付货价 10 万美元，支付境外运输及保险费 1000 美元；经海关批准先行申报，申报进口日关税税率为 4%，装载矿石的货船申报进境之日关税税率为 3%。

（4）采用分期收款方式销售自行开采的铜矿石 2000 吨，不含税单价 45 元/吨，合同规定本月收回 60% 货款，其余款项 5 月 15 日前收回，本月实际收回货款 30000 元；销售收购的铜矿石 500 吨，不含税单价 50 元/吨；采用托收承付方式销售自行开采的铜矿石 3000 吨，不含税单价 50 元/吨，开具了增值税专用发票，由于购货方资金紧张，无法以货币资金支付货款，经过多次协商，购货方以价值 15 万元的办公楼抵顶货款。

（5）将开采的未税铜矿石 2000 吨加工成铜锭，本月将加工铜锭的 20% 对外投资，承担投资风险；80% 出售，取得不含税销售额 172.80 万元。

（6）从一般纳税人处购进材料，取得增值税专用发票，注明价款 30 万元、增值税 5.1 万元，支付运费 1.2 万元、装卸费 0.1 万元、建设基金 0.8 万元，并取得符合规定的运费发票。

（7）从县工具厂（小规模纳税人）购进材料，取得税务机关代开的增值税专用发票，注明价款 20000 元、增值税 1200 元。

（8）销售本厂使用过的小汽车一辆，原值 160000 元，卖出时取得收入 100000 元，货款已收到。销售使用过的精密进口机床一台，原值 300000 元，卖出时含税价

360000 元，货款已收到。

（9）上月购进的煤炭，本月生产车间领用煤炭 120 吨，职工食堂及浴池领用煤炭 18 吨，煤炭不含税价每吨 1500 元。铜矿石资源税单位税额：联合企业所在地税额为 1.2 元/吨，邻县税额为 1.4 元/吨。锡矿石资源税单位税额：联合企业所在地税额为 0.8 元/吨，邻县税额为 1 元/吨（冶炼设备关税税率为 17%。汇率为：1 : 8.27。本月购进货物取得的相关票据，符合条件的均在本月通过认证并抵扣）。

要求：

（1）该企业本月进口环节应缴纳的税金。

（2）该企业本月应缴纳的增值税（包括进口环节缴纳的增值税）。

（3）该企业本月应缴纳的城市维护建设税及教育费附加合计。

（4）该企业本月应缴纳的资源税（不包括代扣代缴的资源税）。

（5）该企业应代扣代缴的资源税。

六、实训题

油田企业资源税会计实务

某油田的具体情况和有关业务如下：

企业名称：××油田有限公司

企业注册号：385960970423

企业地址：黑龙江省大庆市大庆镇

法定代表人：马超健

注册资本：1000 万元

实收资本：1000 万元

企业类别：有限责任公司

经营范围：石油、天然气的勘探、开采和销售

企业执行的会计期间与公历年度一致，以人民币为记账本位币，资源税的纳税期限核定为一个月。

企业的税务登记证号为：32060219865984

企业的机构代码证号为：7596978

企业开户银行为交通银行大庆支行，账号：2196859604043

该企业 2009 年 1 月份发生如下涉及资源税的经济业务（假定月初库存原油 3 万吨）：

1. 会计分录

（1）本月生产原油 8 万吨，本月发出原油 5 万吨，其中对外销售 3 万吨，企业开采原油过程中用于加热修井的原油 500 吨，生产自用原油 6000 吨。假定该原油的使用单位税额为 8 元/吨。

外销原油的资源税应纳税额＝3×8＝24（万元），会计分录如下：

借：营业税金及附加   240000

    贷：应交税费——应交资源税   240000

按税法规定，开采原油过程中用于加热修井的原油，免税。

生产自用原油的资源税应纳税额＝6000×8＝48000（元），会计分录如下：

借：生产成本　　　　　　　　　　　　　　　　　　　　　48000
　　贷：应交税费——应交资源税　　　　　　　　　　　　　48000

（2）伴采天然气 15 万立方米，当月销售 9 万立方米，其余 6 万立方米全部由油田自用。假定天然气适用的单位税额为 10 元/千立方米。

外销天然气的资源税额＝90×10＝900（元），会计分录如下：

借：营业税金及附加　　　　　　　　　　　　　　　　　　900
　　贷：应交税费——应交资源税　　　　　　　　　　　　　900

自产自用天然气的资源税应纳税额＝60×10＝600（元），会计分录如下：

借：制造费用　　　　　　　　　　　　　　　　　　　　　600
　　贷：应交税费——应交资源税　　　　　　　　　　　　　600

2. 登记账户

明细账账页

应交税费明细账

分页＿＿＿总页＿＿＿

二级明细科目：资源税

三级明细科目：原油

2009 年		凭证		摘 要	对方科目	借 方								贷 方								借或贷	余 额							
月	日	种类	号数			十万	千	百	十	元	角	分		十万	千	百	十	元	角	分			十万	千	百	十	元	角	分
1	1			年初余额																		平					0	—	—
1				3 万立方米										2	4	0	0	0	0	0									
1				6000 立方米											4	8	0	0	0	0									
1				本月发生额合计										2	8	8	0	0	0	0	贷		2	8	8	0	0	0	0
2																													

明细账账页

应交税费明细账

分页＿＿＿总页＿＿＿

二级明细科目：资源税

三级明细科目：天然气

2009 年		凭证		摘 要	对方科目	借 方								贷 方								借或贷	余 额							
月	日	种类	号数			十万	千	百	十	元	角	分		十万	千	百	十	元	角	分			十万	千	百	十	元	角	分
1	1			年初余额																		平				—	0	—	—
1				90 立方米												9	0	0	0	0									
1				60 立方米												6	0	0	0	0	贷			1	5	0	0	0	0
1				本月发生额合计											1	5	0	0	0	0									
2																													

3. 纳税申报及缴纳

根据以上账户记录可以得出，2009 年 1 月份该油田的有关情况如下：

销售和自用原油应缴纳的资源税＝288000 元

销售和自用天然气应缴纳的资源税＝1500 元

两项合计＝288000＋1500＝289500（元）

2009 年 2 月初，该油田进行纳税申报，缴纳资源税时，会计分录如下：

借：应交税费——应交资源税　　　　　　　　　　　　289500

　　贷：银行存款　　　　　　　　　　　　　　　　　　　289500

2009 年 2 月初，油田进行纳税申报时，请填写资源税纳税申报表。

第八章　城镇土地使用税

复习与思考题

一、名词术语解释

城镇土地使用税

二、简答题

1. 城镇土地使用税的计税依据和税率是如何规定的?
2. 城镇土地使用税的征税对象和范围是什么?

技能训练题

一、单项选择题

1. 根据土地使用税的有关规定,经济发达地区,城镇土地使用税的适用税额标准可以(　　)。

   A. 适当提高,但提高额不得超过规定的最高税额的30%

   B. 适当提高,但提高额不得超过规定的最低税额的30%

   C. 适当提高,但须报经国家税务总局批准

   D. 适当提高,但须报经财政部批准

2. 某企业实际占地面积共为30000平方米,其中企业子弟学校面积2000平方米,医院占地1000平方米。该企业每年应缴纳的城镇土地使用税为(　　)元(该企业所处地段适用年税额为3元/平方米)。

   A. 81000　　　　　B. 84000　　　　　C. 87000　　　　　D. 90000

3. 某外商投资企业2007年年初实际占地面积为50000平方米,其中,企业自办幼儿园占地2000平方米,职工医院占地2000平方米,企业绿化占地5000平方米,无偿向某部队提供训练用地1000平方米。2007年4月该企业为扩大生产,根据有关部门的批准,新征用非耕地8000平方米。该企业所处地段适用年税额3元/平方米。该企业2007年应缴纳城镇土地使用税(　　)万元。

   A. 15.3　　　　　B. 15.1　　　　　C. 13.8　　　　　D. 13.3

4. 某供热企业占地面积80000平方米,其中厂房63000平方米(有一间3000平方米的

车间无偿提供给公安消防队使用），行政办公楼 5000 平方米，厂办子弟学校 5000 平方米，厂办招待所 2000 平方米，厂办医院和幼儿园各 1000 平方米，厂区内绿化用地 3000 平方米；2005 年度该企业取得供热总收入 5000 万元，其中 2000 万元为向居民供热取得的收入。城镇土地使用税单位税额 3 元/平方米，该企业 2005 年度应缴纳城镇土地使用税（　　）万元。

    A. 8.4　　　　　　　　B. 12.6　　　　　　　　C. 14.4　　　　　　　　D. 24

5. 根据城镇土地使用税法律制度的规定，下列各项中，属于城镇土地使用税计税依据的是（　　）。

    A. 建筑面积　　　　　　　　　　　　B. 使用面积

    C. 居住面积　　　　　　　　　　　　D. 实际占用的土地的面积

6. 根据城镇土地使用税法律制度的规定，下列各项中，不属于城镇土地使用税纳税人的是（　　）。

    A. 实际使用城镇土地的国有工业企业

    B. 实际使用城镇土地的股份制商业企业

    C. 与他人共同拥有城镇土地使用权的合伙企业

    D. 实际使用城镇土地的外商投资企业

7. 下列各项中不免征城镇土地使用税的是（　　）。

    A. 市政街道、广场、绿化地带等公共用地

    B. 纳税单位无偿使用免税单位的土地

    C. 中国人民银行总行（含国家外汇管理局）所属分支机构自用的土地

    D. 非营利性医疗机构、疾病控制机构和妇幼保健机构等卫生机构自用的土地

8. 某市肉制品加工企业 2009 年占地 60000 平方米，其中办公占地 5000 平方米，生猪养殖基地占地 28000 平方米，肉制品加工车间占地 16000 平方米，企业内部道路及绿化占地 11000 平方米。企业的所在地城镇土地使用税单位税额 0.8 元/平方米。该企业全年应缴纳城镇土地使用税（　　）元。

    A. 16800　　　　　　　B. 25600　　　　　　　C. 39200　　　　　　　D. 48000

二、多项选择题

1. 下列属于土地使用税纳税人的有（　　）。

    A. 县城的私营企业　　　　　　　　　B. 农村的股份制企业

    C. 市区的集体企业　　　　　　　　　D. 城市、县镇、工矿区外的工矿企业

2. 对纳税人实际占用的土地面积，可以按照下列（　　）方法确定。

    A. 凡由省、自治区、直辖市人民政府确定的单位组织测定土地面积的，以测定面积为准

    B. 尚未组织测量，但纳税人持有政府部门核发的土地使用证书的，以证书确认面积为准

    C. 尚未核发土地使用证书的，应由纳税人申报土地面积据以纳税，待核发土地使用证以后再作调整

    D. 尚未核发土地使用证书的，应由当地人民政府予以确定，作为计税依据

3. 在征税范围内，下列占用土地免征城镇土地使用税的有（　　　）。
    A. 公园自用的土地　　　　　　　　B. 外商投资企业占用的生产用地
    C. 企业内绿化占用的土地　　　　　D. 国家机关自用的土地

4. 以下关于城镇土地使用税的表述中，正确的是（　　　）。
    A. 纳税人使用的土地不属于同一省（自治区、直辖市）管辖范围内的，由纳税人分别向土地所在地的税务机关申报缴纳
    B. 纳税人使用的土地在同一省（自治区、直辖市）管辖范围内，纳税人跨地区使用的土地，由纳税人分别向土地所在地的税务机关申报缴纳
    C. 纳税人出租房产，自交付出租房产之次月起计征城镇土地使用税
    D. 城镇土地使用税按年计算，分期缴纳

5. 根据城镇土地使用税法律制度的规定，在城市、县城、建制镇和工矿区范围内，下列单位中，属于城镇土地使用税纳税人的有（　　　）。
    A. 拥有土地使用权的国有企业
    B. 拥有土地使用权的私营企业
    C. 使用土地的外商投资企业
    D. 使用土地的外国企业在中国境内设立的机构

6. 根据城镇土地使用税法律制度的有关规定，下列各项中，应征收城镇土地使用税的有（　　　）。
    A. 某市证券交易所用地
    B. 某建制镇所辖的行政村村委会办公用地
    C. 某大型钢铁企业生产车间用地
    D. 某市一大型超市用地

三、判断题

1. 几个人或几个单位共同拥有同一块土地的使用权，则由其轮流缴纳这块土地的城镇土地使用税。（　　　）

2. 经批准开山填海整治的土地和改造的废弃土地，可以由各省、自治区、直辖市地方税务局确定是否减免其城镇土地使用税。（　　　）

3. 纳税人在全国范围内跨省、自治区、直辖市使用的土地，其城镇土地使用税的纳税地点由国家税务总局确定。（　　　）

4. 经省、自治区、直辖市人民政府批准，经济落后地区城镇土地使用税的适用税额可以适当降低，但降低额不得超过《中华人民共和国城镇土地使用税暂行条例》规定最低税额的20%。（　　　）

5. 我国目前只对国家所有的土地征收城镇土地使用税，对集体所有的土地不征收城镇土地使用税。（　　　）

6. 在未核发土地使用证书的情况下，城镇土地使用权的拥有人可以暂不缴纳城镇土地使用税，待核发土地使用证书后再补缴。（　　　）

7. 城镇土地使用税的纳税人，在尚未取得土地使用证书之前，不缴纳城镇土地使用税。（　　　）

8. 一般纳税人企业只有一项土地使用权，在经营期间可能同时缴纳增值税、消费税、营业税、房产税、资源税、土地使用税及耕地占用税等多个税种。（　　　）

四、计算题

1. 某商业企业某年占地面积为 13000 平方米，其中坐落在一级地段的商场占地面积为 10000 平方米，坐落在四级地段的商品库房占地面积为 3000 平方米，计算该单位年应纳城镇土地使用税税额（该市城镇土地使用税税额标准为：一级地段 5 元/平方米，四级地段 1 元/平方米）。

2. 某企业占地面积为 10000 平方米，其中生产用地 9500 平方米，幼儿园占地 500 平方米，该单位所在地城镇土地使用税税额标准为 3 元/平方米，计算该单位年应纳城镇土地使用税税额。

3. 某公司 2008 年 1 月实际占用土地 2 万平方米，其中职工医院占地 3000 平方米。该公司地处大城市，当地政府规定土地使用税为 10 元/平方米，按季纳税。

  要求：计算该公司第一季度应缴土地使用税，并作相应的会计分录。

五、实训题

京广机械制造有限公司的具体情况如下：

企业名称：京广机械有限公司

企业地址：四川省成都市温江区人民路 2 号

法定代表人：丁佳

企业类别：有限责任公司

企业注册号：32060598

企业执行的会计期间与公历年度一致。

企业的税务登记证号为：33060211132567890001

企业开户银行：交通银行成都分行

银行账号：6587487920

该企业截至 2009 年 12 月底，占用的国有土地面积为 2000 平方米，同去年一样，没有发生变化。经税务机关决定该地块为大城市一级土地，城镇土地使用税为每年 5 元/平方米，分 4 次缴纳，每季度初申报缴纳上一个季度的城镇土地使用税。

(1) 计算本年度应缴纳的城镇土地使用税

应纳税额＝2000×5＝10000（元）

会计分录如下：

借：管理费用　　　　　　　　　　　　　　　　　　　　　　10000

　　贷：应交税费——应交土地使用税　　　　　　　　　　　　　10000

(2) 2009 年 4 月份，企业进行纳税申报，缴纳第一季度的城镇土地使用税时，实际缴纳的税额为 10000÷4＝2500（元）。会计分录如下：

借：应交税费——应交土地使用税　　　　　　　　　　　　　2500

　　贷：银行存款　　　　　　　　　　　　　　　　　　　　　　2500

根据以上会计分录登记以下"应交税费——应交土地使用税"账户（见下表）并进行相应的计算，假定 2009 年 1 月初该企业"应交税费——应交土地使用税"的余额为零。

明细账账页

应交税费明细账

分页＿＿＿　总页＿＿＿

二级明细科目：土地使用税

三级明细科目：

2009年		凭证		摘　要	对方科目	借　方								贷　方								借或贷	余　额							
月	日	种类	号数			十	万	千	百	十	元	角	分	十	万	千	百	十	元	角	分		十	万	千	百	十	元	角	分
1	1			年初余额																		平				—	0	—	—	
1	31		1	计提											1	0	0	0	0	0	0									
4	8		1	缴纳				2	5	0	0	0	0									贷			7	5	0	0	0	0

2009年4月初，企业进行纳税申报时，请填写城镇土地使用税纳税申报表。

第九章　耕地占用税

复习与思考题

一、名词术语解释
耕地占用税

二、简答题
1. 耕地占用税的征税对象和范围是什么？
2. 耕地占用税的计税依据和税率是如何规定的？

技能训练题

一、单项选择题
1. 经济特区、经济技术开发区和经济发达、人均耕地特别少的地区，耕地占用税的适用税额可以适当提高，但是最高不得超过《中华人民共和国耕地占用税暂行条例》规定税额的（　　）。

    A. 20％   B. 30％   C. 40％   D. 50％

2. 耕地占用税的纳税人必须自土地管理部门批准占用耕地之日起（　　）日内申报缴纳耕地占用税。

    A. 10   B. 30   C. 60   D. 90

3. 下列免征耕地占用税的是（　　）。

    A. 铁路系统职工宿舍占用的耕地   B. 学校建校舍占用的耕地

    C. 水利工程用于发电占用的耕地   D. 职工夜校、培训中心占用的耕地

二、多项选择题
1. 耕地占用税的纳税人包括（　　）。

    A. 国有企业   B. 外商投资企业和外国企业

    C. 集体企业   D. 个体经营者

2. 下列不征耕地占用税的有（　　）。

    A. 占用耕地用于兴修水利   B. 占用耕地用于建造或从事非农业建设

    C. 占用耕地用于建房   D. 占用废弃地建游乐园

3. 下列占用耕地行为，应依法缴纳耕地占用税的主要有( )。
   A. 直接为农业生产服务的农田水利设施占用耕地
   B. 部队非军事用途占用耕地
   C. 农村居民经批准占用耕地建造住宅
   D. 疗养院占用耕地
4. 根据现行税法规定，下列( )用地免征耕地占用税。
   A. 铁路线路　　　　B. 医院建房　　　　C. 难民建房　　　　D. 幼儿园

三、判断题

1. 耕地占用税是以占用耕地的行为为征税对象，向占用耕地建房和从事非农业建设的单位和个人征收的一种税。( )
2. 耕地占用税对耕地的界定为：种植农作物的土地，包括苗圃、花圃、桑园的土地。( )
3. 我国税法规定，土地被占用前5年内曾用于种植农作物的，应视为耕地。( )
4. 农村居民占用耕地新建住宅，按照当地适用税额减半征收耕地占用税。( )

四、计算题

1. 某学校占用耕地20000平方米，其中5000平方米为校办工厂用地，其余15000平方米为教学楼、操场、宿舍等用地。当地适用税率为5元/平方米。按耕地占用税政策规定，校办工厂用地不能免征耕地占用税。
   要求：计算该学校应缴纳的耕地占用税。
2. 某企业2007年度有关资料如下：土地使用证书记载占用土地面积4000平方米，其中企业自办托儿所占地面积1000平方米；企业分支机构占地2000平方米，其中，占用公安局免税土地700平方米；企业另设一个分支机构，设在郊区，占地面积3000平方米，其中包括2002年占用的耕地2600平方米；2004年企业经批准在郊区占用一块耕地，面积1200平方米，用于扩建分支机构。已知郊区的土地使用税税率为3元/平方米，其他地区为5元/平方米。耕地占用税税率为4元/平方米。
   要求：计算该企业应缴纳的城镇土地使用税和耕地占用税。

五、实训题

某机械制造有限公司的具体情况如下：

企业名称：田野机械制造有限公司

企业地址：四川省成都市红河路2号

法定代表人：张逸

企业类别：有限责任公司

经营范围：主营机械产品的生产销售

企业的税务登记账号：32060219856

企业开户银行：中国银行成都分行

银行账号：261838695

该机械制造有限公司2009年4月20日，通过出让方式取得一地块的土地使用权。该地块原为农用耕地，面积为10000平方米，规划用途为工业用地。该公司准备将该地块用于修建厂房。

根据规定，该地块的耕地占用税税额为 40 元/平方米，则该公司在收到土地管理部门的用地通知后，应该向市地方税务局申报缴纳耕地占用税。应纳税额＝10000×40＝400000（元），向税务机关申报缴纳耕地占用税时，会计分录如下：

借：在建工程　　　　　　　　　　　　　　　　　　　　　400000

　　贷：银行存款　　　　　　　　　　　　　　　　　　　　400000

假定该机械制造有限公司于 2009 年 5 月 8 日获得该市土地管理部门的用地通知，于 2009 年 5 月 8 日进行耕地占用税的纳税申报，请填写耕地占用税纳税申报表。

第十章　车辆购置税

复习与思考题

一、名词术语解释
车辆购置税
二、简答题
简述车辆购置税的计税依据。

技能训练题

一、单项选择题
1. 农民个人购买的摩托车车辆购置税的纳税地点为（　　　）。
   - A. 主管税务机关所在地
   - B. 县农机车管部门所在地
   - C. 县（市）公安车管部门所在地
   - D. 地、市或地、市以上公安车管部门所在地
2. 车辆购置税的纳税人应自购买日、进口日、受赠、获奖等取得日起（　　　）日内进行纳税申报。
   - A. 15　　　　　　　B. 30　　　　　　　C. 45　　　　　　　D. 60
3. 纳税人购买自用或进口自用应税车辆，若申报的会计价格低于同类型应税车辆的最低计税价格，又无正当理由的，按（　　　）计缴车辆购置税。
   - A. 最高计税价格　　　B. 最低计税价格　　　C. 组成计税价格　　　D. 平均价格
4. 我国的车辆购置税收入，属于（　　　）。
   - A. 中央固定收入　　　B. 地方固定收入　　　C. 中央地方共享收入　　　D. 临时收入
5. 下列车辆不征收车辆购置税的是（　　　）。
   - A. 公共汽车　　　　　B. 农用拖拉机　　　　　C. 军队装备用车　　　　D. 国家机关用车
6. 纳税人购买应税车辆，其车辆购置税的计税依据中不包括（　　　）。
   - A. 增值税　　　　　　B. 消费税　　　　　　C. 关税　　　　　　　D. 价外费用
7. 车辆购置税的纳税期限为纳税义务发生之日起的（　　　）日内。

　　A. 10　　　　　　　B. 30　　　　　　　C. 45　　　　　　　D. 60

8. 纳税人购置应税车辆的，应在（　　　）申报缴纳车辆购置税。

　　A. 车辆登记注册地　　B. 纳税人所在地　　C. 车辆所在地　　D. 纳税人核算地

二、多项选择题

1. 下列车辆属于车辆购置税免税范围的有（　　　）。

　　A. 外国驻华使馆的车辆

　　B. 防汛部门用于指挥的设有固定装置的指定型号的车辆

　　C. 回国服务的留学人员购买自用的国产小汽车

　　D. 长期来华定居专家进口一辆自用小汽车

2. 车辆购置税缴款的方法包括（　　　）。

　　A. 代扣　　　　　　　B. 自报核缴　　　　　C. 集中征收缴纳　　　D. 代征

三、判断题

1. 车辆购置税实行一次课征制，对纳税人购置的已税车辆不纳税。（　　　）

2. 车辆购置税只对购买、受赠或获奖自用的车辆征税，对纳税人自产自用的车辆不征税。（　　　）

3. 我国税法规定，纳税人到公安机关车辆管理机构办理车辆登记注册手续时，必须持有主管税务机关出具的完税或免税证明，否则公安机关不得办理车辆购置手续。（　　　）

4. 纳税人购进车辆用于出售的，应于出售时缴纳增值税和车辆购置税。（　　　）

5. 国家机关、人民团体和事业单位购用的车辆，免征车辆购置税。（　　　）

6. 纳税人缴纳车辆购置税时，应由代征机构填制《车辆购置税审核记录表》，作为完税凭证。（　　　）

四、业务题

　　某公司1月份购进国产卡车2辆，增值税专用发票注明价款45万元，增值税76500元；进口小轿车（排气量在3.0L以上）一辆，CIF价格折合人民币26万元，关税税率50.7%，消费税税率8%，增值税税率17%。当月已向主管税务机关、海关缴纳购置税。

　　要求：计算应缴纳的车辆购置税，确认卡车、小轿车的入账价值，并作相应的会计分录。

五、实训题

　　某有限公司的基本情况如下：

　　企业名称：××有限责任公司

　　企业注册号：320602986753

　　企业地址：四川省成都市温江区大学路2号

　　法定代表人：徐敏

　　注册资本：800万元

　　实收资本：800万元

　　企业类别：有限责任公司

经营范围：服装销售与制作

企业执行的会计期间与公历年度一致，以人民币为记账本位币。

企业的税务登记号：320609093577

企业的机构代码证号：2138695

企业开户银行：交通银行成都支行

银行账号：181401028

该有限公司 2009 年 8 月 8 日从上海新城汽车贸易公司购买一辆出厂日期为 2008 年 1 月的国产小汽车自用，支付价款 117000 元（含增值税），取得该汽车贸易公司开具的"机动车销售统一发票"。2008 年 1 月该车的市场价格为 180000 元（不含增值税），现在的新车市场价格为 150000 元（不含增值税），国家税务总局最新核定的同类型车辆最低计税价格为 120000 元。

该车辆应缴纳的车辆购置税＝117000÷（1＋17％）×10％＝10000（元）

2009 年 8 月 8 日缴纳车辆购置税时，会计分录为：

借：固定资产　　　　　　　　　　　　　　　　　　　　10000

　　贷：银行存款　　　　　　　　　　　　　　　　　　　　10000

该公司 2009 年 8 月 8 日进行纳税申报时，请填写车辆购置税纳税申报表。

第十一章　车船税

复习与思考题

一、名词术语解释
车船税
二、简答题
1. 车船税的计税依据是什么？
2. 车船税的征税范围是如何规定的？

技能训练题

一、单项选择题
1. 某公司进口的一部免税车辆因改变用途需依法缴纳车辆购置税，已知该车原价 10 万元，同类新车最低计税价格为 15 万元，该车已使用 3 年，规定使用年限为 15 年，车辆购置税率为 10%，该公司应缴纳的车辆购置税税额为（　　）。
   A. 2 　　　　　　　　B. 1.6 　　　　　　　　C. 1.5 　　　　　　　　D. 1.2
2. 企业按规定计算缴纳的下列税金，应当计入相关资产成本的是（　　）。
   A. 房产税　　　　　　　　　　　　B. 城镇土地使用税
   C. 城市维护建设税　　　　　　　　D. 车辆购置税
3. 我国车船税的适用税率为（　　）。
   A. 比例税率 　　　B. 全额累进税率 　　　C. 定额税率 　　　D. 超额累进税率
4. 以下应缴纳车船税的是（　　）。
   A. 医院救护车　　　　　　　　　　B. 学校接送教职工的班车
   C. 私人用汽车　　　　　　　　　　D. 税务局的办公用车
5. 按规定，纳税义务人新购置的车船，从（　　）起发生纳税义务。
   A. 使用之日 　　　B. 购置使用的当月 　　C. 购置使用的次月 　　D. 使用的次日
6. 车船税法规定，载货汽车和机动船的计税依据是（　　）。
   A. 数量 　　　　　B. 净吨位 　　　　　C. 载重吨位 　　　　　D. 以上任意一个
7. 某企业为增值税一般纳税人，2009 年应缴纳各种税金为：增值税 350 万元，消费税

150 万元，城市维护建设税 35 万元，房产税 10 万元，车船税 5 万元，所得税 250 万元。上述各项税金应计入管理费用的金额为(　　)万元。

A. 5　　　　　　　B. 15　　　　　　　C. 50　　　　　　　D. 185

8. 某运输公司 2009 年有货运汽车（带挂车）10 辆，每辆汽车载重 20 吨，挂车载重 15 吨；公司所在地载货汽车年税额 50 元/吨。该公司全年应缴纳车船税(　　)元。

A. 10000　　　　　C. 15250　　　　　B. 12250　　　　　D. 17500

二、多项选择题

1. 根据车船税法律制度的规定，下列使用中的交通工具，属于车船税征收范围的有(　　)。

A. 小轿车　　　　　B. 货船　　　　　C. 摩托车　　　　　D. 客轮

2. 某货运公司拥有载货汽车 25 辆、挂车 10 辆，净吨位均为 20 吨；3 辆四门六座客货两用车，载货净吨位为 3 吨；小轿车 2 辆。该公司所在省规定载货汽车年纳税额每吨 30 元，11 座以下乘人汽车年纳税额每辆 120 元。该公司每年应缴的车船税为(　　)元。

A. 19620　　　　　B. 19890　　　　　C. 20040　　　　　D. 21690

3. 车船税的纳税义务发生时间为(　　)。

A. 应税车船的使用之日　　　　　B. 新购置车船的购置使用之日

C. 新购置车船的购置使用当月　　D. 停运后又重新使用的当月

4. 下列各项中，符合车船税有关规定的有(　　)。

A. 乘人汽车，以"辆"为计税依据

B. 载货汽车，以"净吨位"为计税依据

C. 机动船，以"艘"为计税依据

D. 非机动船，以"载重吨位"为计税依据

5. 车辆购置税的纳税义务人包括(　　)。

A. 国有、集体企业　　　　　B. 私营企业

C. 股份制企业　　　　　　　D. 外商投资企业和外国企业

6. 不属于《车船税法》中规定的免税范围的车船是(　　)。

A. 港口作业车　　　　　B. 公交公司的电车

C. 政府机关办公用车　　D. 救护车

7. 根据车船税法律制度的规定，下列使用的车船中，属于应缴纳车船税的有(　　)。

A. 私人拥有的汽车　　　　　B. 国家机关拥有的汽车

C. 国有运输企业拥有的货船　D. 旅游公司拥有的客船

8. 下列车船税法定免税的有(　　)。

A. 专项作业车　　　　　B. 警用车船

C. 非机动驳船　　　　　D. 捕捞、养殖渔船

9. 根据车船税法律制度的规定，下列使用中的交通工具，属于车船税征收范围的有(　　)。

A. 小轿车　　　　　B. 货船　　　　　C. 摩托车　　　　　D. 客轮

★10. 下列纳税主体中，属于车船税纳税人的有（　　　）。（2009 年）
　　　A. 在中国境内拥有并使用船舶的国有企业
　　　B. 在中国境内拥有并使用车辆的外籍个人
　　　C. 在中国境内拥有并使用船舶的内地居民
　　　D. 在中国境内拥有并使用车辆的外国企业

三、判断题

1. 只要拥有车船就要缴纳车船税。（　　　）
2. 企业内部行驶的车辆免征车船税。（　　　）
3. 纳税义务人购买自用或者进口自用应税车辆，申报的计税价格低于同类型应税车辆的最低计税价格，又无正当理由的，按照最低计税价格征收车辆购置税。（　　　）
4. 新购置的车辆如果暂不使用，可以不向税务机关申报缴纳车船税。（　　　）
5. 国家机关出租的车船，可免征车船税。（　　　）
6. 根据《车辆购置税暂行条例》规定，农用运输车属于车辆购置税的征税范围。（　　　）
7. 船舶不论净吨位或载重吨位，其尾数在半吨以下按半吨算，超过半吨者，按 1 吨计算，但不及 1 吨的小型船只，一律按 1 吨计算。（　　　）

四、计算题

1. 某交通运输企业拥有汽车（载重量 10 吨）40 辆、客车（通勤用大客车）10 辆，试计算该企业一年应缴纳的车船税（该企业所在省规定载货汽车年纳税额每吨 40 元，大客车年纳税额每辆 180 元）。
2. 某企业拥有载货汽车 10 辆（每辆额定载重量为 5 吨），其中有 5 辆带有挂车（每车额定载重量为 5 吨），乘人大客车 2 辆，只在厂区内行驶并未挂牌的四座小汽车 2 辆。当地规定载货汽车年纳税额每吨 50 元，大客车年纳税额每辆 200 元。计算该企业全年应缴纳的车船税税额。

五、实训题

　　1. 某运输公司的基本情况

　　企业名称：××运输有限责任公司

　　企业注册号：320602039685

　　企业地址：江苏省南通市青年东路 139 号

　　法定代表人：丁佳

　　注册资本：6000 万元

　　实收资本：6000 万元

　　企业类别：有限责任公司

　　经营范围：汽车货运客运及船舶货运

　　企业执行的会计期间与公历年度一致，以人民币为记账本位币。

　　企业的税务登记号：320602869481

　　企业的机构代码证号：284969685

　　企业开户银行：交通银行南通分行

　　银行账号：2148697094939

2. 该运输公司 2009 年拥有车船情况

拥有 8 吨载重货车 5 辆，4.5 吨载重货车 4 辆，2.5 吨客货两用汽车 3 辆。12 辆货车平均吨位 5.625 吨。载货汽车年税额每吨 80 元。

拥有大型客车（核定载客 36 人）8 辆（年税额每辆 480 元），中型客车（核定载客 16 人）4 辆（年税额每辆 420 元），小型客车（核定载客 4 人）2 辆（年税额每辆 360 元）。

拥有机动船 8 艘，其中，净吨位为 600 吨的 4 艘（年税额每吨 4 元），2500 吨的 2 艘（年税额每吨 5 元），15000 吨的 2 艘（年税额每吨 6 元）。

该省人民政府确定的车船申报纳税期限为 3 月 31 日之前，假定该公司车船税需要按月分摊，并于 2009 年 3 月 20 日申报缴纳。

该运输公司 2009 年车船税计算如下：

8 吨载重货车 5 辆年应纳税额＝8×5×80＝3200（元）

4.5 吨载重货车 4 辆年应纳税额＝4.5×4×80＝1440（元）

2.5 吨客货两用汽车 3 辆应纳税额＝2.5×3×80＝600（元）

大型客车 8 辆应纳税额＝8×480＝3840（元）

中型客车 4 辆应纳税额＝4×420＝1680（元）

小型客车 2 辆应纳税额＝2×360＝720（元）

600 吨的机动船 4 艘应纳税额＝600×4×4＝9600（元）

2500 吨的机动船 2 艘应纳税额＝2500×2×5＝25000（元）

15000 吨的机动船 2 艘应纳税额＝15000×2×6＝180000（元）

车船税应纳税额合计 226080 元

每月应分摊的车船税 226080÷12＝18840（元）

会计分录为：

借：管理费用　　　　　　　　　　　　　　　　　　18840

　　贷：应交税费——应交车船税　　　　　　　　　　　　18840

2009 年 3 月 20 日缴纳车船税时，会计分录为：

借：应交税费——应交车船税　　　　　　　　　　　226080

　　贷：银行存款　　　　　　　　　　　　　　　　　　226080

2009 年 3 月 20 日缴纳车船税时，请填写车船税纳税申报表。

第十二章　印花税

复习与思考题

一、名词术语解释
印花税

二、简答题
1. 印花税的征税范围有哪些？
2. 印花税的税目包括哪些内容？
3. 印花税的计税依据有哪些特殊规定？

技能训练题

一、单项选择题
1. 下列应缴纳印花税的凭证是(　　)。
   - A. 房屋产权证、工商营业执照、卫生许可证、营运许可证
   - B. 土地使用证、专利证、特殊行业经营许可证、房屋产权证
   - C. 商标注册证、税务登记证、土地使用证、营运许可证
   - D. 房屋产权证、工商营业执照、商标注册证、专利证、土地使用证
2. 甲公司与乙公司分别签订了两份合同：一是以货换货合同，甲公司的货物价值200万元，乙公司的货物价值150万元；二是采购合同，甲公司购买乙公司50万元货物，但因故合同未能兑现。甲公司应缴纳印花税(　　)元。
   - A. 150
   - B. 600
   - C. 1050
   - D. 1200
3. 某企业2009年度签订了如下合同和凭证：向某公司租赁设备一台，年租金10万元，租期三年；与银行签订借款合同，借款金额为500万元，因该借款用于企业技术改造项目，为无息贷款；受甲公司委托加工一批产品，总金额为200万元，签订的加工承揽合同中注明原材料由甲公司提供，金额为180万元，该企业提供加工劳务和辅助材料，金额为20万元。则该企业2006年度的这些经济事项应缴纳印花税(　　)元。
   - A. 450
   - B. 940
   - C. 1190
   - D. 400

4. 对(　　)的情况，税务机关可以处以 1 万元以上 5 万元以下的罚款。

    A. 已粘贴在应税凭证上的印花税票未注销或者未划销

    B. 在应纳税凭证上未贴或者少贴印花税票

    C. 已贴用的印花税票揭下重用，情节严重的

    D. 伪造印花税票，情节严重的

5. 下面关于印花税的表述不正确的是(　　)。

    A. 印花税应纳税额不足一角的，不征税

    B. 营业账簿和权利许可证照实行按件贴花每件 5 元

    C. 具有合同性质的票据和单据，均应视为应税凭证按规定贴花

    D. 企业一次缴纳印花税超过 500 元的，可用税收缴款书缴纳税款

6. 2009 年 3 月，甲企业注册了新商标，领取了一份商标注册证；与某外商投资企业签订了一份货物买卖合同，合同标的额 600000 元，另外支付货物运输费 50000 元；与工商银行某分行签订借款合同，借款金额 1000000 元。已知商标注册证按件贴花 5 元，买卖合同、运输合同、借款合同适用的印花税率分别为 0.3‰、0.5‰、0.5‰。甲企业 3 月份应缴纳的印花税税额为(　　)元。

    A. 250　　　　　　　　B. 255　　　　　　　　C. 260　　　　　　　　D. 265

7. 根据印花税法律制度的有关规定，下列凭证中不属于印花税征税范围的是(　　)。

    A. 原始凭证　　　　B. 工商营业执照　　　　C. 购销合同　　　　D. 借款合同

8. A 公司向 B 汽车运输公司租入 5 辆载重汽车，双方签订的合同规定，5 辆载重汽车的总价值为 240 万元，租期为 3 个月，租金为 12.80 万元。已知财产租赁合同的印花税税率为 1‰，则 A 公司应缴纳印花税(　　)元。

    A. 32　　　　　　　　B. 128　　　　　　　　C. 600　　　　　　　　D. 2400

9. 甲公司 2009 年 8 月开业，领受房产证、工商营业执照、商标注册证、土地使用证各一件；甲、乙公司签订加工承揽合同一份，合同载明由甲公司提供原材料金额 300 万元，需支付的加工费为 20 万元；另订立财产保险合同一份，保险金额为 1000 万元，支付保险费 10 万元。已知加工承揽合同的印花税税率为 0.5‰，财产保险合同的印花税税率为 1‰，权利许可证照的定额税率为每件 5 元，则甲公司应缴纳印花税(　　)元。

    A. 200　　　　　　　　B. 220　　　　　　　　C. 240　　　　　　　　D. 600

10. 2009 年 3 月，甲企业与乙企业签订了一份合同，由甲向乙提供货物并运输到乙指定的地点，合同标的金额为 300 万元，其中包括货款和货物运输费用。货物买卖合同适用的印花税率为 0.3‰，货物运输合同适用的印花税率为 0.5‰。根据印花税法律制度的规定，甲企业应缴纳印花税(　　)万元。

    A. 0.24　　　　　　　B. 0.15　　　　　　　C. 0.09　　　　　　　D. 0.06

11. 甲汽车修配厂与乙机械进出口公司签订购买价值 2000 万元测试设备合同，为购买此设备，甲汽车修配厂向工商银行签订借款 2000 万元的借款合同。后因故购销合同作废，改签融资租赁合同，租赁费 100 万元。根据上述情况，甲汽车修配厂应缴纳印花税(　　)元。

A. 1500　　　　　　B. 6500　　　　　　C. 7000　　　　　　D. 7500

12. 甲企业与乙企业签订了一项委托加工合同,合同约定由甲企业提供价值 1000 万元的主要原材料,交给甲企业加工,乙企业需要支付 50 万元的加工费,另外,甲企业代垫的辅助材料费 20 万元。甲乙双方就此项合同共需缴纳印花税( )元。

A. 250　　　　　　B. 3060　　　　　　C. 3310　　　　　　D. 6620

13. 印花税的比例税率分为 4 个档次,下列不是印花税税率的是( )。

A. 4‰　　　　　　B. 0.5‰　　　　　　C. 1‰　　　　　　D. 0.3‰

14. 2009 年 1 月,甲公司将闲置厂房出租给乙公司,合同约定每月租金 2500 元,租期未定。签订合同时,预收租金 5000 元,双方已按定额贴花。5 月底合同解除,甲公司收到乙公司补交租金 7500 元。甲公司 5 月份应补缴印花税( )元。

A. 7.5　　　　　　B. 8　　　　　　C. 9.5　　　　　　D. 12.5

15. 下列凭证中,应缴纳(贴)印花税的有( )。

A. 工商营业执照　　B. 结婚证　　　　C. 外汇许可证　　　D. 税务登记证

16. 根据印花税法律制度的规定,下列各项中,属于印花税纳税人的是( )。

A. 合同的双方当事人　　　　　　　B. 合同的担保人
C. 合同的代理人　　　　　　　　　D. 合同的鉴定人

二、多项选择题

1. 根据我国《印花税暂行条例》的规定,下列各项中不属于印花税的纳税人的有( )。

A. 合同的证人　　　B. 合同的担保人　　C. 合同的鉴定人　　D. 合同的代理人

2. 以下各项中,按照"产权转移书据"缴纳印花税的是( )。

A. 商品房销售合同
B. 土地使用权出让合同
C. 土地使用权转让合同
D. 个人无偿赠送不动产签订的"个人无偿赠与不动产登记表"

3. 下列账簿属于印花税征税范围的有( )。

A. 事业单位实行企业化管理,从事生产经营活动核算的账簿
B. 企业单位内的职工食堂设置的收支账簿
C. 企业单位内的工会组织以及自办的学校设置的收支账簿
D. 企业采用分级核算形式,财务部门在车间设置的明细分类账簿

4. 下列各项中,按照印花税有关规定,表述正确的有( )。

A. 纳税人对印花税的纳税凭证没有按国家规定期限保存的,由税务机关责令限期改正,并可处以 2000 元以下的罚款;若情节严重的,可处以 2000 元以上 1 万元以下的罚款
B. 纳税人购买了印花税票不等于履行了纳税义务,只有在将印花税票贴在应税凭证上以后,才算完成了纳税义务
C. 凡多贴印花税票者,不可申请退税,但可申请下期抵扣
D. 印花税一般实行就地纳税,但对于全国性商品物资订货会上所签订的合同应缴纳

的印花税，应由纳税人回其所在地后及时办理贴花完税手续

5. 根据印花税法律制度的规定，下列各项中，属于印花税征税范围的有（   ）。

    A. 土地使用权出让合同   B. 土地使用权转让合同

    C. 商品房销售合同   D. 房屋产权证

6. 下列税率形式中，适用于印花税的有（   ）。

    A. 定额税率   B. 超额累进税率   C. 比例税率   D. 全额累进税率

7. 下列应税凭证中应采用定额税率计算缴纳印花税的有（   ）。

    A. 产权转移书据   B. 工商营业执照   C. 商标注册证   D. 技术合同

8. 下列合同中，不应作为印花税征收范围的是（   ）。

    A. 企业租赁承包合同   B. 银行同业拆借所签订的借款合同

    C. 会计师事务所所签订的会计咨询合同   D. 未能兑现的购销合同

9. 下列各项中，应按"产权转移书据"税目征收印花税的有（   ）。

    A. 商品房销售合同   B. 土地使用权转让合同

    C. 专利申请权转让合同   D. 个人无偿赠与不动产登记表

三、判断题

1. 印花税实行比例税率和定额税率两种税率。现行适用的比例税率，最高的是最低的20倍。（   ）

2. 对于国际货物联运，不论在我国境内、境外起运或中转分程运输，运输企业所持的一份运费结算凭证，均按本程运费计算应纳税额。（   ）

3. 根据《印花税暂行条例》及其施行细则的规定，财产所有人将财产赠给政府、社会团体、社会福利单位、学校及其他事业单位所立的书据免纳印花税。（   ）

4. 对已贴花的凭证，修改后所载金额增加的，其增加部分应当补贴印花税票。但对已履行并贴花的合同，发现实际结算金额与合同所载金额不一致的，只要未修改合同，一般不再补贴印花。（   ）

5. 汽车制造厂将自产小汽车捐赠给北京大学，应当按视同销售计征增值税、消费税、企业所得税，同时还应当缴纳城建税、教育费附加、印花税。（   ）

6. 由国家财政拨付事业经费、实行差额预算管理的事业单位，如有经营收入，其记载经营业务的账簿应按其他账簿定额贴花。（   ）

7. 对于由委托方提供原材料的加工承揽合同，凡是合同中分别记载加工费金额和原材料金额的，应分别按"加工承揽合同"和"购销合同"计税贴花；若合同中未分别记载，则应就全部金额依照"加工承揽合同"计税贴花。（   ）

8. 合同的担保人、证人、鉴定人不是印花税的纳税人，但合同当事人的代理人有代理纳税义务。（   ）

四、计算题

1. 某公司 2009 年发生以下应税项目：

    （1）与甲公司签订一份加工承揽合同，受托为其加工一批产品，原材料价值 80 万元、辅助材料价值 20 万元由公司提供，向甲企业收取加工费 30 万元，各项金额均在加工承揽合同中分别记载。

（2）与乙企业签订一份建筑工程承包合同，记载金额 1000 万元，其中含相关费用 100 万元。施工期间，公司将价值 200 万元的水电安装工程转包给另一施工企业，并签订了转包合同。

（3）与丙企业签订一份技术合同，记载金额共计 500 万元，其中研究开发费用为 100 万元。

（4）与丁企业签订一份运输合同，记载金额共计 500 万元，其中货物价值 400 万元、运输费 50 万元、装卸费 30 万元、仓储保管费 20 万元。

根据所给资料，依据印花税的有关规定回答下列相关问题：

（1）与甲企业签订的加工承揽合同，应缴纳的印花税为（　　）元。

  A. 150　　　　　B. 240　　　　　C. 490　　　　　D. 450

（2）与乙企业签订的建筑工程承包合同和转包合同，应缴纳的印花税为（　　）元。

  A. 2700　　　　B. 3000　　　　C. 3300　　　　D. 3600

（3）与丙企业签订的技术合同，应缴纳的印花税为（　　）元。

  A. 250　　　　　B. 1200　　　　C. 1500　　　　D. 1800

（4）与丁企业签订的运输合同，应缴纳的印花税为（　　）元。

  A. 250　　　　　B. 450　　　　　C. 600　　　　　D. 2500

2. 某高新技术企业 2009 年 8 月份开业，注册资金 220 万元，当年发生经营活动如下：

（1）领受工商营业执照、房屋产权证、土地使用证各一份。

（2）建账时共设 8 个账簿，其中资金账簿中记载实收资本 220 万元。

（3）签订购销合同 4 份，共记载金额 280 万元。

（4）签订借款合同 1 份，记载金额 50 万元，当年取得利息 0.8 万元。

（5）与广告公司签订广告制作合同 1 份，分别记载加工费 3 万元，广告公司提供的原材料 7 万元。

（6）签订技术服务合同 1 份，记载金额 60 万元。

（7）签订租赁合同 1 份，记载租赁费金额 50 万元。

（8）签订转让专有技术使用权合同 1 份，记载金额 150 万元。

要求：

（1）计算领受权利许可证照应缴纳的印花税。

（2）计算设置账簿应缴纳的印花税。

（3）计算签订购销合同应缴纳的印花税。

（4）计算签订借款合同应缴纳的印花税。

（5）计算签订广告制作合同应缴纳的印花税。

（6）计算签订技术服务合同应缴纳的印花税。

（7）计算签订租赁合同应缴纳的印花税。

（8）计算签订专有技术使用权转让合同应缴纳的印花税。

3. 某企业 2009 年 2 月开业，当年发生以下有关业务事项：领受房屋产权证、工商营业执照、土地使用证各一件；与其他企业订立租赁合同 1 份，所载金额 200 万元；订立产品购销合同 5 份，所载金额为 800 万元；订立借款合同 1 份，所载金额为 400

万元；企业记载资金的账簿，"实收资本"与"资本公积"合计额为 800 万元；其他营业账簿 8 本。试计算该企业 2003 年应缴纳的印花税额。

4. 某企业 2009 年度成立，当年有关资料如下：

(1) 实收资本 1000 万元，资本公积 500 万元。其他营业账簿共 10 件。

(2) 与租赁公司签订租赁合同，合同金额 300 万元。

(3) 本年签订购销合同，合同金额共 800 万元。

(4) 与货运公司签订运输合同，载明运输费用 7.5 万元。

(5) 与某公司签订保管合同，载明保管费共计 20 万元。

要求：逐项计算该企业 2009 年应缴纳的印花税。

5. 某厂经营情况良好，年初只就 5 份委托加工合同（合同总标 150 万元）按每份 5 元粘贴了印花税票。经税务机关稽查，委托加工合同不能按件贴印花税票。该企业在此期间还与其他企业签订购销合同 20 份，合同总标 800 万元。税务机关作出补缴印花税并对偷税行为作出应补缴印花税票款 4 倍的罚款。

要求：计算企业应补缴的印花税并作会计分录。

6. 某市地税热线 12366 接到某企业咨询：电子商务公司通过互联网签订合约，是否需要缴纳印花税？请代税务人员给予答复。

五、实训题

某股份有限公司的具体情况和有关业务如下：

企业名称：文峰股份有限责任公司

企业注册号：32060285966

企业地址：江苏省南通市南大街 2 号

法定代表人：丁佳

注册资本：2000 万元

实收资本：2000 万元

企业类别：有限责任公司

经营范围：建筑安装

企业执行的会计期间与公历年度一致，以人民币为记账本位币，印花税的纳税期限核定为 1 个季度。

企业的税务登记证号为：3206849382

企业的技术代码证号为：794934345

企业开户银行：中国银行南通分行

银行账号：01840128

企业为增值税一般纳税人。该公司 2009 年 1～3 月份发生如下涉及印花税的经济业务：

(1) 该公司 2009 年 2 月购入 18000 元印花税票备用。

公司购入印花税票时，会计处理如下：

借：管理费用　　　　　　　　　　　　　　　　　　　18000

　　贷：银行存款　　　　　　　　　　　　　　　　　　　　　18000

(2) 该公司 2 月份签订一份建筑工程承包合同，承包金额 4000 万元，3 月份企业将其中 1000 万元的工程转包给另一家建筑公司，并签订了转包合同。该公司印花税的会计处理如下：

① 2 月签订合同应纳印花税额＝40000000×0.3‰＝12000（元）

② 3 月转包合同应纳印花税额＝10000000×0.3‰＝3000（元）

企业按照有关规定办理纳税申报，请填写印花税纳税申报表。

第十三章 契 税

复习与思考题

一、名词术语解释
契税

二、简答题
1. 契税的征收范围包括哪些?
2. 契税的计税依据是如何规定的?

技能训练题

一、单项选择题
1. 出售土地使用权而发生的土地权属转移,按( )计算应纳契税。
    A. 协议价格   B. 市场价格   C. 成交价格   D. 评估价格
2. 土地使用权交换、房屋交换,若交换价格相等,( )。
    A. 由交换双方各自交纳契税   B. 由交换双方共同分担契税
    C. 免征契税   D. 由双方协商一致确定纳税人
3. 下列继承已故张某的房屋的人员中,应缴纳契税的是( )。
    A. 张某的外祖父   B. 张某的表弟   C. 张某的姐姐   D. 张某的祖母
4. 甲某是一家个人独资企业的业主,2009 年 3 月以 200 万元的价格购入 A 公司一处房屋作为办公场所,并将其价值 60 万元的自有房屋投入企业作为经营场所;为节省运输费用,甲某将自有价值 160 万元的仓库与另一企业价值 200 万元的仓库互换,由甲某向该企业支付差价。甲某上述经济事项应缴纳契税( )万元(适用税率为 4%)。
    A. 8   B. 8.4   C. 9.6   D. 16
5. 某省一体育器材公司于 2009 年 10 月向本省某运动员奖励住宅一套,市场价格 100 万元。该运动员随后以 70 万元的价格将奖励住宅出售,当地契税适用税率为 3%,该运动员应缴纳的契税为( )万元。
    A. 2.4   B. 2.1   C. 0   D. 3

6. 某公司 2009 年 3 月以 3500 万元购得某一写字楼作为办公用房，该写字楼原值 6000 万元，累计折旧 2000 万元。如果适用的契税税率为 3%，该公司应缴契税（　　）万元。

    A. 120　　　　　　B. 105　　　　　　C. 180　　　　　　D. 15

7. 在发生契税纳税义务之日起（　　）日内，纳税人向契税征收机关申报纳税。

    A. 5　　　　　　B. 10　　　　　　C. 15　　　　　　D. 7

8. 现行的契税暂行条例由（　　）发布。

    A. 国务院　　　　B. 人民代表大会　　C. 财政部　　　D. 国家税务总局

9. 下列行为中不属于土地房屋权属转让的是（　　）。

    A. 房屋赠与　　　　　　　　　　B. 房屋出租

    C. 土地使用权交换　　　　　　　D. 土地使用权赠与

10. 下列行为中属于土地使用权转让的是（　　）。

    A. 国有土地使用权转让　　　　　B. 国有土地使用权出租

    C. 农村集体土地承包经营权转移　D. 出售国有土地使用权

11. 下列属于契税纳税人的是（　　）。

    A. 出让土地使用权的国土局

    B. 承受土地房屋用于教学操场建设的学校

    C. 将土地使用权转让的某房地产公司

    D. 购买花园别墅的用户

12. 某企业 2009 年 2 月购入办公楼一幢，2010 年 3 月将此办公楼对外转让，会计资料显示：办公楼的账面原值为 900 万元，已提折旧为 90 万元。转让时该办公楼评估的重置成本为 1000 万元，成新率为 7 成。转让时发生的相关其他费用为 8 万元。根据税法规定，在计算土地增值税时，其评估价格为（　　）万元。

    A. 692　　　　　　B. 700　　　　　　C. 630　　　　　　D. 612

13. 刘某在北京市西城区工作，张某在东城区工作，双方因工作调动，协议互换住宅，根据评估结果及协议约定，由张某向刘某支付补价 50000 元。该地方契税适用税率为 5%，则（　　）。

    A. 由刘某缴纳契税 2500 元　　　　B. 由张某缴纳契税 2500 元

    C. 个人之间换房的，双方均可免征契税　D. 双方均应缴纳 2500 元的契税

14. 下列各项中，应征收契税的是（　　）。

    A. 法定继承人承受房屋权属

    B. 企业以行政划拨方式取得土地使用权

    C. 承包者获得农村集体土地承包经营权

    D. 运动员因成绩突出获得国家奖励的住房

15. 职工张某接受他人捐赠房屋一套，该房屋原来建筑成本 6 万元，目前市场价 26 万元，张某接受捐赠后又支出装修费 4 万元，契税税率为 5%，则张某应缴契税（　　）万元。

    A. 1.3　　　　　　B. 1.5　　　　　　C. 0.3　　　　　　D. 0.5

16. 国有土地使用权出让时，缴纳契税的计税依据是(　　)。
    A. 土地原值　　　　　　　　　　B. 土地评估价格
    C. 成交价格　　　　　　　　　　D. 国家定价

★17. 根据契税法律制度的规定，下列各项中，应缴纳契税的是(　　)。(2009 年)
    A. 承包者获得农村集体土地承包经营权　　B. 企业受让土地使用权
    C. 企业将厂房抵押给银行　　　　　　　　D. 个人承租居民住宅

二、多项选择题

1. 下列有关房屋附属设施的说法符合契税规定的有(　　)。
   A. 对于承受与房屋相关的附属设施房屋所有权的行为，应征收契税
   B. 对于承受与房屋相关的附属设施土地使用权的行为，应征收契税
   C. 承受的房屋附属设施不论是否单独计价，均适用与房屋相同的契税税率
   D. 对于不涉及土地使用权和房屋所有权转移变动的，不征收契税

2. 以下单位和个人属于契税纳税人的是(　　)。
   A. 转让自己居住用房屋的个人　　　　B. 购买自己居住用房屋的个人
   C. 转让自己生产用房屋的单位　　　　D. 购买自己生产用房屋的单位

3. 下列各项中，可依法减免契税的有(　　)。
   A. 某市人民医院购买的医疗大楼
   B. 老王承包一片荒山土地使用权，用于开发果园
   C. 小红家为改善住房条件而新买的商品房
   D. 某大厦刚收购的营业大楼

4. 根据契税法律制度的规定，下列各项中，应当缴纳契税的有(　　)。
   A. 房屋买卖　　　　　　　　　　B. 房屋出租
   C. 国有土地使用权出让　　　　　　D. 土地使用权抵押

5. 根据契税法律制度的规定，下列各项中，不征收契税的有(　　)。
   A. 接受作价房产入股　　　　　　B. 承受抵债房产
   C. 承租房产　　　　　　　　　　D. 继承房产

6. 李某 2009 年 3 月以 60 万元的价格购买了两套公寓作为投资，2010 年 5 月以 50 万元的价格将其中一套公寓出售给郑某。郑某在此次房屋交易中应缴纳的税种有(　　)。
   A. 印花税　　　　　　　　　　　B. 契税
   C. 营业税　　　　　　　　　　　D. 土地增值税

7. 根据《契税暂行条例》的规定，下列行为中，应缴纳契税的有(　　)。
   A. 房屋赠与　　　　　　　　　　B. 农村集体土地承包经营权的转移
   C. 以土地使用权作价投资　　　　D. 以土地使用权抵押

8. 契税的征税对象包括(　　)。
   A. 国有土地使用权出让　　　　　B. 国有土地使用权转让
   C. 房屋买卖　　　　　　　　　　D. 房屋交换
   E. 房屋赠与

9. 张某将一栋私有房屋出售给王某，房屋的成交价格为 70000 元，张某另将一处两室

住房与李某交换成两处一室住房，李某支付换房差价款 12000 元，王某与李某应缴契税分别为（　　）元。

A. 2100　　　　　　　B. 4200　　　　　　　C. 360　　　　　　　D. 720

10. 转让土地使用权的单位应缴纳的税金有（　　）。

A. 营业税　　　　　　　　　　　B. 土地增值税

C. 印花税　　　　　　　　　　　D. 契税

11. 计征契税的计税依据有（　　）。

A. 房地产的成交价格　　　　　　B. 房地产的租金

C. 房地产的市场价格　　　　　　D. 房地产交换时的价格差额

12. 根据《契税暂行条例》规定，下列行为中，应征收契税的有（　　）。

A. 以土地权属作价投资　　　　　B. 以土地权属抵债

C. 以获奖方式承受土地权属　　　D. 以预购方式承受土地权属

13. 下列行为中，应缴纳契税的有（　　）。

A. 农村集体土地承包经营权转让　B. 房屋出售

C. 国有土地使用权出让　　　　　D. 房屋出租

14. 契税的课税对象包括（　　）。

A. 国有土地使用权转让　　　　　B. 房屋赠与

C. 房屋租赁　　　　　　　　　　D. 房屋交换

三、判断题

1. 非债权人承受关闭、破产企业土地、房屋权属，凡妥善安置原企业 30% 以上职工的，减半征收契税。（　　）

2. 在企业分立中，存续分立的企业承受原企业土地、房屋权属的，不征收契税；新设分立的企业承受原企业土地、房屋权属的，也不征收契税。（　　）

3. 对国有控股公司以部分资产投资组建新公司，且该国有控股公司占新公司股份 80% 以上的，对新公司承受该国有控股公司土地、房屋权属免征契税。（　　）

4. 甲企业以价值 300 万元的办公用房与乙企业互换一处厂房，并向乙企业支付差价款 100 万元。在这次互换中，乙企业不需缴纳契税，应由甲企业缴纳。（　　）

5. 房屋的典当不缴纳契税。（　　）

6. 甲向乙售房，则乙为契税纳税人。（　　）

7. 华侨用侨汇购买房屋减半征收契税。（　　）

8. 房屋交换价格相等时，免征契税。（　　）

9. 契税的征税对象是境内转移土地所有权和房屋所有权的单位和个人。（　　）

10. 企业以自有房屋作为抵押向银行贷款，需要按规定计算缴纳契税。（　　）

四、计算题

1. 甲乙互换房屋，甲房屋价格为 10 万元，乙房屋价格为 12 万元，问由谁缴纳契税，税额为多少（契税税率为 5%）？

2. 某企业接受赠房，该房的市场价格为 10 万元，契税税率为 5%，该企业应缴纳契税为多少？

3. 居民甲有两套住房，将一套出售给居民乙，成交价格为 24 万元；将另一套两室住房与居民丙交换成两处一室住房，并交付给丙换房差价 6 万元。

要求：计算甲、乙、丙相关行为应缴纳的契税（契税税率为 3%）。

4. M 公司接受张某赠与房屋一栋，赠与契约上未标明价格。经主管税务机关核定房屋现值为 460 万元（假定评估价值与此相同）。

要求：计算 M 公司应缴纳的契税并做会计分录（契税税率为 4%）。

第十四章 房产税

复习与思考题

一、名词术语解释

房产税

二、简答题

1. 房产税的征税范围是如何规定的？
2. 房产税的计税依据是如何确定的？
3. 哪些房产免征房产税？

技能训练题

一、单项选择题

1. 纳税人出租的房屋，如承租人以劳务或者其他形式为报酬抵付房租收入的，应（　　）计征房产税。
   A. 根据出租房屋的原值减去 10%～30% 后的余值，实行从价计征
   B. 根据当地同类房产的租金水平确定一个标准租金额，实行从租计征
   C. 根据税务机关的审核，实行从租计征
   D. 根据纳税人的申报，实行从租计征

2. 下列各项符合房产税规定的是（　　）。
   A. 对纳税人未按会计制度规定记载原值的，应按规定调整房产原值
   B. 对房产原值明显不合理的，由房屋所在地税务机关参考市场价核定
   C. 对没有房产原值的，应以评估确认的价值作为计税依据
   D. 对以房产投资收取固定收入，不承担联营风险的，应由出租方按房产余值计税

3. 赵某拥有两处房产，一处原值 60 万元的房产供自己及家人居住，另一处原值 20 万元的房产于 2009 年 7 月 1 日出租给王某居住，按市场价每月取得租金收入 1200 元。赵某当年应缴纳的房产税为（　　）元。
   A. 288　　　　　　B. 576　　　　　　C. 840　　　　　　D. 864

4. 某人自有住房 8 间，房产原值 15 万元，其中 3 间门面房出租给某公司，租金按其当

年营业收入的 10% 收取，该公司当年营业收入 50 万元；另有 3 间出租给居民居住，每间月租金收入为 2000 元。该地区规定按房产原值一次扣除 20% 后的余值计税。该人出租房本年应缴纳的房产税为（　　）万元。

  A. 0.6   B. 0.268   C. 0.888   D. 0.48

5. 某企业拥有 A、B 两栋房产，A 栋自用，B 栋出租。A、B 两栋房产在 2009 年 1 月 1 日时的原值分别为 1200 万元和 1000 万元，2009 年 4 月底 B 栋房产租赁到期。自 2009 年 5 月 1 日起，该企业由 A 栋搬至 B 栋办公，同时对 A 栋房产开始进行大修至年底完工。企业出租 B 栋房产的月租金为 10 万元，地方政府确定按房产原值减除 20% 的余值计税。该企业当年应缴纳房产税（　　）万元。

  A. 15.04   B. 16.32   C. 18.24   D. 22.72

6. 某企业有原值为 2000 万元的房产，2009 年 1 月 1 日将全部房产对外投资联营，参与投资利润分红，并承担经营风险。已知当地政府规定的扣除比例为 30%，该企业 2006 年度应缴纳房产税为（　　）万元。

  A. 16.80   B. 168   C. 24   D. 240

7. 某企业 2006 年 1 月 1 日的房产原值为 3000 万元，4 月 1 日将其中原值为 1000 万元的临街房出租给某连锁商店，月租金 5 万元。当地政府规定允许按房产原值减除 20% 后的余值计税。该企业当年应缴纳房产税（　　）万元。

  A. 4.8   B. 24   C. 27   D. 28.8

8. 王某自有一处平房，共 16 间，其中用于个人开餐馆的 7 间（房屋原值为 20 万元）。2006 年 1 月 1 日，王某将 4 间出典给李某，取得出典价款收入 12 万元，将剩余的 5 间出租给某公司，每月收取租金 1 万元。已知该地区规定按照房产原值一次扣除 20% 后的余值计税，则王某 2006 年应缴纳房产税（　　）万元。

  A. 1.632   B. 0.816   C. 0.516   D. 1.652

9. 某企业 2009 年 1 月 1 日将原值为 2000 万元的房产对外投资联营，参与投资利润分红，并承担经营风险。已知当地政府规定的扣除比例为 30%，该企业 2007 年度应缴纳房产税为（　　）万元。

  A. 16.8   B. 24   C. 60   D. 24

10. 纳税单位无租使用免税单位的房产，应该（　　）。

  A. 暂免征收房产税

  B. 由使用人代为缴纳房产税

  C. 由免税单位代为缴纳房产税

  D. 由当地税务机关根据实际情况确定房产税的缴纳人

11. 某企业 2009 年 2 月委托一施工单位新建厂房，9 月对建成的厂房办理了验收手续，同时接管基建工地上价值 100 万元的材料棚，一并转入固定资产，原值合计 1100 万元。该企业所在省规定的房产余值扣除比例为 30%。2006 年企业该项固定资产应缴纳房产税（　　）万元。

  A. 2.1   B. 2.31   C. 2.8   D. 3.08

12. 应缴纳房产税的一幢房产原值 500000 元，已知房产税税率为 1.2%，当地规定的房产税扣除比例为 25％，则该房产应缴纳房产税(　　)元。

  A. 6000   B. 4500   C. 1500   D. 1250

★13. 某企业 2008 年度自有生产用房原值 5000 万元，账面已提折旧 1000 万元。已知房产税税率为 1.2％，当地政府规定计算房产余值的扣除比例为 30％。该企业 2008 年度应缴纳的房产税为(　　)万元。(2009 年)

  A. 18   B. 33.6   C. 42   D. 48

二、多项选择题

1. 可由财政部批准免税的房产是(　　)。

  A. 个人所有的非营业用房产

  B. 损坏不堪使用的房屋

  C. 人民团体自用的房产

  D. 在基建工地为基建工程服务的临时性房屋

2. 下列各项符合房产税规定的是(　　)。

  A. 非营利性医疗机构、疾病控制机构和妇幼保健机构等卫生机构自用的房产，免征房产税

  B. 营利性医疗机构自用的房产，自 2000 年起免征房产税 3 年

  C. 纳税人确有困难的，可由省、自治区、直辖市地方税务局确定定期减征或者免征房产税

  D. 营利性医疗机构自用的房产，自开业之日起免征房产税 3 年

3. 下列各项中，符合房产税纳税义务发生时间规定的有(　　)。

  A. 纳税人购置新建商品房，自房屋交付使用之次月起

  B. 自行新建房产用于生产经营，从建成之月起

  C. 纳税人出借房产，自交付出借房产当月起

  D. 委托施工企业建设的房产，在办理验收手续之次月起

4. 根据房产税法律制度的规定，下列有关房产税纳税人的表述中，正确的有(　　)。

  A. 产权属于国家所有的房屋，其经营管理单位为纳税人

  B. 产权属于集体所有的房屋，该集体单位为纳税人

  C. 产权属于个人所有的营业用的房屋，该个人为纳税人

  D. 产权出典的房屋，出典人为纳税人

5. 下列各项中，可以免征房产税的有(　　)。

  A. 企业向职工出租的单位自有住房

  B. 个人出租的居民住房

  C. 向居民供热并向居民收取采暖费的供热企业

  D. 施工期间施工企业在基建工地搭建的临时办公用房

6. 下列各项中，符合房产税纳税义务发生时间规定的有(　　)。

  A. 将原有房产用于生产经营，从生产经营之次月起缴纳房产税

  B. 委托施工企业建设的房屋，从办理验收手续之次月起缴纳房产税

  C. 购置存量房，自权属登记机关签发房屋权属证书之次月起缴纳房产税

D. 购置新建商品房，自权属登记机关签发房屋权属证书之次月起缴纳房产税

7. 关于房产税的说法正确的是（　　）。

A. 个人出租居民住房的，用于居住，按 4% 的税率

B. 个人出租居民住房的，用于居住，按 12% 的税率

C. 出租房产的，以租金计税

D. 租入房产的，以租金计税

三、判断题

1. 房地产开发企业建造的商品房在出售前，不征收房产税，但对出售前房地产开发企业已使用或出租、出售的房产应按规定征收房产税。（　　）

2. 新建建筑物安装的中央空调设备，已计算在房产原值中的，应征收房产税；旧建筑物安装中央空调设备，不征收房产税。（　　）

3. 以融资租赁方式租出的房屋，在计征房产税时应当以房产余值计算纳税。（　　）

4. 纳税人购置房屋，应自办理房屋权属转移、变更登记手续，房地产权属登记机关签发房屋权属证书之次月起，缴纳房产税。（　　）

5. 我国现行税法规定，对于投资联营的房产，一律以房产原值作为计税依据计征房产税。（　　）

6. 房产出租时，如果以劳务为报酬抵付房租收入的，应根据当地同类劳务的平均价格折算为房租收入，据此计征房产税。（　　）

四、计算题

1. 某企业某年拥有两栋房产，一栋用于本企业生产经营，其房产原值为 1200 万元；另一栋租给一商店，该栋楼的房产原值为 1100 万元，当年共收取租金 150 万元，计算该企业当年全年应缴纳的房产税（该地房产税的扣除率为 30%）。

2. 某县城一家企业 2006 年 5 月 1 日将一闲置的房产出租给另一家企业，租期 5 年，每年租金为 20 万元。该房产原值为 100 万元，当地政府规定的扣除比例为 30%。计算该企业该房产当年应缴纳的营业税、城建税和房产税。

3. 某企业某年应缴纳房产税 3264 元，该省人民政府规定按半年且半年的第一个月份内征收一次。1 月 10 日该企业要进行纳税申报，请代该企业进行涉税处理。

4. 某企业 1 月 1 日拥有房产原值 660 万元，其中有一部分房产为企业办幼儿园使用，原值 100 万元。当地政府规定，按原值一次扣除 20% 后的余值纳税。按年计算，分月缴纳。税率为 1.2%，计算该企业应缴纳的房产税并作会计分录。

5. 某市一房地产开发单位占有土地面积 5000 平方米，拥有两辆自重 5 吨的载货汽车，一辆 40 座客车和一辆小轿车，固定资产账面记载拥有的房产原值 3200 万元。8 月份将原值 200 万元、占地面积 400 平方米的房屋出租，租期两年，每月租金收入 1.5 万元，签订了租赁合同。10 月占用耕地 3 万平方米用于建造商品房，购入土地使用权支付价款 1800 万元（当地政府规定，建造商品房用地免征土地使用税）。出售上半年已建好的商品房取得收入 4000 万元，签订了产权转移书据，其开发成本 1400 万元，开发费用 396 万元，支付的地价款等费用为 800 万元，费用中能提供金融机构证明并分摊计算的利息支出 100 万元。当地规定的费用扣除按最高比例计算。城

镇土地使用税额每年 6 元/平方米；车船税按载货汽车自重 50 元/吨、大客车 500 元/辆、小轿车 300 元/辆；房产价值的扣除比例为 20%；契税率 4%；耕地占用税单位税额是 5 元/平方米。

要求：根据以上资料计算房地产开发公司应缴纳的各种税金并进行相应的账务处理。

五、实训题

（一）某运输有限公司的基本情况

企业名称：××运输有限责任公司

企业注册号：32060491865494

企业地址：江苏省南通市青年东路 148 号

法定代表人：丁佳

注册资本：6000 万元

实收资本：6000 万元

企业类别：有限责任公司

经营范围：汽车货运、客运及船舶货运

企业执行的会计期间与公历年度一致，以人民币为记账本位币。

企业的税务登记账号：320605969493

企业的机构代码证号：49609708

企业开户银行：交通银行南通分行

账号：01840128

（二）该运输有限公司 2009 年拥有房产情况

2009 年拥有房产原值 700 万元。其中，40%用于对外投资，不承担投资风险，每年取得固定利润分红 20 万元；10%按政府规定的价格租给本公司职工居住，每月取得租金 2 万元；其余房产自用。该省人民政府规定房产原值扣除比例为 30%，每年在 3 月份、9 月份分两次缴纳房产税。

该运输有限公司 2009 年拥有房产应缴纳的房产税税额计算如下：

对外投资房产应缴纳的房产税＝200000×12%＝24000（元）

自用房产应缴纳的房产税＝7000000×（1−40%−10%）×（1−30%）×1.2%＝29400（元）

该公司 2009 年应缴纳的房产税＝24000＋29400＝53400（元）

该公司 2009 年上半年应缴纳的房产税＝53400÷2＝26700（元）

2009 年 3 月 10 日缴纳房产税时，会计分录为：

借：应交税费——应交房产税   26700

    贷：银行存款   26700

该公司 2009 年 3 月 10 日进行纳税申报，请为其填写房产税纳税申报表。

第十五章 土地增值税

复习与思考题

一、名词术语解释

土地增值税　加计扣除

二、简答题

1. 土地增值税的征税对象和范围是什么?
2. 计算土地增值税时准予扣除的项目有哪些?

技能训练题

一、单项选择题

1. 下列各项中，应征收土地增值税的是(　　　)。
   A. 赠与社会公益事业的房地产
   B. 个人之间互换自有居住用房地产
   C. 抵押期满权属转让给债权人的房地产
   D. 兼并企业从被兼并企业得到的房地产

2. 某房地产开发公司整体出售了其新建的商品房，与商品房相关的土地使用权支付额和开发成本共计 10000 万元；该公司没有按房地产项目计算分摊银行借款利息；该项目所在省政府规定计征土地增值税时房地产开发费用扣除比例按国家规定允许的最高比例 10% 计算；该项目转让的有关税金为 200 万元。计算确认该商品房项目缴纳土地增值税时，应扣除的房地产开发费用和"其他扣除项目"的金额为(　　　)万元。
   A. 1500
   B. 2000
   C. 2500
   D. 3000

3. 某外资工业企业 2009 年转让一幢新建办公楼取得收入 6000 万元，签订了产权转移书据，已知该单位为取得土地使用权而支付的地价款和有关费用为 1000 万元，投入的房地产建造成本为 3000 万元，其利息支出不能取得金融机构的合法证明，其转让办公楼相关的税金已经全部付清，已知该企业所在地政府规定的其他房地产开发费用的计算扣除比例为 10%。该单位的转让行为应缴纳土地增值税(　　　)万元。
   A. 380.1
   B. 381
   C. 389.1
   D. 470.1

4. 某县房地产开发公司建造一幢普通标准住宅出售，签订商品房买卖合同，取得销售收入 10000 万元，分别按国家规定缴纳了营业税、城建税、教育费附加。该公司为建造此住宅支付地价款和有关费用 1000 万元，开发成本 2000 万元，房地产开发费用 500 万元，其中利息支出 200 万元，但由于该公司同时建造别墅，贷款利息无法分摊，该地规定房地产开发费用的计提比例为 10％。转让此住宅应缴纳土地增值税（　　）万元。

    A. 2107.5　　　　　B. 2017　　　　　　C. 2114　　　　　　D. 2400.56

5. 土地增值税的纳税人转让的房地产坐落在两个或两个以上地区的，应（　　）主管税务机关申报纳税。

    A. 向房地产坐落地的一方　　　　　B. 向房地产坐落地的各方

    C. 事先选择一至两方的　　　　　　D. 向房地产坐落各方的共同上级

6. 我国土地增值税实行的税率属于（　　）。

    A. 比例税率　　　B. 超额累进税率　　　C. 定额税率　　　　D. 超率累进税率

7. 根据土地增值税法律制度的规定，下列各项中，属于土地增值税征税范围的是（　　）。

    A. 某市房产所有人将房屋产权无偿赠送给他人

    B. 某市房产所有人将房屋产权有偿转让给他人

    C. 某市土地使用权人通过教育部门土地使用权赠与某学校

    D. 某市土地使用权人将土地使用权出租给某养老院

8. 对房地产开发企业进行土地增值税清算时，下列表述正确的是（　　）。

    A. 房地产开发企业的预提费用，除另有规定外，不得扣除

    B. 房地产开发企业提供的开发间接费用资料不实的，不得扣除

    C. 房地产开发企业提供的前期工程费的凭证不符合清算要求的，不得扣除

    D. 房地产开发企业销售已装修房屋，可以扣除的装修费用不得超过房屋价值的 10％

9. 下列各项中，属于土地增值税的税率形式是（　　）。

    A. 全额累进税率　　B. 定额税率　　　C. 超额累进税率　　D. 超率累进税率

10. 企业计算应缴纳的土地增值税，借记（　　）科目，贷记应交税费——应交土地增值税科目。

    A. 管理费用　　　B. 营业税金及附加　　C. 营业外支出　　　D. 在建工程

11. 企业转让国有土地使用权同地上建筑物及其附着物，其应缴纳的土地增值税在（　　）账户进行核算。

    A. 其他业务成本　　B. 营业税金及附加　　C. 营业外支出　　　D. 固定资产清理

二、多项选择题

1. 根据《土地增值税暂行条例》及其实施细则规定，土地增值税的征税范围包括（　　）。

    A. 转让国有土地使用权

    B. 出让国有土地使用权

    C. 转让集体土地

    D. 地上的建筑物及其附着物连同国有土地使用权一并转让

2. 转让旧房的，应按（　　）作为扣除项目金额计征土地增值税。

　　A. 房屋及建筑物的评估价格　　　　　B. 取得土地使用权所支付的地价款

　　C. 按国家规定缴纳的有关费用　　　　D. 转让环节缴纳的税金

3. 下列项目属于房地产开发成本的是（　　）。

　　A. 土地征用及拆迁补偿费　　　　　　B. 建筑安装工程费

　　C. 公共配套设施费　　　　　　　　　D. 前期工程费

4. 《土地增值税暂行条例》规定，纳税人在转让房地产时有下列（　　）情形之一的，按照房地产评估价格计征土地增值税。

　　A. 提供的扣除项目金额不实的

　　B. 隐瞒、虚报房地产成交价格的

　　C. 转让房地产的成交价格低于房地产评估价格，又无正当理由的

　　D. 转让房地产的成交价格高于房地产评估价格，又无正当理由的

5. 张某于 2005 年以每套 80 万元的价格购入两套高档公寓作为投资。2006 年将其中一套公寓以 100 万元的价格转让给谢某，从中获利 20 万元，根据我国税收法律制度的规定，张某出售公寓的行为应缴纳的税种有（　　）。

　　A. 个人所得税　　　B. 营业税　　　　C. 契税　　　　　　D. 土地增值税

6. 某房地产公司出售一幢已办理竣工结算的商用写字楼，获得 2000 万元。根据税收法律制度的有关规定，下列各税中，属于该公司此项售楼业务应缴纳的税种有（　　）。

　　A. 契税　　　　　　B. 营业税　　　　C. 印花税　　　　　D. 土地增值税

7. 根据《土地增值税暂行条例》的规定，下列各项中，属于土地增值税的征税范围的有（　　）。

　　A. 将不动产无偿赠与他人

　　B. 转让国有土地使用权

　　C. 城市房地产的出租

　　D. 地上的建筑物连同国有土地使用权一并转让

8. 根据土地增值税法律制度的有关规定，下列项目中，在计算增值额时准予从转让房地产取得的收入中扣除的有（　　）。

　　A. 拆迁补偿费　　　B. 前期工程费　　　C. 开发间接费用　　　D. 公共配套设施费

9. 下列行为中，不需要缴纳土地增值税的有（　　）。

　　A. 合作建房，建成后自用　　　　　　B. 国家征用房地产

　　C. 居民个人继承房产　　　　　　　　D. 居民个人转让居住 3 年以上的私房

10. 下列行为中，应纳入土地增值税征税范围的有（　　）。

　　A. 存量房地产的买卖

　　B. 投资、联营企业将已投入的房地产再转让

　　C. 房地产的出租

　　D. 个人之间互换自有居住用房地产

11. 甲企业提供土地，乙企业提供资金，甲企业与乙企业双方合作开发房地产，建成后双方各分得一半房产，甲又将其取得的房产的一半对外转让，乙取得房产自用，下

列说法正确的有（　　）。

 A. 对甲应当按转让收入征收土地增值税　　B. 对乙暂免征收土地增值税

 C. 对甲按转让增值额征收土地增值税　　　D. 对乙征收土地增值税

12. 下列各项中，属于土地增值税免税范围的有（　　）。

 A. 房产所有人将房产赠与直系亲属

 B. 个人之间互换自有居住用房地产

 C. 个人因工作调动而转让购买满 5 年的经营性房产

 D. 因国家建设需要而搬迁，由纳税人自行转让房地产

13. 某房地产公司出售一幢已办理竣工结算的写字楼，获得 1000 万元。根据税收法律制度的有关规定，下列各税种属于该公司此项售楼业务应缴纳的税种的有（　　）。

 A. 契税　　　　　B. 营业税　　　　　C. 印花税　　　　　D. 土地增值税

三、判断题

1. 土地增值税的纳税人应在转让房地产合同签订后的 10 日内，到房地产所在地主管税务机关办理纳税申报；契税的纳税人应在签订土地、房屋权属转移合同或者取得其他具有土地、房屋权属转移合同性质凭证后的 10 日内，向土地、房屋所在地的契税征收机关办理纳税申报。（　　）

2. 房地产开发企业销售已装修的房屋，其装修费用不可以计入房地产开发成本，房地产开发企业的预提费用，除另有规定外，也不得扣除。（　　）

3. 对于已竣工验收的房地产开发项目，已转让的房地产建筑面积占整个项目可售建筑面积的比例在 85％以上，或该比例虽未超过 85％，但剩余的可售建筑面积已经出租或自用的，其纳税人必须进行土地增值税的清算。（　　）

4. 纳税人建造标准住宅出售，增值额超过扣除项目金额 20％的就其超过部分征税。（　　）

5. 甲方出资，乙方出地，合作开发建造职工住宅，建成后分配给职工使用，暂免缴纳土地增值税。（　　）

6. 凡是土地使用权转让的行为都属于土地增值税的征税范围。（　　）

7. 房地产开发企业在管理费用中列支的印花税应单独计算并从扣除项目中予以扣除。（　　）

8. 纳税人建造普通标准住宅出售，增值额超过扣除项目金额 20％的，应就其超过部分按规定计征土地增值税。（　　）

9. 土地增值税的纳税人应在转让房地产合同签订后的 7 日内，到房地产所在地主管税务机关办理纳税申报；契税的纳税人应在签订土地、房屋权属转移合同或者取得其他具有土地、房屋权属转移合同性质凭证后的 10 日内，向土地、房屋所在地的契税征收机关办理纳税申报。（　　）

四、计算题

1. 某房地产开发公司出售某处花园别墅取得的收入为 2400 万元。其有关支出如下：支付地价款 200 万元；房地产开发成本 700 万元；财务费用中的利息支出为 120 万元（可按项目计算分摊并提供金融机构证明）；缴纳的有关税费为 140 万元；该公司所

在地政府规定的其他房地产开发费用计算扣除比例为 5%。试计算其应缴纳的土地增值税。

2. 某房地产公司 2009 年 11 月份发生如下经济业务：

(1) 签订一份写字楼销售合同，合同规定以预收货款方式结算。本月收到全部预收款，共计 18000 万元。该写字楼经税务机关审核可以扣除的项目为：开发成本 5000 万元，缴纳的土地使用权转让费 3000 万元，利息支出 150 万元，相关税金 990 万元，其他费用 800 万元，加计扣除额为 1600 万元。

(2) 采用直接收款方式销售现房取得价款收入 200 万元；以预收款方式销售商品房，合同规定的价款为 500 万元，当月取得预收款 100 万元（此两项业务不考虑土地增值税）。

(3) 将空置商品房出租取得租金收入 20 万元。

已知：

(1) 土地增值税超率累进税率：增值额未超过扣除项目金额 50% 的部分，税率为 30%；增值额超过扣除项目金额 50%，未超过扣除项目金额 100% 的部分，税率为 40%。

(2) 营业税适用税率为 5%。

要求：

(1) 计算该公司销售写字楼应缴纳的土地增值税。

(2) 计算该公司 11 月份应缴纳的营业税。

3. 某房地产开发公司建造一幢普通标准住宅出售，取得销售收入 600 万元（城建税 7%、教育费附加 3%）。该公司为建造普通标准住宅而支付的地价款为 100 万元，建造此楼投入了 300 万元的房地产开发成本，由于该房地产开发公司同时建造别墅等住宅，对该普通标准住宅所用的银行贷款利息支出无法分摊，该地规定房地产开发费用的计提比例为 10%，计算该公司转让此普通标准住宅应缴纳的土地增值税。

4. 某单位有一幢旧楼房转让后，实现转让收入 2300 万元，随即依法缴纳了有关税费（印花税 5‰、营业税 5%、城建税 7%、教育费附加 3%），根据有关资料查实，该楼当时造价 610 万元，现经当地政府批准设立的房地产评估公司评定，确定其重置成本为 2500 万元，楼房现有五成新，根据有关规定转让以行政划拨方式取得的土地使用权补缴出让金 95 万元，计算应缴纳的土地增值税。

5. 甲单位将其所拥有的新建办公楼一幢出售给乙单位，售价为 4900 万元，按照甲企业提供的有关资料，甲企业在取得该土地使用权时，共支付土地出让金 850 万元，在建设该办公楼过程中，支付拆迁补偿费 160 万元，支付前期开发费用 70 万元，支付建筑安装工程费 1520 万元，支付基础设施费 240 万元，支付开发间接费用 134 万元，建造过程中发生贷款利息支出 76 万元，支付有关税金 245 万元，计算该单位应缴纳的土地增值税。

6. 2009 年 10 月，某房地产开发公司建造了一套普通标准住宅出售，出售价格为 5000 万元，并按规定缴纳了有关税费（营业税 5%、城建税 7%、教育费附加 3%、印花税 0.5‰）。该开发公司为取得土地使用权支付的地价款和有关费用合计为 1200 万元，开发成本为 1800 万元。该公司不能按转让房地产项目计算分摊利息支出，当地规定的房地产开发费用的计算扣除比率为 10%。计算该公司当月应该缴纳的土地增值税。

7. 某房地产开发公司，投资开发一居住小区，因小区位置比较偏僻，开工时地价便宜，但当小区住宅建成销售时，附近新建地铁站，使该地区地价上涨，小区住宅商品房由原来的 2000 元/平方米上升到 4000 元/平方米。这时，该房地产开发公司销售 10000 平方米住宅，按 4000 元/平方米计算，共计收入售房款 40000000 元。该住宅实际成本 1800 元/平方米，共计成本 18000000 元。对于财务费用中的利息支出，由于该公司能够按转让房地产项目计算分摊，并能够提供金融机构证明（利率没有超过银行同类同期贷款利率计算的金额），按规定允许据实扣除，企业实现发生利息支出 170000 元。其他房地产开发费用按规定可扣除 900000 元（18000000×5%），营业税 2000000 元，城建税 140000 元，教育费附加 60000 元。计算土地增值税并作会计分录。

8. 某非主营房地产的企业买进土地及建筑物，价值 4200000 元。3 年后，该企业将土地使用权和地上建筑物一并转让给 A 企业，取得转让收入 5500000 元，应交流转税 300000 元，转让时建筑物累计折旧 400000 元。计算土地增值税并作会计分录。

9. 某中外合资房地产开发公司，2009 年发生以下业务：

（1）1 月份通过竞拍取得市区一处土地的使用权，支付土地出让金 6000 万元，缴纳相关税费 240 万元。

（2）以上述土地开发建设普通标准住宅楼、会所和写字楼各一栋，占地面积各为 1/3。

（3）住宅楼开发成本 3000 万元，分摊到住宅楼利息支出 300 万元，包括超过贷款期限的利息 40 万元。

（4）写字楼开发成本 4000 万元，无法提供金融机构证明利息支出具体数额。

（5）与住宅楼配套的会所开发成本 480 万元，无法准确分摊利息支出，根据相关规定，会所产权属于住宅楼全体业主所有。

（6）9 月份全部竣工验收后，公司将住宅楼出售，取得收入 15000 万元；将写字楼作价 9000 万元与他人联营开设一商场，收取固定收入，不承担经营风险，当年收到 250 万元。

其他相关资料：该房地产公司所在省规定，按土地增值税暂行条例规定的最高限计算扣除房地产开发费用。

要求：

（1）计算公司应缴纳的房产税。

（2）计算公司应缴纳的营业税。

（3）计算公司缴纳土地增值税时应扣除的土地使用权的金额。

（4）计算公司缴纳土地增值税时应扣除的开发成本的金额。

（5）计算公司缴纳土地增值税时应扣除的开发费用和其他扣除项目。

（6）计算公司缴纳土地增值税时应扣除的税金。

（7）计算公司应缴纳的土地增值税。

五、实训题

房地产开发公司的具体情况和有关业务如下：

企业名称：南通市世纪房地产开发公司

企业注册号：3206029869593

企业地址：江苏省南通市青年东路 139 号

法定代表人：戴敏

注册资本：3000 万元

实收资本：3000 万元

企业类别：有限责任公司

经营范围：房地产开发

企业执行的会计期间与公历年度一致，以人民币为记账本位币，土地增值税的纳税期限核定为发生纳税义务后 7 天内。

企业的税务登记号：320605949292

企业的机构代码证号：3206859398

企业开户银行：交通银行南通市分行

账号：01839058498

该企业 2009 年 2 月份发生如下涉及土地增值税的经济业务：

世纪房地产公司于 2009 年 1 月 5 日将其开发完成的位于市区的商品房出售，取得收入 11000 万元。房地产开发公司为建造该商品房发生的有关费用如下：

（1）取得土地使用权支付的地价款及有关费用 1000 万元。

（2）房地产开发成本 2500 万元。其中，土地征用拆迁补偿费为 400 万元，前期工程费为 200 万元，建筑安装工程费为 850 万元，基础设施费为 700 万元，公共配套设施费为 250 万元，开发间接费用为 100 万元。

（3）该商品房所分摊的借款利息支出 120 万元，其中银行加收的罚息 20 万元。印花税已列入管理费用中。

该公司发生的借款利息支出能够按房地产转让项目计算分摊并提供金融机构证明；该公司所在的省政府规定，其他房地产开发费用的扣除比例为 5%。

1. 土地增值税的计算

（1）房地产转让收入为 11000 万元。

（2）扣除项目金额如下：

① 取得土地使用权所支付的金额＝1000 万元。

② 房地产开发成本＝2500 万元。

③ 房地产开发费用＝（120－20）＋（1000＋2500）×5%＝275（万元）

④ 与房地产转让有关的税金为：

应缴纳营业税＝11000×5%＝550（万元）

应缴纳城市维护建设税＝550×7%＝38.5（万元）

应缴纳教育费附加＝550×3%＝16.5（万元）

⑤ 加计扣除项目＝（1000＋2500）×20%＝700（万元）

扣除项目金额＝1000＋2500＋275＋605＋700＝5080（万元）

（3）增值额＝10000－5080＝5920（万元）

（4）增值额与扣除项目金额之比＝5920÷5080×100%≈116.54%

故适用税率为50%，速算扣除系数为15%。

（5）应缴纳的土地增值税＝5920×50%－5080×15%＝2198（万元）

2. 计提税金及附加的账务处理

借：营业税金及附加　　　　　　　　　　　　　　　　　28030000

　　　贷：应交税费——应交营业税　　　　　　　　　　　　　5500000

　　　　　　　——应交城市维护建设税　　　　　　　　　　385000

　　　　　　　——应交土地增值税　　　　　　　　　21980000

　　　　　　　——应交教育费附加　　　　　　　　　　　165000

3. 缴纳税金及附加的账务处理

借：应交税费——应交营业税　　　　　　　　　　　　　5500000

　　　　　　　——应交城市维护建设税　　　　　　　　　385000

　　　　　　　——应交土地增值税　　　　　　　　21980000

　　　　　　　——应交教育费附加　　　　　　　　　　165000

　　　贷：银行存款　　　　　　　　　　　　　　　　　28030000

4. 登记账户

根据以上会计分录登记下列有关账户，假定 2009 年 1 月初该企业"应交税费——应交土地增值税"的月初余额为零。

应交税费——应交土地增值税明细账

2009年		凭证		摘　要	借　　方										√	贷　　方										√	借/贷	余　　额										√
月	日	种类	号数		千	百	十	万	千	百	十	元	角	分		千	百	十	万	千	百	十	元	角	分			千	百	十	万	千	百	十	元	角	分	
1	1			年初余额																																—	0	—	—
1	1															2	1	9	8	0	0	0	0	0	0														
					2	1	9	8	0	0	0	0	0	0													平								—	0	—	—

5. 填写土地增值税纳税申报表。

第十六章　企业所得税

复习与思考题

一、名词术语解释

居民企业　非居民企业　应纳税所得额　免税收入　不征税收入　扣除项目金额
税收抵免　亏损弥补

二、简答题

1. 企业所得税的征收对象有哪些？
2. 企业所得税的税收优惠政策有哪些？
3. 企业所得税的应税收入主要包括哪些内容？
4. 利息支出在税务上应如何处理？
5. 对关联企业转让定价如何进行税务调整？
6. 业务招待费支出在税务上如何处理？
7. 公益救济性捐赠支出在税务上应如何处理？
8. 企业所得税按规定不得在税前扣除的项目有哪些？
9. 固定资产的折旧在税务上应如何处理？
10. 无形资产在税务上应如何处理？
11. 如何确定企业的应纳税所得额？
12. 企业如何弥补亏损？
13. 企业所得税如何进行申报与缴纳？

技能训练题

一、单项选择题

1. 根据《企业所得税法》的规定，依照外国（地区）法律成立且实际管理机构不在中国境内，但在中国境内设立机构、场所，或者在中国境内未设立机构、场所，但有来源于中国境内所得的企业，是（　　）。

　　A. 本国企业　　　　B. 外国企业　　　　C. 居民企业　　　　D. 非居民企业

2. 根据《企业所得税法》的规定，依法在中国境内成立，或者依照外国（地区）法律成立但实际管理机构在中国境内的企业是（　　　）。

A. 本国企业　　　　　B. 外国企业　　　　C. 居民企业　　　　D. 非居民企业

3. 《中华人民共和国企业所得税法》规定的企业所得税税率为（　　　）。

A. 20％　　　　　　　B. 25％　　　　　　C. 30％　　　　　　D. 33％

4. 国家需要重点扶持的高新技术企业，减按（　　　）的税率征收企业所得税。

A. 10％　　　　　　　B. 12％　　　　　　C. 15％　　　　　　D. 20％

5. 企业发生的公益性捐赠支出，在年度利润总额（　　　）以内的部分，准予在计算应纳税所得额时扣除。

A. 10％　　　　　　　B. 12％　　　　　　C. 15％　　　　　　D. 20％

6. 美国微软公司在中国设立分支机构，其来源于中国境内的所得缴纳企业所得税的税率是（　　　）。

A. 20％　　　　　　　B. 25％　　　　　　C. 30％　　　　　　D. 33％

7. 企业应当自年度终了之日起（　　　）个月内，向税务机关报送年度《企业所得税纳税申报表》，并汇算清缴，结清应缴应退税款。

A. 3　　　　　　　　　B. 4　　　　　　　　C. 5　　　　　　　　D. 6

8. 扣缴义务人每次代扣的税款，应当自代扣之日起（　　　）日内缴入国库，并向所在地的税务机关报送《扣缴企业所得税报告表》。

A. 3　　　　　　　　　B. 5　　　　　　　　C. 7　　　　　　　　D. 10

9. 某企业于 2008 年销售了 2006 年积压的一批货物，如何对这批货物计税，有以下不同意见，你认为正确的是（　　　）。

A. 按照规定不计算存货成本，也不准予在计算应纳税所得额时扣除

B. 按照规定计算存货成本，但不准予在计算应纳税所得额时扣除

C. 按照规定计算存货成本，准予在计算应纳税所得额时扣除

D. 以上意见都不正确

10. 某企业是生产电机的企业，在境外设有营业机构。2008 年该企业的境内营业机构盈利 1000 万元，境外营业机构亏损 100 万元。企业在汇总计算缴纳企业所得税时，对境外营业机构的亏损能否抵减境内营业机构的盈利，有不同意见，你认为正确的是（　　　）。

A. 根据规定，境外营业机构的亏损不得抵减境内营业机构的盈利

B. 根据规定，境外营业机构的亏损可以抵减境内营业机构的盈利

C. 根据规定，境外营业机构的亏损是否抵减境内营业机构的盈利，适用境外机构的营业地国的法律

D. 以上意见都不正确

11. 按照新《企业所得税法》的规定，下列企业不缴纳企业所得税的是（　　　）。

A. 国有企业　　　B. 私营企业　　　C. 合伙企业　　　D. 外商投资企业

12. A 公司 2008 年度取得以下收入：销售商品收入 200 万元，其他企业使用 A 企业可循环使用的包装物支付 100 万元，获得股息收入 100 万元，其他企业租用 A 公司的固定资产支付 200 万元，转让无形资产收入 100 万元，A 公司 2008 年度取得的租

金收入总额是( )万元。

    A. 100   B. 200   C. 300   D. 400

13.《企业所得税法》所称企业以非货币形式取得的收入，应当按照( )确定收入额。

    A. 公允价值   B. 重置价值   C. 历史价值   D. 原始价值

14. 以下是企业所得税纳税人的是( )。

    A. 个人独资企业   B. 合伙企业

    C. 一人有限责任公司   D. 居民个人

15. 下面不是企业所得税纳税人的是( )。

    A. 国有企业   B. 外商投资企业

    C. 私营有限责任公司   D. 私营合伙企业

16. 下面收入应该征收企业所得税的是( )。

    A. 股息、红利等权益性投资收益

    B. 依法收取并纳入财政管理的政府性基金

    C. 依法收取并纳入财政管理的行政事业收费

    D. 财政拨款

17. 甲企业 2008 年度实际发生的与经营活动有关的业务招待费为 100 万元，该公司按照( )万元予以税前扣除，该公司 2008 年度的销售收入为 4000 万元。

    A. 60   B. 100   C. 240   D. 20

18. 在计算应纳税所得额时，下列支出不得扣除的是( )。

    A. 缴纳的营业税   B. 合理分配的材料成本

    C. 企业所得税税款   D. 销售固定资产的损失

19. 下面几项固定资产中可以提取折旧的是( )。

    A. 经营租赁方式租出的固定资产   B. 以融资租赁方式租出的固定资产

    C. 未使用的固定资产（机器设备）   D. 单独估价作为固定资产入账的土地

20. 企业纳税年度发生亏损，准予向以后年度结转，用以后年度的所得弥补，但结转年限最长不得超过( )年。

    A. 5   B. 3   C. 10   D. 不能弥补

21. 企业对外投资期间，投资资产的( )在计算应纳税所得额时不得扣除。

    A. 利息   B. 折旧   C. 成本   D. 管理费用

22. 在计算应纳税所得额时，企业财务、会计处理办法与税收法律、行政法规的规定不一致时，应当依照( )的规定计算。

    A. 企业财务、会计处理办法   B. 税收法律、法规

    C. 上级机关的指示   D. 有资质的中介机构

23. 企业的下列收入中，属于应税收入的是( )。

    A. 国债利息收入

    B. 符合条件的居民企业之间的股息、红利等权益性投资收益

    C. 符合条件的非营利组织的收入

    D. 银行存款利息收入

24. 甲公司 2008 年度的销售收入为 1000 万元，实际发生的符合条件的广告支出和业务宣传费支出为 200 万元，该公司应按照（　　）万元予以税前扣除。
    A. 150   B. 200   C. 100   D. 50

25. 某公司外购一专利权，使用期限为 6 年，该公司为此支付价款和税费 600 万元。同时，该公司自行开发一商标权，开发费用为 500 万元，则该公司每年应当摊销专利权和商标权所支付的费用合计为（　　）万元。
    A. 100   B. 150   C. 110   D. 183.33

26. 企业与其关联方共同开发、受让无形资产，或者共同提供、接受劳务发生的成本，在计算应纳税所得额时应当按照（　　）进行分摊。
    A. 公平交易原则   B. 独立交易原则
    C. 方便管理原则   D. 节约成本原则

27. 企业从其关联方接受的债权性投资与权益性投资的比例超过规定标准而发生的（　　）支出，不得在计算应纳税所得额时扣除。
    A. 管理费用   B. 利息   C. 生产成本   D. 损失

28. 居民企业在中国境内设立不具有法人资格的营业机构，应当（　　）计算并缴纳企业所得税。
    A. 分别   B. 汇总   C. 独立   D. 就地预缴

29. 某企业于 2008 年 5 月 5 日开业，该企业的纳税年度时间为（　　）。
    A. 2008 年 1 月 1 日至 2008 年 12 月 31 日
    B. 2008 年 5 月 5 日至 2009 年 5 月 4 日
    C. 2008 年 5 月 5 日至 2008 年 12 月 31 日
    D. 以上三种由纳税人选择

30. 企业应当自月份或季度终了之日起（　　）日内，向税务机关报送预缴《企业所得税申报表》，预缴税款。
    A. 10   B. 15   C. 7   D. 5

31. 《企业所得税法》从（　　）起施行。
    A. 2007 年 3 月 16 日   B. 2007 年 10 月 1 日
    C. 2008 年 1 月 1 日   D. 2008 年 7 月 1 日

32. 《企业所得税法》公布前批准设立的企业，依照当时的税收法律、行政法规规定，享受低税率优惠的，按照国务院规定，可以在本法施行后（　　）年内，逐步过渡到规定的税率。
    A. 3   B. 5   C. 2   D. 10

33. 企业开发新技术、新产品、新工艺发生的研究开发费用，可以在计算应纳税所得额时（　　）扣除。
    A. 全额   B. 加计   C. 减半   D. 加倍

34. 企业与其关联方之间的业务往来，不符合独立交易原则而减少企业或者其关联方应纳税收入或者所得额的，税务机关有权按照合理的方法进行调整。与合理方法不符的是（　　）。

A. 可比受控价格法　B. 再销售价格法　　　C. 成本加成法　　　　D. 交易净利润法

35.《实施条例》中规定对企业作出特别纳税调整的，应当对补征的税款，自税款所属纳税年度的次年（　　）起至补缴税款之日止的期间，按日加收利息。

A. 3 月 1 日　　　　B. 4 月 1 日　　　　C. 5 月 1 日　　　　D. 6 月 1 日

36. 按照《企业所得税法》及其实施条例规定，下列表述中不正确的是（　　）。

A. 发生的与生产经营活动有关的业务招待费，不超过销售（营业）收入 5‰的部分准予扣除

B. 发生的职工福利费支出，不超过工资、薪金总额 14%的部分准予税前扣除

C. 为投资者或者职工支付的补充养老保险费、补充医疗保险费在规定标准内准予扣除

D. 为投资者或者职工支付的商业保险费，不得扣除

37. 某企业于 2008 年 7 月 5 日开业，该企业第一年的纳税年度时间为（　　）。

A. 2008 年 1 月 1 日至 2008 年 12 月 31 日

B. 2008 年 7 月 5 日至 2009 年 7 月 4 日

C. 2008 年 7 月 5 日至 2008 年 12 月 31 日

D. 以上三种由纳税人选择

38. 某企业 2008 年度以经营租赁方式租入固定资产，支付租赁费 500 万元，租赁期为 5 年，请问 2008 年度该公司税前扣除应为（　　）万元。

A. 500　　　　　　B. 50　　　　　　C. 100　　　　　　D. 250

39. 企业与其关联方之间的业务往来，不符合独立交易原则，或者企业实施其他不具有合理商业目的的安排的，税务机关有权在该业务发生的纳税年度起（　　）年内，进行纳税调整。

A. 3　　　　　　　B. 5　　　　　　C. 2　　　　　　D. 10

40. 畜类生产性生物资产计算折旧的最低年限为（　　）年。

A. 2　　　　　　　B. 3　　　　　　C. 4　　　　　　D. 5

41. 居民企业取得下列各项收入中，按照《企业所得税法》及其实施条例规定应并入应纳税所得额征收所得税的是（　　）。

A. 国债利息收入

B. 财政拨款

C. 居民企业持有其他居民企业公开发行并上市流通的股票 10 个月取得的投资收益

D. 300 万元的技术转让所得

42. 按照《企业所得税法》及其实施条例规定，下列有关企业所得税税率说法不正确的是（　　）。

A. 居民企业适用税率为 25%

B. 非居民企业取得来源于中国境内的所得适用税率均为 10%

C. 符合条件的小型微利企业适用税率为 20%

D. 未在中国境内设立机构、场所的非居民企业，取得中国境内的所得适用税率为 10%

43. 企业发生的符合条件的广告费和业务宣传费支出，不超过当年销售收入（ ）的部分，准予扣除。

    A. 15%　　　　　　B. 20%　　　　　　C. 40%　　　　　　D. 60%

44. 安置残疾人员及国家鼓励安置的其他就业人员所支付的工资，可以在计算应纳税所得额时（ ）扣除。

    A. 全额　　　　　　B. 减半　　　　　　C. 加倍　　　　　　D. 加计

45. 按照《企业所得税法》及其实施条例规定，下列关于收入确认时点正确的是（ ）。

    A. 利息收入，按照合同约定的债务人应付利息的日期确认收入的实现

    B. 租金收入，按照承租人实际支付租金的日期确认收入的实现

    C. 接受捐赠收入，按照签订捐赠合同的日期确认收入的实现

    D. 权益性投资收益，按照被投资方作利润分配账务处理的日期确认收入的实现

46. 按照《企业所得税法》及其实施条例规定，飞机、火车、轮船以外的运输工具计算折旧的最低年限是（ ）年。

    A. 3　　　　　　　　B. 4　　　　　　　　C. 5　　　　　　　　D. 10

47. 按照《企业所得税法》及其实施条例规定，企业从事下列项目的所得减半征收企业所得税的是（ ）。

    A. 牲畜、家禽的饲养

    B. 灌溉、农产品初加工、兽医等农、林、牧、渔服务业项目

    C. 农作物新品种的选育

    D. 花卉、茶以及其他饮料作物和香料作物的种植

48. 《中华人民共和国企业所得税法》是（ ）。

    A. 2007 年 2 月 16 日第十届全国人民代表大会第五次会议通过的

    B. 2007 年 3 月 16 日第十届全国人民代表大会第五次会议通过的

    C. 2007 年 2 月 16 日第十一届全国人民代表大会第五次会议通过的

    D. 2007 年 4 月 16 日第十一届全国人民代表大会第五次会议通过的

49. 应纳税所得额为（ ）。

    A. 企业每一纳税年度的收入总额，减除不征税收入、免税收入、各项扣除以及允许弥补的以前年度亏损后的余额

    B. 企业每一纳税年度的收入总额，减除免税收入、各项扣除以及允许弥补的以前年度亏损后的余额

    C. 企业每一纳税年度的收入总额，减除不征税收入、各项扣除以及允许弥补的以前年度亏损后的余额

    D. 企业每一纳税年度的收入总额，减除不征税收入、免税收入、各项扣除的余额

50. 甲公司 2008 年度通过某乡政府，向该乡的一所小学捐赠 50 万元，通过某县民政局向当地贫困人口捐赠 100 万元。请问 2008 年度允许扣除的捐赠为（ ）万元，当年会计利润为 1000 万元（不含公益性捐赠）。

    A. 50　　　　　　　B. 150　　　　　　C. 132　　　　　　D. 100

51. 企业综合利用资源，生产符合国家产业政策规定的产品所取得的收入可以在计算应纳税所得额时（　　）收入。

A. 加倍　　　　　　B. 加成　　　　　　C. 加计　　　　　　D. 减计

52. 企业在年度中间终止经营活动的，应当自实际经营终止之日起（　　）日内，向税务机关办理当期企业所得税汇算清缴。

A. 30　　　　　　　B. 40　　　　　　　C. 60　　　　　　　D. 10

53. 企业实际发生的与取得收入有关的、合理的支出，包括（　　）和其他支出，准予在计算应纳税所得额时扣除。

A. 成本　　　　　B. 增值税　　　　　C. 税收滞纳金　　　D. 行政罚款

54. 按照《企业所得税法》及其实施条例规定，下列关于企业所得税的表述不正确的有（　　）。

A. 企业每一纳税年度的收入总额，减除不征税收入、免税收入、各项扣除以及允许弥补的以前年度亏损后余额，为应纳税所得额

B. 企业的应纳税所得额乘以适用税率，减除依照税法关于税收优惠的规定减免和抵免的税额后的余额，为应纳税额

C. 所有的非居民企业都仅就其来源于中国境内的所得缴纳企业所得税

D. 企业收入总额中包括征税收入、不征税收入、免税收入

55. 按照《企业所得税法》及其实施条例规定，固定资产的大修理支出，是指符合下列条件的（　　）支出。

A. 修理支出达到取得固定资产时的计税基础50%以上

B. 修理支出达到取得固定资产时的计税基础20%以上

C. 修理后固定资产的使用年限延长3年以上

D. 固定资产必须是房屋、建筑物

56. 按照《企业所得税法》及其实施条例规定，下列各项中属于非居民企业的有（　　）。

A. 在黑龙江省工商局登记注册的企业

B. 在美国注册但实际管理机构在哈尔滨的外商独资企业

C. 在美国注册的企业设在苏州的办事处

D. 在黑龙江省注册但在中东开展工程承包的企业

57. 以分期收款方式销售货物的，按（　　）日期确认收入的实现。

A. 合同约定收款　　B. 发出商品　　　　C. 实际收到货款　　D. 预收货款

58. 符合条件的技术转让所得免征、减征企业所得税，是指一个纳税年度内，居民企业技术转让所得不超过（　　）万元的部分，免征企业所得税；超过的部分，减半征收企业所得税。

A. 30　　　　　　　B. 100　　　　　　C. 300　　　　　　D. 500

59. 抵扣应纳税所得额，是指创业投资企业采取股权投资方式投资于未上市的中小高新技术企业（　　）年以上的，可以按照其投资额的（　　）在股权持有满（　　）年的当年抵扣该创业投资企业的应纳税所得额；当年不足抵扣的，可以在以后纳税年度结

转抵扣。

  A. 1、50%、1 B. 1、70%、1 C. 2、70%、2 D. 2、50%、2

60. 某公司外购一生产性生物资产，购置价格和相关税费合计为 1000 万元，该生物资产于 2008 年 3 月 10 日投入使用。该资产预计使用 10 年，预计残值为 100 万元。该公司每月应当就该生物资产提取折旧（ ）万元。

  A. 8.3   B. 9   C. 7.5   D. 15

61. 减计收入是指企业以《资源综合利用企业所得税优惠目录》规定的资源作为主要原材料，生产国家非限制和禁止并符合国家和行业相关标准的产品取得的收入，减按（ ）计入收入总额。

  A. 60%   B. 70%   C. 80%   D. 90%

62. 企业发生的职工教育经费，不超过工资、薪金总额（ ）的部分，可以扣除。

  A. 1%   B. 1.5%   C. 2%   D. 2.5%

63. 按照新《企业所得税法》的规定，扣缴义务人每次代扣的税款，自代扣之日起缴入国库的期限是（ ）天。

  A. 5   B. 7   C. 10   D. 15

64. 《企业所得税法》规定无形资产的摊销年限不得低于（ ）年。

  A. 3   B. 5   C. 8   D. 10

65. 下列几项收入不计入应税收入的是（ ）。

  A. 转让财产收入 B. 财政拨款收入 C. 租金收入 D. 接受捐赠收入

66. 在计算应纳税所得额时，下列支出允许扣除的为（ ）。

  A. 土地增值税税款   B. 企业所得税税款

  C. 税收滞纳金   D. 向环保局缴纳的罚款

67. 对固定资产提取折旧，下面说法不正确的是（ ）。

  A. 未投入使用的房屋、建筑物不能提取折旧

  B. 未使用的机器不能提取折旧

  C. 以经营租赁方式租入固定资产不能提取折旧

  D. 价值合并在房屋中作为固定资产入账的土地可以提取折旧

68. 下面费用不可以在税前计算摊销的是（ ）。

  A. 已足额提取折旧的固定资产的改建支出 B. 租入固定资产的改建支出

  C. 自创商誉   D. 固定资产的大修理支出

69. 按照《企业所得税法》规定，下面说法正确的是（ ）。

  A. 企业销售存货，按规定计算的存货成本可以在税前扣除

  B. 企业转让资产，该项资产的净值如果是负数，不可以在税前扣除

  C. 企业境外营业机构的亏损可以抵减境内营业税机构的盈利进行汇总缴纳企业所得税

  D. 企业纳税年度发生亏损，准予向后年度结转，直到弥补完为止

70. 在中国境内未设立机构、场所的非居民企业，其来源于中国境内的所得按下列办法计算缴纳企业所得税（ ）。

A. 股息、红利所得等权益性投资收益，以收入全额为应纳税所得额

B. 转让财产所得，以收入全额为应纳税所得额

C. 利息、租金、特许权使用费所得，以收入全额减除发生的费用为应纳税所得额

D. 境外所得按收入总额减除与取得收入有关、合理支出的余额为应纳税所得额

71. 企业可以从其当期应纳税额中抵免的已在境外缴纳的所得税额，下面说法符合规定的是（　　）。

A. 抵免限额为该项所得依照税法规定计算的应纳税额

B. 超过抵免限额的部分，不可以用以后年度的余额抵补

C. 是指非居民企业来源于中国境外的应税所得

D. 是指非居民企业在中国境内设立机构、场所，取得发生在中国境外但与该机构、场所未有实际联系的应税所得

72. 下面收入不属于免税收入的有（　　）。

A. 符合条件的居民企业之间的股息、红利等权益性投资收益

B. 国债利息收入

C. 发行国债利息手续费收入

D. 在中国境内设立机构、场所的非居民企业从居民企业取得与该机构、场所有实际联系的股息、红利等权益性投资收益

73. 下面所得项目中按《企业所得税法》规定，不可以减免税的所得有（　　）。

A. 从事农、林、牧、渔项目的所得

B. 从事国家重点扶持的公共基础设施项目投资的所得

C. 从事高新技术、新产品、新工艺的项目的所得

D. 从事符合条件的环境保护、节能节水项目的所得

74. 对于《企业所得税法》规定的税收优惠政策，下面说法不正确的是（　　）。

A. 安置残疾人员的企业，所支付的工资可以在计算应纳税所得额时加计扣除

B. 创业投资企业从事国家需要重点扶持和鼓励的创业投资，可以按投资额的一定比例抵扣应纳税所得额

C. 企业综合利用资源，生产符合国家产业政策规定的产品所取得的收入，可以在计算应纳税所得额时减计收入

D. 企业购置用于环境保护、节能节水、安全生产等专用设备的投资额，可以按一定比例实行税额抵免

75. 外国企业甲公司在中国境内设立了代表处，但其来源于中国境内的商标权转让收入所得与所设立的机构没有实际联系，其商标权转让收入所得适用的预提所得税税率是（　　）。

A. 33%　　　　　　B. 30%　　　　　　C. 20%　　　　　　D. 10%

76. 企业与其关联方的业务往来处理，下面说法中不符合《企业所得税法》规定的有（　　）。

A. 不符合独立交易原则而减少企业或者其关联方应纳税收入或者所得额的，税务机关有权按照合理方法调整

    B. 企业不可以提供与其关联方之间业务往来的定价原则和计算方法

    C. 企业不提供与其关联方之间业务往来资料，或者提供虚假、不完整资料，未能真实反映其关联往来情况的，税务机关有权依法核定其应纳税所得额

    D. 企业实施其他不具有合理商业目的的安排而减少其应纳税收入或者所得额的，税务机关有权按照合理方法调整

77. 除税法另有规定外，有关企业所得税纳税地点，下面说法不正确的是（　　）。

    A. 居民企业以企业登记注册地为纳税地点

    B. 登记注册地在境外的，以实际管理机构所在地为纳税地点

    C. 居民企业在中国境内设立不具有法人资格的营业机构，应当汇总计算并缴纳企业所得税，纳税地点为总机构注册地

    D. 在中国境内未设立场所、机构而从中国境内取得所得的非居民企业，以纳税人所在地为纳税地点

78. 某企业 2008 年 7 月 1 日开业，因故在 2009 年 6 月 30 日终止经营，7 月 15 日注销工商登记，有关企业所得税管理的相关规定，下列做法符合规定的是（　　）。

    A. 该企业的第一个纳税年度是 2008 年 1 月 1 日至 2008 年 12 月 31 日

    B. 该企业 2009 年 4 月 31 日前，报送 2008 年度《企业所得税纳税申报表》，办理汇算清缴

    C. 该企业应该在 2009 年 8 月 29 日之前办理 2009 年度的企业所得税汇算清缴

    D. 该企业应该在 2009 年 7 月 15 日前缴清清算所得税款

79. 按照《企业所得税法》及其实施条例规定，工业企业要享受企业所得税法中小型微利企业的优惠税率，下列说法正确的是（　　）。

    A. 从事国家非限制和禁止行业　　　　　B. 年度应纳税所得额不超过 40 万元

    C. 从业人数不超过 40 人　　　　　　　D. 资产总额不超过 1000 万元

80. 下列项目中不构成工资、薪金所得项目的是（　　）。

    A. 加班费　　　　　B. 特殊工种补贴　　　　C. 差旅费津贴　　　　D. 奖金

81. 纳税人为独立纳税人提供与本身应税收入无关的贷款担保，因被担保方不能还清贷款而由代担保纳税人承担的本息，在计算应纳税所得额时的处理方法是（　　）。

    A. 可以扣除　　　　B. 不准扣除　　　　C. 只能扣除本金　　　D. 只能扣除利息

82. 根据《企业所得税暂行条例》及其实施细则规定，纳税人发生的下列支出或费用，在计算应纳税所得额时准予扣除的是（　　）。

    A. 支付违法经营的罚款　　　　　　　　B. 对外投资支出

    C. 支付的税收滞纳金　　　　　　　　　D. 支付银行加收的罚息

83. 增值税一般纳税人在计算应纳税所得额时，不得扣除的税金是（　　）。

    A. 消费税　　　　　B. 营业税　　　　　C. 增值税　　　　　D. 印花税

84. 下列项目中可以在企业成本费用中列支的是（　　）。

    A. 银行罚息　　　　　　　　　　　　　B. 担保支出

    C. 职工境外社会保险　　　　　　　　　D. 购买的专利支出——无形资产

二、多项选择题

1. 根据《企业所得税法》规定，下列属于企业所得税纳税人的是(　　)。
   - A. 股份有限公司
   - B. 一人有限责任公司
   - C. 个人独资企业
   - D. 合伙企业

2. 根据《企业所得税法》规定，企业分为(　　)。
   - A. 本国企业
   - B. 外国企业
   - C. 居民企业
   - D. 非居民企业

3.《企业所得税法》规定，企业所得税的税率有(　　)。
   - A. 20%
   - B. 25%
   - C. 30%
   - D. 33%

4. 在计算应纳税所得额时，下列固定资产不得计算折旧扣除的有(　　)。
   - A. 未使用的房屋、建筑物
   - B. 接受捐赠的固定资产
   - C. 以经营租赁方式租入的固定资产
   - D. 单独估价作为固定资产入账的土地

5. 企业实际发生的与取得收入有关的、合理的支出，准予在计算应纳税所得额时扣除。
   其中包括(　　)。
   - A. 企业生产的成本、费用
   - B. 企业的税金
   - C. 企业的损失
   - D. 赞助支出

6. 在计算应纳税所得额时，下列支出不得扣除的有(　　)。
   - A. 税收滞纳金
   - B. 被没收财物的损失
   - C. 法定比例范围内的公益性捐赠支出
   - D. 向投资者支付的股息

7. 在计算应纳税所得额时，企业按照规定计算的无形资产的摊销费用，准予扣除。但
   下列无形资产不得计算摊销费用扣除的有(　　)。
   - A. 自行开发的支出已在计算应纳税所得额时扣除的无形资产
   - B. 自创商誉
   - C. 与经营活动无关的无形资产
   - D. 开发无形资产时未形成资产而发生的费用
   - E. 其他不得计算摊销费用扣除的无形资产

8. 在计算应纳税所得额时，企业财务、会计处理办法与税收法律、行政法规的规定不
   一致的，应当依照(　　)的规定计算纳税。
   - A. 税收法律
   - B. 税收行政法规
   - C. 国家税务总局的规章
   - D. 税收地方性法规

9. 企业的下列收入为不征税收入的是(　　)。
   - A. 财政拨款
   - B. 依法收取并纳入财政管理的政府性基金
   - C. 国务院规定的不征税收入
   - D. 国债利息收入
   - E. 符合条件的非营利组织的收入

10. 企业的下列收入为免税收入的是(　　)。
   - A. 国债利息收入
   - B. 符合条件的居民企业之间的股息、红利等权益性投资收益

    C. 在中国境内设立机构、场所的居民企业从非居民企业取得与该机构、场所有实际联系的股息、红利等权益性投资收益

    D. 符合条件的非营利组织的收入

    E. 处置国债的收益

11. 企业的下列所得，可以免征、减征企业所得税的有（　　）。

    A. 从事农、林、牧、渔业项目的所得

    B. 从事国家重点扶持的公共基础设施项目投资经营的所得

    C. 从事符合条件的环境保护、节能节水项目的所得

    D. 符合条件的技术转让所得

12. 在计算应纳税所得额时，企业发生的下列支出作为长期待摊费用，按照规定摊销的，准予扣除的有（　　）。

    A. 未经核定的准备金支出   B. 租入固定资产的改建支出

    C. 固定资产的大修理支出   D. 赞助支出

13. 非居民企业在中国境内的场所包括（　　）。

    A. 管理机构   B. 营业机构   C. 办事机构   D. 营业代理人

14. 特许权使用费收入是指企业提供（　　）取得的收入。

    A. 专利权   B. 非专利技术   C. 商标权   D. 土地使用权

15. 企业发生非货币性资产交换，以及将货物、财产、劳务用于（　　），应当视同销售货物、提供劳务。

    A. 捐赠   B. 偿债   C. 赞助   D. 在建工程

16. 《企业所得税法》中所称"符合条件的非营利组织"，是指同时符合下列条件的组织（　　）。

    A. 依法履行非营利组织登记手续

    B. 从事公益性或非营利性活动

    C. 取得的收入除用于与该组织有关的、合理的支出外，全部用于登记核定或者章程规定的公益性或者非营利性事业

    D. 财产及其孳息不用于分配

    E. 按照登记核定或者章程规定，该组织注销后的剩余财产用于公益性或者非营利性目的，或者由登记管理机关转赠给与该组织性质、宗旨相同的组织，并向社会公告

    F. 投入人对投入该组织的财产不保留或者享有任何财产权利

    G. 工作人员的工资福利开支控制在规定的比例内，不变相分配该组织的财产

17. 生产性生物资产，是指企业为生产农产品、提供劳务或者出租等而持有的生物资产，包括（　　）。

    A. 经济林   B. 薪炭林   C. 产畜   D. 家禽、役畜

18. 企业的下列研究开发费用支出，可以在计算应纳税所得额时加计扣除的有（　　）。

    A. 开发新技术   B. 开发新产品   C. 开发新工艺   D. 受让新技术

19. 视同机构、场所的"营业代理人"必须同时具备的条件是（　　）。

A. 接受外国企业委托的主体是中国境内的单位或个人

B. 代理活动必须是经常性的行为

C. 代理的具体行为，包括代其签订合同，或者储存、交付货物

D. 接受居民企业委托的中国境内的单位或个人

20. 下列属于居民企业的有（　　）。

 A. 注册地与实际管理机构均在中国

 B. 注册地或实际管理机构所在地其一在中国

 C. 做出和形成企业的经营管理重大决定和决策的地点在中国

 D. 依法在中国境内成立，或者依照外国（地区）法律成立但实际管理机构在中国境内的企业

21. 实际管理机构是指企业实施有效的指挥、控制和管理中心。据新税法规定对下列哪些方面实施实质性全面管理和控制（　　）。

 A. 是指对企业的生产经营　　　　　　B. 是指对企业的人员

 C. 是指对企业的账务　　　　　　　　D. 是指对企业的财产

22. 《企业所得税法》所称企业取得收入的货币形式包括（　　）。

 A. 现金、存款、应收账款、应收票据　　B. 不准备持有至到期的债权投资

 C. 准备持有至到期的债券投资　　　　D. 债务的豁免

23. 《企业所得税法》中规定的收入包括（　　）。

 A. 销售货物收入　　　　　　　　　　B. 提供劳务收入

 C. 转让财产收入　　　　　　　　　　D. 股息、红利等权益性投资收益

 E. 利息、租金收入　　　　　　　　　F. 特许权使用费收入

 G. 接受捐赠收入

24. 下列关于固定资产确定计税基础的叙述正确的有（　　）。

 A. 通过捐赠、投资、非货币性资产交换等方式取得的应以重置完全价值为计税基础

 B. 自行建造的以竣工结算前发生的支出为计税基础

 C. 以债务重组方式取得的以公允价值和支付的相关税费为计税基础

 D. 融资租入的如果合同未约定付款总额以该资产的市场价值和承租人在签订租赁合同过程中发生的相关费用为基础

25. 税法规定准予税前摊销并扣除的长期待摊费用的范围有（　　）。

 A. 已足额提取折旧的固定资产的改建支出　　B. 租入固定资产的改建支出

 C. 固定资产的大修理支出　　　　　　　　D. 其他应当作为长期待摊费用的支出

26. 下列长期待摊费用的折旧方法叙述正确的有（　　）。

 A. 已足额提取折旧的固定资产的改建支出，按照固定资产预计尚可使用年限分期摊销

 B. 租入固定资产的改建支出，按合同约定的剩余租赁期限分期摊销

 C. 固定资产的大修理支出，按照固定资产尚可使用年限分期摊销

 D. 其他应当作为长期待摊费用的支出，自支出发生月份的次月起，分期摊销，摊

销年限不得低于 5 年

27. 关于投资资产的成本叙述正确的是(　　　)。
    A. 企业对外投资期间，投资资产的成本在计算应纳税所得额时可以扣除
    B. 企业在转让或者处置投资资产时，投资资产的成本不得扣除
    C. 通过支付现金方式取得的投资资产，以购买价为成本
    D. 通过支付现金以外的方式取得的投资资产，以该资产的公允价值和支付的相关税费为成本

28. 下列关于借款费用税前扣除正确的叙述是(　　　)。
    A. 企业在建造固定资产中发生非正常中断且中断时间较长的，其中断期间发生的借款费用应予以资本化
    B. 借款费用是否资本化与借款期间长短无直接关系
    C. 企业筹建期间发生的长期借款费用，一律计入开办费，按长期待摊费用进行税务处理
    D. 金融企业的各项存款利息支出和同业拆借利息支出准予扣除

29. 下列固定资产不得计算折旧扣除的有(　　　)。
    A. 未投入使用的机器设备
    B. 接受捐赠的固定资产
    C. 投资者投入的固定资产
    D. 以融资租赁方式租出的固定资产
    E. 单独估价作为固定资产入账的土地
    F. 已足额提取折旧仍继续使用的固定资产

30. 下列各项中企业应确认为无形资产的有(　　　)。
    A. 吸收投资取得的土地使用权
    B. 因转让土地使用权补缴的土地出让金
    C. 由于技术先进掌握了生产诀窍而形成的商誉
    D. 企业的研究开发过程中的研究费用

31. 企业从事下列项目的所得，减半征收企业所得税的有(　　)。
    A. 种植花卉
    B. 种植茶
    C. 海水养殖
    D. 内陆养殖

32. 下列项目可享受"三免三减半"优惠的有(　　　)。
    A. 海水淡化
    B. 沼气综合开发利用
    C. 安全生产
    D. 公共污水处理

33. 权益性投资收益包括(　　　)。
    A. 股息
    B. 红利
    C. 利息
    D. 联营分利

34. 新《企业所得税法》规定的"企业"，包括(　　　)。
    A. 公司制企业和其他非公司制企业
    B. 事业单位
    C. 社会团体
    D. 基金会
    E. 商会
    F. 农民专业合作社

35. 非居民企业"在中国境内未设立机构、场所的，或者虽设立机构、场所但取得的所得与其所设机构、场所没有实际联系的"，其中"机构、场所"是指在中国境内从事生产经营活动的机构、场所，包括(　　　)。
    A. 管理机构、营业机构、办事机构

B. 工厂、农场、开采自然资源的场所

C. 提供劳务的场所

D. 从事建筑、安装、装配、修理、勘探等工程作业的场所

36.《企业所得税法》中所称来源于中国境内、境外的所得，按照以下原则确定（　　）。

A. 销售货物所得，按照交易活动发生地确定

B. 提供劳务所得，按照劳务发生地确定

C. 转让财产所得，不动产转让所得按照不动产所在地确定，动产转让所得按照转让动产的企业或者机构、场所所在地确定，权益性投资资产转让所得按照被投资企业所在地确定

D. 股息红利等权益性投资所得，按照分配所得的企业所在地确定

E. 利息所得、租金所得、特许权使用费所得，按照负担或者支付所得的企业或者机构、场所所在地确定

F. 国务院财政、税务主管部门确定的其他所得

37. 下列属于《企业所得税法》所称其他收入的是（　　）。

A. 资产溢余收入　　　　　　　　B. 逾期未退包装物押金收入

C. 确实无法偿付的应付款项　　　D. 债务重组收入

E. 补贴收入　　　　　　　　　　F. 违约金收入

G. 汇兑收益

38.《企业所得税法》中所称"公益性社会团体"，是指同时符合（　　）条件的基金会、慈善组织等社会团体。

A. 依法登记，具有法人资格

B. 以发展公益事业为宗旨，且不以盈利为目的

C. 全部资产及其增值为该法人所有

D. 收益和营运结余主要用于符合该法人设立目的的事业

E. 终止后的剩余财产不归属任何个人或者营利组织

F. 不经营与其设立目的无关的业务

G. 有健全的财务会计制度

H. 捐赠者不以任何形式参与社会团体财产的分配

39. 下面是企业所得税纳税人的有（　　）。

A. 国有独资企业　　　　　　　　B. 私营有限责任公司

C. 中外合资企业　　　　　　　　D. 一人有限责任公司

40. 下面不是企业所得税的纳税人的有（　　）

A. 一人有限责任公司　　　　　　B. 私营合伙企业

C. 个体工商户　　　　　　　　　D. 个人独资企业

41.《企业所得税法》将企业所得税的纳税人分为（　　）。

A. 居民企业　　　B. 本地企业　　　C. 外地企业　　　D. 非居民企业

42. 下面是居民企业的有（　　）。

A. 在福建省工商局登记注册的企业

　　B. 在日本注册但实际管理机构在北京的企业

　　C. 在日本注册的企业设在北京的办事处

　　D. 在福建省注册但在中东开展工程承包的企业

43. 下面是非居民企业的有(　　)。

　　A. 在北京注册的企业在宁德市设立的分公司

　　B. 在中国香港注册的企业设在厦门的分公司

　　C. 在北京取得专利权使用费的美国某企业

　　D. 在日本取得租赁费收入的美国企业

44. 下面有关企业所得税税率的说法正确的是(　　)。

　　A. 企业所得税的税率为25%

　　B. 非居民企业在中国境内未设立机构、场所的,其来源于中国境内的所得适用税率为20%

　　C. 符合条件的小型微利企业适用税率为20%

　　D. 国家需要重点扶持的高新技术企业适用税率为15%

45. 下面关于企业所得税的表述不正确的是(　　)。

　　A. 企业每一纳税年度的收入总额,减除不征税收入、免税收入、各项扣除后余额,为应纳税所得额

　　B. 企业的应纳税所得额乘以适用税率,为应纳税额

　　C. 所有的非居民企业都仅就其来源于中国境内的所得缴纳企业所得税

　　D. 企业以货币和非货币形式从各种来源取得的收入,为收入总额。收入总额中包括征税收入、不征税收入、免税收入

46. 下面收入是征税收入的有(　　)。

　　A. 转让财产收入　　B. 财政拨款收入　　C. 租金收入　　　　D. 接受捐赠收入

47. 下面收入是不征税收入的有(　　)。

　　A. 依法收取并纳入财政管理的政府性基金　　B. 国债利息收入

　　C. 依法收取并纳入财政管理的行政收费　　　D. 信用社存款利息收入

48. 企业实际发生的与取得收入有关的、合理的支出,包括(　　)和其他支出,准予在计算应纳税所得额时扣除。

　　A. 成本　　　　　　　B. 费用　　　　　　C. 税金　　　　　　D. 损失

49. 对企业发生的公益性支出,下面说法不正确的是(　　)。

　　A. 在年度利润总额10%以内的部分,准予在计算应纳税所得额时扣除

　　B. 在年度利润总额12%以内的部分,准予在计算应纳税所得额时扣除

　　C. 在年度应纳税所得额10%以内的部分,准予在计算应纳税所得额时扣除

　　D. 在年度应纳所得税总额12%以内的部分,准予在计算应纳税所得额时扣除

50. 在计算应纳税所得额时,下列支出不得扣除(　　)。

　　A. 土地增值税税款　　　　　　　　　B. 企业所得税税款

　　C. 税收滞纳金　　　　　　　　　　　D. 向环保部门缴纳的罚款

51. 下面支出在计算应纳税所得额时,可以在税前扣除的有(　　)。

　　A. 汽车到期报废的损失

　　B. 按规定计算的无形资产摊销

　　C. 企业从关联方接受的债权性投资超过规定比例标准而支付的利息

　　D. 租入固定资产改良支出费用

　　E. 对外投资设备的购买款

52. 对固定资产提取折旧，下面说法正确的是(　　　)。

　　A. 未投入使用的房屋、建筑物可以提取折旧

　　B. 未使用的机器不能提取折旧

　　C. 以经营租赁方式租入固定资产不能提取折旧

　　D. 价值合并在房屋中作为固定资产入账的土地可以提取折旧

53. 下面可以在税前计算摊销费用的是(　　　)。

　　A. 已足额提取折旧的固定资产的改建支出　　B. 租入固定资产的改建支出

　　C. 自创商誉　　　　　　　　　　　　　　　D. 固定资产的大修理支出

54. 按照《企业所得税法》规定，下面说法正确的是(　　　)。

　　A. 企业销售存货，按规定计算的存货成本可以在税前扣除

　　B. 企业转让资产，该项资产的净值如果是负数，可以在税前扣除

　　C. 企业境外营业机构的亏损可以抵减境内营业机构的盈利进行汇总缴纳企业所得税

　　D. 企业纳税年度发生亏损，准予向以后年度结转，直到弥补完为止

55. 在中国境内未设立机构、场所的非居民企业，其来源于中国境内的所得按下列办法(　　　)计算缴纳企业所得税。

　　A. 股息、红利所得等权益性投资收益，以收入全额为应纳税所得额

　　B. 转让财产所得，以收入全额减除财产净值后的余额为应纳税所得额

　　C. 利息、租金、特许权使用费所得，以收入全额为应纳税所得额

　　D. 境外所得按收入总额减除与取得收入有关、合理支出的余额为应纳税所得额

56. 企业可以从其当期应纳税额中抵免的已在境外缴纳的所得税额，下面说法符合规定的是(　　　)。

　　A. 抵免限额为该项所得依照税法规定计算的应纳税额

　　B. 超过抵免限额的部分，可以在以后 5 个年度内，用每年度抵免限额抵免当年应抵税额后的余额抵补

　　C. 是指居民企业来源于中国境外的应税所得

　　D. 是指非居民企业在中国境内设立机构、场所，取得发生在中国境外但与该机构、场所有实际联系的应税所得

　　E. 居民企业从其直接或者间接控制的外国企业分得的来源于中国境外的股息、红利等权益性投资收益，外国企业在境外实际缴纳的所得税税额中属于该项所得负担的部分，可以在抵免限额内抵免

57. 下面收入为免税收入的有(　　　)。

　　A. 符合条件的居民企业之间的股息、红利等权益性投资收益

    B. 国债利息收入

    C. 符合条件的非营利组织的收入

    D. 在中国境内设立机构、场所的非居民企业从居民企业取得与该机构、场所有实际联系的股息、红利等权益性投资收益

58. 下面项目中按《企业所得税法》规定，可以减免税的有（　　　）。

    A. 从事农、林、牧、渔项目的所得

    B. 从事国家重点扶持的公共基础设施项目投资的所得

    C. 从事高新技术、新产品、新工艺的项目的所得

    D. 从事符合条件的环境保护、节能节水项目的所得

59. 对于《企业所得税法》规定的税收优惠政策，下面说法正确的是（　　　）。

    A. 对小型微利企业，减按 15% 的税率征收

    B. 安置残疾人员的企业，所支付的工资可以在计算应纳税所得额时加计扣除

    C. 创业投资企业从事国家鼓励的创业投资，可以按投资额的一定比例抵扣应纳税所得额

    D. 企业综合利用资源，生产符合国家产业政策规定的产品所取得的收入，可以在计算应纳税所得额时减计收入

    E. 企业购置用于环境保护、节能节水、安全生产等专用设备的投资额，可以按一定比例实行税额抵免

60. 《企业所得税法》规定，可以实行源泉扣缴的情形有（　　　）。

    A. 非居民企业纳税人在中国境内未设立机构场所，有来源于中国境内的所得，以支付人为扣缴义务人

    B. 非居民企业在中国境内取得工程作业和劳务所得，可以指定工程价款或者劳务费支付人为扣缴义务人

    C. 企业总机构与分支机构处于不同省份的，分支机构的所得由总机构扣缴

    D. 建筑安装企业异地承揽工程项目取得所得，可以指定建设方为扣缴义务人

61. 企业与其关联方的业务往来处理，下面说法符合企业所得税法规定的有（　　　）。

    A. 不符合独立交易原则而减少企业或者其关联方应纳税收入或者所得额的，税务机关有权按照合理方法调整

    B. 企业可以提出与其关联方之间业务往来的定价原则和计算方法，税务机关与企业协商、确认后，达成预约定价安排

    C. 企业不提供与其关联方之间业务往来资料，或者提供虚假、不完整资料，未能真实反映其关联往来情况的，税务机关有权依法核定其应纳税所得额

    D. 企业实施其他不具有合理商业目的的安排而减少其应纳税收入或者所得额的，税务机关有权按照合理方法调整

62. 除税法另有规定外，有关企业所得税纳税的地点，下面说法正确的有（　　　）。

    A. 居民企业以企业登记注册地为纳税地点

    B. 登记注册地在境外的，以实际管理机构所在地为纳税地点

    C. 居民企业在中国境内设立不具有法人资格的营业机构，应当汇总计算并缴纳企

业所得税，纳税地点为总机构注册地

D. 在中国境内未设立场所、机构而从中国境内取得所得的非居民企业，以扣缴义务人所在地为纳税地点

63. 非居民企业在中国境内未设立机构、场所的，或者虽设立机构、场所但取得的所得与其所设机构、场所没有实际联系的，应当就其来源于中国境内的所得缴纳企业所得税。其取得的所得，按照下列方法（　　）计算其应纳税所得额。

A. 股息等权益性投资收益，以收入全额为应纳税所得额

B. 转让财产所得，以收入全额减除财产净值及相关税费后的余额为应纳税所得额

C. 租金、特许权使用费所得，以收入额的50%为应纳税所得额

D. 利息所得，以收入全额为应纳税所得额

64. 下列确定固定资产计税基础方法正确的有（　　）。

A. 外购的固定资产，以购买价款和支付的相关税费以及直接归属于使该资产达到预定用途发生的其他支出为计税基础

B. 自行建造的固定资产，以竣工结算前发生的支出为计税基础

C. 融资租入的固定资产，租赁合同约定付款总额的，以租赁合同约定的付款总额和承租人在签订租赁合同过程中发生的相关费用为计税基础

D. 盘盈的固定资产，以同类固定资产的重置完全价值为计税基础

E. 通过捐赠、投资、非货币性资产交换、债务重组等方式取得的固定资产，以该资产的公允价值和支付的相关税费为计税基础

65. 除国务院财政、税务主管部门另有规定外，关于固定资产计算折旧的最低年限正确的有（　　）。

A. 房屋、建筑物为20年

B. 飞机、火车、轮船、机器、机械和其他生产设备为10年

C. 与生产经营活动有关的器具、工具、家具为5年

D. 飞机、火车、轮船以外的运输工具为4年

E. 电子设备为3年

66. 一般情况下，关于资产折旧最低年限的说法正确的有（　　）。

A. 经济林为10年　B. 奶牛为3年　　　C. 飞机为10年　　　D. 汽车为5年

67. 无形资产包括（　　）。

A. 专利权　　　　B. 商标权　　　　C. 著作权　　　　D. 土地使用权

E. 非专利技术　　F. 商誉

68. 企业从事（　　）项目的所得，免征企业所得税。

A. 蔬菜、谷物、薯类、油料、豆类、棉花、麻类、糖料、水果、坚果的种植

B. 农作物新品种的选育

C. 中药材的种植

D. 林木的培育和种植

E. 牲畜、家禽的饲养

F. 林产品的采集

  G. 灌溉、农产品初加工、兽医、农技推广、农机作业和维修等农、林、牧、渔服务业项目

  H. 远洋捕捞

69. 按照《企业所得税法》及其实施条例的规定，下列各项中属于居民企业的有（ ）。

  A. 在江苏省工商局登记注册的企业

  B. 在日本注册但实际管理机构在南京的日资独资企业

  C. 在美国注册的企业设在苏州的办事处

  D. 在江苏省注册但在中东开展工程承包的企业

70. 按照《企业所得税法》及其实施条例的规定，下面说法正确的有（ ）。

  A. 企业销售存货，按规定计算的存货成本可以在税前扣除

  B. 企业纳税年度发生亏损，准予向后年度结转，直到弥补完为止

  C. 企业境外营业机构的亏损可以抵减境内营业税机构的盈利进行汇总缴纳企业所得税

  D. 外购商誉的支出，在企业整体转让或者清算时，准予扣除

71. 对于《企业所得税法》规定的税收优惠政策，下面说法正确的有（ ）。

  A. 采取缩短折旧年限方法加速折旧的，最低折旧年限不得低于实施条例规定折旧年限的 60%

  B. 安置残疾人员的企业，支付给残疾职工的工资在计算应纳税所得额时按 100% 加计扣除

  C. 创业投资企业从事国家鼓励的创业投资，可按投资额的 70% 在股权持有满 2 年的当年抵免应纳税额

  D. 符合条件的非营利组织从事营利性活动取得的收入，可作为免税收入，不并入应纳税所得额征税

72. 按照《企业所得税法》及其实施条例的规定，工业企业要享受小型微利企业的优惠税率，必须同时符合的条件有（ ）。

  A. 从事国家非限制和禁止行业   B. 年度应纳税所得额不超过 30 万元

  C. 从业人数不超过 100 人   D. 资产总额不超过 3000 万元

73. 按照《企业所得税法》及其实施条例的规定，在计算应纳税所得额时，下列支出可以税前扣除的有（ ）。

  A. 土地增值税税款   B. 企业所得税税款

  C. 银行罚息   D. 向环保部门缴纳的罚款

74. 按照《企业所得税法》及其实施条例的规定，固定资产的大修理支出，是指同时符合下列（ ）条件的支出。

  A. 修理支出达到取得固定资产时的计税基础 50% 以上

  B. 修理支出达到取得固定资产时的计税基础 20% 以上

  C. 修理后固定资产的使用年限延长 2 年以上

  D. 固定资产必须是房屋、建筑物

75. 按照《企业所得税法》及其实施条例的规定，应作为其他收入的有（　　）。
    A. 资产溢余收入
    B. 逾期未退包装物押金收入
    C. 债务重组收入
    D. 已作坏账损失处理后又收回的应收款项

76. 《企业所得税法》第二条所称依法在中国境内成立的企业，包括依照中国法律、行政法规在中国境内成立的（　　）以及其他取得收入的组织。
    A. 企业　　　　　B. 事业单位　　　　C. 社会团体　　　D. 国家机关

77. 企业发生非货币性资产交换，以及将货物、财产、劳务用于（　　）等用途的，应当视同销售货物、转让财产或者提供劳务，但国务院财政、税务主管部门另有规定的除外。
    A. 捐赠　　　　　B. 偿债　　　　　C. 赞助　　　　D. 集资
    E. 广告　　　　　F. 样品　　　　　G. 在建工程
    H. 职工福利或者利润分配

78. 在计算应纳税所得额时，下列支出不得扣除的有（　　）。
    A. 向投资者支付的股息、红利等权益性投资收益款项
    B. 税收滞纳金
    C. 企业所得税税款
    D. 经核定的准备金支出

79. 下列固定资产不得计算折旧扣除的有（　　）。
    A. 未投入使用的固定资产
    B. 以经营租赁方式租入的固定资产
    C. 以融资租赁方式租出的固定资产
    D. 已足额提取折旧仍继续使用的固定资产

80. 企业使用或者销售存货的成本计算方法，可以在（　　）中选用一种。计价方法一经选用，不得随意变更。
    A. 先进先出法　　B. 后进先出法　　C. 加权平均法　　D. 个别计价法

81. 企业从事下列项目的所得，免征企业所得税的有（　　）。
    A. 蔬菜、谷物、薯类、油料、豆类的种植　　B. 花卉、茶的种植
    C. 林木的培育和种植　　　　　　　　　　　D. 农产品初加工

82. 某企业2008年应缴企业所得税的税率有可能是（　　）。
    A. 25%　　　　　B. 20%　　　　　C. 15%　　　　D. 10%

83. 企业以货币形式和非货币形式从各种来源取得的收入为收入总额，其中包括的项目有（　　）。
    A. 转让财产收入
    B. 股息、红利等权益性投资收益
    C. 利息收入
    D. 提供劳务收入

84. 在计算应纳税所得额时，企业按照规定计算的固定资产折旧，准予扣除，但是下列固定资产不得计算折旧扣除（　　）。
    A. 所有的未投入使用的固定资产
    B. 以经营租赁方式租入的固定资产
    C. 以融资租赁方式租出的固定资产
    D. 与经营活动无关的固定资产

85. 在计算应纳税所得额时，企业按照规定计算的无形资产摊销费用，准予扣除，但是下列无形资产不得计算摊销费用扣除（　　）。

　　A. 自行开发的支出已在计算应纳税所得额时扣除的无形资产

　　B. 与经营活动无关的无形资产

　　C. 他创商誉

　　D. 其他不得计算摊销费用扣除的无形资产

86. 非居民企业在中国境内未设立机构、场所的，或者虽设立机构、场所但取得的所得与其所设机构、场所没有实际联系的，应当就其来源于中国境内的所得缴纳企业所得税。其取得的所得，按照下列方法计算其应纳税所得额（　　）。

　　A. 股息等权益性投资收益，以收入全额为应纳税所得额

　　B. 转让财产所得，以收入全额减除财产净值后的余额为应纳税所得额

　　C. 租金、特许权使用费所得，以收入额的 50％ 为应纳税所得额

　　D 其他所得，参照 A 规定的方法计算应纳税所得额

87. 企业的下列收入为免税收入的有（　　）。

　　A. 国债利息收入

　　B. 符合条件的居民企业之间的股息等权益性投资收益

　　C. 从事符合条件的环境保护、节能节水项目的所得

　　D. 符合条件的非营利组织的收入

88. 企业的下列所得，可以免征、减征企业所得税的有（　　）。

　　A. 从事农、林、牧、渔业项目的所得

　　B. 在中国境内设立机构、场所的非居民企业从居民企业取得与该机构、场所有实
　　　际联系的股息、红利等权益性投资收益

　　C. 从事国家重点扶持的公共基础设施项目投资经营的所得

　　D. 符合条件的技术转让所得

89. 企业所得税法中"收入总额"包括（　　）。

　　A. 销售货物收入　　　　　　　　　　　B. 提供劳务收入

　　C. 转让财产收入、股息、红利等权益性投资收益　　D. 利息收入

　　E. 租金收入　　　　　　　　　　　　F. 特许权使用费收入

　　G. 接受捐赠收入

90. 《企业所得税法》中"收入总额"的下列（　　）收入为不征税收入。

　　A. 财政拨款

　　B. 依法收取并纳入财政管理的行政事业性收费、政府性基金

　　C. 接受捐赠收入

　　D. 国务院规定的其他不征税收入

91. 在计算应纳税所得额时，下列支出不得扣除（　　）。

　　A. 向投资者支付的股息、红利等权益性投资收益款项

　　B. 企业所得税税款

　　C. 税收滞纳金

D. 罚金、罚款和被没收财物的损失

E. 非公益性捐赠支出

F. 赞助支出

G. 未经核定的准备金支出

H. 与取得收入有关的其他支出

92. 《企业所得税法》规定下列( )固定资产不得计算折旧扣除。

A. 房屋、建筑物以外未投入使用的固定资产

B. 以经营租赁方式租入的固定资产

C. 以融资租赁方式租出的固定资产

D. 已足额提取折旧仍继续使用的固定资产

E. 与经营活动无关的固定资产

F. 单独估价作为固定资产入账的土地

G. 其他不得计算折旧扣除的固定资产

93. 企业的下列支出,可以在计算应纳税所得额时加计扣除的有( )。

A. 开发新技术、新产品、新工艺发生的研究开发费用

B. 安置残疾人员及国家鼓励安置的其他就业人员所支付的工资

C. 购买国产设备

D. 创业投资企业从事国家需要重点扶持和鼓励的创业投资

94. 根据《企业所得税法》规定,可以作为管理费用在企业所得税前扣除的项目有( )。

A. 公司经费　　　　　　　　　　B. 劳动保护费

C. 房地产企业的看护费　　　　　　D. 自行向关联企业支付的管理费

95. 根据《企业所得税法》规定,下列项目中当时可提取折旧的是( )。

A. 未使用的房屋　　　　　　　　　B. 季节性停用的机器设备

C. 融资租出固定资产　　　　　　　D. 租赁方式出租的固定资产

96. 根据企业所得税法律制度的有关规定,下列各项中属于计算企业应纳税所得额时准予扣除的项目有( )。

A. 缴纳的消费税　　　　　　　　　B. 缴纳的税收滞纳金

C. 赞助支出　　　　　　　　　　　D. 资产折旧或摊销

97. 按照《企业所得税法》规定,在计算企业所得税应纳税所得额不准扣除保险费的有( )。

A. 纳税人按规定上缴保险公司或劳动保险部门的职工养老金

B. 纳税人参加财产保险和运输保险未按规定缴纳的保险费用

C. 纳税人为特殊工种职工支付的法定人身安全保险费

D. 保险公司给予纳税人无赔款优待

98. 根据《企业所得税法》规定,计算企业所得税应纳税所得额时,下列支出不准从收入总额中扣除的有( )。

A. 企业将自己的银行存款直接捐赠给灾区某小学

B. 转让固定资产发生的费用

C. 经营性租赁方式租入固定资产发生的费用

D. 融资性租赁方式租入固定资产发生的费用

99. 根据《企业所得税法》规定，下列关于企业所得税征收范围的表述中，正确的是（　　）。

A. 居民企业应当就其来源于中国境内、境外的所得，缴纳企业所得税

B. 非居民企业在中国境内设立机构、场所的，应当就其所设机构、场所取得的来源于中国境内的所得，缴纳企业所得税

C. 非居民企业在中国境内设立机构、场所的，应当就发生在中国境外但与其所设机构、场所有实际联系的所得，缴纳企业所得税

D. 非居民企业在中国境内未设立机构、场所的，或者虽设立机构、场所但取得的所得与其所设机构、场所没有实际联系的，应当就其来源于中国境内的所得，缴纳企业所得税

100. 根据《企业所得税法》规定，下列各项中，在计算应纳税所得额时，应计入收入总额的有（　　）。

A. 转让固定资产取得的收入　　　　B. 出租固定资产取得的租金收入

C. 固定资产盘盈收入　　　　　　　D. 国债利息收入

101. 根据《企业所得税法》的规定，下列各项中，在计算应纳税所得额时，应计入收入总额的有（　　）。

A. 出租包装物取得的租金收入

B. 包装物押金收入

C. 财政拨款

D. 依法收取并纳入财政管理的行政事业性收费、政府性基金

102. 根据《企业所得税法》规定，在计算企业所得税应纳税所得额时，下列各项中，可以扣除的项目有（　　）。

A. 纳税人负担的为销售商品而发生的运输费、保险费

B. 汇兑净损失

C. 纳税人按规定缴纳的土地增值税

D. 税收滞纳金

103. 根据《企业所得税法》规定，在计算企业所得税应纳税所得额时，下列各项中，可以扣除的项目有（　　）。

A. 股东大会或董事会费

B. 销售部门发生的差旅费、工资、福利费

C. 纳税人逾期归还银行贷款，银行按规定加收的罚息

D. 向投资者支付的股息、红利等权益性投资收益款项

104. 根据《企业所得税法》规定，在计算企业所得税应纳税所得额时，下列各项中，不得扣除的项目有（　　）。

A. 向投资者支付的股息　　　　　　B. 税收滞纳金

C. 赞助支出　　　　　　　　　　D. 企业缴纳的增值税

105. 根据《企业所得税法》规定，在计算企业所得税应纳税所得额时，计入存货成本的税金包括（　　）。

A. 消费税

B. 关税

C. 资源税

D. 不能从销项税额中抵扣的增值税进项税额

106. 根据《企业所得税法》规定，在计算企业所得税应纳税所得额时，下列表述中，正确的是（　　）。

A. 未经核定的准备金支出不得扣除

B. 以融资租赁方式租出的固定资产不得计算折旧扣除

C. 自创商誉不得计算摊销费用扣除

D. 企业对外投资期间，投资资产的成本在计算应纳税所得额时不得扣除

107. 根据《企业所得税法》规定，在计算企业所得税应纳税所得额时，下列固定资产中，不得计算折旧扣除的有（　　）。

A. 以经营租赁方式租入的固定资产　　B. 以融资租赁方式租出的固定资产

C. 单独估价作为固定资产入账的土地　D. 以经营租赁方式租出的固定资产

108. 根据《企业所得税法》规定，下列关于固定资产计价方法的表述中，正确的有（　　）。

A. 自制、自建的固定资产，在竣工使用时按实际发生的成本计价

B. 购入的固定资产，按购入价加上发生的包装费、运杂费、安装费，以及缴纳税金后的价格计价

C. 从国外引进的设备，按设备买价加上进口环节的税金、国内运杂费、安装费等后的价值计价

D. 盘盈的固定资产，按同类固定资产的重置完全价值计价

109. 根据企业所得税法律制度的规定，下列各项中，纳税人在计算应纳税所得额时，不得扣除的有（　　）。

A. 税收滞纳金　　　　　　　　　　B. 购建固定资产支出

C. 职工基本养老保险费　　　　　　D. 营业税

110. 某企业所得税纳税人发生的下列支出中，在计算应纳税所得额时不得扣除的有（　　）。

A. 缴纳罚金 10 万元　　　　　　　B. 直接赞助某学校 8 万元

C. 缴纳税收滞纳金 4 万元　　　　　D. 支付法院诉讼费 1 万元

111. 根据企业所得税法律制度的规定，下列各项中，纳税人在计算应纳税所得额时准予扣除的项目有（　　）。

A. 关税　　　　　　　　　　　　　B. 土地增值税

C. 城镇土地使用税　　　　　　　　D. 城市维护建设税

112. 根据企业所得税法律制度规定，下列各项中，属于企业所得税纳税人的有（　　）。

　　A. 股份有限公司　B. 有限责任公司　　　C. 合伙企业　　　　　　D. 个人独资企业

113. 根据企业所得税法律制度的规定，纳税人在计算应纳税所得额时，下列支出项目中，可以作为工资薪金支出的有（　　）。

　　A. 地区补贴　　　　　　　　　　　　B. 独生子女补贴

　　C. 物价补贴　　　　　　　　　　　　D. 误餐补贴

114. 根据我国《企业所得税暂行条例》及其实施细则的规定，纳税人发生的下列支出中，在计算应纳税所得额时不准予扣除的有（　　）。

　　A. 银行加收的罚息　　　　　　　　　B. 工商机关所处罚款

　　C. 对外担保支出　　　　　　　　　　D. 销售商品给予对方采购人的回扣

115. 企业的下列支出中，计算应纳税所得额时，不准从收入总额中扣除的有（　　）。

　　A. 以经营租赁方式租入固定资产发生的租赁费

　　B. 转让机器设备发生的费用

　　C. 对外投资的支出

　　D. 非广告性质的赞助支出

116. 分月预缴或分季预缴，由税务机关根据纳税人应纳税额的大小具体核定。预缴所得税时，应当按纳税期限的实际数预缴。如按实际数预缴有困难的，可以按（　　）预缴。

　　A. 上一年度应纳税所得额的 1/12　　B. 上一年度应纳税所得额的 1/4

　　C. 自行确定的方法　　　　　　　　　D. 税务机关承认的其他方法

117. 根据我国企业所得税税前扣除的规定，在纳税人为其雇员投保的下列费用中，可以在税前按照一定标准予以扣除的有（　　）。

　　A. 基本养老保险费　　　　　　　　　B. 基本失业保险费

　　C. 基本医疗保险费　　　　　　　　　D. 商业人寿保险费

118. 下列关于企业所得税优惠政策的陈述中，正确的有（　　）。

　　A. 对符合条件的小型微利企业实行 18% 的优惠税率

　　B. 对国家需要重点扶持的高新技术企业，减按 15% 的税率征收企业所得税

　　C. 创业投资企业从事国家需要重点扶持和鼓励的创业投资，可以按投资额的一定比例抵扣应纳税所得额

　　D. 企业购置用于环境保护、节能节水、安全生产等专用设备的投资额，可以按一定比例实行税额抵免

★119. 根据企业所得税法律制度的规定，下列固定资产项目中，在计算应纳税所得额时，准予扣除折旧的有（　　）。（2009 年）

　　A. 房屋、建筑物　　　　　　　　　　B. 以经营租赁方式租出的固定资产

　　C. 以融资租赁方式租入的固定资产　　D. 与经营活动无关的固定资产

三、判断题

1.《企业所得税法实施条例》是由国务院制定的行政法规，是《企业所得税法》的下位法。（　　）

2. 由于个人独资企业不适用《企业所得税法》，所以一人有限公司也不适用《企业所得

税法》。(　　)

3. 境外的个人独资企业和合伙企业可能会成为《企业所得税法》规定的我国非居民企业纳税人，也可能会成为《企业所得税法》规定的我国居民企业纳税人。(　　)

4. 不适用《企业所得税法》的个人独资企业和合伙企业，包括依照外国法律法规在境外成立的个人独资企业和合伙企业。(　　)

5. 我国《企业所得税法》对居民企业的判定标准采取的是登记注册地标准和实际管理控制地标准相结合的原则，依照这一标准在境外登记注册的企业属于非居民企业。(　　)

6. 非居民企业偶尔委托个人在中国境内从事生产经营活动的，则该个人不视为非居民企业在中国境内设立的机构、场所。(　　)

7. 非居民企业在中国境内设立机构、场所的，应当就其来源于中国境内的所得按25%的税率缴纳企业所得税。(　　)

8. 具有法人资格的企业才能成为居民纳税企业。(　　)

9. 居民企业承担无限纳税义务，非居民企业承担有限纳税义务。(　　)

10. 居民企业适用税率25%，非居民企业适用税率20%。(　　)

11. 国家级高新技术开发区内的高新技术企业才能享受15%优惠税率的规定。(　　)

12. 在计算应纳税所得额时，企业财务、会计处理办法与税收法律、行政法规的规定不一致的，应当依照税收法律、行政法规的规定计算。(　　)

13. 企业对外投资期间，投资资产的成本在计算应纳税所得额时准予扣除。(　　)

14. "不征税收入"是新《企业所得税法》中新创设的一个概念，与"免税收入"的概念不同，属于税收优惠的范畴。(　　)

15. 《企业所得税法》中的亏损和财务会计中的亏损含义是不同的。《企业所得税法》所称亏损是指企业将每一纳税年度的收入总额减除不征税收入、免税收入和各项扣除以后小于零的数额。(　　)

16. 《企业所得税法》中的转让财产收入是指企业转让固定资产、无形资产、流动资产、股权、股票、债券、债权等所取得的收入。(　　)

17. 《企业所得税法》的收入总额包括财政拨款、税收返还和依法收取并纳入财政管理的行政事业性收费和政府性基金。(　　)

18. 企业取得的所得税返还（退税）和出口退税的增值税进项都属于不征税收入项目。(　　)

19. 根据《企业所得税法》规定，在我国目前的税收体系中，允许税前扣除的税收种类主要有消费税、营业税、资源税和城市维护建设税、教育费附加，以及房产税、车船税、耕地占用税、城镇土地使用税、车辆购置税、印花税等。(　　)

20. 企业发生的公益救济性捐赠，在应纳税所得额12%以内的部分，准予在计算应纳税所得额时扣除。(　　)

21. 《企业所得税法》允许按规定的比例在税前扣除的准备金只有坏账准备金和商品削价准备金两种。(　　)

22. 企业已经作为损失处理的资产，在以后纳税年度又全部收回或者部分收回时，应当

计入损失发生年度的收入。（　　）

23. 按照《企业所得税法》的规定准予在计算应纳税所得额时扣除的成本必须是生产经营过程中的成本。（　　）

24. 按照《企业所得税法》的规定准予在计算应纳税所得额时扣除的费用，是指企业在生产经营活动中发生的销售费用、管理费用、财务费用和已经计入成本的有关费用。（　　）

25. 《企业所得税法》第六条所称企业以非货币形式取得的收入，应当按照公允价值确定收入额。（　　）

26. 企业销售低值易耗品收入不属于《企业所得税法》所称销售货物收入。（　　）

27. 企业销售货物涉及现金折扣的，应当按照扣除现金折扣后的余额确定销售货物收入。（　　）

28. 销售货物涉及商业折扣的，应当按照扣除商业折扣前的金额确定销售货物收入金额。（　　）

29. 《企业所得税法》所称企业以非货币形式取得的收入，应当按照市场价格确定收入额。（　　）

30. 《企业所得税法》所称利息收入，包括存款利息、贷款利息、债券利息、欠款利息、违约金收入等。（　　）

31. 《企业所得税法》所称接受捐赠收入，是指企业接受的来自其他企业、组织或者个人无偿给予的货币性资产、非货币性资产、生物资产。（　　）

32. 企业取得国家财政性补贴和其他补贴收入应当依法缴纳企业所得税。（　　）

33. 企业受托加工制造大型机械设备、船舶、飞机等，以及从事建筑、安装、装配工程业务或者提供劳务等，持续时间超过 12 个月的，按照全部完工进度或者完成的工作量确认收入的实现。（　　）

34. 《企业所得税法》所称特许权使用费收入，是指企业提供专利权、非专利技术、商标权、版权以及其他特许权的使用权取得的收入。（　　）

35. 《企业所得税法》规定采取产品分成方式取得收入的，按照企业分得产品的日期确认收入的实现，其收入额按照市场价格确定。（　　）

36. 企业发生的支出应当区分收益性支出和资本性支出。收益性支出在发生当期直接扣除，资本性支出则不得扣除。（　　）

37. 企业依照国务院有关主管部门或者省级人民政府规定的范围和标准为职工缴纳的基本养老保险费、基本医疗保险费等基本社会保险费，准予扣除；商业保险费，不得扣除。（　　）

38. 金融企业的各项存款利息支出和同业拆借利息支出，准予扣除。（　　）

39. 企业发生的职工福利费支出，不超过工资薪金总额 14％ 的部分，准予扣除。（　　）

40. 除国务院财政、税务主管部门另有规定外，企业发生的职工教育经费支出，不超过工资薪金总额 2.5％ 的部分，准予扣除；超过部分，不得扣除。（　　）

41. 企业发生的与生产经营活动有关的业务招待费支出，不超过当年销售（营业）收入的 5‰ 的部分，准予扣除。（　　）

42. 企业发生的符合条件的广告费和业务宣传费支出，除国务院财政、税务主管部门另

有规定外，不超过当年销售（营业）收入 15％ 的部分，准予扣除；超过部分不得扣除。（　　　）

43. 企业依照法律、行政法规有关规定提取的用于环境保护、生态恢复等方面的专项资金，不改变用途的，不得扣除。（　　　）

44. 企业参加财产保险，按照规定缴纳的保险费，准予扣除。（　　　）

45. 企业发生的赞助支出准予扣除。（　　　）

46. 企业单独估价作为固定资产入账的土地可以计算折旧扣除。（　　　）

47. 企业自创商誉作为无形资产可以计算摊销费用扣除。（　　　）

48. 企业已足额提取折旧的固定资产的改建支出，作为长期待摊费用，按照规定摊销的，准予扣除。（　　　）

49. 企业对外投资期间，投资资产的成本在计算应纳税所得额时准予扣除。（　　　）

50. 企业在汇总计算缴纳企业所得税时，其境外营业机构的亏损可以抵减境内营业机构的盈利。（　　　）

51. 企业以经营租赁方式租入固定资产发生的租赁费支出，按照固定资产使用年限均匀扣除。（　　　）

52. 企业发生的合理的劳动保护支出，准予扣除。（　　　）

53. 《企业所得税法》所称不得扣除的赞助支出，是指企业发生的与生产经营活动无关的各种广告性质支出。（　　　）

54. 企业持有各项资产期间，资产增值或者减值，可以调整该资产的计税基础。（　　　）

55. 《企业所得税法》规定企业盘盈的固定资产，以同类固定资产的市场价格为计税基础。（　　　）

56. 企业应当自固定资产投入使用月份起计算折旧。（　　　）

57. 汽车的最低折旧年限为 4 年。（　　　）

58. 无形资产的摊销年限为 10 年。（　　　）

59. 《企业所得税法》规定固定资产的大修理支出，是指修理后固定资产的使用年限延长 5 年以上。（　　　）

60. 企业使用或者销售存货的成本计算方法，可以在后进先出法、加权平均法、个别计价法中选用一种。（　　　）

61. 居民企业来源于中国境外的应税所得，可以从其当期应纳税额中抵免，抵免限额为该项所得依照《企业所得税法》规定计算的应纳税额；超过抵免限额的部分，不得抵补。（　　　）

62. 企业取得的股息、红利等权益性投资收益和利息、租金、特许权使用费所得，以收入净额为应纳税所得额。（　　　）

63. 企业取得的转让财产所得，以收入全额减除财产净值后的余额为应纳税所得额。（　　　）

64. 国家对重点扶持或鼓励发展的产业和项目，给予企业所得税优惠。（　　　）

65. 企业取得的债券利息收入免征企业所得税。（　　　）

66. 企业取得的符合条件的环境保护、节能节水项目的所得，可以免征、减征企业所得

税。（　　）

67.《企业所得税法》所称直接控制，是指居民企业直接持有外国企业 25％以上股份。（　　）

68. 企业从事蔬菜种植的所得免征企业所得税。（　　）

69. 居民企业取得 800 万元的技术转让所得免征企业所得税。（　　）

70. 某工业企业，年度应纳税所得额 20 万元，从业人数 50 人，资产总额 1000 万元，它属于小型微利企业。（　　）

71.《企业所得税法》规定，对民族自治地方内的企业，可以减征或者免征企业所得税。（　　）

72. 企业为开发新技术、新产品、新工艺发生的研究开发费用，未形成无形资产的，计入当期损益据实扣除。（　　）

73.《企业所得税法》规定企业安置残疾人员所支付的工资，在据实扣除的基础上，按照支付给残疾职工工资的 100％加计扣除。（　　）

74.《企业所得税法》规定的税收优惠的具体办法，由国家税务总局规定。（　　）

75. 企业综合利用资源，生产符合国家产业政策规定的产品所取得的收入，减按 90％计入收入总额，缴纳企业所得税。（　　）

76. 企业购置并实际使用符合规定的环境保护专用设备的，该专用设备的投资额的 10％可以从企业当年的应纳税额中抵免；当年不足抵免的，可以在以后年度结转抵免。（　　）

77. 由于技术进步，产品更新换代较快的固定资产，《企业所得税法》允许采取缩短折旧年限或者采取加速折旧的方法计提折旧。（　　）

78. 企业同时从事适用不同企业所得税待遇项目的，其优惠项目应当单独计算所得，并合理分摊企业的期间费用；没有单独计算的，不得享受企业所得税优惠。（　　）

79. 非居民企业在中国境内未设立机构、场所的，其来源于中国境内的利息、租金所得，应以向支付人收取的全部价款为应纳税所得额，但不包括价外费用。（　　）

80.《企业所得税法》规定扣缴义务人每次代扣的税款，应当自代扣之日起 10 日内缴入国库，并向所在地的税务机关报送扣缴企业所得税报告表。（　　）

81. 某非居民企业在中国境内取得工程作业收入，未按照规定期限办理企业所得税纳税申报，可以由市级以上税务机关指定工程价款支付人为扣缴义务人。（　　）

82. 企业与其关联方共同开发、受让无形资产发生的成本，在计算应纳税所得额时应当按照独立交易原则进行分摊。（　　）

83. 企业与其关联方分摊成本时，应当按照成本与到期收益相配比的原则进行分摊，并在税务机关规定的期限内，按照税务机关的要求报送有关资料。（　　）

84.《企业所得税法》所称独立交易原则，是指没有关联关系的交易各方，按照公平成交价格和营业常规进行业务往来遵循的原则。（　　）

85. 税务机关依法做出纳税调整，需要补征税款的，应当补征税款，并按照国务院规定加收利息。（　　）

86. 企业从其关联方接受的债权性投资与权益性投资的比例超过规定标准而发生的利息

支出，不得在计算应纳税所得额时扣除，可结转以后年度扣除。（　　）

87. 企业可以向税务机关提出与其关联方之间业务往来的定价原则和计算方法，税务机关与企业协商、确认后，达成预约定价安排。（　　）

88. 居民企业或者中国居民直接或者间接单一持有外国企业 20％以上有表决权股份，且由其共同持有该外国企业 50％以上股份，即为《企业所得税法》所称的控制。（　　）

89. 税务机关依法对企业做出特别纳税调整的，应当对补征的税款，自税款所属纳税年度的次年 6 月 1 日起至补缴税款之日止的期间，按日加收利息；该利息可以在计算应纳税所得额时扣除。（　　）

90. 依照《企业所得税法》加收的利息，应当按照税款所属纳税年度中国人民银行公布的与补税期间同期的人民币贷款基准利率计算。（　　）

91. 企业与其关联方之间的业务往来，不符合独立交易原则，或者企业实施其他不具有合理商业目的的安排的，税务机关有权随时进行纳税调整。（　　）

92. 企业所得税预缴方法一经确定，则不得随意变更。（　　）

93. 中华人民共和国政府同外国政府签订的有关税收的协定与《企业所得税法》有不同规定的，依照《企业所得税法》的规定办理。（　　）

94. 除税收法律、行政法规另有规定外，居民企业以企业登记注册地为纳税地点；但登记注册地在境外的，以实际管理机构所在地为纳税地点。（　　）

95. 居民企业在中国境内设立不具有法人资格的营业机构的，应当就地缴纳企业所得税。（　　）

96. 非居民企业在中国境内设立两个或者两个以上机构、场所的，可以选择由其主要机构、场所汇总缴纳企业所得税。（　　）

97. 除国务院另有规定外，企业之间不得分别缴纳企业所得税。（　　）

98. 企业在纳税年度内无论盈利还是亏损，都应当向税务机关报送预缴企业所得税纳税申报表、年度企业所得税纳税申报表、财务会计报告和税务机关规定应当报送的其他有关资料。（　　）

99. 新《企业所得税法》公布前已经批准设立的企业，依照当时的税收法律、行政法规规定，享受低税率优惠的，按照国务院规定，可以在本法施行后过渡到本法规定的税率。（　　）

100. 部分企业应当自月份终了之日起 15 日内，向税务机关报送预缴企业所得税纳税申报表，预缴税款。（　　）

101. 企业发生的公益性捐赠支出，在年度纳税调整后所得 12％以内的部分，准予在计算应纳税所得额时扣除。（　　）

102. 个人独资企业和合伙企业是企业所得税的纳税人。（　　）

103. 非居民企业在中国境内未设立机构、场所的，或者虽然设立机构、场所但取得的所得与其所设机构、场所没有实际联系的，就其来源于中国境内的所得缴纳企业所得税，实行源泉扣缴，以支付人为扣缴义务人。（　　）

104. 企业解散或者破产后的清算所得，不属于企业所得税的征税范围。（　　）

105. 在计算企业所得税的应纳税所得额时，以分期收款方式销售商品的，可以按合同约定的购买人应付价款的日期确定销售收入的实现。（　　）

106. 在中国境内设立机构、场所的非居民企业从居民企业取得与该机构、场所有实际联系的股息、红利等权益性投资收益，免征企业所得税。（　　）

107. 企业与其关联方之间的业务往来，不符合独立交易原则而减少企业或者其关联方应纳税收入或者所得额的，税务机关有权按照合理方法调整。（　　）

108. 企业与其关联方共同开发、受让无形资产，或者共同提供、接受劳务发生的成本，在计算应纳税所得额时应当按照独立交易原则进行分摊。（　　）

109. 企业境外业务之间（企业境外业务在同一国家）的盈亏可以互相弥补，但企业境内外之间的盈亏不得相互弥补。（　　）

110. 企业依法清算时，应当以清算期间作为一个纳税年度。（　　）

111. 在进行年度汇算清缴时，纳税年度的最后一日为纳税义务发生时间。（　　）

112. 非居民企业在中国境内设立机构、场所的，就其所设机构、场所取得的来源于中国境内的所得，以及发生在中国境外但与其所设机构、场所有实际联系的所得缴纳企业所得税，以机构、场所所在地为纳税地点。（　　）

113. 非居民企业在中国境内未设立机构、场所的，或者虽设立机构、场所但取得的所得与其所设机构、场所没有实际联系的，就其来源于中国境内的所得缴纳企业所得税，以扣缴义务人所在地为纳税地点。（　　）

114. 纳税人在纳税年度发生的经营亏损，可以用下一年度的所得弥补；下一纳税年度的年所得不足弥补的，可以逐年延续弥补，但是延续弥补期最长不得超过 5 年。（　　）

115. 企业在一个纳税年度中间开业，或者终止经营活动，使该纳税年度的实际经营期不足 12 个月的，应当以其实际经营期为一个纳税年度。（　　）

116. 企业发生年度亏损的，可用以后 5 个盈利年度的利润弥补。（　　）

117. 企业在生产、经营期间的借款利息支出，可按照实际发生数从收入总额中扣除。（　　）

118. 在缴纳企业所得税时，企业设有多个不具有法人资格营业机构的，由法人汇总纳税。（　　）

119. 企业因存货盘亏、毁损、报废等原因不得从销项税额中抵扣的增值税进项税额，应视为企业的财产损失，在计算企业所得税应纳税所得额时准予扣除。（　　）

120. 联营企业的生产、经营所得，一律先就地缴纳所得税，然后再进行分配。（　　）

121. 企业在汇总计算缴纳企业所得税时，其境外营业机构的亏损可以抵减境内营业机构的盈利。（　　）

122. 企业对外投资期间，投资资产的成本在计算应纳税所得额时不得扣除。（　　）

123. 《企业所得税法》规定，居民企业在依法进行税收抵免企业所得税税额时，应当提供中国境外税务机关出具的税款所属年度的有关纳税凭证。（　　）

124. 《企业所得税法》第二十二条规定的应纳税额的计算公式为：应纳税额＝应纳税所得额×适用税率－减免税额－抵免税额。（　　）

125.《企业所得税法》规定，可以实行源泉扣缴的情形是非居民企业纳税人在中国境内未设立机构、场所，有来源于中国境内的所得，以支付人为扣缴义务人。（　　）

四、计算题

1. 某外国公司实际管理机构不在中国境内，也未在中国设立机构场所，2008 年从中国境内某企业获得专有技术使用权转让收入 200 万元，该技术的成本 80 万元，从外商投资企业取得税后利润 300 万元，适用税率 10%。此外，转让其在中国境内的房屋一栋，转让收入 3000 万元，原值 1000 万元，已提折旧 600 万元。

   要求：计算该外国公司应当缴纳的企业所得税。

2. 某企业 2008 年全年取得收入总额为 3000 万元，取得租金收入 50 万元；销售成本、销售费用、管理费用共计 2800 万元；"营业外支出"中列支 35 万元，其中，通过希望工程基金委员会向某灾区捐款 10 万元，直接向某困难地区捐赠 5 万元，非广告性赞助 20 万元。

   要求：计算该企业全年应缴纳的企业所得税。

3. 某中型工业企业执行现行财会制度和税收法规，2008 年企业会计报表利润为 200000 元，未作任何项目调整，已按 25% 的所得税税率计算缴纳所得税 50000 元。税务检查人员对该企业进行所得税纳税审查，经查阅有关账证资料，发现如下问题：

   （1）企业 2008 年度有正式职工 100 人，实际列支工资、津贴、补贴、奖金为 1200000 元。

   （2）企业"长期借款"账户中记载：年初向中国银行借款 100000 元，年利率为 5%；向其他企业借周转金 200000 元，年利率 10%，上述借款均用于生产经营。

   （3）全年销售收入 6000000 元，企业列支业务招待费 250000 元。

   （4）该企业 2008 年在税前共计提取并发生职工福利费 168000 元，计提了工会经费 24000 元，计提了教育经费 38000 元。

   （5）2008 年 6 月 5 日"管理费用"科目列支厂部办公室使用的空调器一台，价款 6000 元（折旧年限按 6 年计算，不考虑残值）。

   （6）年末"应收账款"借方余额 1500000 元，"坏账准备"科目贷方余额 6000 元（该企业坏账核算采用备抵法，按 3% 提取坏账准备金）。

   （7）其他经核实均无问题，符合现行会计制度及税法规定。

   要求：

   （1）指出该企业核算中存在的问题。

   （2）计算该企业应补缴的企业所得税。

4. 新华化工机械制造有限公司（居民企业）于 2007 年 1 月注册成立进行生产经营，是增值税一般纳税人，该企业采用《企业会计制度》进行会计核算。2007 年应纳税所得额为 -50 万元。2008 年度生产经营情况如下：

   （1）销售产品取得不含税收入 9000 万元；从事符合条件的环境保护项目的收入为 1000 万元（第一年取得该项目收入）。

   （2）2008 年利润表反映的内容如下：

   ①产品销售成本 4500 万元，从事符合条件的环境保护项目的成本为 500 万元。

②销售税金及附加 200 万元，从事符合条件的环境保护项目的税金及附加 50 万元。

③销售费用 2000 万元（其中广告费 200 万元），财务费用 200 万元。

④投资收益 50 万元（投资非上市公司的股权投资按权益法确认的投资收益 40 万元，国债持有期间的利息收入 10 万元）。

⑤管理费用 1200 万元（其中业务招待费 85 万元，新产品研究开发费 30 万元）。

⑥营业外支出 800 万元（其中通过省教育厅捐赠给某高校 100 万元，非广告性赞助支出 50 万元，存货盘亏损失 50 万元）。

（3）全年提取并实际支付工资支出共计 1000 万元（其中符合条件的环境保护项目工资 100 万元），工会经费、职工教育经费分别按工资总额的 2‰、2.5% 的比例提取。

（4）全年列支职工福利性支出 120 万元，职工教育费支出 15 万元，拨缴工会经费 20 万元。

（5）假设：①除资料所给内容外，无其他纳税调整事项。②从事符合条件的环境保护项目的能够单独核算。③期间费用按照销售收入在化工产品和环境保护项目之间进行分配。

要求：计算新华公司 2008 年应缴纳的企业所得税。

5. 某企业 2007 年 12 月 1 日购入一固定资产并投入使用，购买价款 200 万元，支付相关税费 20 万元，该固定资产使用年限 5 年（与税法规定一致），预计残值为 10 万元。由于技术进步等原因，该企业决定采用加速折旧方法提取固定资产折旧。

要求：请在两种加速折旧方法中任选一种，计算该固定资产 2008～2012 年每年可提取的折旧额。

6. 某县一家机械制造企业，2008 年实现税前收入总额 2000 万元，其中包括产品销售收入 1800 万元、购买国库券利息收入 100 万元，发生各项成本费用共计 1000 万元，其中包括：合理的工资、薪金总额 200 万元，业务招待费 100 万元，职工福利费 50 万元，职工教育经费 2 万元，工会经费 10 万元，税收滞纳金 10 万元，提取的各项准备金支出 100 万元。另外，企业当年购置环境保护专用设备 500 万元，购置完毕即投入使用。

要求：计算该企业当年应缴纳的企业所得税额（假定企业以前年度无未弥补亏损）。

7. 2008 年度，某企业产品销售收入 800 万元，劳务收入 40 万元，出租固定资产租金收入 5 万元。该企业全年发生的产品销售成本 430 万元，销售费用 80 万元，管理费用 20 万元，财务费用 10 万元，营业外支出 3 万元（其中缴纳税收滞纳金 1 万元），按税法规定缴纳增值税 90 万元。其他税金 7.20 万元。按照税法的规定，在计算该企业应纳税所得额时，其他准予扣除项目金额为 23 万元。已知该企业适用所得税税率为 25%。

要求：

（1）计算该企业 2008 年度应纳税所得额，并列出计算过程。

（2）计算该企业 2008 年度应缴纳的所得税，并列出计算过程。

8. 某摩托车生产企业（一般纳税人），2008 年生产经营情况如下：

（1）外购原材料，支付价款 480 万元、增值税 81.6 万元，取得增值税专用发票；支付运输费用 48 万元，取得运输单位开具的普通发票。

（2）向国外销售摩托车 800 辆，折合人民币 400 万元；在国内销售摩托车 300 辆，取得不含税销售额 150 万元。

（3）发生意外事故，损失上月外购的不含增值税的原材料金额 30 万元。

（4）应扣除的摩托车销售成本 300 万元；发生管理费用 90 万元，发生销售费用 40 万元。

要求：

（1）计算该企业当年应抵扣的进项税额总和。

（2）计算该企业当年应缴纳的增值税。

（3）计算该企业当年应退的增值税。

（4）计算该企业当年应缴纳的消费税。

（5）计算该企业当年应缴纳的城建税。

（6）计算该企业当年实现的销售收入总和。

（7）计算该企业当年所得税前准予扣除的成本、费用、税金和损失总和。

（8）计算该企业当年应缴纳的企业所得税（增值税税率 17%、退税率 13%、消费税税率 10%、企业所得税税率 25%）。

9. 某汽车轮胎厂，2008 年实现产品销售收入 5000 万元，固定资产盘盈收入 20 万元，其他业务收入 30 万元，国债利息收入 20 万元；应结转产品销售成本 3000 万元；应缴纳增值税 90 万元，消费税 110 万元，城市维护建设税 14 万元，教育费附加 6 万元；发生产品销售费用 250 万元，发生财务费用 12 万元（其中因逾期归还银行贷款，支付银行罚息 2 万元）；发生管理费用 802 万元（其中新产品研究开发费用 90 万元），营业外支出 70 万元（其中因排污不当被环保部门罚款 15 万元）。

要求：

（1）计算收入总额。

（2）简要分析并计算应税扣除项目合计。

（3）计算应缴纳的企业所得税。

10. 某中外合资经营企业的主营业务为娱乐业，2008 年的财务资料如下：

（1）营业收入 1500 万元，缴纳营业税 300 万元。

（2）营业成本 750 万元。

（3）管理费用 320 万元。

（4）财务费用 108 万元。

（5）营业外收入 500 万元，其中包括购买国债的利息收入 100 万元，国债转让收益 100 万元，股票转让净收益 100 万元。

（6）营业外支出 300 万元，其中包括违法经营罚款 10 万元。

要求：计算该企业 2008 年应缴纳的企业所得税。

11. 某国有制药企业 2008 年度会计报表上的销售收入总额 1000 万元，会计利润总额为 100 万元，已累计预缴企业所得税 25 万元。2008 年其他有关情况如下：

（1）管理费用 450 万元。

（2）销售费用 300 万元。

(3) 支付在建办公楼工程款 60 万元,已列入当期费用。

(4) 支付诉讼费 2.3 万元,已列入当期费用。

(5) 另有来自境外的税后所得为 64 万元,该所得已在境外按 20% 的税率缴纳了所得税。

要求:

(1) 计算该企业 2008 年度应纳税所得额。

(2) 计算该企业 2008 年度应缴纳的所得税。

(3) 计算该企业 2008 年度应汇算清缴的所得税。

12. 某企业 2007 年度会计报表上列示的利润总额为 200 万元。经审核企业实际发放的工资总额中有不合理的工资额 10 万元,职工福利费、职工教育经费和工会经费也因此多提(企业根据上年实际发生的职工福利费情况确定当年的职工福利费预提比例为职工工资总额的 14%,实际发生额与预计金额相等。职工教育经费和工会经费分别按职工工资总额的 2.5% 和 2% 计提)。捐赠支出超标 8 万元,国库券利息收入 6 万元,违法经营罚款 3.15 万元,支付内部营业机构特许权使用费 7 万元。企业所得税税率 25%。2007 年年初递延所得税资产、递延所得税负债均无余额。其他资料见下表:

2007 年末资产负债表有关项目及相关计税计算表　　　　　单位:万元

科目项目	账面价值	计税基础	暂时性差异		递延所得税资产及负债	
			应纳税暂时性差异	可抵扣暂时性差异	递延所得税资产余额	递延所得税负债余额
存货	90	150		60	60×25%=15	
固定资产	20−8=12	20−4=16		4	4×25%=1	
长期股权投资	115	100	15			15×25%=3.75
预计负债	50	0		50	50×25%=12.5	
合计			15	114	28.5	3.75

说明:

(1) 存货成本 150 万元,计提跌价准备 60 万元。

(2) 2006 年 12 月 30 日购入固定资产成本 20 万元,折旧年限 5 年。2007 年会计折旧采用双倍余额递减法折旧 8 万元,按税法规定采用平均年限法,年折旧 4 万元。

(3) 2007 年年初股权投资成本 100 万元,年末市场价 115 万元。

2007 年年末确认产品售后服务承诺费 50 万元,税法规定该项费用在实际发生时才准予抵扣。

要求:计算该企业的所得税计算及账务处理。

13. 某项固定资产原价 200000 元,预计可使用 5 年,无残值。按税法规定采用年平均限法,每年计提折旧 40000 元,但企业会计核算采用双倍余额递减法,每年以 40%

折旧率计提折旧。企业每年收入均为 320000 元，销售付现成本为 170000 元，销售毛利（未扣减折旧）150000 元。假设该企业当年无其他税前调整项目，所得税税率 25%。

要求：计算该企业的所得税及账务处理。

14. 宏远公司于上年 12 月底购入 1 台机器设备，成本为 525000 元，预计使用年限为 6 年，预计净残值为零。会计上按直线法计提折旧，因该设备符合税法规定的税收优惠条件，计税时可采用年数总和计提折旧，假定税法规定的使用年限及净值均与会计相同。假定公司每年税前会计利润为 500 万元，无其他纳税调整事项。

要求：计算宏远公司第一年至第六年的资产计税基础、账面价值、递延所得税资产余额与发生额、应交所得税、所得税费用，填表并进行相关账务处理。

15. 三荣公司适用的所得税税率为 25%，第一年至第四年的利润情况如下表所示。假定该公司无其他纳税调整事项。

年　　度	第一年	第二年	第三年	第四年
会计利润（万元）	－2000	1000	800	600

要求：请根据上述资料，对三荣公司第一年至第四年的所得税进行相应的账务处理。

16. 某企业当年 1～9 月累计实现利润 410 万元，已预缴所得税 102.5 万元（按季预缴）。10 月份和 11 月份利润总额分别为 50 万元和 48 万元；12 月份产品销售利润 80 万元，营业外收入 4 万元，营业外支出 5 万元，投资收益 11 万元，其中 8 万元为从联营方分得的税后利润（双方所得税税率相同）。该企业尚有四年前未弥补亏损 160 万元。

要求：

（1）按 10、11、12 月份的利润总额，分别作应预缴和预缴所得税的会计分录。

（2）年终汇算清缴后，计算多退少补税款，并作相应的会计处理。

17. 某小型微利企业 2009 年度生产经营情况如下：

（1）取得产品销售收入总额 880 万元。

（2）应扣除产品销售成本 490 万元；营业税金及附加 100 万元。

（3）发生产品销售费用 80 万元，管理费用 120 万元（其中含业务招待费 8 万元）；财务费用 40 万元（其中含逾期归还银行贷款的罚息 3 万元）。

（4）应缴纳的增值税 30 万元。

（5）营业外支出 14 万元（其中含通过当地希望工程基金会向某小学捐款 5 万元，缴纳税滞纳金 4 万元）。

（6）计提工资费用 98 万元，实发工资总额 90 万元，以按计提工资费用总额的 14%、2%、2.5% 计提了工会经费、职工福利费、职工教育经费。

要求：计算该企业当年应缴纳的企业所得税。

18. 某企业财务人员将 2009 年度企业所得税的计算列表如下：

项　　　目	金额（万元）
一、营业收入	2500
减：营业成本	1000
营业税金及附加	100
销售费用	480
其中：广告费和业务宣传费	390
经营性租赁费用	6
其他销售费用	84
管理费用	150
其中：业务招待费	30
固定资产减值准备	4
上交总机构的管理费	1
其他管理费用	115
财务费用	50
加：投资收益	12
其中：国库券利息收入	12
二、营业利润	732
加：营业外收入	2
减：营业外支出	89
其中：税收罚款支出	5
通过非营利团体向红十字事业捐赠	80
其他	4
三、利润总额	645
减：所得税费用	161.25
四、净利润	483.75

附：当年 8 月 1 日发生经营性租入固定资产业务，租赁期 10 个月，租赁费 6 万元。

要求：请根据企业所得税有关规定，指出上表在计算企业所得税方面存在的问题，逐项对应纳税所得额进行调整，并计算该企业当年应补或退的企业所得税。

19. 我国某公司 2009 年其境内应纳税所得额为 400 万元，该公司使用 25% 的所得税税率，其在甲国分支机构取得的应纳税所得额为 160 万元，甲国所得税税率为 20%，公司分支机构在甲国缴纳 32 万元的税款；在乙国分支机构取得的应纳税所得额为 64 万元，乙国所得税税率为 40%，公司分支机构已在乙国缴纳 25.6 万元的税款。

要求：计算该公司应向我国税务机关缴纳的税款。

20. 某企业 2008 年的会计核算数据如下：

（1）销售产品收入 2000 万元。

（2）接受捐赠材料一批，取得捐赠方开具的增值税专用发票，注明价款 10 万元，增值税 1.7 万元；企业找一运输公司将该批材料运回企业，支付运杂费 0.3 万元。

（3）转让一项商标所有权，取得营业外收入 60 万元。

（4）收取当年让渡资产使用权的专利实施许可费，取得其他业务收入 10 万元。

（5）取得国债利息 2 万元。

（6）全年销售成本 1000 万元。

（7）全年销售费用 500 万元，含广告费 400 万元；全年管理费用 300 万元，含招待费 80 万元和新技术开发费用 70 万元；全年财务费用 50 万元。

（8）全年营业外支出 40 万元，含通过政府部门对灾区捐款 20 万元；直接对私立小学捐款 10 万元；违反政府规定被工商局罚款 2 万元。

要求：计算该企业应缴纳的所得税。

21. 江海机械制造公司，本年度生产经营过程中：

（1）耗用原材料 140 万元，辅助材料 24 万元，燃料动力 12 万元；工资支出 22 万元，职工福利费支出 2.52 万元。

（2）制造费用 10 万元，管理费用 9 万元，财务费用 3 万元。

（3）年初在产品余额 12 万元，年末在产品余额 6 万元。

（4）年初库存产品成本 5 万元，年末库存产品成本 4 万元。

（5）本年度销售收入 280 万元，销售费用 1 万元，销售税金及附加 3 万元。其他销售利润 2.4 万元，营业外净收益 −0.5 万元。

江海公司适用 25% 税率。

要求：计算该公司应缴纳的所得税。

22. 某企业有职工 300 人，其中 200 人的工资直接计入生产成本，50 人的工资计入制造费用和辅助生产，50 人的工资计入期间费用。

该企业的固定资产原值为 600 万元，其中，各车间掌握 500 万元（包括 300 万元的机器设备和 200 万元的房屋建筑），管理部门掌握的固定资产为 100 万元的房屋建筑。

本年度销售收入 900 万元（无退回和折让），利润表中反映的利润总额为 300 万元。当期该企业取得的与纳税相关的具体资料如下：

产品销售成本中的各有关费用资料：直接工资为 87 万元，职工福利费为 12.2 万元；制造费、辅助生产的工资为 21.6 万元，职工福利费为 3.1 万元；制造费、辅助生产中的折旧费为 46 万元，其中，各种机器设备是按 10% 提取的，房屋建筑是按 8% 提取的。

各种期间费用中的有关资料：工资费用为 23 万元，职工福利费为 3.22 万元。房屋建筑按 8% 折旧率提取折旧。业务招待费为 6 万元。管理费用中工会经费为 2.632 万元、职工教育经费为 1.974 万元、广告费为 50 万元。财务费用中有支付本期间债券集资的利息 7 万元，当期企业共集资 100 万元，期限半年，利率为 14%。同期银行利率为 10%。

营业外支出的有关资料：本期因排污处理不当，被环保部门罚款 1 万元。本期通过希望工程基金会向希望工程捐款 5 万元。向有意进行联营的单位支付赞助费 1 万元，用于办理联营事务的各项开支。

固定资产折旧标准：生产用房为 6%，生活用房为 4%，机器设备为 8%（假设不扣除残值）。

要求：计算该企业当年应缴纳的企业所得税（税率为 25%）。

第十七章　个人所得税

复习与思考题

一、名词术语解释

个人所得税　居民纳税人　非居民纳税人　扣缴义务人　临时出境

二、简答题

1. 个人所得税有哪些特点？
2. 个人所得税的征收范围主要包括哪些项目？
3. 个人所得税的扣缴义务人如何确定？
4. 各应税项目的应纳税所得额如何确定？
5. 个人所得税的纳税地点如何确定？

技能训练题

一、单项选择题

1. 按照《个人所得税法》的有关规定，下列各项所得中应缴纳个人所得税的是（　　　）。
   A. 扣缴义务人代扣代缴税款，按规定取得的扣缴手续费
   B. 个人举报、协查违法犯罪取得的个人奖金
   C. 在银行存款按规定取得的利息收入
   D. 按国家统一规定领取的退休工资

2. 下列所得中，免征个人所得税的是（　　　）。
   A. 奖金　　　　　　　B. 保险赔款所得　　　C. 企业津贴　　　　　D. 中奖储蓄所得

3. 根据个人所得税法律制度的规定，下列各项中，不属于个人所得税应税项目的是（　　　）。
   A. 劳动报酬所得　　　B. 稿酬所得　　　　　C. 保险赔款　　　　　D. 彩票中彩所得

4. 某画家 2009 年 8 月将其精选的书画作品交由某出版社出版，从出版社取得报酬 10 万元。该笔报酬在缴纳个人所得税时适用的税目是（　　　）。
   A. 工资薪金所得　　　　　　　　　　B. 劳务报酬所得
   C. 稿酬所得　　　　　　　　　　　　D. 特许权使用费所得

5. 王某取得稿酬 20000 元、讲课费 4000 元，已知稿酬所得适用个人所得税税率为 20%，并按应纳税额减征 30%，劳务报酬所得适用个人所得税税率为 20%。根据个人所得税法律制度的规定，王某应纳个人所得税为（　　）元。

  A. 2688   B. 2880   C. 3840   D. 4800

6. 根据《个人所得税法》的规定，工资、薪金所得采用的税率形式是（　　）。

  A. 超额累进税率 B. 全额累进税率 C. 超率累进税率 D. 超倍累进税率

7. 下列应税项目中，以一个月为一次确定应纳税所得额的是（　　）。

  A. 劳务报酬所得   B. 特许权使用费所得

  C. 财产租赁所得   D. 财产转让所得

8. 国内某作家的一篇小说在一家报刊上连载 3 个月，3 个月的稿酬收入分别为 3000 元、4000 元、5000 元。该作家 3 个月所获稿酬应缴纳个人所得税（　　）元。

  A. 1316   B. 1344   C. 1568   D. 1920

9. 根据个人所得税法律制度规定，个人将其所得通过中国境内社会团体、国家机关向教育、公益事业和遭受严重自然灾害地区、贫困地区的捐赠，捐赠额不超过应纳税所得额的一定比例的部分，可以从其应纳税所得额中扣除，该比例为（　　）。

  A. 3%   B. 10%   C. 30%   D. 全额扣除

10. 股份公司向个人支付现金股利时，其代扣代缴的个人所得税，应作以下会计分录（　　）。

  A. 借：利润分配

     贷：股本

  B. 借：应付股利

     贷：应交税费——代扣个人所得税

       库存现金

  C. 借：利润分配

     贷：应交税费——代扣个人所得税

       库存现金

  D. 借：应付股利

     贷：应交税费——代扣个人所得税

11. 根据个人所得税法律制度的规定，下列个人所得中，应缴纳个人所得税的是（　　）。

  A. 财产租赁所得   B. 退休工资

  C. 保险赔偿   D. 国债利息

★12. 根据个人所得税法律制度的规定，个人转让房屋所得适用的税目是（　　）。（2009 年）

  A. 财产转让所得   B. 特许权使用费所得

  C. 偶然所得   D. 劳务报酬所得

二、多项选择题

1. 根据《个人所得税法》的规定，下列各项个人所得免征个人所得税的有（　　）。

    A. 职工安家费

    B. 职工取得的退休工资

    C. 个人办理代扣代缴取得的手续费

    D. 个人举报、协查违法犯罪取得的个人奖金

    E. 购买福利彩票中奖所得

2. 根据个人所得税法律制度的规定，下列各项中，应当按照工资、薪金所得征收个人所得税的有（　　）。

    A. 劳动分红　　　　　B. 年终加薪　　　　　C. 独生子女补贴　　　　D. 误餐补助

3. 根据个人所得税法律制度的规定，下列各项在计算应纳税所得税额时，按照定额与比例相结合的方法扣除费用的有（　　）。

    A. 劳务报酬所得　　　　　　　　　　　　B. 特许权使用费所得

    C. 企事业单位的承包、承租经营所得　　　D. 财产转让所得

4. 根据个人所得税法律制度的规定，下列各项中，免征个人所得税的有（　　）。

    A. 离、退休人员从社保部门领取的养老金

    B. 个人银行储蓄存款利息

    C. 个人取得的保险赔款

    D. 个人提取由单位和个人共同缴付的住房公积金

5. 根据《个人所得税法》的规定，下列各项中，免征个人所得税的有（　　）。

    A. 张某获得的保险赔款

    B. 王某出租房屋所得

    C. 李某领取的按照国家统一规定发给的补贴

    D. 赵某领取的按照国家统一规定发给的退休工资

6. 下列项目中可以直接作为个人所得税应纳税所得额的有（　　）。

    A. 稿酬　　　　　　　B. 企业债券利息　　　C. 股票转让所得　　　D. 中奖奖金

7. 下列项目中，直接以每次收入额为应纳税所得额计算缴纳个人所得税的有（　　）。

    A. 稿酬所得　　　　　　　　　　　　　　B. 利息、股息、红利所得

    C. 偶然所得　　　　　　　　　　　　　　D. 特许权使用费所得

8. 下列人员为个人所得税的居民纳税义务人的有（　　）。

    A. 在中国境内有住所的个人

    B. 具有中国国籍的国内公民

    C. 在中国境内定居的外国侨民

    D. 在中国境内无居所且居住不满1年的外籍人员

9. 下列各项中，按照我国现行税法，应征个人所得税的有（　　）。

    A. 个人以股份形式取得的企业量化资产参与分配获得的利息

    B. 个人以股份形式取得不拥有所有权的企业量化资产

    C. 个人以股份形式取得的拥有所有权的企业量化资产

    D. 个人以股份形式取得的拥有所有权的企业量化资产转让收入

10. 个人取得下列各项所得，必须自行申报纳税的有（　　）。

 A. 年所得 12 万元以上的

 B. 取得应税所得，没有扣缴义务人的

 C. 取得一次性劳务报酬所得的

 D. 从两处或两处以上取得工资、薪金所得的

11. 下列各项中，适用超额累进税率计征个人所得税的有（ ）。

 A. 个体工商户的生产经营所得　　　　B. 财产租赁所得

 C. 工资、薪金所得　　　　　　　　　D. 稿酬所得

三、判断题

1. 在个人所得税征管中，对财产租赁所得一次收入畸高的，可以实行加成征收。（ ）

2. 个人转让无形资产以受让人为扣缴义务人。（ ）

3. 同一作品在报刊上连载取得收入的，应当以每次连载取得的收入为一次计征个人所得税。（ ）

4. 城镇企事业单位及职工个人按照《失业保险条例》规定的比例实际缴付的失业保险费，均不计入职工个人当期工资、薪金收入，免征个人所得税。（ ）

5. 纳税人从两处或两处以上取得工资、薪金所得的，应在两地税务机关分别申报纳税。（ ）

6. 对个体工商业户在从事生产经营时取得的联营企业分回的利润，应将其并入个体工商业户生产经营所得统一缴纳个人所得税。（ ）

7. 对在中国境内有住所和个人一次取得数月奖金或年终加薪、劳动分红，对上述个人所取得的奖金，可单独作为一个月的工资、薪金所得计算纳税。由于对每月的工资、薪金所得计税时已按月扣除了费用，因此，对上述奖金一律不再减除费用，全额作为应纳税所得额直接按适用税率计算应纳税款。（ ）

8. 个人因公务用车和通信制度改革而取得的公务用车、通信补贴收入，扣除一定标准的公务费用后，按照"工资、薪金"所得项目计征个人所得税。按月发放的，并入当月"工资、薪金"所得项目计征所得税；不按月发放的，应与该月份"工资、薪金"所得合并后计征个人所得税。（ ）

9. 扣缴义务人应扣而未扣、应收而不收税款的，由扣缴义务人补缴税款及滞纳金，并处罚款。（ ）

10. 在异地从事建筑安装工程作业的职工，应回单位所在地税务机关申报缴纳个人所得税。（ ）

11. 企业和个人按照省级人民政府规定的比例提取缴付的基本养老金、失业保险金，不计入个人当期的工资、薪金收入，免予征收个人所得税。但个人领取时，则应征收个人所得税。（ ）

12. 个人取得应纳税所得，没有扣缴义务人的或者扣缴义务人未按规定扣缴税款的，均应自行申报缴纳个人所得税。（ ）

13. 个人因与用人单位解除劳动关系而取得一次性补偿收入，其收入在当地上年职工平均工资 3 倍数额以内的部分，免征个人所得税。（ ）

14. 李某在一次有奖购物抽奖中，购买了价值 3000 元电视机抽中特别奖金 1000 元，李

某应缴纳个人所得税 200 元。（　　　）

15. 纳税年度内个人投资者从其投资企业借款，在该纳税年度终了后既不归还，又未用于企业生产经营的，其未归还的借款可视为企业对个人投资者的红利分配，依照"利息、股息、红利所得"项目计征个人所得税。（　　　）

16. 自 2004 年 1 月 20 日起，对商品营销活动中，企业和单位对营销业绩突出的营销人员以培训班、研讨会、工作考察等名义组织旅游活动，通过免收差旅费、旅游费对个人实行的营销业绩奖励（包括实物、有价证券等），应根据所发生费用的全额并入营销人员当期的工资、薪金所得，按照"工资、薪金"所得项目征收个人所得税，由提供上述费用的企业和单位代扣代缴。（　　　）

17. 张某 2007 年 5 月取得稿费收入 10 万元，应缴纳的个人所得税为 1.12 万元。（　　　）

四、计算题

1. 市属医院的李大夫被医院派到区属医院工作，2008 年 4 月份从市属医院取得工资 3200 元，从区属医院取得补助费 1600 元，其 4 月份应缴纳多少个人所得税？

2. 某企业职工王某 2008 年 4 月份取得 2007 年度奖金 12000 元，当月工资 2500 元，王某 4 月份应缴纳多少个人所得税？

3. 大学教授李某 2008 年 3 月份取得如下收入：
   （1）工资收入 2900 元。
   （2）一次性稿费收入 5000 元。
   （3）一次性讲学收入 500 元。
   （4）一次性翻译资料收入 3000 元。
   已知：稿酬所得、劳务报酬所得和利息所得适用税率均为 20%。
   要求：计算李某当月应缴纳的个人所得税。

4. 中国公民张某 2007 年取得的各项收入如下：
   （1）1～5 月份，每月参加文艺演出一次，每次收入 20000 元。
   （2）在 A 国出版图书取得稿酬 250000 元，在 B 国参加演出取得收入 10000 元，已分别缴纳个人所得税 30000 元、1500 元。
   （3）取得中国足球彩票收入 50000 元，当场通过社会团体向教育机构捐赠 30000 元。
   （4）取得国债利息收入 3000 元。
   （5）取得保险赔款 25000 元。
   （6）取得一年期定期存款利息 6000 元。
   （7）转让居住 4 年的个人住房，取得收入 300000 元，该房屋的购入原值 150000 元，发生合理费用 21000 元。
   （8）1 月 1 日投资设立个人独资企业，当年取得收入 110000 元，营业成本 51000 元，管理费用等允许扣除的费用合计 30000 元。
   要求：计算张某 2007 年应缴纳的个人所得税。

5. 某大学教授王某，2009 年 5 月份取得下列收入：
   （1）在国内专业杂志上发表文章两篇，分别取得稿酬 1300 元和 900 元。
   （2）为某企业作专题讲座 4 次，每次 3000 元。

（3）将其拥有的两处住房中的一套已使用 10 年的住房出售，转让收入 250000 元，该房产造价 110000 元，另支付交易费用等相关费用 5000 元。

要求：计算王教授应缴纳的个人所得税。

6.（1）王教授为我市一高校教师，2007 年 2 月被外单位聘请讲课，取得讲课费收入 2000 元，王教授讲课费收入应缴纳多少个人所得税？

（2）王教授为我市一高校教师，2007 年 2 月被外单位聘请讲课，取得讲课费收入 5000 元，王教授讲课费收入应缴纳多少个人所得税？

（3）王教授为我市一高校教师，2007 年 2 月被外单位聘请讲课，取得讲课费收入 40000 元，王教授讲课费收入应缴纳多少个人所得税？

7. 某地税 "12366" 热线电话接到企业咨询：

（1）职工因请病假而被单位扣除的工资，在计算个人所得税时是否并入工资总额中？

（2）个人取得高温补助是否要并入工资、薪金所得，计算缴纳个人所得税？

（3）单位给员工报销的旅游费是否计入工资、薪金所得，计算缴纳个人所得税？

请代为解答。

8. 中国公民王某是国内某公司高级管理人员，2008 年 12 月的收入情况如下：

（1）当月工资薪金收入 8000 元（已扣除 "三险一金" 等免税项目金额），全年一次性奖金收入 20000 元。

（2）从所任职公司取得股息红利收入 10000 元。

（3）从某杂志社取得发表一篇论文的稿费收入 2000 元。

（4）从某大学取得讲座收入 5000 元。

已知：

（1）工资、薪金所适用的个人所得税税率如下表：

级数	全月应纳税所得额	税率（%）	速算扣除数
1	不超过 500 元的	5	0
2	超过 500～2000 元的部分	10	25
3	超过 2000～5000 元的部分	15	125
4	超过 5000～20000 元的部分	20	375
5	超过 20000～40000 元的部分	25	1375
…	…	…	…

（2）工资薪金所得的减除费用标准为 2000 元/月。

（3）稿酬所得、劳务报酬所得每次收入不超过 4000 元的，减除费用 800 元；4000 元以上的，减除 20% 的费用。稿酬所得适用的个人所得税税率为 20%，并按应纳税额减征 30%。劳务报酬所得、股息红利所得适用的个人所得税税率均为 20%。

（4）假定王某取得的以上收入均由本人计算缴纳个人所得税。

要求：

（1）计算王某当月工资薪金收入应缴纳的个人所得税。

（2）计算王某一次性奖金收入应缴纳的个人所得税。

（3）计算王某当月股息红利收入应缴纳的个人所得税。

（4）计算王某当月稿费收入应缴纳的个人所得税。

（5）计算王某当月讲座收入应缴纳的个人所得税。

五、实训题

某有限公司的具体情况和有关业务如下：

企业名称：四湖商贸有限责任公司

企业注册号：32060285966

企业地址：江苏省南通市南大街 2 号

法定代表人：丁佳

注册资本：300 万元

实收资本：300 万元

企业类别：有限责任公司

企业的税务登记证号为：3206849382

企业的技工代码证号为：794934345

企业开户银行：中国银行南通分行，账号：01840128

经营范围：

企业执行的会计期间与公历年度一致，以人民币为记账本位币，印花税的纳税期限核定为 1 个季度。企业为增值税一般纳税人。该公司 2009 年 6 月份工资结算表如下：

工资结算表

2009 年 6 月　　　　　　　　　　　　　　　　　单位：元

姓名	工资	奖金	误餐补贴	应付工资	代扣个人住房公积金	代扣个人社保费	计税所得	代扣个人所得税	实发工资
陈 灿	4000	1000	500	5500	200	400	3900	160	3740
刘效良	3000	1000	500	4500	200	350	3950	167.5	3782.5
赵贺辉	3000	800	500	4300	200	300	3800	155	3645
顾 昕	2800	800	500	4100	200	300	3600	135	3465
汪 唯	2500	600	500	3600	200	200	3200	95	3105
李 杰	2400	600	500	3500	200	200	3100	85	3015
合 计	17700	4800	3000	25500	1200	1750	22550	797.5	21752.5

发放工资并代扣代缴个人所得税时，会计分录：

借：应付职工薪酬　　　　　　　　　　　　　　　　　25500

　　贷：其他应付款——应交个人住房公积金　　　　　　1200

　　　　其他应付款——应交个人社保费　　　　　　　　1750

　　　　应交税费——应交个人所得税　　　　　　　　　 797.5

       银行存款 21752.5

将代扣代缴个人所得税解缴时，会计分录：

借：应交税费——应交个人所得税 797.5

    贷：银行存款 797.5

2009 年 7 月初，企业纳税申报时，请代企业填写代扣代缴个人所得税申报表。

第十八章 纳税检查与账务调整

复习与思考题

一、名词术语解释

纳税检查　账务调整

二、简答题

1. 简述税务检查的概念、范围和形式。
2. 税务检查的方法有哪些？税务检查的基本内容有哪些？
3. 什么是账务调整？账务调整的原则有哪些？
4. 账务调整的方法、范围有哪些？
5. 如何审查会计报表？如何审查会计账簿？如何审查会计凭证？

技能训练题

实训题（企业所得税会计实务）

一、基本概况

企业名称：江苏金太阳家纺大世界有限公司。一般纳税人，增值税税率17%，企业所得税税率25%，企业所得税实行按月预缴，年底汇算清缴。

纳税人识别号：320602968574

企业法定代表人：黄娟

会计主管（负责人）：丁佳

会计：张逸

企业注册地：江苏省南通市青年东路138号

经营范围：家纺品的生产、销售

开户银行：招行南通分行，银行账号：01840128

职工人数：300人

二、2009年财务资料

（1）2009年企业利润表如下所示：

企业利润表（简表）

编制单位：江苏金太阳家纺大世界有限公司　　　2009 年度　　　　　　　　　单位：万元

项　目	本期金额
一、营业收入	1000
减：营业成本	7000
营业税金及附加	20
销售费用	150
管理费用	80
财务费用	10
加：投资收益	300
二、营业利润	340
加：营业外收入	30
减：营业外支出	70
三、利润总额	300
减：所得税费用	50
四、净利润	250

说明：其中财务费用全部为利息支出。

（2）利润表补充资料。

①2009 年 7 月 8 日，领用本企业产品用于新建工程，产品成本 50 万元，计税价 60 万元（不考虑城建税、教育费附加的影响）。

②本年的营业收入全部为销售商品收入，营业成本全部为销售商品成本。

③营业外收入 30 万元，其中，出售无形资产收益 20 万元，罚款净收入 10 万元。

④营业外支出 70 万元，其中，4 万元为因环境污染被环保局处以的罚款，6 万元为直接向贫困学生拨付的捐款，固定资产盘亏 20 万元，非常损失 40 万元。

⑤公司业务招待费 8 万元〔税法规定，在计算应纳税所得额时，业务招待费按照发生额的 60％扣除，且不超过全年销售（营业）收入净额的 5‰〕。

⑥公司广告费支出 80 万元〔税法规定，纳税人每一年度发生的广告费支出不超过销售额（营业）收入 15％的，可据实扣除〕。

⑦该企业投资收益为居民企业投资收益。

⑧该企业当年不存在暂时性差异。

⑨该企业全年已经预提和缴纳企业所得税 50 万元。

要求：根据《企业所得税暂行条例》的规定，计算调整纳税调整增加项目明细并编制会计分录。

第十九章 税收征收管理

复习与思考题

一、名词术语解释

税收管理 税务登记 纳税申报 税务检查 税收保全 偷税 逃税 抗税 骗税

二、简答题

1. 税务登记的种类有哪些? 纳税人如何办理税务登记?
2. 税款征收方式有哪些? 其适用范围是什么?
3. 哪些单位和个人应办理纳税申报?
4. 纳税申报的内容是什么?
5. 账簿、凭证的保管要求是什么?
6. 税收保全和强制执行的主要区别是什么?
7. 违章行为的法律责任有哪些规定?
8. 国家对纳税人偷税和欠税如何进行处理?

技能训练题

一、单项选择题

1. 根据《税收征收管理法》的规定,从事生产、经营的纳税人应当自领取税务登记证件之日起的一定期限内,将其财务、会计制度或者财务、会计处理办法报送税务机关备案。该期限为( )日。
   A. 7　　　　　　　B. 15　　　　　　　C. 30　　　　　　　D. 45
2. 税务机关针对纳税人的不同情况可以采取不同的税款征收方式。根据税收法律制度的规定,对于生产不固定、账册不健全的单位,适用的税款征收方式是( )。
   A. 查账征收　　　B. 查定征收　　　C. 查验征收　　　D. 定期定额征收
3. 纳税人账簿、凭证、财务会计制度比较健全,能够如实反映生产经营成果,正确计算应纳税款的,税务机关应当对其采用的税款征收方式是( )。
   A. 定期定额征收　　B. 查验征收　　　C. 查账征收　　　D. 查定征收
4. 根据税收征收管理法律制度的规定,经县以上税务局(分局)局长批准,税务机关可以依法对纳税人采取税收保全措施。下列各项中，不属于税收保全措施的是（　　）。

A. 责令纳税人暂时停业，直至缴足税款

B. 扣押纳税人的价值相当于应纳税款的商品

C. 查封纳税人的价值相当于应纳税款的货物

D. 书面通知纳税人开户银行冻结纳税人的金额相当于应纳税款的存款

5. 根据税收征收管理法律制度的规定，纳税人超过应纳税额缴纳的税款，可以在结算缴纳税款之日起的一定期限内向税务机关要求退还多缴的税款并加算银行同期存款利息。这一期限是（　　）。

A. 3 个月　　　　　　B. 6 个月　　　　　　C. 1 年　　　　　　D. 3 年

6. 根据《税收征收管理法实施细则》的规定，纳税人的完税凭证、发票等涉税资料应当保存的期限是（　　）年。

A. 3　　　　　　　　B. 5　　　　　　　　C. 10　　　　　　　D. 20

7. 根据《税收征收管理法》的规定，纳税人不办理税务登记，由税务机关责令限期改正，逾期仍不改正的，税务机关应对其采取的措施是（　　）。

A. 核定其应纳税额　　　　　　　　B. 采取税收强制执行措施

C. 提请工商行政管理机关吊销其营业执照　　D. 处以 2000 元以上 1 万元以下的罚款

8. 根据税收征收法律制度的规定，税务机关可以采取税收保全措施的是（　　）。

A. 责令纳税人暂时停业，限期缴纳应纳税款

B. 书面通知纳税人开户银行从其存款中扣缴应纳税款

C. 书面通知纳税人开户银行冻结纳税人的金额相当于应纳税款的存款

D. 依法拍卖纳税人的价值相当于应纳税款的商品，以拍卖所得抵缴税款

9. 根据《税收征收管理法》的规定，从事生产、经营的纳税人向税务机关申报办理税务登记的时间是（　　）。

A. 自领取营业执照之日起 15 日内　　　　B. 自领取营业执照之日起 30 日内

C. 自申请营业执照之日起 45 日内　　　　D. 自申请营业执照之日起 60 日内

10. 下列各项中，不符合发票开具要求的是（　　）。

A. 按号码顺序填开

B. 在发票联和抵扣联加盖单位财务印章或者发票专用章

C. 外商投资企业同时使用中文和一种外国文字填开发票

D. 代其他单位开具发票

11. 根据税收征收管理法律制度的规定，下列关于发票的表述中，不正确的是（　　）。

A. 不得转借发票　　　　　　　　B. 不得转让发票

C. 不得代开发票　　　　　　　　D. 可以自行决定拆本使用发票

12. 根据《刑法》的规定，偷税数额在 1 万元以上不满 10 万元且偷税数额占应纳税额的 10％以上不满 30％的，处 3 年以下有期徒刑或者拘役，并处（　　）罚金。

A. 偷税数额 1 倍以上 2 倍以下　　　　B. 偷税数额 1 倍以上 5 倍以下

C. 偷税数额 2 倍以上 3 倍以下　　　　D. 偷税数额 2 倍以上 5 倍以下

13. 根据《税收征收管理法》的规定，税务机关对纳税人的应税商品，通过查验数量，按

照市场一般销售单价计算其销售收入，并据以计算应纳税款的征收方式是（ ）。

A. 查定征收   B. 查验征收   C. 查账征收   D. 定期定额征收

14. 某公司将税务机关确定的应于 2007 年 12 月 5 日缴纳的税款 20 万元拖至 12 月 15 日缴纳，根据税收征收管理法律制度的规定，税务机关依法加收该公司滞纳税款的滞纳金为（ ）元。

A. 100   B. 1000   C. 10000   D. 4000

15. 某外贸公司采取隐匿财产的手段，使税务机关无法追缴该公司所欠缴的税款 20 万元。根据《刑法》的规定，该公司的行为构成的罪名是（ ）。

A. 偷税罪   B. 骗取出口退税罪

C. 抗税罪   D. 逃避追缴欠税款罪

16. 根据《税收征收管理法》的规定，纳税人如在一定期限内发现其缴纳的税款超过应纳税额的，可以向税务机关要求退还多缴的税款并加算银行同期存款利息。这里的一定期限内是指（ ）。

A. 自结算缴纳税款之日起 1 年内   B. 自结算缴纳税款之日起 2 年内

C. 自结算缴纳税款之日起 3 年内   D. 自结算缴纳税款之日起 4 年内

17. 根据税收征收管理法律制度规定，从事生产、经营的纳税人应当自领取税务登记证件之日起的一定期限内，将其财务、会计制度或者财务、会计处理办法和会计核算软件报送税务机关备案。这里的一定期限内是指（ ）日内。

A. 15   B. 30   C. 40   D. 60

18. 根据《发票管理办法》的规定，纳税人已开具的发票存根联和发票登记簿的保存期限是（ ）年。

A. 3   B. 5   C. 10   D. 15

19. 纳税人采取转移或者隐匿财产的手段，使税务机关无法追缴其所欠缴的税款。该种行为在法律上称为（ ）。

A. 骗税行为   B. 拖欠税款行为

C. 抗税行为   D. 逃避追缴欠税款行为

20. 因税务机关的责任，致使纳税人、扣缴义务人未缴或少缴税款的，税务机关在（ ）年内可以要求纳税人、扣缴义务人补缴税款，但是不得加收滞纳金。

A. 1   B. 2   C. 3   D. 5

21. 根据《税收征收管理法》的规定，致使纳税人未按规定的期限缴纳或者解缴税款的，税务机关除责令限期缴纳外，应当从滞纳税款之日起，按日加收滞纳税款（ ）的滞纳金。

A. 1‰   B. 2‰   C. 0.3‰   D. 0.5‰

22. 根据我国《税收征收管理法》的规定，企业向税务机关申报办理税务登记的时间是（ ）。

A. 自领取营业执照之日起 15 日内   B. 自领取营业执照之日起 30 日内

C. 自申请营业执照之日起 45 日内   D. 自申请营业执照之日起 60 日内

23. 根据《税收征收管理法》的规定，扣缴义务人应扣未扣、应收未收税款的，由税务机关向纳税人追缴税款，对扣缴义务人处以一定数额的罚款。其罚款限额是（　　）。

A. 2000 元以下

B. 200 元以上 5000 元以下

C. 应扣未扣、应收未收税款 50% 以上 3 倍以下

D. 应扣未扣、应收未收税款 50% 以上 5 倍以下

24. 纳税人未按规定使用税务登记证件，情节严重的，处（　　）。

A. 3 年以下有期徒刑　　　　　　　　　　B. 2000 元以下罚款

C. 2000 元以上 1 万元以下罚款　　　　　D. 1 万元以上 5 万元以下罚款

25. 因纳税人、扣缴义务人计算错误等失误，未缴或者少缴税款的，税务机关在 3 年内可以追征税款、滞纳金；有特殊情况的，追征期可延长到（　　）年。

A. 10　　　　　　　　B. 6　　　　　　　　C. 8　　　　　　　　D. 5

26. 各类企业在外地设立分支机构和从事生产、经营的场所，个体工商户和从事生产经营的事业单位，其向税务机关申请办理税务登记的时间是（　　）。

A. 自领取营业执照之日起 15 日内　　　　B. 自领取营业执照之日起 30 日内

C. 自领取营业执照之日起 2 个月内　　　　D. 自领取营业执照之日起 3 个月内

27. 税务机关对自然人纳税人采取税收保全措施时，下列物品中不得采取税收保全措施的有（　　）。

A. 车辆　　　　　　　　　　　　　　　　B. 豪宅

C. 单价 5000 元以下的生活用品　　　　　D. 古玩字画

★28. 根据税收征收管理法律制度的规定，纳税人不办理税务登记的，由税务机关责令限期改正；逾期不改正的，税务机关可以采取的措施是（　　）。（2009 年）

A. 处以 2000 元以上 10000 元以下罚款

B. 提请工商行政管理机关吊销其营业执照

C. 没收其经营所得

D. 提请公安机关查封其财产

二、多项选择题

1. 根据税收征税管理法律制度的规定，下列各项中，属于税务机关可以采取的税收强制执行措施的有（　　）。

A. 书面通知纳税人开户银行暂停支付纳税人存款

B. 书面通知纳税人开户银行从其存款中扣缴税款

C. 拍卖所扣押的纳税人价值相当于应纳税款的财产，以拍卖所得抵缴税款

D. 扣押纳税人价值相当于应纳税款的财产

2. 根据税收征收法律制度的规定，下列情形中，税务机关有权责令纳税人提供纳税担保的是（　　）。

A. 欠缴税款、滞纳金的纳税人或者其法定代表人需要出境的

B. 纳税人同税务机关在纳税上发生争议而未缴清税款，需要申请行政复议的

C. 税务机关有根据认为纳税人有逃避纳税义务行为的

D. 未按照规定的期限办理纳税申报，经税务机关责令限期申报，逾期仍不申报的

3. 根据《税收征收管理法》的规定，税务机关在税款征收中，根据不同情况，有权采取的措施有（　　）。

A. 加收滞纳金　　　B. 追征税款　　　C. 核定应纳税额　　　D. 吊销营业执照

4. 根据《税收征收管理法》的规定，税务机关在实施税务检查中，可以采取的措施有（　　）。

A. 检查纳税人会计资料

B. 检查纳税人货物存放地的应纳税商品

C. 检查纳税人托运、邮寄应纳税商品的单据、凭证

D. 经法定程序批准，查核纳税人在银行的存款账户

5. 下列各项中，适用《税收征收管理法》的有（　　）。

A. 营业税　　　B. 增值税　　　C. 消费税　　　D. 关税

6. 根据税收征收法律制度的规定，下列各项中，属于税务机关职权的有（　　）。

A. 税务管理　　　B. 税款征收　　　C. 税务检查　　　D. 税务处罚

7. 根据税收征收法律制度的规定，下列各项中，属于税款征收方式的有（　　）。

A. 查账征收　　　B. 查定征收　　　C. 查验征收　　　D. 定期定额征收

8. 根据税收征收法律制度的规定，下列各项中，属于税款征收措施的有（　　）。

A. 核定应纳税额　　　　　　　　B. 加收滞纳金

C. 责令提供纳税担保　　　　　　D. 阻止出境

9. 根据《税收征收管理法》的规定，下列各项中，属于偷税行为的有（　　）。

A. 隐匿账簿、凭证、少缴应纳税款的

B. 进行虚假纳税申报，少缴应纳税款的

C. 在账簿上多列支出，少缴应纳税款的

D. 隐匿财产，妨碍税务机关追缴欠缴税款的

10. 根据《税收征收管理法》的规定，下列各项中，属于税务机关职权的有（　　）。

A. 税务检查　　　B. 税务代理　　　C. 税务处罚　　　D. 税款征收

11. 根据《税收征收管理法》的规定，下列情形中，税务机关有权核定纳税人应纳税额的有（　　）。

A. 有偷税、骗税前科的　　　　　　B. 拒不提供纳税资料的

C. 按规定应设置账簿而未设置的　　D. 虽设置账簿，但账目混乱，难以查账的

12. 根据税收征收管理法律制度的规定，税务机关在进行税务检查时，可以行使的职权有（　　）。

A. 检查纳税人的账簿、记账凭证、报表和有关资料

B. 到纳税人的生活场所检查纳税人应纳税的商品、货物或者其他财产

C. 到车站、码头、机场、邮政企业及其分支机构检查纳税人托运、邮寄应纳税商品、货物或者其他财产的有关单据、凭证和有关资料

D. 询问纳税人、扣缴义务人与纳税或者代扣代缴、代收代缴税款有关的问题和情况

13. 纳税担保的具体方式包括( )。

    A. 纳税保证　　　　B. 纳税质押　　　　　C. 纳税抵押　　　　　D. 纳税留置

14. 根据税收征收管理法律制度的规定,下列情形中,需要办理税务注销登记的是( )。

    A. 纳税人解散,依法终止纳税义务的

    B. 纳税人暂时停业的

    C. 纳税人被工商行政管理机关吊销营业执照的

    D. 纳税人破产,依法终止纳税义务的

15. 根据税收征收法律制度的规定,税务机关可以采取的税收保全措施包括( )。

    A. 书面通知纳税人开户银行冻结纳税人的金额相当于应纳税款的存款

    B. 书面通知纳税人开户银行从其存款中扣缴税款

    C. 扣押、查封纳税人的价值相当于应纳税款的商品、货物或其他财产

    D. 依法拍卖、变卖纳税人的价值相当于应纳税款的商品、货物或其他财产

16. 根据税收征收管理法律制度的规定,下列各项中,属于纳税申报方式的有( )。

    A. 上门申报　　　　B. 网上申报　　　　　C. 邮寄申报　　　　　D. 数据电文申报

17. 根据税收征收法律制度的规定,对于纳税人与其关联企业之间的业务往来,下列情形中,税务机关可以调整其应纳税额的是( )。

    A. 购销业务未按照独立企业之间的业务往来作价

    B. 提供劳务,未按照独立企业之间业务往来收取劳务费用

    C. 融通资金所支付的利息,超过同类业务的正常利率

    D. 转让财产,未按照独立企业之间业务往来作价

18. 根据税收征收法律制度的规定,下列各项税款中,税务机关可以无限期追征的有( )。

    A. 纳税人偷税的税款

    B. 纳税人抗税的税款

    C. 纳税人骗税的税款

    D. 因纳税人计算错误未缴或者少缴的税款在 10 万元以上的

19. 根据税收征收法律制度的规定,纳税人超过应纳税额缴纳的税款,自结算缴纳税款之日起 3 年内发现的,下列各项中,符合规定的有( )。

    A. 纳税人可以要求税务机关退还多缴的税款

    B. 纳税人不得要求税务机关退还多缴的税款

    C. 纳税人可以向税务机关要求加算多缴税款部分的银行同期利息

    D. 纳税人不得向税务机关要求加算多缴税款部分的银行同期利息

20. 根据税收征收法律制度的规定,对扣缴义务人应扣未扣的税款,下列选项中,不正确的有( )。

    A. 由税务机关向扣缴义务人追缴税款

    B. 由税务机关向纳税人追缴税款

    C. 对扣缴义务人处以应扣未扣税款 50% 以上 3 倍以下的罚款

    D. 对纳税人处以未缴税款 50% 以上 3 倍以下的罚款

21. 根据税收征收管理法律制度的规定,下列各项中,单位和个人在首次申请领购发票

时应向税务机关提供的有（   ）。

A. 税务登记证件 　　　　　　　　 B. 经办人身份证明

C. 工商营业执照 　　　　　　　　 D. 财务印章或发票专用章印模

22. 根据税收征收管理法律制度的规定，纳税人发生偷税行为时，税务机关可以行使的权力有（   ）。

A. 追缴税款 　　 B. 加收滞纳金 　　 C. 处以罚款 　　 D. 处以罚金

23. 根据税收征收管理法律制度的规定，下列财产中，可以作为纳税抵押的有（   ）。

A. 抵押人被查封的房屋 　　　　　 B. 抵押人有权处分的国有房屋

C. 抵押人被监管的财产 　　　　　 D. 抵押人有权处分的交通运输工具

24. 根据税收征收管理法律制度的规定，纳税人发生的下列行为中，税务机关可以实施行政处罚的有（   ）。

A. 未按照规定的期限办理税务登记

B. 未按照规定设置、保管账簿

C. 未按照规定使用税务登记证

D. 未按照规定将其全部银行账号报告税务机关

25. 根据《刑法》的规定，下列各项中，属于偷税行为的有（   ）。

A. 纳税人虚假纳税申报，不缴或少缴应纳税款

B. 纳税人在账簿上多列支出，不缴或少缴应纳税款

C. 纳税人隐匿账簿、记账凭证，不缴或少缴应纳税款

D. 纳税人伪造账簿、记账凭证，不缴或少缴应纳税款

26. 流转税是以商品生产、商品流通和劳务服务的流转额为征税对象的税收种类。下列各项中，属于流转税的有（   ）。

A. 增值税 　　 B. 消费税 　　 C. 营业税 　　 D. 所得税

27. 根据税收征收管理法律制度的规定，税务机关在对纳税人进行发票检查中有权采取的措施有（   ）。

A. 调出发票查验

B. 查阅、复制与发票有关的凭证、资料

C. 向当事人各方询问与发票有关的问题和情况

D. 检查领购、开具和保管发票的情况

28. 根据税收征收管理法律制度的规定，纳税人发生的下列情形中，应办理税务注销登记的有（   ）。

A. 纳税人破产 　　　　　　　　　 B. 纳税人变更法定代表人

C. 纳税人被吊销营业执照 　　　　 D. 纳税人暂停经营活动

29. 下列缴纳税款的方式中，符合法律规定的有（   ）。

A. 代扣代缴 　　 B. 代收代缴 　　 C. 委托代征 　　 D. 邮寄申报纳税

30. 下列表述中，符合《税收征收管理法》规定的有（   ）。

A. 税收强制措施是指税务当事人不履行税收法律、行政法规规定的义务，有关税务机关采用法定的强制手段，强迫当事人履行义务的行为

  B. 纳税评估是指税务机关运用数据信息对比分析的方法，对纳税人纳税申报情况的真实性和准确性做出定性和定量的判断，并据此征收税款的行为

  C. 税款征收方式是指税务机关根据各税种的不同特点、征纳双方的具体条件而确定的计算征收税款的方法和形式，主要包括查账征收、定期定额征收、委托代征等方式

  D. 税款滞纳金征收制度是指纳税人或者扣缴义务人未按照规定期限缴纳或者解缴税款的，税务机关除责令限期缴纳外，从滞纳税款之日起按日加收滞纳税款 5‰ 的滞纳金的制度

31. 下列各项中，属于法定税务登记事项的有(　　)。

  A. 开业税务登记　　　　　　　　　B. 注销税务登记

  C. 停业税务登记　　　　　　　　　D. 临时经营税务登记

32. 从事下列活动不需要持有税务登记证件的有(　　)。

  A. 领购发票　　　　　　　　　　　B. 申请开具外出经营活动税收管理证明

  C. 开立银行账户　　　　　　　　　D. 设置账簿

33. 纳税人在办理注销税务登记前，应当向税务机关(　　)。

  A. 提供清缴欠税的纳税担保　　　　B. 结清应纳税款、滞纳金、罚款

  C. 缴纳不超过 10000 元的保证金　　D. 缴销发票和其他税务证件

34. 在税款征收过程中，纳税人依法享有一定权利。下列各项中，属于纳税人权利的有(　　)。

  A. 要求税务机关对纳税人情况保密

  B. 对税务机关所作出的决定，享有陈述权、申辩权

  C. 要求税务机关退还多缴纳的税款并加算银行同期存款利息

  D. 对税务机关的处罚决定，可以申请行政复议，也可以提起行政诉讼

三、判断题

1. 纳税人在停业期间发生纳税义务的，可以暂不办理纳税申报，待复业后一并办理纳税申报。(　　)

2. 纳税人发生解散、破产、撤销以及其他情形，依法终止纳税义务的，应当先向工商行政管理机关办理注销登记，然后向原税务登记管理机关申报办理注销税务登记。(　　)

3. 纳税人享受减税、免税待遇的，在减税、免税期间，可以不办理纳税申报。(　　)

4. 纳税人发生纳税义务，未按照税法规定的期限办理纳税申报，经税务机关责令限期申报，逾期仍未申报的，税务机关有权核定其应纳税额。(　　)

5. 欠缴税款、滞纳金的纳税人或者其法定代表人需要出境的，税务机关可以责成纳税人提供纳税担保。(　　)

6. 扣缴义务人、纳税担保人同税务机关发生争议，在申请行政复议之前，须解缴税款及滞纳金或者提供相应的担保。(　　)

7. 对偷税、抗税、骗税的，税务机关追征其未缴或者少缴的税款、滞纳金或者所骗取的税款，税务机关可以无限期追征。(　　)

8. 对纳税人采取税收保全措施，必须经税务机关向人民法院提出申请后，由人民法院

执行。（　　）

9. 税务机关依法行使代位权、撤销权的，缴税款的纳税人的纳税义务免除。（　　）

10. 纳税人欠缴的税款发生在纳税人以其财产设定抵押之前的，税收应当优先于抵押权执行。（　　）

11. 纳税人发生纳税义务，未按照税法规定的期限办理纳税申报，经税务机关责令限期申报，逾期仍未申报的，税务机关有权核定其应纳税额。（　　）

12. 纳税人欠缴应纳税款，采取转移或者隐匿财产的手段，致使税务机关无法追缴欠缴的税款，数额在1万元以上的，应追究其刑事责任。（　　）

13. 对欠缴税款且怠于行使到期债权的纳税人，税务机关依法行使代位权后，可以免除欠缴税款的纳税人尚未履行的纳税义务和应承担的法律责任。（　　）

14. 企业所得税的纳税人享受企业所得税免税待遇的，在免税期间无需办理纳税申报。（　　）

15. 欠缴税款的纳税人出境前未结算清应纳税款，又不提供担保的，税务机关可以通知出境管理机关阻止其出境。（　　）

16. 纳税人欠缴的税款发生在纳税人的财产留置之前的，税收应当先于留置权执行。（　　）

17. 某球员转会国外一俱乐部，在出境时，税务机关以其尚未结清应纳税款，又未提供担保为由，通知海关阻止其出境，税务机关的做法是正确的。（　　）

18. 纳税人享受减税、免税待遇的，在减税、免税期间应当按照规定办理纳税申报。（　　）

19. 流转税在生产经营及销售环节征收，不受成本费用变化的影响，但对价格变化较为敏感。（　　）

20. 纳税人享受减税、免税待遇的，在减税、免税期间可以暂不办理纳税申报。（　　）

21. 从事运输业务的纳税人，发生销售货物并负责运输所售货物的混合销售行为，应缴纳营业税。（　　）

22. 纳税人分立时未缴清税款的，分立后的纳税人对未履行的纳税义务应当承担连带责任。（　　）

23. 临时到本省、自治区、直辖市以外地区从事经营活动的单位或个人，凭所在地税务机关证明，可向经营地税务机关申请领购经营地的发票。（　　）

24. 纳税人欠缴的税款发生在纳税人以其财产设定抵押之后的，税收应当先于抵押权执行。（　　）

25. 税务机关对外省、自治区、直辖市来本辖区从事临时经营活动的单位和个人申请领购发票的，可以要求其提供保证人或者根据所领购发票的票面限额及数量缴纳不超过1万元的保证金，并限期缴销发票。（　　）

26. 临时取得应税收入或发生应税行为的纳税人，在发生纳税义务后，应在纳税义务发生之日起30日内向经营地税务机关办理税务登记。（　　）

27. 税务所虽然不是税务行政处罚的主体，但其可以对个体工商户及未取得营业执照的单位、个人实施罚款额在2000元以下的税务行政处罚。（　　）

28. 纳税人申请减税应向主管税务机关提出书面申请，并按照规定附送有关资料，由主管税务机关呈报有权审批的税务机关审批，而不得直接向有权审批的税务机关提出

申请。（　　　）

29. 从事生产、经营的纳税人税务登记事项发生变化的，自向税务机关办理税务变更登记之日起 30 日内向工商行政管理机关登记变更。（　　　）

30. 从事生产、经营的纳税人违反税收征收管理法律制度，拒不接受税务机关处理的，税务机关可以收缴其发票或者停止向其发售发票。（　　　）

31. 税务机关行使代位权，可以免除欠缴税款的纳税人尚未履行的纳税义务和应承担的法律责任。（　　　）

四、案例分析题

1. 某企业为增值税的一般纳税人（税率 17%），适用企业所得税税率为 25%，2009 年自行申报应纳税所得额 20 万元，经税务机关检查，企业在 2009 年某月分销给某使用单位货物一批，开具普通发票，取得收入 58500 元，企业的会计处理为：

借：银行存款　　　　　　　　　　　　　　　　　　　　　58500
　　贷：其他应付款　　　　　　　　　　　　　　　　　　　　　58500

根据上述资料回答问题：

(1) 企业上述会计处理属于（　　　）行为。

　　A. 抗税　　　　　B. 欠税　　　　　C. 漏税　　　　　D. 偷税

(2) 企业应补缴的增值税为（　　　）元。

　　A. 9945　　　　　B. 8500　　　　　C. 8800　　　　　D. 8300

(3) 企业应补缴的城建税与教育费附加为（　　　）元。

　　A. 850　　　　　B. 830　　　　　C. 880　　　　　D. 995

(4) 2009 年度企业应纳税所得额为（　　　）元。

　　A. 258500　　　　B. 250000　　　　C. 249150　　　　D. 249005

(5) 2009 年度企业应缴纳的所得税为（　　　）元。

　　A. 85305　　　　B. 82500　　　　C. 82171.65　　　　D. 62287.5

2. 税务机关在税务检查中发现某企业采取多列支出、少列收入的手段进行虚假纳税申报，少缴税款 9000 元，占其应纳税额的 8%。

要求：根据《税收征收管理法》及相关法律制度的规定，简要回答下列问题：

(1) 该企业的行为属于什么行为？是否构成犯罪？

(2) 该企业应承担什么法律责任？

3. 甲、乙公司签订买卖合同，双方约定采取托收承付、验货付款的结算方式，合同标的额为 1000 万元。6 月 5 日，甲公司发出货物并办妥托收手续，6 月 10 日乙公司收到运输部门的提货通知，6 月 18 日甲公司收到全部货款 1000 万元。2009 年甲公司欠缴税款 50 万元，税务机关在对甲公司的调查中发现，甲公司于 2009 年 9 月主动放弃对丙公司的到期债权 50 万元。

要求：根据上述资料，回答下列问题：

(1) 甲公司增值税的纳税义务发生时间是哪一天？并说明理由。

(2) 对甲公司欠缴税款、放弃到期债权等行为，税务机关能否行使撤销权？并说明理由。

(3) 税务机关行使撤销权后，甲公司尚未履行的纳税义务是否免除？并说明理由。

4. 甲企业 2009 年欠缴税款 100 万元，税务机关在强制执行过程中，发现以下情况：

(1) 甲企业于 2009 年 2 月 1 日向 A 银行贷款 100 万元。

(2) 甲企业于 2009 年 4 月 1 日向 B 银行贷款 100 万元，甲企业以其机器设备设定抵押，并依法办理了抵押登记手续。

(3) 甲企业于 2009 年 4 月 10 日被工商行政管理部门处以 100 万元的罚款。

(4) 甲企业于 2009 年 4 月 20 日放弃其对 C 企业 100 万元的债权。

要求：根据税收征收法律制度的规定，分别回答以下问题：

(1) 税收是否优先于 A 银行？并说明理由。

(2) 税收是否优先于 B 银行？并说明理由。

(3) 税收是否优先于工商行政管理部门的罚款？并说明理由。

(4) 对于甲企业放弃其对 C 企业 100 万元债权的行为，税务机关可以行使何种权利？税务机关行使该权利后，甲企业的纳税义务和法律责任能否免除？并说明理由。

5. 甲企业在计算 2007 年度企业所得税应纳税所得额时，对"工商部门罚款"在税前进行了扣除。但乙税务机关认为，甲企业 100 万元的"工商部门罚款"不得在税前扣除，并作出了补缴企业所得税 33 万元的决定。甲企业不服，拒绝补缴税款，向丙税务机关申请税务行政复议，丙税务机关要求甲企业提供纳税担保。

要求：根据企业所得税法律制度和税收征收法律制度的规定，分析回答下列问题：

(1) 乙税务机关认为"工商部门罚款"不得在税前扣除的主张是否符合法律规定？并说明理由。

(2) 丙税务机关要求甲企业提供纳税担保的做法是否符合法律规定？并说明理由。

(3) 甲企业能否不申请税务行政复议而直接提起税务行政诉讼？并说明理由。

6. 2009 年 11 月某税务机关对某公司 10 月份业务的纳税检查发现了以下几个问题：

(1) 该公司从一些个体工商户处购买货物，未经税务机关同意，取得了一部分增值税专用发票，并作为进项入账，已抵扣进项税款 140000 元。

(2) 账外销售货物 280000 元（不含税价格），未计入销售额，计算销项税额为 47600 元。

(3) 经核实，该公司 10 月份已缴纳增值税 430000 元，税务机关对该公司做出追缴税款 187600 元（140000＋47600）的处罚，并罚款 93.8 万元。

要求：请根据《税收征收管理法》的规定，对上述公司的行为和税务机关的行为做出判断，并提出处理意见。

7. 某市娱乐中心 2009 年 2 月份实际应缴纳营业税 50 万元，由于资金周转困难，该单位决定向主管地税局申报缴纳 30 万元税款。同年 3 月份，税务部门在检查中发现了该问题。该娱乐中心的行为属于何种性质的税务违法行为？应作何种处罚？

8. 某税务机关与其管辖的纳税人之间发生以下事项：

(1) 发现甲公司开具的普通发票填写项目不齐全，于是停止对甲公司供应发票。

(2) 发现乙公司欠缴税款 40 万元，税务机关在多次催缴无效的情况下，查封了其一处有产权的不动产，准备以其拍卖所得抵缴税款。丙公司闻讯后，以该房产已经抵押给丙公司作为合同担保，并且依法办理了抵押物登记手续为由，对税务机关的查封行为提出异议。

（3）发现丁公司欠缴税款 30 万元，税务机关在多次催缴无效的情况下，对该公司账簿资料进行了检查，发现该公司账户上确实无钱可付，但丁公司放弃了 A 企业应付的一笔早已到期的 30 万元货款。经了解，丁公司从未向 A 企业追讨过欠款。

要求：

（1）分析税务机关对甲公司停止供应发票的处理是否正确。

（2）分析税务机关如何处理对乙公司征收税款与丙公司以房产抵押作为合同担保之间的关系。

（3）分析税务机关可以采取何种措施追缴丁公司欠缴的税款，维护国家税收权益。

下 篇
税收筹划

第二十章 税收筹划

复习与思考题

一、名词术语解释

税收筹划

二、简答题

1. 税收筹划产生的主要原因有哪些？结合我国税收筹划的产生予以阐述。
2. 税收筹划的概念、特征是什么？
3. 税收筹划与偷税、避税之间的区别联系有哪些？
4. 税收筹划呈现哪些主要特征？
5. 税收筹划的主要目标有哪些？
6. 税收筹划应遵循哪些原则？
7. 纳税筹划的分类及范围是什么？

技能训练题

计算题

1. 某专业展览公司组织筹划各种展览会。2009 年 4 月拟定在当地展览馆举办一场为期 10 天的秋季产品展销会，准备参展的企业有 120 家，对每家参展企业收取参展费 2 万元，共计营业额 240 万元，其中包括每个参展商场地租金 1 万元。由于展览公司业务收入属于营业税中"文化体育业"税目，其计税营业额税法没有规定扣除项目，则：展览公司应缴纳营业税＝240×3‰＝7.2（万元），展览公司将场地租金 120 万元付给展览馆，展览馆收取场租应缴纳营业税＝120×5‰＝6（万元），试帮该专业展览公司进行纳税筹划分析。

2. 马先生在一段时间为某天业科技公司提供相同的劳务服务，该单位或一季一次、或半年一次、或一年一次付给马先生劳务报酬。现该单位年底一次性付给马先生 1 年的咨询服务费 72000 元。试帮马先生进行纳税筹划分析。

税收实务训练自测模拟卷（一）

一、单项选择题（下列各题中，分别只有一个符合题意的正确答案，本类题共 15 小题，每小题 2 分，共 30 分。多选、错选、不选均不得分）

1. 区别不同类型税种的主要标志是(　　)。

   A. 税率　　　　　　B. 纳税人　　　　　C. 征税对象　　　　　D. 纳税期限

2. 天海贸易公司进口应税消费品一批，关税完税价格 140 万元，关税 70 万元，该商品消费税税率为 30%，增值税税率为 17%，则进口该商品由海关代征增值税(　　)万元。

   A. 90　　　　　　　B. 51　　　　　　　C. 63　　　　　　　D. 35.7

3. 金银首饰与其他产品组成成套消费品销售的，计算征收消费税的依据是(　　)。

   A. 组成计税价格　　　　　　　　B. 销售全额
   C. 金银首饰的销售额　　　　　　D. 购销差额

4. 下列不属于关税纳税义务人的是(　　)。

   A. 进口货物的收货人　　　　　　B. 出口货物的发货人
   C. 邮递出口物品的收件人　　　　D. 进境物品的携带人

5. 某企业 1 月份缴纳增值税 34 万元，消费税 60 万元，所得税 13 万元。如按 7% 的税率计算，该企业应缴纳的城市维护建设税是(　　)万元。

   A. 8.4　　　　　　B. 4.2　　　　　　C. 6.58　　　　　　D. 6.02

6. 根据资源税法律制度的规定，下列各项中，不属于资源税征税范围的是(　　)。

   A. 天然气　　　　　B. 地下水　　　　　C. 原油　　　　　　D. 液体盐

7. 应纳房产税的一幢房产原值 500000 元，已知房产税税率为 1.2%，当地规定的房产税扣除比例为 25%，则该房产应缴纳房产税(　　)元。

   A. 6000　　　　　　B. 4500　　　　　　C. 1500　　　　　　D. 1250

8. 2005 年 3 月，甲企业与乙企业签订了一份合同，由甲向乙提供货物并运输到乙指定的地点，合同标的金额为 300 万元，其中包括货款和货物运输费用。货物买卖合同适用的印花税税率为 0.3‰，货物运输合同适用的印花税税率为 0.5‰。根据印花税法律制度的规定，甲企业应缴纳印花税(　　)万元。

   A. 0.24　　　　　　B. 0.15　　　　　　C. 0.09　　　　　　D. 0.06

9. 我国土地增值税实行的税率属于(　　)。

   A. 比例税率　　　　　　　　　　B. 超额累进税率
   C. 定额税率　　　　　　　　　　D. 超率累进税率

10. 美国微软公司在中国设立分支机构，其来源于中国境内的所得缴纳企业所得税的税率是（　　）。

　　A. 20%　　　　　　B. 25%　　　　　　C. 30%　　　　　　D. 33%

11. 企业实际发生的与取得收入有关的、合理的支出，包括（　　）和其他支出，准予在计算应纳税所得额时扣除。

　　A. 成本　　　　　　B. 增值税　　　　　　C. 税收滞纳金　　　　D. 行政罚款

12. 企业综合利用资源，生产符合国家产业政策规定的产品所取得的收入可以在计算应纳税所得额时（　　）收入。

　　A. 加倍　　　　　　B. 加成　　　　　　C. 加计　　　　　　D. 减计

13. 新《企业所得税法》规定，在中国境内未设立机构、场所，或设立机构、场所但取得的所得与机构、场所无联系的非居民企业，适用的企业所得税税率为（　　）。

　　A. 15%　　　　　　B. 20%　　　　　　C. 25%　　　　　　D. 30%

14. 根据企业所得税法律制度的规定，下列各项中，在计算企业应纳税所得额时，不准予从收入总额中扣除的是（　　）。

　　A. 增值税　　　　　B. 印花税　　　　　C. 资源税　　　　　D. 消费税

15. 税务机关对自然人纳税人采取税收保全措施时，下列物品中不得采取税收保全措施的有（　　）。

　　A. 车辆

　　C. 单价5000元以下的生活用品

　　B. 豪宅

　　D. 古玩字画

二、多项选择题（下列各小题中，分别有两个或两个以上符合题意的正确答案，本类题共10小题，每小题2分，共20分。多选、少选或错选均不得分）

1. 下列税种属于流转税类的有（　　）。

　　A. 增值税　　　　　B. 消费税　　　　　C. 营业税　　　　　D. 房产税

2. 纳税人销售货物时，下列情况中不能开具增值税专用发票的有（　　）。

　　A. 购货方购进免税药品要求开具专用发票

　　B. 消费者个人购进电脑要求开具专用发票

　　C. 销售报关出口货物

　　D. 境内易货贸易

3. 根据消费税法律制度的规定，纳税人外购和委托加工的应税消费品，用于连续生产应税消费品的，已缴纳的消费税税款准予从应纳消费税税额中抵扣。下列各项中，可以抵扣已缴纳的消费税的有（　　）。

　　A. 委托加工收回的已税化妆品用于生产化妆品

　　B. 委托加工收回的已税玉石用于生产首饰

　　C. 委托加工收回的已税汽车轮胎用于生产小汽车

　　D. 委托加工收回的已税烟丝用于生产卷烟

4. 企业实际发生的与取得收入有关的、合理的支出，准予在计算应纳税所得额时扣除。其中包括（　　）。

　　A. 企业生产的成本、费用

　　C. 企业的损失

　　B. 企业的税金

　　D. 赞助支出

5. 在计算应纳税所得额时，下列支出中不得扣除的有(　　)。

  A. 税收滞纳金   B. 被没收财物的损失

  C. 法定比例范围内的公益性捐赠支出 D. 向投资者支付的股息

6. 根据《个人所得税法》的规定，下列各项中，免征个人所得税的有(　　)。

  A. 张某获得的保险赔款

  B. 王某出租房屋所得

  C. 李某领取的按照国家统一规定发给的补贴

  D. 赵某领取的按照国家统一规定发给的退休工资

7. 税务申请人对税务机关作出的(　　)不服的，应当先向税务机关申请复议，对复议决定不服的，才能向人民法院起诉。

  A. 征收税款   B. 受托代扣代缴

  C. 罚款   D. 没收违法所得

8. 按照《企业所得税法》及其实施条例规定，企业从事下列项目的所得，可以自项目取得第一笔生产经营收入所属纳税年度起，享受定期减免税优惠的有(　　)。

  A. 从事农、林、牧、渔业项目的所得

  B. 从事国家重点扶持的公共基础设施项目投资经营的所得

  C. 从事符合条件的环境保护、节能节水项目的所得

  D. 符合条件的技术转让所得

9. 按照《企业所得税法》及其实施条例规定，固定资产的大修理支出，是指同时符合下列(　　)条件的支出。

  A. 修理支出达到取得固定资产时的计税基础 50% 以上

  B. 修理支出达到取得固定资产时的计税基础 20% 以上

  C. 修理后固定资产的使用年限延长 2 年以上

  D. 固定资产必须是房屋、建筑物

10. 按照《企业所得税法》及其实施条例规定，下列收入应作为其他收入的有(　　)。

  A. 资产溢余收入

  B. 逾期未退包装物押金收入

  C. 债务重组收入

  D. 已作坏账损失处理后又收回的应收款项

  三、判断题 (对的记"√"，错的记"×"，本类题共 10 小题，每小题 2 分，共 20 分)

1. 在计算营业税应纳税额时，纳税人的营业额超过起征点的，仅就超过起征点的部分征税。(　　)

2. 去年购进的一批货物，今年领用一部分发给职工，发放时应做销售计征销项税。(　　)

3. 非金融企业以货币资金投资收取固定利润的行为，应按照"金融保险业"税目征收营业税。(　　)

4. 我国目前只对国家所有的土地征收城镇土地使用税，对集体所有的土地不征收城镇土地使用税。(　　)

5. 甲企业以价值 300 万元的办公用房与乙企业互换一处厂房，并向乙企业支付差价款

100 万元。在这次互换中，乙企业不需缴纳契税，应由甲企业缴纳。（　　）

6. 企业发生的公益救济性捐赠，在应纳税所得额 12% 以内的部分，准予在计算应纳税所得额时扣除。（　　）

7. 《企业所得税法》中所说的收入总额包括财政拨款、税收返还和依法收取并纳入财政管理的行政事业性收费和政府性基金。（　　）

8. 汽车的最低折旧年限为 4 年。（　　）

9. 无形资产的摊销年限为 10 年。（　　）

10. 企业使用或者销售的存货的成本计算方法，可以在后进先出法、加权平均法、个别计价法中选用一种。（　　）

四、计算题（第 1 小题 10 分，第 2、3 小题，每小题 6 分，共 22 分）

1. 某玩具厂是有出口经营权的集体所有制生产企业。2004 年 12 月在国内销售毛绒玩具，不含税的销售额为 3000 万元；该季度报关离境的出口毛绒玩具离岸价为 1000 万美元；该月购入纺织品等原料，增值税专用发票上注明的金额为 5000 万元。上期未抵扣完结转当期抵扣的进项税额为 5 万元（汇率为 100 美元 = 830 元人民币，出口玩具退税率为 15%）。

要求：

（1）该企业适用的出口退税办法是什么？为什么？

（2）外销货物出口环节应纳增值税为多少？为什么？

（3）当期不予抵扣或退税的数额是多少？

（4）当期应纳税额是多少？

（5）当期是否应退税？若应退税，退税额为多少？

2. 某旅行社组织 50 人的旅游团赴太湖旅游，每人收取旅游费 2000 元。旅行社实际为每人支付住宿费 500 元，餐费 500 元，交通费 400 元，门票费 80 元。已知旅游业营业税税率为 5%。该旅行社此次旅游业务应缴纳的营业税为多少？

3. 某企业 2008 年全年取得收入总额为 3000 万元，取得租金收入 50 万元；销售成本、销售费用、管理费用共计 2800 万元；"营业外支出"中列支 35 万元，其中，通过希望工程基金委员会向某灾区捐款 10 万元，直接向某困难地区捐赠 5 万元，非广告性赞助 20 万元。

要求：计算该企业全年应缴纳的企业所得税。

五、案例分析题（8 分）

甲企业 2004 年欠缴税款 100 万元，税务机关在强制执行过程中，发现以下情况：

（1）甲企业于 2005 年 2 月 1 日向 A 银行贷款 100 万元。

（2）甲企业于 2005 年 4 月 1 日向 B 银行贷款 100 万元，甲企业以其机器设备设定抵押，并依法办理了抵押登记手续。

（3）甲企业于 2005 年 4 月 10 日被工商行政管理部门处以 100 万元的罚款。

（4）甲企业于 2005 年 4 月 20 日放弃其对 C 企业 100 万元的债权。

要求：根据税收征收法律制度规定，分别回答以下问题：

（1）税收是否优先于 A 银行？并说明理由。

（2）税收是否优先于 B 银行？并说明理由。

（3）税收是否优先于工商行政管理部门的罚款？并说明理由。

（4）对于甲企业放弃其对 C 企业 100 万元债权的行为，税务机关可以行使何种权利？税务机关行使该权利后，甲企业的纳税义务和法律责任能否免除？并说明理由。

税收实务训练自测模拟卷（二）

一、单项选择题（下列各题中，分别只有一个符合题意的正确答案，本类题共 15 小题，每小题 2 分，共 30 分。多选、错选、不选均不得分）

1. (　　)是征税的具体根据，规定了征税对象的具体范围。
   A. 税目　　　　　　B. 计税依据　　　　　C. 税率　　　　　　D. 纳税环节

2. 按照增值税专用发票管理的规定，在一定条件下，可以开具专用发票的是(　　)。
   A. 销售免税项目　　　　　　　　　B. 销售不动产
   C. 将货物无偿赠送他人　　　　　　D. 将货物用于非应税项目

3. 某日化厂既生产化妆品又生产护肤护发品，为了扩大销路，该厂将化妆品和护肤护发品组成礼品盒销售，当月销售化妆品取得收入 0.85 万元，销售护肤品取得收入 0.68 万元，销售礼品盒取得收入 1.2 万元，上述收入均不含增值税。该企业应缴纳的消费税为(　　)万元。
   A. 0.6694　　　　　B. 0.2550　　　　　C. 0.3600　　　　　D. 0.0544

4. 根据我国《营业税暂行条例》的规定，下列各项中，应缴纳营业税的是(　　)。
   A. 某网络公司买卖股票取得收入 8 万元
   B. 某旅行社从事旅游业务取得收入 20 万元
   C. 某修理厂从事汽车修理取得收入 1.2 万元
   D. 某商场批发、零售商品取得收入 3 万元

5. 根据印花税法律制度的规定，下列各项中，属于印花税纳税人的是(　　)。
   A. 合同的双方当事人　　　　　　　B. 合同的担保人
   C. 合同的代理人　　　　　　　　　D. 合同的鉴定人

6. 国有土地使用权出让时，缴纳契税的计税依据是(　　)。
   A. 土地原值　　　　B. 土地评估价格　　　C. 成交价格　　　　D. 国家定价

7. 按照新《企业所得税法》的规定，企业年度终了后，进行汇算清缴，结清税款的期限是(　　)个月。
   A. 3　　　　　　　　B. 4　　　　　　　　C. 5　　　　　　　　D. 6

8. 按照新《企业所得税法》的规定，在中国境内登记注册的居民企业，缴纳企业所得税额地点是(　　)。
   A. 核算经营地　　　B. 生产经营地　　　　C. 货物销售地　　　D. 登记注册地

9. 企业应当自年度终了之日起(　　)个月内，向税务机关报送年度企业所得税纳税申报表，并汇算清缴，结清应缴应退税款。
   A. 3　　　　　　　　B. 4　　　　　　　　C. 5　　　　　　　　D. 6

10. 某企业 2008 年度以经营租赁方式租入固定资产，支付租赁费 500 万元，租赁期为 5 年，请问 2008 年度该公司应税前扣除为（   ）万元。

    A. 500   B. 50   C. 100   D. 250

11. 甲公司 2008 年度通过某乡政府向该乡的一所小学捐赠 50 万元，通过某县民政局向当地贫困人口捐赠 100 万元。请问 2008 年度允许扣除的捐赠为（   ）万元。当年会计利润为 1000 万元（不含公益性捐赠）。

    A. 50   B. 150   C. 132   D. 100

12. 企业综合利用资源，生产符合国家产业政策规定的产品所取得的收入可以在计算应纳税所得额时（   ）收入。

    A. 加倍   B. 加成   C. 加计   D. 减计

13. 因纳税人、扣缴义务人计算错误等失误，未缴或者少缴税款的，税务机关在 3 年内可以追征税款、滞纳金；有特殊情况的，追征期可延长到（   ）年。

    A. 10   B. 6   C. 8   D. 5

14. 各类企业在外地设立分支机构和从事生产、经营的场所，个体工商户和从事生产经营的事业单位，其向税务机关申请办理税务登记的时间是（   ）。

    A. 自领取营业执照之日起 15 日内   B. 自领取营业执照之日起 30 日内

    C. 自领取营业执照之日起 2 个月内   D. 自领取营业执照之日起 3 个月内

15. 税务机关对自然人纳税人采取税收保全措施时，下列物品中不得采取税收保全措施的有（   ）。

    A. 车辆   B. 豪宅

    C. 单价 5000 元以下的生活用品   D. 古玩字画

    二、多项选择题（下列各小题中，分别有两个或两个以上符合题意的正确答案，本类题共 10 小题，每小题 2 分，共 20 分。多选、少选或错选均不得分）

1. 下列税种中，属于流转税的有（   ）。

    A. 消费税   B. 营业税   C. 房产税   D. 印花税

2. 根据增值税法律制度的有关规定，下列各项中，不征收增值税的是（   ）。

    A. 电力公司销售电力   B. 销售商品混凝土

    C. 发行体育彩票   D. 融资租赁业务

3. 实行从价定率法征收进口消费税的，其组成计税价格为（   ）。

    A. 关税完税价格＋关税

    B. 关税完税价格＋关税＋消费税

    C. 关税完税价格＋关税＋消费税＋增值税

    D. （关税完税价格＋关税）÷（1－消费税税率）

4. 下列各项中，属于关税征税对象的是（   ）。

    A. 贸易性商品

    B. 个人邮寄物品

    C. 入境旅客随身携带的行李和物品

    D. 馈赠物品或以其他方式进入国境的个人物品

5. 下列各项，可以计入利润表"主营业务税金及附加"项目的有（   ）。
   A. 增值税   B. 城市维护建设税
   C. 教育费附加   D. 矿产资源补偿费

6. 根据资源税法律制度的规定，下列各项中，应征收资源税的有（   ）。
   A. 开采井矿盐   B. 开采地下水   C. 开采原煤   D. 开采原油

7. 根据车船税法律制度的规定，下列使用中的交通工具，属于车船税征收范围的有（   ）。
   A. 小轿车   B. 货船   C. 摩托车   D. 客轮

8. 下列项目属于房地产开发成本的是（   ）。
   A. 土地征用及拆迁补偿费   B. 建筑安装工程费
   C. 公共配套设施费   D. 前期工程费

9. 在计算应纳税所得额时，企业财务、会计处理办法与税收法律、行政法规的规定不一致的，应当依照（   ）的规定计算纳税。
   A. 税收法律   B. 税收行政法规
   C. 国家税务总局的规章   D. 税收地方性法规

10. 下列项目中，直接以每次收入额为应纳税所得额计算缴纳个人所得税的有（   ）。
    A. 稿酬所得   B. 利息、股息、红利所得
    C. 偶然所得   D. 特许权使用费所得

三、判断题（对的记"√"，错的记"×"，本类题共 10 小题，每小题 2 分，共 20 分）

1. 课税对象的数额超过免征额的，只就减除免征额后的剩余部分计征税款。（   ）

2. 销售给商业小规模纳税义务人的货物按 6％计税。（   ）

3. 销售房地产、热处理加工和房屋租赁业，均属于营业税征税范围。（   ）

4. 几个人或几家单位共同拥有同一块土地的使用权，则由其轮流缴纳这块土地的城镇土地使用税。（   ）

5. 企业销售低值易耗品不属于《企业所得税法》所称销售货物收入。（   ）

6. 企业销售货物涉及现金折扣的，应当按照扣除现金折扣后的金额确定销售货物收入金额。（   ）

7. 企业以经营租赁方式租入固定资产发生的租赁费支出，按照固定资产使用年限均匀扣除。（   ）

8. 企业发生的合理的劳动保护支出，准予扣除。（   ）

9. 企业取得的债券利息收入免征企业所得税。（   ）

10. 某工业企业，年度应纳税所得额 20 万元，从业人数 50 人，资产总额 1000 万元，它属于小型微利企业。（   ）

四、计算题（第 1 小题 8 分，第 4 小题 10 分，第 2、3 小题，每小题 6 分，共 30 分）

1. 某服装公司为增值税一般纳税人。2006 年 10 月份从国外进口一批服装布料，海关审定的完税价格为 50 万元，该批服装布料分别按 5％和 17％的税率向海关缴纳了关税和进口环节增值税，并取得了相关完税凭证。
   该批服装布料当月加工成服装后全部在国内销售，取得销售收入 100 万元（不含增

值税），同时支付运输费 3 万元（取得运费发票）。

已知：该公司适用的增值税税率为 17%。

要求：

（1）计算该公司当月进口服装布料应缴纳的增值税。

（2）计算该公司当月允许抵扣的增值税进项税额。

（3）计算该公司当月销售服装应缴纳的增值税。

2. 某旅行社于 2005 年 5 月份发生如下业务：

（1）组织旅游团到西安旅游，共收取旅游费用 20 万元，其中替旅游者支付其他单位的房费、餐费、交通费、门票费等共计 12 万元。

（2）组织旅游团到韩国旅游，到国外后由境外某旅游公司接团。全程旅游费 50 万元，转付接团公司旅游费 30 万元。

要求：计算该旅行社本期应缴纳的营业税。

3. 某企业拥有 A、B 两栋房产，A 栋自用，B 栋出租。A、B 两栋房产在 2005 年 1 月 1 日时的原值分别为 1200 万元和 1000 万元，2005 年 4 月底 B 栋房产租赁到期。自 2005 年 5 月 1 日起，该企业由 A 栋搬至 B 栋办公，同时对 A 栋房产开始进行大修至年底完工。企业出租 B 栋房产的月租金为 10 万元，地方政府确定按房产原值减除 20% 的余值计税。该企业当年应缴纳房产税多少万元？

4. 某县一家机械制造企业，2008 年实现税前收入总额 2000 万元（其中包括产品销售收入 1800 万元、购买国库券利息收入 100 万元），发生各项成本费用共计 1000 万元，其中包括：合理的工资薪金总额 200 万元、业务招待费 100 万元，职工福利费 50 万元，职工教育经费 2 万元，工会经费 10 万元，税收滞纳金 10 万元，提取的各项准备金支出 100 万元。另外，企业当年购置环境保护专用设备 500 万元，购置完毕即投入使用。计算该企业当年应缴纳的企业所得税（假定企业以前年度无未弥补亏损）。

税收实务训练自测模拟卷（三）

一、单项选择题 （下列各题中，分别只有一个符合题意的正确答案，本类题共 15 小题，每小题 2 分，共 30 分。多选、错选、不选均不得分）

1. 在税制要素中，对纳税对象总额中的一部分数额免予征税，只就减除后的剩余部分计征税款，被免予征税的这部分数额是（   ）。
   A. 计税依据　　　　B. 免征额办法　　　C. 税基　　　　　　D. 起征点

2. 某企业为增值税一般纳税人，购入材料一批，增值税专用发票上标明的价款为 25 万元，增值税为 4.25 万元，另支付材料的保险费 2 万元、包装物押金 2 万元。该批材料的采购成本为（   ）万元。
   A. 27　　　　　　　B. 29　　　　　　　C. 29.25　　　　　D. 31.25

3. 某公司将自制产品作为职工福利发放，该产品成本 100 万元，核定的利润 40 万元，适用 30% 的消费税税率，则该产品应缴消费税（   ）万元。
   A. 12　　　　　　　B. 30　　　　　　　C. 60　　　　　　　D. 42

4. 根据《营业税暂行条例》及其实施细则规定，下列各项中，不属于营业税征收范围的是（   ）。
   A. 金融保险业　　　B. 修理修配业　　　C. 文化体育业　　　D. 建筑业

5. 下列各项中不免征城镇土地使用税的是（   ）。
   A. 市政街道、广场、绿化地带等公共用地
   B. 纳税单位无偿使用免税单位的土地
   C. 中国人民银行总行（含国家外汇管理局）所属分支机构自用的土地
   D. 非营利性医疗机构、疾病控制机构和妇幼保健机构等卫生机构自用的土地

6. 根据印花税法律制度的有关规定，下列凭证中不属于印花税征税范围的是（   ）。
   A. 原始凭证　　　B. 工商营业执照　　　C. 购销合同　　　D. 借款合同

7. 刘某在北京市西城区工作，张某在东城区工作，双方因工作调动，协议互换住宅，根据评估结果及协议约定，由张某向刘某支付补价 50000 元。该地方契税适用税率为 5%，则（   ）。
   A. 由刘某缴纳契税 2500 元　　　　B. 由张某缴纳契税 2500 元
   C. 个人之间换房的，双方均可免征契税　　D. 双方均应缴纳 2500 元的契税

8. 《企业所得税法》所称企业以非货币形式取得的收入，应当按照（   ）确定收入额。
   A. 公允价值　　　B. 重置价值　　　C. 历史价值　　　D. 原始价值

9. 以下是企业所得税纳税人的有（   ）。
   A. 个人独资企业　　B. 合伙企业　　　C. 一人有限责任公司　D. 居民个人

10. 畜类生产性生物资产计算折旧的最低年限为(　　　)年。

    A. 2　　　　　　　　B. 3　　　　　　　　C. 4　　　　　　　　D. 5

11. 按照《企业所得税法》及其实施条例规定，下列各项中属于非居民企业的有(　　　)。

    A. 在黑龙江省工商局登记注册的企业

    B. 在美国注册但实际管理机构在哈尔滨的外资独资企业

    C. 在美国注册的企业设在苏州的办事处

    D. 在黑龙江省注册但在中东开展工程承包的企业

12. 企业每一纳税年度的收入总额，减除(　　　)后的余额，为应纳税所得额。

    A. 不征税收入、各项扣除、免税收入以及允许弥补的以前年度亏损

    B. 不征税收入、免税收入、各项扣除以及允许弥补的以前年度亏损

    C. 免税收入、不征税收入、各项扣除以及允许弥补的以前年度亏损

    D. 不征税收入、各项扣除、允许弥补的以前年度亏损以及免税收入

13. 《企业所得税法》规定无形资产的摊销年限不得低于(　　　)年。

    A. 3　　　　　　　　B. 5　　　　　　　　C. 8　　　　　　　　D. 10

14. 按照《企业所得税法》及其实施条例规定，工业企业要享受《企业所得税法》中小型微利企业的优惠税率，下列说法正确的是(　　　)。

    A. 从事国家非限制和禁止行业　　　　　B. 年度应纳税所得额不超过 40 万元

    C. 从业人数不超过 40 人　　　　　　　D. 资产总额不超过 1000 万元

15. 因纳税人、扣缴义务人计算错误等失误，未缴或者少缴税款的，税务机关在 3 年内可以追征税款、滞纳金；有特殊情况的，追征期可延长到(　　　)年。

    A. 10　　　　　　　B. 6　　　　　　　　C. 8　　　　　　　　D. 5

    二、多项选择题（下列各小题中，分别有两个或两个以上符合题意的正确答案，本类题共 10 小题，每小题 2 分，共 20 分。多选、少选或错选均不得分）

1. 我国现行的税率主要有(　　　)。

    A. 比例税率　　　　B. 超额累进税率　　　C. 定额税率　　　　D. 超率累进税率

2. 根据《增值税暂行条例》的规定，下列关于增值税专用发票开具时限的表述中，正确的有(　　　)。

    A. 采取交款提货结算方式的，增值税专用发票开具时限为合同约定发货日期的当天

    B. 采取分期付款结算方式的，增值税专用发票开具时限为货物发出的当天

    C. 采取托收承付结算方式的，增值税专用发票开具时限为货物发出的当天

    D. 采取委托银行收款结算方式的，增值税专用发票开具时限为货物发出的当天

3. 根据《消费税暂行条例》的规定，下列各项中，属于消费税征收范围的有(　　　)。

    A. 卷烟　　　　　　B. 化妆品　　　　　　C. 自行车　　　　　D. 小汽车

4. 根据《城市维护建设税暂行条例》的规定，下列各项中，构成城市维护建设税计税依据的有(　　　)。

    A. 缴纳的增值税税额　　　　　　　　　B. 缴纳的消费税税额

    C. 缴纳的营业税税额　　　　　　　　　D. 缴纳的所得税税额

5. 根据土地增值税法律制度的规定，下列项目中，在计算增值额时准予从转让房地产取得的收入中扣除的有（　　　）。

　　A. 拆迁补偿费　　　　　　　　　　B. 前期工程费

　　C. 开发间接费用　　　　　　　　　D. 公共配套设施费

6.《企业所得税法》将企业所得税纳税人分为（　　　）。

　　A. 居民企业　　　　B. 本地企业　　　　C. 外地企业　　　　D. 非居民企业

7. 下面是居民企业的有（　　　）。

　　A. 在福建省工商局登记注册的企业

　　B. 在日本注册但实际管理机构在北京的企业

　　C. 在日本注册的企业设在北京的办事处

　　D. 在福建省注册但在中东开展工程承包的企业

8. 个人取得下列各项所得，必须自行申报纳税的有（　　　）。

　　A. 年所得 12 万元以上的

　　B. 取得应税所得，没有扣缴义务人的

　　C. 取得一次性劳务报酬所得的

　　D. 从两处或两处以上取得工资、薪金所得的

9. 根据税收征收法律制度的规定，下列各项税款中，税务机关可以无限期追征的有（　　　）。

　　A. 纳税人偷税的税款

　　B. 纳税人抗税的税款

　　C. 纳税人骗税的税款

　　D. 因纳税人计算错误未缴或者少缴的税款在 10 万元以上的

10. 根据税收征收法律制度的规定，纳税人超过应纳税额缴纳的税款，自结算缴纳税款之日起 3 年内发现的，下列各项中，符合规定的有（　　　）。

　　A. 纳税人可以要求税务机关退还多缴的税款

　　B. 纳税人不得要求税务机关退还多缴的税款

　　C. 纳税人可以向税务机关要求加算多缴税款部分的银行同期利息

　　D. 纳税人不得向税务机关要求加算多缴税款部分的银行同期利息

　　三、判断题（对的记"√"，错的记"×"，本类题共 10 小题，每小题 2 分，共 20 分）

1. 起征点是指征税对象达到一定数额才开始征税的界限，征税对象的数额达到规定数额的，只对其超过起征点部分的数额征税。（　　　）

2. 一般纳税义务人购买或销售免税货物所发生的运输费用，可以根据运输部门开具的运费结算单据所列运费金额，依照 7% 的扣除率计算抵扣进项税额。（　　　）

3. 营业税纳税人兼营增值税应税劳务不能分别核算的，其应税劳务应一并征收营业税。（　　　）

4. 根据《资源税暂行条例》的规定，资源税的纳税义务人暂不含外资企业和外国企业。

5. 房地产开发企业建造的商品房在出售前，不征收房产税，但对出售前房地产开发企业已使用或出租、出售的房产应按规定征收房产税。（　　　）

6. 只要拥有车船就要缴纳车船税。（　　　）

7. 企业取得国家财政性补贴和其他补贴收入应当依法缴纳企业所得税。（　　　）

8. 企业受托加工制造大型机械设备、船舶、飞机等，以及从事建筑、安装、装配工程业务或者提供劳务等，持续时间超过 12 个月的，按照全部完工进度或者完成的工作量确认收入的实现。（　　　）

9. 《企业所得税法》规定企业安置残疾人员所支付的工资，在据实扣除的基础上，按照支付给残疾职工工资的 100％加计扣除。（　　　）

10. 由于技术进步，产品更新换代较快的固定资产，《企业所得税法》允许采取缩短折旧年限或者采取加速折旧的方法计提折旧。（　　　）

四、计算题（第 1 小题 8 分，第 4 小题 10 分，第 2、3 小题，每小题 6 分，共 30 分）

1. 某外贸公司于 2003 年 8 月进口货物一批。该批货物在国外的买价为 90 万元，运抵我国口岸前发生的包装费、运输费、保险费等共计 20 万元。货物已报关纳税并取得了海关开具的完税凭证。假定该批进口货物在国内全部销售，取得不含税销售额 150 万元。

   要求：计算该批货物进口环节、国内销售环节分别应缴纳的增值税（货物进口关税税率 15％，增值税税率 17％）。

2. 某企业 2003 年 3 月份发生下列业务：

   （1）从国外进口一批 A 类化妆品，关税完税价格为 820000 元，已缴纳关税 230000 元。

   （2）委托某工厂加工 B 类化妆品，提供原材料价值 68000 元，支付加工费 2000 元，该批加工产品已收回（受托方没有 B 类化妆品同类货物价格）。

   （3）销售本企业生产的 C 类护肤品，取得销售额 580000 元（不含增值税）。

   （4）"三八"妇女节，向全体女职工发放 C 类护肤品，计税价格 8000 元（不含增值税）。

   其他相关资料：A 类、B 类化妆品适用的消费税税率均为 30％，C 类护肤品适用的消费税税率为 8％。

   要求：

   （1）计算 A 类化妆品应缴纳的消费税。

   （2）计算 B 类化妆品应缴纳的消费税。

   （3）计算 C 类护肤品应缴纳的消费税。

   （4）计算该企业 3 月份应缴纳的消费税。

3. 2006 年 10 月，某房地产开发公司建造了一套普通标准住宅出售，出售价格为 5000 万元，并按规定缴纳了有关税费（营业税税率为 5％、城市维护建设税税率为 7％、教育费附加为 3％、印花税税率为 0.5‰）。该开发公司为取得土地使用权支付的地价款和有关费用合计为 1200 万元，开发成本为 1800 万元。该公司不能按转让房地产项目计算分摊利息支出，当地规定的房地产开发费用的计算扣除比率为 10％。

   要求：计算该公司当月应该缴纳的土地增值税。

4. 某广告公司 2008 年 1 月 1 日开业经营，从事广告服务和广告代理业务。次年 5 月，税务机关多次通知该公司尽快办理年度所得税申报，该公司均以无利润为由，拒不申报。当税务机关派员进行稽查时，该公司才提供如下纳税资料：2008 年业务收入

1000 万元；缴纳营业税 50 万元；缴纳城建税和教育费附加 5 万元，业务支出 400 万元；管理费用 400 万元，其中包括一次列支办公设备购置费 200 万元（使用 5 年）；财务费用 110 万元，未经核定的准备金支出 25 万元，赞助支出 10 万元。该公司计算的应纳税所得额为：

应纳税所得额 ＝ 1000－50－5－400－400－110－25－10＝ 0（元）

要求：

（1）根据《企业所得税法》的有关规定，分析该公司计算的应纳税所得额是否正确？

（2）如不正确，请指出错误之处，并列出步骤计算应纳税所得额。

（3）正确计算该公司应纳所得税额。

（4）根据《税收征收管理法》和《刑法》的有关规定，分析指出该公司的行为属于什么行为？

（5）如果该公司以资金困难为由未缴纳，虽经税务机关一再催缴，至 2009 年 8 月仍拖欠税款。经税务机关了解，该企业的银行账户上没有相当于应纳税款金额的存款。2009 年 10 月，税务机关得知，该企业有一到期债权 40 万元，一直未予追偿。税务机关拟行使代位权，追偿该企业到期债权 40 万元。税务机关是否有权行使代位权？简要说明理由。

税收实务训练自测模拟卷（四）

一、单项选择题（下列各题中，分别只有一个符合题意的正确答案，本类题共 15 小题，每小题 2 分，共 30 分。多选、错选、不选均不得分）

1. 下列各项中，属于税收法律关系客体的是( )。
   - A. 征税人
   - B. 课税对象
   - C. 纳税人
   - D. 纳税义务

2. 增值税一般纳税人发生的下列业务中，应当开具增值税专用发票的是( )。
   - A. 向一般纳税人销售应税货物
   - B. 向消费者销售应税货物
   - C. 将自产货物用于个人消费
   - D. 销售不动产

3. 现行消费税的计税依据是指( )。
   - A. 含消费税而不含增值税的销售额
   - B. 含消费税且含增值税的销售额
   - C. 不含消费税而含增值税的销售额
   - D. 不含消费税也不含增值税的销售额

4. 根据《营业税暂行条例》的规定，下列各项中，属于营业税征收范围的是( )。
   - A. 销售货物
   - B. 进口货物
   - C. 转让无形资产
   - D. 提供修理修配劳务

5. 某企业 3 月份销售应税货物缴纳增值税 34 万元、消费税 12 万元，出售房产缴纳营业税 10 万元、土地增值税 4 万元。已知该企业所在地使用的城市维护建设税税率为 7%。该企业 3 月份应缴纳的城市维护建设税为( )万元。
   - A. 4.20
   - B. 3.92
   - C. 3.22
   - D. 2.38

6. 根据城镇土地使用税法律制度的规定，下列各项中，属于城镇土地使用税计税依据的是( )。
   - A. 建筑面积
   - B. 使用面积
   - C. 居住面积
   - D. 实际占用的土地面积

7. 应缴纳房产税的一幢房产原值 500000 元，已知房产税税率为 1.2%，当地规定的房产税扣除比例为 25%，则该房产应缴纳房产税为( )元。
   - A. 6000
   - B. 4500
   - C. 1500
   - D. 1250

8. 在计算应纳税所得额时，下列支出不得扣除的是( )。
   - A. 缴纳的营业税
   - B. 合理分配的材料成本
   - C. 企业所得税税款
   - D. 销售固定资产的损失

9. 企业与其关联方共同开发、受让无形资产，或者共同提供、接受劳务发生的成本，在计算应纳税所得额时应当按照( )进行分摊。
   - A. 公平交易原则
   - B. 独立交易原则
   - C. 方便管理原则
   - D. 节约成本原则

10. 企业从其关联方接受的债权性投资与权益性投资的比例超过规定标准而发生的

（ ）支出，不得在计算应纳税所得额时扣除。

    A. 管理费用   B. 利息   C. 生产成本   D. 损失

11. 安置残疾人员及国家鼓励安置的其他就业人员所支付的工资，可以在计算应纳税所得额时( )扣除。

    A. 全额   B. 减半   C. 加倍   D. 加计

12. 某企业 2008 年通过民政部门向希望小学捐赠货物价款 35 万元，已知该企业当年的利润总额为 90 万元，那么，准予在计算应纳税所得额时扣除的捐赠是( )万元。

    A. 27   B. 35   C. 10.8   D. 2.7

13. 下面是征税收入的有( )。

    A. 依法收取并纳入财政管理的政府性基金

    B. 依法收取并纳入财政管理的行政收费

    C. 国债利息收入

    D. 信用社存款利息收入

14. 在计算应纳税所得额时，下列支出允许扣除的是( )。

    A. 土地增值税税款   B. 企业所得税税款

    C. 税收滞纳金   D. 向环保局缴纳的罚款

15. 根据《税收征收管理法实施细则》的规定，纳税人的完税凭证、发票等涉税资料应当保存的期限是( )年。

    A. 3   B. 5   C. 10   D. 20

    二、多项选择题（下列各小题中，分别有两个或两个以上符合题意的正确答案，本类题共 10 小题，每小题 2 分，共 20 分。多选、少选或错选均不得分）

1. 下列各项中，构成税法的三个最基本的要素包括( )。

    A. 纳税义务人   B. 税率   C. 征税对象   D. 税目

2. 下列税额，可以从销项税额中抵扣或应纳税额中抵免的有( )。

    A. 营业税纳税人购置税控收款机取得的增值税专用发票上注明的税额

    B. 增值税一般纳税人购置税控收款机取得的增值税专用发票上注明的税额

    C. 增值税小规模纳税人购置税控收款机取得的增值税专用发票上注明的税额

    D. 增值税一般纳税人购置防伪税控能用设备取得的增值税专用发票上注明的税额

3. 消费税中实行从量定额和从价定率相结合计算应纳税额办法的有( )。

    A. 卷烟   B. 粮食白酒   C. 黄酒   D. 薯类白酒

4. 下列出口货物完税价格确定方法中，符合关税法规定的有( )。

    A. 海关依法估价确定的完税价格

    B. 以成交价格为基础确定的完税价格

    C. 根据境内生产类似货物的成本、利润和费用计算出的价格

    D. 以相同或类似的进口货物在境内销售价格为基础估定的完税价格

5. 下面不是征税收入的有( )。

    A. 依法收取并纳入财政管理的政府性基金   B. 国债利息收入

    C. 依法收取并纳入财政管理的行政收费   D. 信用社存款利息收入

6. 企业实际发生的与取得收入有关的、合理的支出，包括（　　）和其他支出，准予在计算应纳税所得额时扣除。

　　A. 成本　　　　　　B. 费用　　　　　　C. 税金　　　　　　D. 损失

7. 《企业所得税法》第二条所称依法在中国境内成立的企业，包括依照中国法律、行政法规在中国境内成立的（　　）以及其他取得收入的组织。

　　A. 企业　　　　　　B. 事业单位　　　　C. 社会团体　　　　D. 国家机关

8. 企业使用或者销售的存货的成本计算方法，可以在（　　）中选用一种。计价方法一经选用，不得随意变更。

　　A. 先进先出法　　　B. 后进先出法　　　C. 加权平均法　　　D. 个别计价法

9. 根据《税收征收管理法》的规定，税务机关在税款征收中，根据不同情况，有权采取的措施有（　　）。

　　A. 加收滞纳金　　　B. 追征税款　　　　C. 核定应纳税额　　D. 吊销营业执照

10. 下列各项中，适用《税收征收管理法》的有（　　）。

　　A. 营业税　　　　　B. 增值税　　　　　C. 消费税　　　　　D. 关税

　　三、判断题（对的记"√"，错的记"×"，本类题共 10 小题，每小题 2 分，共 20 分）

1. 我国税法的执行，就是要求税务机关、税务人员执法，公民、法人、社会团体及其他组织守法。（　　）

2. 对从事成品油销售的加油站，无论其年应税销售额是否超过 180 万元，一律按增值税一般纳税人征税。（　　）

3. 单位出租土地使用权、不动产的营业税纳税地点为出租单位机构所在地。（　　）

4. 进口的矿产品和盐，不征收资源税；出口的矿产品和盐，也不免征或退还已纳资源税。（　　）

5. 汽车制造厂将自产小汽车捐赠给北京大学，应当按视同销售计征增值税、消费税、企业所得税，同时还应当缴纳城建税、教育费附加、印花税。（　　）

6. 凡是土地使用权转让的行为都属于土地增值税的征税范围。（　　）

7. 除国务院财政、税务主管部门另有规定外，企业发生的职工教育经费支出，不超过工资薪金总额 2.5% 的部分，准予扣除；超过部分，不得扣除。（　　）

8. 企业发生的与生产经营活动有关的业务招待费支出，按照不超过当年销售（营业）收入的 5‰ 扣除。（　　）

9. 企业在纳税年度内无论盈利或者亏损，都应当向税务机关报送预缴企业所得税纳税申报表、年度企业所得税纳税申报表、财务会计报告和税务机关规定应当报送的其他有关资料。（　　）

10. 个人独资企业和合伙企业是企业所得税的纳税人。（　　）

　　四、计算题（共 5 小题，每小题 6 分，共 30 分）

1. 某商场为增值税一般纳税人，2006 年 3 月份发生以下购销业务：

（1）购入日用品取得增值税专用发票上注明的货款为 100000 元，同时支付货物运输费 3500 元。

（2）将购入的一批货物作为礼物赠送给关联企业，同类商品的销售价为 30000 元

（不含税价）。

（3）向小规模纳税人销售货物金额为 23400 元，柜台零售货物金额为 11700 元，向一般纳税人销售货物价款 60000 元。

（4）"三八"节以价值 8000 元（不含税进价）的库存商品作为女职工福利。

（5）向灾区捐赠货物一批，不含税金额为 50000 元。

要求：计算该商场当月应缴纳的增值税。

2. 甲建筑公司以 16000 万元的总承包额中标为某房地产开发公司承建一幢写字楼，之后，甲建筑公司又将该写字楼工程的装饰工程以 7000 万元分包给乙建筑公司。工程完工后，房地产开发公司用其自有的市值 4000 万元的两幢普通住宅楼抵顶了应付给甲建筑公司的工程劳务费；甲建筑公司将一幢普通住宅楼自用，另一幢市值 2200 万元的普通住宅抵顶了应付给乙建筑公司的工程劳务费。

要求：分别计算有关各方应缴纳和应扣缴的营业税。

3. 某县城生产护肤品的公司本月缴纳增值税 10 万元，消费税 30 万元，补缴上月应纳消费税 6 万元，取得出口退还增值税 5 万元，缴纳进口关税 8 万元、进口增值税 20 万元、进口消费税 10 万元。

要求：计算本月应缴纳的城建税和教育费附加。

4. 甲单位将其所拥有的新建办公楼一幢出售给乙单位，售价为 4900 万元，按照甲企业提供的有关资料，甲企业在取得该土地使用权时，共支付土地出让金 850 万元，在建设该办公楼过程中，支付有关此拆迁补偿费 160 万元，支付前期开发费用 70 万元，支付建筑安装工程费 1520 万元，支付基础设施费 240 万元，支付开发间接费用 134 万元，建造过程中发生贷款利息支出 76 万元，支付有关税金 245 万元。

要求：计算该单位应缴纳的土地增值税。

5. 某汽车轮胎厂（以下简称企业），2008 年度有关经营情况如下：

全年实现产品销售收入 5000 万元，固定资产盘盈收入 20 万元，其他业务收入 30 万元，国债利息收入 20 万元；应结转产品销售成本 3000 万元；应缴纳增值税 90 万元，消费税 110 万元，城市维护建设税 14 万元，教育费附加 6 万元；发生产品销售费用 250 万元；发生财务费用 12 万元（其中因逾期归还银行贷款，支付银行罚息 2 万元）；发生管理费用 802 万元（其中新产品研究开发费用 90 万元）；发生营业外支出 70 万元（其中因排污不当被环保部门罚款 15 万元）。

要求：

（1）计算收入总额。

（2）简要分析并计算应税扣除项目合计。

（3）计算应缴纳的企业所得税。

税收实务训练自测模拟卷（五）

一、单项选择题（下列各题中，分别只有一个符合题意的正确答案，本类题共 15 小题，每小题 2 分，共 30 分。多选、错选、不选均不得分）

1. 减免税的方式不包括（　　）。
   A. 税基式减免　　　B. 税率式减免　　　C. 税额式减免　　　D. 自由式减免

2. 下列各项中，属于增值税征收范围的是（　　）。
   A. 提供通信服务　　B. 提供金融服务　　C. 提供加工劳务　　D. 提供旅游服务

3. 应交消费税的委托加工物资收回后用于连续生产应税消费品的，按规定准予抵扣的由受托方代扣代缴的消费税，应当计入（　　）。
   A. 生产成本　　　　B. 应交税金　　　　C. 主营业务成本　　D. 委托加工物资

4. 根据营业税法律制度的规定，下列各项中，应缴纳营业税的是（　　）。
   A. 某商场销售烟酒　　　　　　　　　B. 高某将闲置住房无偿赠与他人
   C. 某房地产公司销售商品房　　　　　D. 某服装厂加工服装

5. 下列不属于城建税的税率之一的是（　　）。
   A. 7%　　　　　　　B. 5%　　　　　　　C. 3%　　　　　　　D. 1%

6. 某企业实际占地面积共为 30000 平方米，其中企业子弟学校面积 2000 平方米，医院占地 1000 平方米。该企业每年应缴纳的城镇土地使用税为（　　）元（该企业所处地段适用年税额为 3 元/平方米）。
   A. 81000　　　　　　B. 84000　　　　　　C. 87000　　　　　　D. 90000

7. 按规定，纳税义务人新购置的车船，从（　　）起发生纳税义务。
   A. 使用之日　　　　　　　　　　　　B. 购置使用的当月
   C. 购置使用的次月　　　　　　　　　D. 使用的次日

8. 国有土地使用权出让时，缴纳契税的计税依据是（　　）。
   A. 土地原值　　　　B. 土地评估价格　　C. 成交价格　　　　D. 国家定价

9. 企业开发新技术、新产品、新工艺发生的研究开发费用，可以在计算应纳税所得额时（　　）扣除。
   A. 全额　　　　　　B. 加计　　　　　　C. 减半　　　　　　D. 加倍

10. 企业与其关联方之间的业务往来，不符合独立交易原则而减少企业或者其关联方应纳税收入或者所得额的，税务机关有权按照合理方法调整。与合理方法不符的是（　　）。
    A. 可比受控价格法　　　　　　　　　B. 再销售价格法
    C. 成本加成法　　　　　　　　　　　D. 交易净利润法

11. 按照《企业所得税法》及其实施条例规定，飞机、火车、轮船以外的运输工具计算折旧的最低年限是(　　)年。

    A. 3　　　　　　　B. 4　　　　　　　C. 5　　　　　　　D. 10

12. 以分期收款方式销售货物的，按照(　　)日期确认收入的实现。

    A. 合同约定收款　　B. 发出商品　　　　C. 实际收到货款　　D. 预收货款

13. 按照规定摊销的固定资产大修理支出，是指同时符合下列条件的支出：(一) 修理支出达到取得固定资产时的计税基础(　　)以上；(二) 修理后固定资产的使用年限延长(　　)年以上。

    A. 50%、1　　　　B. 20%、2　　　　C. 50%、2　　　　D. 20%、1

14. 下面所得项目中按《企业所得税法》规定，不可以减免税的所得有(　　)。

    A. 从事农、林、牧、渔项目的所得

    B. 从事国家重点扶持的公共基础设施项目投资的所得

    C. 从事高新技术、新产品、新工艺项目的所得

    D. 从事符合条件的环境保护、节能节水项目的所得

15. 根据《税收征收管理法实施细则》的规定，纳税人的完税凭证、发票等涉税资料应当保存的期限是(　　)年。

    A. 3　　　　　　　B. 5　　　　　　　C. 10　　　　　　　D. 20

    二、多项选择题（下列各小题中，分别有两个或两个以上符合题意的正确答案，本类题共 10 小题，每小题 2 分，共 20 分。多选、少选或错选均不得分）

1. 下列各项中，属于税收实体法基本要素的有(　　)。

    A. 计税依据　　　　B. 纳税义务人　　　C. 征税人　　　　　D. 税务代理人

2. 下列各项中，属于增值税征收范围的有(　　)。

    A. 销售钢材　　　　B. 销售自来水　　　C. 销售电力　　　　D. 销售房屋

3. 纳税人自产自用的应税消费品，用于(　　)应缴纳消费税。

    A. 在建工程　　　　　　　　　　　　B. 职工福利

    C. 管理部门　　　　　　　　　　　　D. 连续生产应税消费品

4. 下面所得项目中按《企业所得税法》规定，可以减免税的所得有(　　)。

    A. 从事农、林、牧、渔项目的所得

    B. 从事国家重点扶持的公共基础设施项目投资的所得

    C. 从事高新技术、新产品、新工艺项目的所得

    D. 从事符合条件的环境保护、节能节水项目的所得

5. 在计算应纳税所得额时，下列支出不得扣除的有(　　)。

    A. 土地增值税税款　　　　　　　　　B. 企业所得税税款

    C. 税收滞纳金　　　　　　　　　　　D. 向环保部门缴纳的罚款

6. 下面可以在税前计算摊销费用的有(　　)。

    A. 已足额提取折旧的固定资产的改建支出　　B. 租入固定资产的改建支出

    C. 自创商誉　　　　　　　　　　　　D. 固定资产的大修理支出

7. 按照《企业所得税法》及其实施条例规定，工业企业要享受《企业所得税法》中小

型微利企业的优惠税率，必须同时符合的有（　　）。

    A. 从事国家非限制和禁止行业   B. 年度应纳税所得额不超过 30 万元

    C. 从业人数不超过 100 人   D. 资产总额不超过 3000 万元

8. 按照《企业所得税法》规定，在计算应纳税所得额时，下列支出可以税前扣除的有（　　）。

    A. 土地增值税税款   B. 企业所得税税款

    C. 银行罚息   D. 向环保部门缴纳的罚款

9. 根据《刑法》的规定，下列各项中，属于偷税行为的有（　　）。

    A. 纳税人虚假纳税申报，不缴或少缴应纳税款

    B. 纳税人在账簿上多列支出，不缴或少缴应纳税款

    C. 纳税人隐匿账簿、记账凭证，不缴或少缴应纳税款

    D. 纳税人伪造账簿、记账凭证，不缴或少缴应纳税款

10. 下列各项中，属于法定税务登记事项的有（　　）。

    A. 开业税务登记   B. 注销税务登记

    C. 停业税务登记   D. 临时经营税务登记

三、判断题（对的记"√"，错的记"×"，本类题共 10 小题，每小题 2 分，共 20 分）

1. 在税收法律关系中权利主体双方的法律地位是平等的，双方的权利与义务也是对等的。（　　）

2. 生产企业委托外贸企业代理出口自产货物以及有出口经营权的外贸企业收购货物后委托其他外贸企业代理出口，均适用"免、抵、退"方法计算应退税额。（　　）

3. 委托加工的应税消费品，受托方在交货时已代收代缴消费税，委托方收回后直接出售的，不再征收消费税。（　　）

4. 在我国境内提供各种劳务的收入，均应缴纳营业税。（　　）

5. 资源税仅对在中国境内开采或生产应税产品的单位和个人征收，对进口的矿产品和盐不征收。（　　）

6. 对于由委托方提供原材料的加工承揽合同，凡是合同中分别记载加工费金额和原材料金额的，应分别按"加工承揽合同"和"购销合同"计税贴花；若合同中未分别记载，则应就全部金额依照"加工承揽合同"计税贴花。（　　）

7. 纳税人建造普通标准住宅出售，增值额超过扣除项目金额 20％的，应就其超过部分按规定计征土地增值税。（　　）

8. 企业发生的职工福利费支出，不超过工资薪金总额 14％的部分，准予扣除。（　　）

9. 企业参加财产保险，按照规定缴纳的保险费，准予扣除。（　　）

10. 企业对外投资期间，投资资产的成本在计算应纳税所得额时不得扣除。（　　）

四、计算题（第 1 小题 4 分，第 3 小题 8 分，其余每小题 6 分，共 30 分）

1. 某外贸公司进口小轿车 200 辆，每辆小轿车到岸价为 80000 元，小轿车关税税率为 100％。

    要求：计算该批小轿车应纳关税税额。

2. 某旅游开发有限公司 2006 年 8 月发生有关业务及收入如下：

（1）旅游景点门票收入 650 万元。

（2）景区索道客运收入 380 万元。

（3）民俗文化村项目表演收入 120 万元。

（4）与甲企业签订合作经营协议；以景区内价值 2000 万元的房产使用权与甲企业合作经营景区酒店（房屋产权仍属公司所有），按照约定旅游公司每月收取 20 万元的固定收入。

（5）与乙企业签订协议，准予其生产的旅游产品进入公司非独立核算的商店（增值税小规模纳税人）销售，一次性收取进场费 10 万元。当月该产品销售收入 30 万元，开具旅游公司普通发票。

（6）处理已使用过的旧车一批，其中机动车 1 辆，原值 15 万元，售价 5 万元；电动观光车 10 辆，原值 4.2 万元/辆，售价 0.8 万元/辆。

要求：

（1）计算门票收入应缴纳的营业税。

（2）计算索道客运收入应缴纳的营业税。

（3）计算民俗文化村表演收入应缴纳的营业税。

（4）计算合作经营酒店收入应缴纳的营业税。

（5）计算商店应缴纳的营业税。

（6）计算商店应缴纳的增值税。

（7）计算处理旧车应缴纳的增值税。

3. 某电子企业为增值税一般纳税人，2003 年 2 月份发生下列经济业务：

（1）销售 A 产品 50 台，不含税单价 8000 元，货款收到后，向购买方开具了增值税专用发票，并将提货单交给了购买方。截至月底，购买方尚未提货。

（2）将 20 台新试制的 B 产品分配给投资者，单位成本为 6000 元，该产品尚未投放市场。

（3）单位内部基本建设领用甲材料 1000 公斤，每公斤单位成本为 50 元。

（4）改、扩建单位幼儿园领用甲材料 200 公斤，每公斤单位成本为 50 元。同时领用 A 产品 5 台。

（5）当月丢失库存乙材料 800 公斤，每公斤单位成本为 90 元，作待处理财产损溢处理。

（6）当月发生购进货物的全部进项税额为 70000 元。

其他相关资料：上月进项税额已全部抵扣完毕。购销货物增值税税率均为 17％。税务局核定的 B 产品成本利润率为 10％。

要求：

（1）计算当月的销项税额。

（2）计算当月可抵扣的进项税额。

（3）计算当月应缴纳的增值税。

4. 某房地产开发公司出售某处花园别墅取得的收入为 2400 万元。其有关支出如下：支付地价款 200 万元，房地产开发成本 700 万元；财务费用中的利息支出为 120 万元

（可按项目计算分摊并提供金融机构证明）；缴纳的有关税费为 140 万元；该公司所在地政府规定的其他房地产开发费用计算扣除比例为 5%。

要求：计算其应缴纳的土地增值税。

5. 某中外合资经营企业的主营业务为娱乐业，2008 年的财务资料如下：

（1）营业收入 1500 万元，缴纳营业税 300 万元。

（2）营业成本 750 万元。

（3）管理费用 320 万元。

（4）财务费用 108 万元。

（5）营业外收入 500 万元，其中包括购买国债的利息收入 100 万元，国债转让收益 100 万元，股票转让净收益 100 万元。

（6）营业外支出 300 万元，其中包括违法经营罚款 10 万元。

要求：计算该企业 2008 年应缴纳的企业所得税。

附1 各章技能训练题参考答案

第一章 概 述

复习与思考题

（略）

技能训练题

一、单项选择题

1. B 2. C

3. D【解析】我国同时采用属人原则和属地原则，因此选项D正确，其余错误。

4. B 5. B 6. D 7. B 8. B

9. B 10. C 11. D 12. D 13. C 14. A 15. B 16. A 17. D 18. A 19. C

20. C 21. B 22. B 23. C 24. B

25. D【解析】选项A错误是因为税法调整的对象是国家和纳税人之间的权利义务关系，而不是税务机关和纳税人这两个税法主体之间的权利与义务关系；选项B错误是因为制定税法的目的，不仅是保障国家利益和纳税人的合法权益，还要维护正常的税收秩序，保证国家的财政收入；选项C错误是因为税法和税收是两个不同的概念。

26. D 27. B 28. B 29. B 30. D

31. C【解析】选项A错误是因为基本法和普通法是按照税法的基本内容和效力来划分的；选项B错误是因为所得税法和流转税法是按照征税对象的不同来划分的；选项D错误是因为中央税法和地方税法是按照收入归属和征收管理权限来划分的。

32. B

33. D【解析】减免税的形式主要包括：税基式减免、税率式减免和税额式减免三种。

34. B 35. A 36. C 37. B 38. B 39. C

二、多项选择题

1. ACD【解析】土地增值税、城市维护建设税和车辆购置税都具有特定的征收目的，因此选项A、C、D符合题意。

2. ABD【解析】由于张某在2005年购买的房屋，于2006年转让，在5年以内，因此也要按照规定缴纳个人所得税。

3. ABC【解析】试行不是立法程序，而是执行程序。

4. ACD　5. BD　6. ABC　7. ABC　8. AC　9. ABC

10. CD【解析】《营业税暂行条例》及实施细则对纳税人个人取得的属于营业范围的收入金额，规定了起征点。

11. AB【解析】印花税和消费税规定了比例税率和定额税率。

12. AD

13. BCD【解析】根据规定，增值税属于中央和地方共享税；房产税、车船税和土地增值税均属于地方税。

14. ABC【解析】纳税义务人、征税对象、税率是构成税法的三个最基本的要素。

15. ABC　16. ABC　17. ABC　18. ABCD　19. ABCD　20. ABCD　21. AB

22. ABD【解析】《增值税暂行条例实施细则》是财政部颁布的，属于部门规章。

23. ABC【解析】在我国税收法律关系中，权利主体一方是代表国家行使征税职责的国家税务机关，包括国家各级税务机关、海关和财政机关。

24. BC【解析】累进税率包括全额累进税率、超额累进税率、超率累进税率、超倍累进税率，但是我国现行采用的累进税率只包括超额累进税率和超率累进税率。

25. BD　26. ABCD　27. ABCD

28. ABC【解析】根据规定，减免税主要包括税基式减免、税率式减免和税额式减免三种，不包括协商式减免。

三、判断题

1. √【解析】税收法律关系是由税收法律事实决定的。

2. √【解析】为了避免重复和产生歧义，税法可以援引民法的相同条款，但是涉及税收问题，必须以税法为准。

3. √【解析】按照"统一税法"的原则，地方政府制定税收规章，都必须在税收法律、法规明确授权的前提下进行，并且不得与税收法律、法规相抵触。没有法律、法规的授权，地方政府无权自定税收规章。

4. ×【解析】本题中涉及的人民政府，必须在税收法律、法规明确授权的前提下，并且不得与税收法律、行政法规抵触的情况下，制定地方性税收规章。

5. ×　6. √　7. ×

8. ×【解析】超过起征点的，应当就"全部"数额征税。

9. √　10. ×　11. ×　12. √　13. ×　14. ×　15. ×　16. √　17. √　18. ×

19. ×　20. √

21. ×【解析】直接税是由纳税义务人直接负担税款；间接税是纳税人将税负转嫁给他人负担的税种。

22. ×　23. √　24. √　25. ×　26. ×　27. √　28. √　29. ×　30. √　31. √

32. √　33. ×　34. √　35. √　36. √　37. ×　38. √　39. √　40. √　41. ×

42. √

四、计算题

应纳税款分别为：

起征点为 600 元时，应纳税额＝900×5％＝45（元）

免征额为 600 元时，应征税款＝（900－600）×5％＝15（元）

第二章　增值税

复习与思考题

（略）

技能训练题

一、单项选择题

1. D　2. A　3. A　4. D

5. A【解析】服装厂提供加工服务，因此应作为增值税的纳税人。

6. A　7. A　8. A

9. A【解析】当期进项税额＝3.91＋（3×7％）＋1.36＋42×13％＝10.94（万元）

当期销项税额＝42×13％＝5.46（万元）

当期应纳增值税额＝5.46－10.94－0.5＝－5.98（万元）

当期不用缴纳增值税，同时期末留抵税额为 5.98 万元。

10. A【解析】收购烟叶准予抵扣的进项税额＝150×（1＋10％）×（1＋20％）×13％＝25.74（万元）

支付加工费准予抵扣的进项税额＝35×6％＝2.1（万元）

当期留抵税额＝25.74＋2.1－0＝27.84（万元）

11. B　12. B　13. B

14. C【解析】选项 A 和 B 涉及的行为，属于进项税额不得抵扣的问题，不征收增值税；将手表赠送客户，属于视同销售行为，应征收增值税；黄金经营单位进口的标准黄金免税。

15. C【解析】（1）将自产、委托加工的货物用于集体福利或个人消费，属于视同销售；（2）将外购的货物用于集体福利或个人消费，不得抵扣进项税额。

16. C　17. A

18. D【解析】销售不动产、将货物用于集体福利和向消费者销售应税项目，都属于不得开具专用发票，只能开具普通发票的情形。

19. B【解析】组成计税价格＝（140＋70）÷（1－30％）＝300（万元）

应缴纳的增值税＝300×17％＝51（万元）。

20. A【解析】选项 B、C、D 属于营业税的征收范围，纳税人提供加工、修理修配劳务应当征收增值税。

21. A

22. D【解析】增值税一般纳税人销售货物、提供应税劳务以及应当征收增值税的非应税劳务，必须向购买方开具专用发票。

23. D　24. B

25. A【解析】银行销售金银的业务，应当征收增值税；邮政部门销售集邮商品，不征收增值税，征收营业税；房地产公司销售商品房的业务，征收营业税；融资租赁公司出租设备，应当征收营业税。

26. D

27. A【解析】此题中某企业为一般纳税人，因此增值税可以抵扣，不用计入存货的成本中，包装物押金是单独在其他应收款中核算的，分录为：

借：原材料　　　　　　　　　　　　　　　　　　　　27

　　应交税费——应交增值税（进项税额）　　　　　　　4.25

　　其他应收款　　　　　　　　　　　　　　　　　　　2

　贷：银行存款　　　　　　　　　　　　　　　　　　　　33.25

28. A【解析】小规模纳税人的进项税额是不能抵扣的，所以其应缴纳的增值税＝16.48÷（1＋3％）×3％＝0.48（万元）。

29. C　30. D　31. A　32. C　33. A　34. D

35. C【解析】当期销项税额＝800÷（1＋17％）×17％＝116.24（万元）

免税农产品用于职工福利和事故损失的彩电，均属于进项税不得抵扣项目。

农产品进项税转出＝2÷（1－13％）×13％＝0.30（万元）

对于事故毁坏的彩电，因为彩电原购进价和运费、搬运费等无法分清楚，税法规定，按当期实际成本（进价＋运费＋保险费＋其他相关费用）计算扣减的进项税。

彩电进项税转出＝10×5480×17％÷10000＝0.93（万元）

当月应纳增值税＝116.24－（300×17％－0.3－0.93）＝66.47（万元）

36. A【解析】选项 B、C、D 是视同销售。要注意区分视同销售和进项税额不得抵扣的情形。

37. C【解析】可抵扣进项税额＝50×（1＋10％）×（1＋20％）×13％＝8.58（万元）。

38. A【解析】应纳增值税＝2000×17％－204－（150＋12）×7％＝124.66（万元）。

39. B

40. D【解析】邮局销售邮票、信封缴纳营业税，不缴纳增值税。

41. D【解析】根据《增值税暂行条例》的规定，采取托收承付和委托收款方式销售货物，为发出货物并办妥托收手续的当天。

二、多项选择题

1. AB　2. CD

3. ACD【解析】将购进的货物分配给职工属于进项税额不得抵扣的行为，不属于视同销售行为。

4. CD【解析】电力公司销售电力、销售商品混凝土均应征收增值税；发行体育彩票和融资租赁业务，不征收增值税。

5. CD【解析】将中间产品用于继续加工，不属于视同销售的范围。将产品对外销售或者是属于视同销售范围的（将自产的货物用于集体福利和无偿赠送他人），需要计算缴纳增值税。

6. BCD【解析】选项 B、C 属于有形动产销售，应征收增值税；选项 D 是提供加工修理业务，属增值税征收范围；只有选项 A 为不缴纳增值税的项目。

7. ABC【解析】承运部门将运费发票开具给购买方并由纳税人交给购买方的，由纳税人收取的代垫运费，可以不并入销售额。

8. ABCD【解析】免税货物、非常损失货物、简易办法征税货物和非应税项目用货物的进项税额均不得在销项税额中抵扣，因此应当作为进项税额的减项处理。

9. ABC【解析】将货物无偿赠送他人可以开具发票，与受赠者作何用途无关。

10. ACD【解析】采用分期付款方式结算的，应以合同约定的付款日期开具增值税专用发票。

11. ABCD 12. ABCD 13. ABC 14. CD

15. AC【解析】根据规定，外购货物用于非应税项目、生产免税项目等进项税额均不得抵扣。

16. CD【解析】自制产成品用于职工福利、对外投资应视同销售，计算增值税的销项税额；而外购的生产用原材料发生非正常损失、用于在建工程进项税额不能抵扣，应将增值税进项税额转出。

17. ACD【解析】邮政部门发行报刊，征收营业税。

18. CD

19. BC【解析】本题考核增值税特殊的计税方法。根据规定，纳税人以价格折扣方式销售货物，折扣额在同一张发票上注明，以扣除折扣额以后的销售额为计税销售额，如果未在同一张发票上注明，不得扣除折扣额，因此选项 B 错误；纳税人采取以旧换新方式销售货物，应按新货物的同期销售价格确定销售额，不得扣减旧货物的收购价格，因此选项 C 的说法错误。

20. ABCD 21. ABC 22. AC 23. AC 24. AC 25. AC 26. ABC 27. AD

28. ABC

三、判断题

1. × 2. × 3. × 4. √ 5. × 6. × 7. × 8. ×

9. ×【解析】委托加工环节受托方提供了加工劳务，应就收取的加工费缴纳增值税，应该缴纳增值税$=60 \times 17\% = 10.2$（万元）。

10. × 11. × 12. √ 13. × 14. × 15. √ 16. √ 17. √

18. ×【解析】外贸企业执行的是先征后退办法。

19. √

四、计算题

1. （1）应缴纳的进口关税$=（90 + 20）\times 15\% = 16.5$（万元）

（2）进口环节应缴纳的增值税$=（110 + 16.5）\times 17\% = 21.505$（万元）

（3）国内销售环节应缴纳的增值税$=150 \times 17\% - 21.505 = 3.995$（万元）

2. (1) 销售 A 产品销项税额＝8000×50×17％＝68000（元）

将 B 产品分配给投资者的销项税额＝6000×（1＋10％）×20×17％＝22440（元）

改、扩建幼儿园领用 A 产品销项税额＝8000×5×17％＝6800（元）

当月销项税额＝68000＋22440＋6800＝97240（元）

(2) 当月进项税转出

单位内部基建领用甲材料＝1000×50×17％＝8500（元）

改、扩建幼儿园领用甲材料＝200×50×17％＝1700（元）

当月丢失库存乙材料＝800×20×17％＝2720（元）

进项税转出合计＝12920（元）

当月可抵扣进项税额＝70000－12920＝57080（元）

(3) 当月应缴纳的增值税额＝97240－57080＝40160（元）

3. (1) 增值税组成计税价格＝（50＋50×5％）＝52.5（万元）

进口环节应缴纳的增值税＝52.5×17％＝8.93（万元）

(2) 当月允许抵扣的增值税进项税额＝8.93＋3×7％＝9.14（万元）

(3) 销项税额＝100×17％＝17（万元）

应缴纳的增值税额＝17－9.14＝7.86（万元）

4. 当月进项税额＝20×17％＋0.8×7％＝3.456（万元）

当月销项税额＝120÷（1＋17％）×17％＋4×17％＝18.116（万元）

当月应缴纳的增值税＝18.116－3.456＝14.66（万元）

5. (1) 进项税额＝100000×17％＋3500×7％＝17245（元）

(2) 销项税额＝30000×17％＝5100（元）

(3) 销项税额＝23400÷（1＋17％）×17％＋11700÷（1＋17％）×17％＋60000×17％

＝15300（元）

(4) 进项税额转出＝8000×17％＝1360（元）

(5) 销项税额＝50000×17％＝8500（元）

应缴纳的增值税＝5100＋15300＋1360＋8500－17245＝13015（元）

6. (1) 因为该企业为有出口经营权的生产企业，所以出口退税适用"免、抵、退"办法。

(2) 外销货物出口环节应纳增值税为零，因为出口免税。

(3) 当期不予抵扣或退税的金额＝1000×8.3×（17％－15％）＝166（万元）

(4) 当期应纳税额＝3000×17％－（5000×17％－166）－5＝－179（万元）

(5) 出口售物占全部销售货物的比重＝1000×8.3÷（1000×8.3＋3000）×100％＝

73.4％（当期应予退税）

∵ 1000×8.3×15％＝1245（万元）＞179 万元

∴实际退税额＝179 万元

7. 11 月份：

(1) 进项税额＝144.5＋25.5×（1－20％）＋5.1＋（10＋18）×7％＝171.96（万元）

因为外购动力的 20％用于企业基建工程，其进项税额不允许抵扣；加工货物进项税额允许抵扣；加工货物运费和销售货物运费可以按 7％计算抵扣进项税额。

（2）免抵退税不得免征和抵扣税额＝500×（17％－13％）＝20（万元）

（3）当期应纳税额＝300×17％－（171.96－20）＝－100.96（万元）

（4）免抵退税额＝500×13％＝65（万元）

（5）当期期末留抵税额＞当期免抵退税额

当期应退税额＝当期免抵退税额＝65（万元）

（6）当期免抵税额＝65－65＝0（万元）

（7）留待下期抵扣税额＝100.96－65＝35.96（万元）

12月份：

（1）免税进口料件组成计税价格＝（300＋50）×（1＋20％）＝420（万元）

（2）免抵退税不得免征和抵扣税额抵减额＝420×（17％－13％）＝16.8（万元）

（3）免抵退税不得免征和抵扣税额＝600×（17％－13％）－16.8＝7.2（万元）

（4）当期应纳税额＝140.4÷（1＋17％）×17％＋200×140.4÷600÷（1＋17％）×17％－（0－7.2）－35.96＝－1.56（万元）

（5）免抵退税额抵减额＝420×13％＝54.6（万元）

（6）免抵退税额＝600×13％－54.6＝23.40（万元）

（7）当期期末留抵税额＜当期免抵退税额

当期应退税额＝当期期末留抵税额＝1.56（万元）

（8）当期免抵税额＝23.40－1.56＝21.84（万元）

8.（1）计算A企业2009年12月份应缴纳的增值税：

增值税销项税额＝45.9＋（9.36＋2.34）÷（1＋17％）×17％＝47.6（万元）

增值税进项税额＝30.6＋0.34＝30.94（万元）

应缴纳增值税＝47.6－30.94＝16.66（万元）

（2）计算B公司2006年12月份应缴纳的增值税：

增值税销项税额＝30.6＋35.03÷（1＋13％）×13％＋298.35÷（1＋17％）×17％＝30.6＋4.03＋43.35＝77.98（万元）

增值税进项税额＝45.9＋（30×13％＋3×7％）×60％＝45.9＋2.47＝48.37（万元）

应缴纳增值税＝77.98－48.37＝29.61（万元）

9.（1）出口自产货物销售收入＝离岸价格×人民币外汇牌价＝28000×200×8.2836＋2000×208×8.2948＝49838796.80（元）

（2）出口货物不予免征、抵扣和退税的税额＝49838796.80×（17％－15％）＝996775.94（元）

（3）当期应纳税额＝34920000×17％－（10200000＋1700＋140000－996775.94）＝－3408524.06（元）

（4）免抵退税额＝49838796.80×15％＝7475819.52（元）

当期应纳税额为负数且绝对值＜免抵退税额

应退税额＝3408524.06（元）

10. 7月：

出口货物不予抵扣税额＝40×7×（17％－15％）＝5.6（万元）

当月应纳增值税额＝350×17％－（500×17％－5.6）＝－19.9（万元）

－19.9万元＜42（40×7×15％）（万元）

因此，当月应退税19.9万元。

8月：

出口货物不予抵扣税额＝60×7×（17％－15％）＝8.4（万元）

当月应纳税额＝240×17％－（450×17％－8.4）＝－27.3（万元）

－27.3万元＜6.3（60×7×15％）（万元）

因此，当月应退税27.3万元。

11. ①购进出口商品时：

借：在途物资　　　　　　　　　　　　　　　　　　220000

　　应交税费——应交增值税（进项税额）　　　　　37400

　　　贷：银行存款　　　　　　　　　　　　　　　　　257400

②商品入库时：

借：库存商品　　　　　　　　　　　　　　　　　　220000

　　　贷：在途物资　　　　　　　　　　　　　　　　　220000

③出口商品时：

借：银行存款　　　　　　　　　　　　　　　　　　105000

　　　贷：主营业务收入　　　　　　　　　　　　　　　105000

④结转出口商品销售成本时：

借：主营业务成本　　　　　　　　　　　　　　　　110000

　　　贷：库存商品　　　　　　　　　　　　　　　　　110000

⑤不予退税的税额＝22×50％×（17％－9％）＝0.88（万元）

借：主营业务成本　　　　　　　　　　　　　　　　8800

　　　贷：应交税费——应交增值税（进项税额转出）　　8800

⑥应退税额＝22×50％×9％＝0.99（万元）

借：应收出口退税　　　　　　　　　　　　　　　　9900

　　　贷：应交税费——应交增值税（出口退税）　　　　9900

⑦实际收到退税款时：

借：银行存款　　　　　　　　　　　　　　　　　　9900

　　　贷：应收出口退税　　　　　　　　　　　　　　　9900

12. B公司所作的分录：

(1) 支付的运费、保险费＝（1500＋100000×0.3％）×7＝12600（元）

借：应付账款　　　　　　　　　　　　　　　　　　12600

　　　贷：银行存款　　　　　　　　　　　　　　　　　12600

(2) 实际收到银行的结汇通知＝99600×7＝697200（元）

借：银行存款　　　　　　　　　　　　　　　　　　697200

　　应付账款　　　　　　　　　　　　　　　　　　2800

　　　贷：应付账款　　　　　　　　　　　　　　　　　700000

（3）扣除代理手续费＝10×7×1.5％＝1.05（万元）

扣除后的余额＝70－1.26－0.28－1.05＝67.41（万元）

借：应付账款　　　　　　　　　　　　　　　　684600

　　贷：银行存款　　　　　　　　　　　　　　　　674100

　　　　其他业务收入　　　　　　　　　　　　　　10500

A 公司所作的分录：

（1）委托 B 企业出口时：

借：应收账款　　　　　　　　　　　　　　　　700000

　　贷：主营业务收入　　　　　　　　　　　　　　700000

借：营业税金及附加　　　　　　　　　　　　　210000

　　贷：应交税费——应交消费税　　　　　　　　　210000

（2）不予以抵扣的增值税＝9.96×（17％－9％）×7＝5.5776（万元）

借：主营业务成本　　　　　　　　　　　　　　55776

　　贷：应交税费——应交增值税　　　　　　　　　55766

（3）运费、保险费入账时：

借：主营业务成本　　　　　　　　　　　　　　12600

　　贷：银行存款　　　　　　　　　　　　　　　　12600

（4）收到货款时：

9.96×7－1.05＝68.67（万元）

借：银行存款　　　　　　　　　　　　　　　　686700

　　财务费用　　　　　　　　　　　　　　　　　1300

　　贷：应收账款　　　　　　　　　　　　　　　　700000

支付手续费时：

借：主营业务成本　　　　　　　　　　　　　　10500

　　贷：银行存款　　　　　　　　　　　　　　　　10500

（5）收到增值税退款时：

9.96×7×9％＝6.2748（万元）

借：应收出口退税　　　　　　　　　　　　　　62748

　　贷：应交税费——应交增值税（出口退税）　　　62748

借：银行存款　　　　　　　　　　　　　　　　62748

　　贷：应收出口退税　　　　　　　　　　　　　　62748

13. （1）外销免抵退税额＝1300×15％＝195（万元）

（2）进口料件免抵退抵减额＝700×15％＝105（万元）

（3）外销免抵退不得免征和抵减税额＝1300×（17％－15％）＝26（万元）

（4）进口料件免抵退税不得抵扣税额抵减额＝700×（17％－15％）＝14（万元）

（5）应纳税额＝1.7－（18－12）＝－4.3（万元）

（6）免抵退税额＝195－105＝90（万元）

（7）因为 4.3 万元＜90 万元，应退税额＝90－4.3＝85.7（万元）

外销时：

借：主营业务成本 260000
　　贷：应交税费——应交增值税（进项税额转出） 260000

进口料件时：

借：主营业务成本 140000

　　贷：应交税额——应交增值税（进项税额转出） 140000

当期缴纳税额时：

借：应交税费——应交增值税（出口抵减内销产品应纳税额） 857000
　　应收出口退税 43000
　　贷：应交税费——未交增值税 900000

14.（1）外购原辅材料、备件、能耗时：

借：原材料 6000000
　　应交税费——应交增值税（进项税额） 1020000
　　贷：银行存款 7020000

（2）免税进口料件时：

借：原材料 1000000
　　贷：银行存款 1000000

（3）产品外销时：

借：应收账款 6000000
　　贷：主营业务收入 6000000

（4）内销产品时：

借：银行存款 5850000
　　贷：主营业务收入 5000000
　　　应交税费——应交增值税（销项税额） 850000

（5）月末计算当月出口货物不得免征和抵扣的税额

免抵退税不得免征和抵扣税额＝当期出口货物 FOB 价×人民币外汇牌价×（征税率－退税率）－免抵退税不得免征和抵扣税额抵减额

＝600×（17%－15%）－100×（17%－15%）＝10（万元）

借：主营业务成本 100000
　　贷：应交税费——应交增值税（进项税额转出） 100000

（6）计算应纳税额或当期期末留抵税额时：

应纳税额＝销项税额－进项税额＝85－（102－10）＝－7（万元）

由于应纳税额小于 0，说明当期期末留抵税额为 7 万元。

（7）计算应退税额和应免抵税额：

免抵退税额抵减额＝免税购进原材料价格×出口货物退税率＝100×15%＝15（万元）

免抵退税额＝出口货物离岸价×人民币外汇牌价×出口货物退税率－免抵税额抵减额

＝600×15%－15＝75（万元）

当期期末留抵税额7万元≤当期免抵退税额75万元时：

当期应退税额＝当期期末留抵税额＝7（万元）

当期免抵税额＝当期免抵税额－当期应退税额＝75－7＝68（万元）

借：应收出口退税　　　　　　　　　　　　　　　　　70000

　　应交税费——应交增值税（出口抵减内销产品应纳税额）　680000

　　贷：应交税费——应交增值税（出口退税）　　　　　　750000

（8）收到退税款时：

借：银行存款　　　　　　　　　　　　　　　　　　70000

　　贷：应收出口退税　　　　　　　　　　　　　　　70000

五、综合业务题

1.（1）进口散装化妆品应缴纳的关税＝关税完税价格×关税税率

＝（120＋30）×40%＝60（万元）

进口散装化妆品应缴纳的消费税

＝（关税完税价格＋关税）÷（1－消费税税率）×消费税税率

＝（150＋60）÷（1－30%）×30%＝90（万元）

（2）进口散装化妆品应缴纳的增值税

＝（关税完税价格＋关税＋消费税）×增值税税率

＝（150＋60＋90）×17%＝51（万元）

（3）计算进口机器设备应缴纳的增值税

进口机器设备应缴纳的关税＝关税完税价格×关税税率

＝（35＋5）×20%＝8（万元）

进口机器设备应缴纳的增值税＝（关税完税价格＋关税）×增值税税率

＝（40＋8）×17%＝8.16（万元）

（4）国内生产销售化妆品应缴纳的增值税

＝［290＋51.48÷（1＋17%）］×17%－51＝5.78（万元）

（5）国内生产销售化妆品应缴纳的消费税

＝［290＋51.48÷（1＋17%）］×30%－90＝10.20（万元）

2.（1）销售空调业务的销项税额＝（177840＋19890）÷（1＋17%）×17%＝28730（元）

销售电视机业务的销项税额＝120×2223÷（1＋17%）×17%＝38760（元）

代销数码相机业务的销项税额＝14391÷5%÷（1＋17%）×17%＝41820（元）

销售其他商品的销项税额＝163800÷（1＋17%）×17%＝23800（元）

该商场本月销项税额＝28730＋38760＋41820＋23800＝133110（元）

该商场本月进项税额＝（50×800＋100×600）×17%＝17000（元）

该商场本月应缴纳的增值税＝133110－17000－6110＝110000（元）

（2）提供空调安装服务不缴纳营业税。

该商场从事货物批发或零售，发生混合销售行为，应视为销售货物征收增值税。

3.（1）发放自产面粉确认应付职工薪酬时：

计入生产成本的金额＝67.80×2×80＝10848（元）

计入管理费用的金额＝67.80×2×10＝1356（元）

确认的应付职工薪酬＝10848＋1356＝12204（元）

借：生产成本　　　　　　　　　　　　　　　　　　10848

　　管理费用　　　　　　　　　　　　　　　　　　1356

　　　贷：应付职工薪酬　　　　　　　　　　　　　　　　12204

（2）给职工实际发放面粉时：

应确认的营业收入＝12204÷（1＋13%）＝10800（元）

应计提的销项税额＝10800×13%＝1404（元）

借：应付职工薪酬　　　　　　　　　　　　　　　　12204

　　　贷：主营业务收入　　　　　　　　　　　　　　　　10800

　　　　　应交税费——应交增值税（销项税额）　　　　1404

借：主营业务成本　　　　　　　　　　　　　　　　7200

　　　贷：库存商品　　　　　　　　　　　　　　　　　　7200

4. 销售花生油的销项税额＝90×10÷（1＋13%）×13%＝103.54（元）

应结转售出和赠送花生油的成本＝（55＋15）×10＝700（元）

借：银行存款　　　　　　　　　　　　　　　　　　900.00

　　　贷：主营业务收入　　　　　　　　　　　　　　　　796.46

　　　　　应交税费——应交增值税（销项税额）　　　　103.54

结转销售成本时：

借：主营业务成本　　　　　　　　　　　　　　　　700

　　　贷：库存商品　　　　　　　　　　　　　　　　　　700

5.（1）单独入库存账时：

借：库存商品——铝锭　　　　　　　　　　　　　　9000000

　　应交税费——应交增值税（进项税额）　　　　　1530000

　　　贷：银行存款　　　　　　　　　　　　　　　　　　10530000

（2）报关出口作销售时：

借：应收账款——L/C（D/P）　　　　　　　　　　8190000

　　　贷：主营业务收入——铝锭　　　　　　　　　　　　8190000

（3）结转成本时：

借：主营业务收入——铝锭　　　　　　　　　　　　9180000

　　　贷：库存商品——铝锭　　　　　　　　　　　　　　9000000

　　　　　应交税费——应交增值税（进项税额转出）　　180000

（4）申报退税时：

应退税额＝9000000×15%＝1350000（元）

借：应收出口退税　　　　　　　　　　　　　　　　1350000

　　　贷：应交税费——应交增值税（出口退税）　　　　1350000

（5）收到退税款时：

借：银行存款　　　　　　　　　　　　　　　　　　1350000

贷：应收出口退税   1350000

6.（1）对乙商场采取的是现金折扣方式，即先销售后折扣，折扣部分不得减除销售额。

销项税额＝5000×（1－5％）×100×17％＋5000×50×17％＝123250（元）

【解析】税法规定，纳税人采取折扣方式销售货物，如果销售额和折旧额在同一张发票上分别注明的，可以按折扣的销售额征收增值税；如果将折扣额另开发票，不论其在财务上如何处理，均不得从销售额中减除折扣额。电冰箱厂采用商业折扣方式向甲家电商场销售产品，属于是先打折后销售，实际上就是按每台4750元的单价销售，可按折扣后的金额计算增值税。

（2）税法规定，纳税人采取以旧换新方式销售货物的，应按新货物的同期销售价格确定销售额。

销项税额＝5000×10×17％＝8500（元）

（3）税法规定，纳税人采取还本销售货物的，不得从销售额中减除还本支出。

销项税额＝87750÷（1＋17％）×17％＝12750（元）

（4）本题是等价交换，并且双方均开具增值税专用发票，因此，该笔业务的销项税额和进项税额相等，即5000×30×17％＝25500（元）

（5）销项税额＝5000×200×17％＝170000（元）

【解析】税法规定，销售货物并向购买方开具专用发票后，如发生退货或销售折让，购买方必须取得当地主管税务机关开具的《开具红字增值税专用发票通知单》送交销售方，作为销售方开具红字专用发票的合法依据。红字专用发票的存根联、记账联作为销售方扣减当期销项税额的凭证。本业务中，企业擅自开具红字增值税专用发票是不正确的，不得作为扣减销项税额的依据。

（6）对赊销业务已经开具增值税专用发票的，应当于当期计算增值税销项税额。

销项税额＝5000×80×17％＝68000（元）

（7）本月应缴纳的增值税＝销项税额－进项税额

＝（123250＋8500＋12750＋25500＋170000＋68000）－380000

＝408000－380000＝28000（元）

六、实训题

（一）（1）计算应缴纳的增值税

业务2：进项税额＝53550（元）

业务3：进项税额＝107100＋25500×7％＝108885（元）

业务4：进项税额＝100000×13％＝13000（元）

业务5：销项税额＝58000×5×17％＝49300（元）

业务6：销项税额＝40800＋544＝41344（元）

业务7：销项税额＝29250÷（1＋17％）×17％＝4250（元）

业务8：销项税额＝80000×17％＝13600（元）

业务9：进项税额转出＝84000×17％＝14280（元）

业务10：销项税额＝200000×17％＝34000（元）

业务11：进项税额＝3000×17％＋760×7％＝563.2（元）

业务 13：销项税额＝9000÷（1＋17％）×17％＝1307.69（元）

业务 15：进项税额转出＝（31500－1070）×17％＋1070÷（1＋7％）×7％

＝5173.1＋70＝5243.1（元）

该企业本月增值税应纳税额计算如下：

销项税额＝49300＋41344＋4250＋13600＋34000＋1307.69－29835

＝113966.69（元）

进项税额转出＝14280＋5243.1＝19523.1（元）

进项税额＝53550＋108885＋13000＋563.2＝175998.2（元）

应纳税额＝113966.69－（175998.2－19523.1）＝－42508.41（元）

（2）填制报表

表 1　增值税纳税申报表

（适用于增值税一般纳税人）

根据《中华人民共和国增值税暂行条例》第二十二条和第二十三条的规定制定本表。纳税人不论有无销售额，均应按主管税务机关核定的纳税期限按期填报本表，并于次月一日起十日内，向当地税务机关申报。

税款所属时间：自 2007 年 12 月 1 日至 2007 年 12 月 31 日

填表日期：2008 年 1 月 8 日

金额单位：元（列至角分）

纳税人识别号	3 2 0 6 0 2 0 0 0 0 0 0 0 0 0 0 0 1 2 3		所属行业			
纳税人名称	南通华鸿实业有限责任公司（公章）	法定代表人姓名	张三	注册地址	南通青年路 139 号	营业地址	南通青年路 139 号
开户银行及账号	工商银行青年路分理处 018401028	企业登记注册类型	有限责任公司	电话号码	5237167	

项　目		栏次	一般货物及劳务		即征即退货物及劳务	
			本月数	本年累计	本月数	本年累计
销售额	（一）按适用税率征税货物及劳务销售额	1	6703292.31			
	其中：应税货物销售额	2	662700			
	应税劳务销售额	3	7692.31			
	纳税检查调整的销售额	4				
	（二）按简易征收办法征税货物销售额	5				
	其中：纳税检查调整的销售额	6				
	（三）免、抵、退办法出口货物销售额	7			—	—
	（四）免税货物及劳务销售额	8			—	—
	其中：免税货物销售额	9			—	—
	免税劳务销售额	10			—	—

续表

项 目		栏次	一般货物及劳务		即征即退货物及劳务	
			本月数	本年累计	本月数	本年累计
税款计算	销项税额	11	113966.69			
	进项税额	12	175998.20			
	上期留抵税额	13			—	—
	进项税额转出	14	19523.10			
	免抵退货物应退税额	15			—	—
	按适用税率计算的纳税检查应补缴税额	16				
	应抵扣税额合计	17=12+13−14−15+16	156475.10		—	—
	实际抵扣税额	18（如 17<11，则为 17，否则为 11）	113966.69			
	应纳税额	19=11−18	−42508.41			
	期末留抵税额	20=17−18	42508.41		—	—
	简易征收办法计算的应纳税额	21				
	按简易征收办法计算的纳税检查应补缴税额	22				
	应纳税额减征额	23				
	应纳税额合计	24=19+21−23	−42508.41			
税款缴纳	期初未缴税额（多缴为负数）	25	16540			
	实收出口开具专用缴款书退税额	26				
	本期已缴税额	27=28+29+30+31	16540			
	①分次预缴税额	28		—		—
	②出口开具专用缴款书预缴税额	29		—		—
	③本期缴纳上期应纳税额	30	16540			
	④本期缴纳欠缴税额	31				
	期末未缴税额（多缴为负数）	32=24+25+26−27	−42508.41			
	其中：欠缴税额（≥0）	33=25+26−27		—		—
	本期应补（退）税额	34=24−28−29	−42508.41			
	即征即退实际退税额	35	—	—		
	期初未缴查补税额	36			—	—
	本期入库查补税额	37				
	期末未缴查补税额	38=16+22+36−37			—	—

授权声明	如果你已委托代理人申报，请填写下列资料： 为代理一切税务事宜，现授权_____（地址）为本纳税人的代理申报人，任何与本申报表有关的往来文件，都可寄与此人。 授权人签字：	申报人声明	此纳税申报表是根据《中华人民共和国增值税暂行条例》的规定填报的，我相信它是真实的、可靠的、完整的。 声明人签字：

以下由税务机关填写

收到日期： 接收人： 主管税务机关盖章：

增值税纳税申报表附列资料（表1-1）

（本期销售情况明细）

税款所属时间：2007年12月

纳税人名称：（公章）南通华鸿实业有限责任公司　　　　填表日期：2008年1月8日

金额单位：元（列至角分）

一、按适用税率征收增值税货物及劳务的销售额和销项税额明细											
项　目	栏次	应税货物					应税劳务		小　计		
		17%税率			13%税率						
		份数	销售额	销项税额	份数	销售额	销项税额	份数	销售额	销项税额	
								销售额	销项税额		
防伪税控系统开具的增值税专用发票	1	4	557700	94809						4	557700	94809
非防伪税控系统开具的增值税专用发票	2											
开具普通发票	3	2	25000	4250			1	7692.31	1307.69	3	32692.31	5557.69
未开具发票	4	—	80000	13600	—		—		80000	13600	
小计	5=1+2+3+4	—	662700	112659	—		7692.31	1307.69	—	6703292.31	113966.69
纳税检查调整	6	—			—						
合计	7=5+6	—	662700	112659	—		7692.31	1307.69	—	6703292.31	113966.69

二、简易征收办法征收增值税货物的销售额和应纳税额明细									
项　目	栏次	6%征收率			4%征收率			小　计	
		份数	销售额	应纳税额	份数	销售额	应纳税额	份数	销售额	应纳税额
防伪税控系统开具的增值税专用发票	8								
非防伪税控系统开具的增值税专用发票	9								
开具普通发票	10								
未开具发票	11	—			—			—	
小计	12=8+9+10+11	—			—			—	
纳税检查调整	13								
合计	14=12+13								

三、免征增值税货物及劳务销售额明细									
项　目	栏次	免税货物			免税劳务			小　计	
		份数	销售额	税额	份数	销售额	税额	份数	销售额	税额
防伪税控系统开具的增值税专用发票	15				—	—	—		
开具普通发票	16	1							
未开具发票	17	—			—	—	—		
合计	18=15+16+17	—			—			—	

增值税纳税申报表附列资料（表 1－2）

（本期进项税额明细）

税款所属时间：2007 年 12 月

纳税人名称：（公章）南通华鸿实业有限责任公司　　　　填表日期：2008 年 1 月 8 日

金额单位：元（列至角分）

一、申报抵扣的进项税额				
项　　目	栏次	份数	金额	税额
（一）认证相符的防伪税控增值税专用发票	1	3	948000	161160
其中：本期认证相符且本期申报抵扣	2	2	948000	161160
前期认证相符且本期申报抵扣	3			
（二）非防伪税控增值税专用发票及其他扣税凭证	4	3	126260	14838.20
其中：17％税率	5			
13％税率或扣除率	6	1	100000	13000
10％扣除率	7			
7％扣除率	8	2	26260	1838.20
6％征收率	9			
4％征收率	10			
（三）期初已征税款	11	—	—	
当期申报抵扣进项税额合计	12	6	1074260	175998.20
二、进项税额转出额				
项　　目	栏次		税额	
本期进项税转出额	13		19523.10	
其中：免税货物用	14			
非应税项目用	15		14280	
非正常损失	16		5243.10	
按简易征收办法征税货物用	17			
免抵退税办法出口货物不得抵扣进项税额	18			
纳税检查调减进项税额	19			
未经认证已抵扣的进项税额	20			
	21			
三、待抵扣进项税额				
项　　目	栏次	份数	金额	税额
（一）认证相符的防伪税控增值税专用发票	22	—	—	—
期初已认证相符但未申报抵扣	23			
本期认证相符且本期未申报抵扣	24			
期末已认证相符但未申报抵扣	25			
其中：按照税法规定不允许抵扣	26			
（二）非防伪税控增值税专用发票及其他扣税凭证	27			

续表

三、待抵扣进项税额				
项　　目	栏次	份数	金额	税额
其中：17%税率	28			
13%税率及扣除率	29			
10%扣除率	30			
7%扣除率	31			
6%征收率	32			
4%征收率	33			
	34			
四、其他				
项　　目	栏次	份数	金额	税额
本期认证相符的全部防伪税控增值税专用发票	35	3	948000	161160
期初已征税款挂账额	36	—	—	
期初已征税款余额	37	—	—	
代扣代缴税额	38			

注：第1栏＝第2栏＋第3栏＝第23栏＋第35栏－第25栏；第2栏＝第35栏－第24栏；第3栏＝第23栏＋第24栏－第25栏；第4栏等于第5栏至第10栏之和；第12栏＝第1栏＋第4栏＋第11栏；第13栏等于第14栏至第21栏之和；第27栏等于第28栏至第34栏之和。

（二）（1）答：根据国家税务局《关于加强增值税征收管理若干问题的通知》（国税发〔1995〕192号）规定，纳税人购进货物或应税劳务，支付运输费用，所支付款项的单位，必须与开具抵扣凭证的销售单位、提供劳务的单位一致，才能申报抵扣进项税额，否则不予抵扣。上述公司将货款支付给B公司，与开具增值税专用发票的销售单位A公司不一致，因此，不能抵扣进项税额。

（2）答：根据《增值税暂行条例》第十条第一项规定，用于非增值税项目，免征增值税项目，集体福利和个人消费的购进货物或者应税劳务，不得抵扣进项税额。企业内部职工食堂的饮具设备属于集体福利，所以不得抵扣进项税额。

（3）答：根据《增值税暂行条例实施细则》第二十四条规定，非正常损失是指因管理不善造成被盗、丢失、霉烂变质的损失。因此，纳税人生产或购入在货物外包装或使用说明书中注明有使用期限的货物，超过有效（保质）期无法进行正常销售，需做销毁处理的，可视作企业在经营过程中的正常经营损失，不纳入非正常损失。

（4）答：根据国家税务总局《关于增值税一般纳税人取得防伪税控系统开具的增值税专用发票进项税额抵扣问题的通知》（国税发〔2003〕17号）规定，增值税一般纳税人申请抵扣的防伪税控系统开具的增值税专用发票，必须自该专用发票开具日起90日内到税务机关认证，否则不予抵扣进项税额。根据上述规定，增值税专用发票的认证期限是90日而不是90个工作日，所以节假日不能顺延。

（5）答：根据《增值税暂行条例》第八条规定，该公司外包运输公司接送员工上下班，属于为员工提供非货币性福利。用于集体福利的运输费用，按规定不得抵扣进项税额。因此，该公司取得运输公司开具的运费发票，不能按照运费发票上注明的运输费用金额和7％的扣除率计算抵扣进项税额。

（6）答：国家税务局《关于失控增值税专用发票处理的批复》（国税函〔2008〕607号）规定，购买方主管税务机关对认证发现的失控发票，应按照规定移交稽查部门组织协查。属于销售方已申请并缴纳税款的，可由销售方主管税务机关出具书面证明，并通过协查系统回复购买方主管税务机关，该失控发票可作为购买方抵扣增值税进项税额的凭证。因此，上述购货企业，经主管税务机关协查，确认销货方已经申报纳税，并取得销售方主管税务机关出具的书面证明，可以抵扣进项税额。

（7）答：国家税务局《关于进口免税设备解除海关监管补缴进口环节增值税抵扣问题的批复》（国税函〔2009〕158号）规定，根据海关进口货物减免税管理规定，进口减免税货物，应当由海关在一定年限内进行监管，提前解除监管的，应向主管海关申请办理补缴税款。为保证税负公平，纳税人在2008年12月31日前免税进口的自用设备，由于提前解除海关监管，从海关取得2009年1月1日后开具的海关进口增值税专用缴款书所注明的增值税额中抵扣。纳税人销售上述货物，应当按照增值税适用税率计算缴纳增值税。

第三章　消费税

复习与思考题

（略）

技能训练题

一、单项选择题

1. B　2. B　3. C

4. D【解析】纳税人用于换取生产资料和消费资料、投资入股和抵偿债务等的应税消费品，应当以纳税人同类应税消费品的最高价格作为计税依据计算消费税。

5. C【解析】金银首饰征收消费税的规定，以旧换新方式销售的金银首饰应按实际收取的不含增值税的全部价款作为计税依据。

6. C【解析】因为啤酒实行从量计征消费税，因此，其应纳消费税的计税依据是当月销售量10000吨。

7. C【解析】属于消费税征税范围的高档手表是指销售价格（不含增值税）每只在10000元（含）以上的各类手表；自产应税消费品用于生产非应税消费品、在建工程、管理部门、非生产机构、提供劳务，以及用于馈赠、赞助、广告等，视同销售，计算缴纳消费税。

赠送客户的手表没有售价，按组成计税价格计算，组成计税价格＝8689×（1＋20%）÷（1−20%）＝13033.5（元），大于1万元，该手表属于高档手表，应征收消费税。

上述业务共应缴纳消费税＝（12×15000＋180000＋13033.5）×20%＝74606.7（元）

8. C【解析】企业非独立核算门市部销售应税消费品应按门市部零售价计征消费税，因此，该企业应缴纳消费税＝77.22÷（1＋17%）×3%＝1.98（万元）。

9. C【解析】粮食白酒品牌使用费、包装物租金属于价外费用，应并入白酒的销售额计算消费税；粮食白酒的包装物押金收取时即并入销售额征收消费税，无论是否退还；啤酒消费税从量征收，其包装物租金、包装物押金与消费税计税依据没有关系。

该酒厂粮食白酒应缴纳消费税＝50000×0.5＋［105000＋（4680＋9360）÷（1＋17%）］×20%＝25000＋23400＝48400（元）

包装物租金属于价外费用，构成啤酒售价的一部分，故需要计入出厂价格作为确定啤酒单位税额的依据。

啤酒每吨出厂价格＝2900＋234÷（1＋17%）＋1170÷150÷（1＋17%）＝3106.67（元）＞3000元，适用税额为250元/吨，因此，该酒厂啤酒应缴纳消费税＝150×250＝37500（元）

该酒厂2006年5月应缴纳消费税＝48400＋37500＝85900（元）。

10. D【解析】中低档护肤护发品不再属于应税消费品，所以，外购低档洗发水不存在抵扣消费税的问题。因此，企业上述业务应缴纳消费税＝14×30%＝4.20（万元）。

11. A【解析】选项B错误是因为外购的已税汽车轮胎和小汽车不属于同一税目；选项C错误是因为自2001年5月1日起，停止执行外购酒精生产的白酒允许扣除外购酒精已缴纳的消费税税款；选项D错误是因为外购已税护肤护发品和生产销售的化妆品不属于同一税目。

12. C 13. D

14. C【解析】选项A、B、D均属于生产加工业务，没有构成销售；只有选项C属于视同销售行为，应当同时征收增值税和消费税。

15. D【解析】自产应税消费品用于连续生产应税消费品的，不缴纳消费税。

16. C【解析】选项C正确是因为委托加工业务应缴纳的消费税一般由受托方代收代缴，无须自行缴纳。而选项A、D涉及的业务均需自行向所在地税务机关缴纳消费税。

17. C

18. A【解析】10×（1＋5%）÷（1−8%）×8%＝0.91（万元）。

19. C 20. A

21. A【解析】我国的粮食白酒、卷烟、薯类白酒实行复合计税办法。

22. C

23. D【解析】纳税人自产自用的应税消费品用于连续生产应税费品的，即作为生产最终应税消费品的直接材料，并构成最终应税消费品实体的，不缴纳消费税。

24. C【解析】$(57000＋9500)÷(1－5\%)＝70000$（元）。

25. D【解析】$(14.3＋4.1)÷(1－8\%)×8\%×100＝160$（万元）。

26. C【解析】$14040÷(1＋17\%)×25\%＋4000×0.5＝5000$（元）。

27. B【解析】委托加工物资收回后直接用于销售的，其所负担的消费税应计入委托加工物资成本；如果收回的委托加工物资用于连续生产的，应将所负担的消费税先计入"应交税费——应交消费税"科目的借方，按规定用以抵扣加工的消费品销售后所负担的消费税。

28. C【解析】企业将自产产品用于在建工程，应按照产品成本进行结转，不确认收入，但是按照税法的规定应该视同销售计算增值税销项税额，将增值税计入在建工程成本。由于该产品为应税消费品，则需要计算消费税。本题的会计处理为：

借：在建工程	1087.5
贷：库存商品	750
应交税费——应交增值税（销项税额）	212.5
——应交消费税	125

29. C【解析】不免税意味着征税，不意味着退税。

30. C【解析】要按非独立核算门市部的销售额计算消费税额：$77.22÷(1＋17\%)×10\%＝6.6$（万元）。

31. B【解析】进口的应税消费品，为取得报关进口的当天；委托加工的应税消费品，为纳税人提货的当天。

32. B【解析】纳税人用外购的已税珠宝玉石生产的改在零售环节征收消费税的金银首饰（镶嵌首饰），在计税时一律不得扣除外购珠宝玉石的已纳税款；停止生产领用外购酒和酒精已纳消费税税款准予抵扣的政策。

33. A　34. D　35. C　36. A　37. B　38. B　39. C　40. B　41. A　42. D

43. A【解析】税法规定，将自产轿车3辆作为本企业固定资产属于自产自用行为、轿车4辆作为专车配给专家属于其他使用行为，它们均属于消费税的应税行为。

应缴纳的增值税＝$[(58＋40＋3＋4)×180000＋56×58000]×17\%－3623800＝141360$（元）

应缴纳的消费税＝$(58＋40＋4＋3)×180000×5\%＝945000$（元）

44. B【解析】小轿车达到低污染排放标准，可以得到减征30%的优惠。应缴纳的消费税＝$300×17.55÷(1＋17\%)×9\%×(1－30\%)＝283.5$（万元）。

45. C【解析】根据规定，将自产的货物用于职工福利的，需要计算缴纳消费税。同时对于没有同类消费品销售价格的，应该按照组成计税价格计算纳税。应缴纳的消费税＝（成本＋利润）÷（1－消费税税率）×消费税税率＝$(100＋40)÷(1－30\%)×30\%＝60$（万元）。

46. B

47. C【解析】除金银首饰、钻石饰品在零售环节征税外，一般在应税消费品的生产、委托加工和进口环节缴纳消费税，选项A错误。高级竹筷不是木制一次性筷子，不是应税消费品，不缴纳消费税，选项B错误。盐不是应税消费品，选项D错误。

48. C【解析】根据税法规定，目前只有卷烟、粮食白酒、薯类白酒实行从量定额和从价定率相结合的复合计税办法。化妆品、烟丝、高档手表均为从价计征消费税。

49. A 50. A 51. D 52. A 53. A 54. A

55. B【解析】列入消费税范围的税目共11种，其中有高尔夫球及球具，而网球及球具不属于消费税的征收范围。

二、多项选择题

1. AB【解析】粮食白酒、薯类白酒范围的划分原则为：（1）以单一酒基为原料生产的白酒，按其酒基属于粮食类和薯类、其他类分别确定；（2）以不同种类的白酒勾兑的白酒，从高适用税率，即适用粮食白酒的税率。用甜菜为原料生产的白酒和山药为原料生产的白酒，均按薯类白酒征税。

2. BD【解析】彩色电视机不是应税消费品，所以，不缴纳消费税；摩托车是应税消费品，但不是生产、委托加工和进口的，不缴纳消费税。

3. BD【解析】选项 A、C 属于酒精应税范围，选项 B、D 属于税法明确规定不征收消费税的项目。

4. BCD【解析】税法规定，润滑油是用于内燃机、机械加工过程的润滑产品。润滑油分为矿物性润滑油、植物性润滑油、动物性润滑油和化工原料合成润滑油。润滑油的征收范围包括以石油为原料加工的矿物性润滑油，矿物性润滑油基础油。植物性润滑油、动物性润滑油和化工原料合成润滑油不属于润滑油的征收范围。

5. CD【解析】购买烟叶可抵扣进项税合计＝$30000×(1＋10\%)×(1＋20\%)×13\%＋1000×7\%＝5148＋70＝5218$(元)

加工费进项税额＝850(元)

乙企业应代收代缴消费税＝$[30000＋30000×(1＋10\%)×20\%－5148＋1000×(1－7\%)＋500＋5000]÷(1－30\%)×30\%＝16235.14$(元)

进项税额转出＝$30000×13\%＋2790÷(1－7\%)×7\%＝4110$(元)

应缴纳的增值税＝$(416500＋35000)×17\%－(5218＋850－4110)＝74797$(元)

应缴纳的消费税＝$416500×45\%＋17×150－16235.14×80\%＝176986.89$(元)

6. ABC

7. BCD【解析】因为消费税只在产品的起始环节或最终使用环节征税，因此，作为中间销售环节的批发环节不是缴纳消费税的环节。而进口、零售和生产销售环节，应缴纳消费税。

8. BC【解析】计算消费税时如取得的收入为外币的，可以选择结算当天或者当月 1 日的国家外汇牌价（原则上为中间价）折合为人民币计算应纳税额。

9. ABD 10. ABD 11. ABCD

12. BD【解析】A 应由受托方代收代缴；C 应在生产应税消费品所在地申报缴纳。

13. BCD

14. ABC【解析】自产酒精生产白酒是自产自用的应税消费品，用于连续生产应税消费品的，不缴纳消费税。

15. BD【解析】A、C 项不属于委托加工方式。

16. ACD　17. ABD　18. BC　19. AB　20. ACD　21. BCD　22. BD　23. ACD

24. ABD　25. ABC　26. AC

27. ACD【解析】不含税销售价格每只在 10000 元（含）以上的高档手表，征收消费税。高档护肤类化妆品按化妆品税目征收消费税。

28. ABD

29. ACD【解析】生产销售应税消费品的，为应税消费品的销售数量；委托加工应税消费品的，为纳税人收回的应税消费品数量；进口应税消费品的，为海关核定的应税消费品进口征税数量；自产自用应税消费品的，为应税消费品的移送数量。

30. ABCD　31. AD　32. AB

三、判断题

1. ×【解析】按《消费税暂行条例》规定，只限于从工业企业购进的已税消费品连续生产应税消费品销售时，才允许扣除已纳消费税；其次，在符合上述规定下，应按生产领用的部分扣除，而不是按耗用部分扣除。

2. ×【解析】经税务机关审核后，应退回多缴纳的税款，但不能直接抵减其应纳税额。

3. √【解析】消费税规定外贸企业收购应税消费品出口或受其他外贸企业委托代理出口，其消费税既免又退。

4. √【解析】一般由受托方在向委托方交货时代收代缴消费税。国家税务总局又明确规定：纳税人委托个体经营者加工应税消费品，一律于委托方收回后在委托方所在地缴纳消费税。

5. √【解析】退还消费税应按该应税消费品所适用的消费税税率计算，这与增值税不同。

6. ×【解析】本题考核销售应税消费品包装物押金的计税。根据规定，对包装物既作价随同应税消费品销售，又另外收取押金并在规定期限内未予退还的押金，应并入应税消费品的销售额计征消费税。

7. √

8. √【解析】纳税人用于换取生产资料和消费资料、投资入股和抵偿债务，应以同类应税消费品的最高销售价格作为计税依据

9. √

10. ×【解析】纳税人通过自设非独立核算门市部销售自产应税消费品，应当按照门市部对外销售额或销售数量计算征收消费税。本题是"独立核算"的门市部，不正确。

四、计算题

1. 代扣代缴消费税 ＝（76000＋12000＋4500）÷（1＋30％）×30％＝39642.86（元）

2. 组成计税价格 ＝（7000＋2000）÷（1－10％）＝10000（元）
   乙企业应代扣代缴的消费税 ＝10000×10％＝1000（元）

3. （1）C　（2）D　（3）B　（4）C

4. (1) 从国外进口 A 类化妆品的组成计税价格
   ＝（820000＋230000）÷（1－30％）＝1500000（元）

进口 A 类化妆品，应缴纳消费税＝1500000×30％＝450000（元）

（2）委托加工的 B 类化妆品的组成计税价格

＝（68000＋2000）÷（1－30％）＝100000（元）

委托加工 B 类化妆品应缴纳消费税＝100000×30％＝30000（元）

（3）销售 C 类护肤品应缴纳消费税＝580000×8％＝46400（元）

（4）"三八"妇女节发放的 C 类护肤品应缴纳消费税＝8000×8％＝640（元）

该企业 3 月份应缴纳消费税＝450000＋30000＋46400＋640＝527040（元）

5. 第一笔业务中，销售特制包装盒的收入应该计算缴纳增值税，因为其收入没有纳入计算增值税的销售额中，所以应该补缴增值税。

第二笔业务中，外购的原料因为管理不善被盗，其进项税额应该做转出处理，也应该补缴增值税。

第三笔业务中，将自产的货物用于无偿赠送，属于视同销售的行为，应该计算增值税，因为开始没有计入到销售收入中，所以属于补缴的增值税。

（1）该公司 3 月份应补缴增值税税额

＝9360÷（1＋17％）×17％＋5100＋（40×315.9）÷（1＋17％）×17％

＝1360＋5100＋1836＝8296（元）

（2）该公司 3 月份应补缴消费税税额

＝9360÷（1＋17％）×8％＋（40×315.9）÷（1＋17％）×8％

＝640＋864＝1504（元）

五、综合业务题

1. （1）加工厂代收代缴的消费税＝［（200×20＋3000）÷（1－3％）］×3％＝216.49（元）

（2）收回轮胎直接用于对外销售，不需缴纳消费税，用于小汽车装配的轮胎因为用于不同的税目，故不可以抵扣已缴纳的消费税。

（3）应纳消费税额的计算：

销售普通小汽车应缴纳消费税＝150×120000×3％＝540000（元）

特制汽车应缴纳消费税＝［70000×5×（1＋8％）÷（1－3％）］×3％＝11690.72（元）

本月应缴纳消费税＝540000＋11690.72＝551690.72（元）

（4）应缴纳增值税的计算：

当月增值税销项税额＝300×12×17％＋150×120000×17％＋［70000×5×（1＋8％）÷（1－3％）］×17％＝612＋3060000＋6624.42＝3126859.42（元）

当月可抵扣的增值税进项税额＝1020000＋510＝1020510（元）

当月应缴纳的增值税＝3126859.42－1020510＝2106349.42（元）

2. （1）小轿车在进口环节应缴纳的关税、消费税、增值税

①进口小轿车的货价＝15×30＝450（万元）

②进口小轿车的运输费＝450×2％＝9（万元）

③进口小轿车的保险费＝（450＋9）×3‰＝1.38（万元）

④进口小轿车应缴纳的关税

关税的完税价格＝450＋9＋1.38＝460.38（万元）

应缴纳消费税＝460.38×60％＝276.23（万元）

⑤进口环节小轿车应缴纳的消费税

消费税组成计税价格＝（460.38＋276.23）÷（1－8％）＝800.66（万元）

应缴纳消费税＝800.66×8％＝64.05（万元）

⑥进口环节小轿车应缴纳的增值税

应缴纳增值税＝（460.38＋276.23＋64.05）×17％＝136.11（万元）

或 800.66×17％＝136.11（万元）

（2）加工货物在进口环节应缴纳的关税、增值税

①加工货物关税的组成计税价格＝20＋3＝23（万元）

②加工货物应缴纳的关税＝23×20％＝4.6（万元）

③加工货物应缴纳的增值税＝（23＋4.6）×17％＝4.69（万元）

（3）国内销售环节应缴纳的增值税

①销项税额＝40.95÷（1＋17％）×17％×24＝142.8（万元）

②进项税额＝（9×7％＋136.11）÷30×28＋4.69＝132.31（万元）

③应缴纳增值税＝142.8－132.31＝10.49（万元）

3. （1）进口小轿车关税完税价格＝400000＋30000＋40000＋20000＝490000（元）

进口小轿车应缴纳的关税＝490000×20％＝98000（元）

修理设备应缴纳的关税＝（50000＋100000）×20％＝30000（元）

进口卷烟应缴纳的关税＝（2000000＋120000＋80000）×20％＝440000（元）

进口小轿车、修理设备和进口卷烟应缴纳的关税＝98000＋30000＋440000＝568000（元）

（2）小轿车进口环节应缴纳的消费税

＝（490000＋98000）÷（1－8％）×8％＝51130.43（元）

（3）卷烟进口环节消费税

每标准条进口卷烟确定消费税适用比例税率的价格＝［（2000000＋120000＋80000＋440000）÷80000＋0.6］÷（1－30％）＝48（元）＜50元，适用比例税率为30％。

进口卷烟应缴纳的消费税＝（2000000＋120000＋80000＋440000＋0.6×80000）÷（1－30％）×30％＋0.6×80000＝1200000（元）

（4）小轿车进口环节应缴纳的增值税

＝（490000＋98000）÷（1－8％）×17％＝108652.17（元）

修理设备进口环节应缴纳的增值税

＝（50000＋100000）×（1＋20％）×17％＝30600（元）

卷烟进口环节应缴纳的增值税

＝（2000000＋120000＋80000＋440000＋0.6×80000）÷（1－30％）×17％＝652800（元）

小轿车、修理设备和卷烟在进口环节应缴纳的增值税

＝108652.17＋30600＋652800＝792052.17（元）

4. （1）关税完税价格＝220＋4＋20＋11＝255（万元）

关税＝255×20％＝51（万元）

组成计税价格＝（255＋51）÷（1－30％）＝437.14（万元）

消费税=437.14×30%=131.14（万元）

增值税=437.14×17%=74.31（万元）

（2）代扣代缴消费税、城建税、教育费附加

= [86+46.8÷（1+17%）] ÷（1−30%）×30%×（1+7%+3%）=59.4（万元）

（3）应缴纳消费税

= [650+70.2÷（1+17%）+14.04÷（1+17%）] ×30%−131.14×80%

=216.6−104.91=111.69（万元）

（4）销项税额

=[650+70.2÷（1+17%）+14.04÷（1+17%）+300] ×17%+46.8÷（1+17%）×17%=180.54（万元）

（5）准予抵扣的进项税额

=74.31+8×7%+（70×13%+10×7%）×（1−30%）+34×（1−5%）+20×（1−5%）×7%

=74.31+0.56+6.86+32.3+1.33=115.36（万元）

5. （1）卷烟厂应缴纳的增值税

①进项税额=204+60×7%=208.2（万元）

②销项税额=4563÷（1+17%）×17%+7500×17%+2.6×200×17%

=663+1275+88.4=2026.4（万元）

③应缴纳的增值税=2026.4−208.2=1818.2（万元）

（2）卷烟厂应缴纳的消费税

①销售卷烟的消费税

=4563÷（1+17%）×50%+7500×45%+2.6×200×45%+（3000+200）×0.015

=1950+3375+234+48=5607（万元）

②生产领用烟丝应扣除的消费税

=（400+850）×30%=375（万元）

③应缴纳的消费税=5607−375=5232（万元）

（3）商场应缴纳的增值税

①销项税额=2.6×（1+3%）×200×17%=91.05（万元）

②进项税额=2.6×200×17%=88.4（万元）

③应缴纳的增值税=91.05−88.4=2.65（万元）

（4）商场应缴纳的营业税

营业税=（2.6×200×3%+2.6×200×2%）×5%=1.3（万元）

6. （1）B （2）C （3）A （4）B

7. （1）销售摩托车应缴纳的增值税

①不含税的销售额=含税销售额÷（1+增值税税率）

=9000÷（1+17%）=7692.31（万元）

应缴纳的增值税=销项税额−进项税额=7692.31×17%−800=507.69（万元）

②摩托车修理修配业务应缴纳的增值税

应缴纳的增值税＝销项税额－进项税额＝30×17％－4＝5.1－4＝1.1（万元）

（2）8月份应缴纳的消费税

应缴纳的消费税＝不含增值税销售额×税率

　　　　　　　　＝9000÷（1＋17％）×10％＝769.23（万元）

（3）8月份应缴纳的营业税

应缴纳的营业税＝营业额×税率＝50×5％＝2.5（万元）

8.（1）卷烟厂9月份准予扣除的进项税额＝204＋60×7％＝208.2（万元）

（2）卷烟厂9月份应缴纳的增值税额

销项税额＝4563÷（1＋17％）×17％＋50÷（1＋17％）×17％＝670.26（万元）

应缴纳的增值税＝670.26－208.2＝462.06（万元）

（3）卷烟厂9月份生产领用烟丝应扣除的消费税＝400×30％＝120（万元）

（4）卷烟厂9月份应缴纳的消费税

＝1500×0.015＋4563÷（1＋17％）×45％－120＝1657.5（万元）

9.（1）当月应缴纳的消费税

＝5×2000×60×20％＋23400÷（1＋17％）×20％＋5×2000×0.5＝129000（元）

（2）当月可抵扣的增值税进项税额＝50000×13％＋25500＝32000（元）

（3）当月增值税销项税额＝5×2000×60×17％＋23400÷（1＋17％）×17％

　　　　　　　　　　　　＝105400（元）

（4）当月应缴纳的增值税税额＝105400－32000＝73400（元）

第四章　营业税

复习与思考题

（略）

技能训练题

一、单项选择题

1. D【解析】旅游业务以全部的收费减去替旅游者付给其他单位的餐费、住宿费、交通费、门票和其他代付费用后的余额为营业额＝（2000－500－500－400－80）×5％×50＝1300（元）。

2. A【解析】税法规定，有线电视台收取的初装费，属建筑业征税范围。

3. B【解析】1600×5％＝80（万元）。

4. C【解析】金融中间业务的计税依据为佣金的全部收入。

5. C【解析】应缴纳的营业税＝（120＋10＋15－100－10－5）×5％＝1.5（万元）。

6. C【解析】个人销售不动产，因买方违约而取得的赔偿金，应并入营业额，征收营业税；个人销售不动产，价款与折扣额在同一张发票上注明的，应以折扣后的余额缴纳营业税。领取营业执照之日起，3年内免征营业税。

7. B【解析】不动产赠送他人的营业税纳税义务发生时间为不动产所有权转移的当天。

8. B【解析】发生在外县（市）的应税劳务，应向劳务发生地主管税务机关申报纳税，如果未申报的，可向其机构所在地主管税务机关申报纳税。

9. B　10. A　11. D　12. B　13. A　14. B　15. B　16. C　17. B

18. C【解析】出口信用保险不作为境内提供保险，为非应税劳务，不征营业税。

19. C【解析】对企业、行政事业单位按房改成本价、标准价出售住房的收入，暂免征收营业税。

20. D【解析】$580000 \times (1+7\%) \times 2 + 580000 \times (1+7\%) \times 5 \div 10000 \times 50 = 1241200 + 15515 = 1256715$（元）。

21. D　22. D

23. A【解析】本题中，只有第一批代购业务符合营业税法规定条件，应按收取的手续费计征营业税 $= 29250 \times 5\% = 1462.5$（元）。第二批代购业务因不符合税法规定条件，因此此项代购业务不属于征收营业税的业务，应缴纳增值税。

24. C【解析】电信局销售手机并提供网络服务，应征收营业税；钢窗厂生产钢窗并负责安装属于混合销售业务，应征收增值税；建筑公司自建自用的房屋，不征收营业税；福利彩票机构发行销售福利彩票，不征收营业税。

25. D

26. C【解析】$(400+200-100) \times 3\% = 15$（万元）。

27. C　28. B　29. B　30. C　31. A　32. C　33. A　34. D　35. B　36. A　37. C

38. B　39. B　40. A

41. D【解析】金融保险业以外汇结算营业额的，金融业按其收到外汇的当天或当季季末中国人民银行公布的基准汇价折合营业额，保险业按其收到外汇的当天或当月月末中国人民银行公布的基准汇价折合营业额。其他企业，人民币的折合率可以选择当天，也可以选择当月1日的国家外汇牌价。

42. D【解析】转让高速公路收费权取得的收入按"服务业"税目中的"租赁"项目征收营业税。

43. A

44. A【解析】选项B，融资租赁业务，以其向承租者收取的全部价款和价外费用，减去出租方承担的出租货物的实际成本后的余额为营业额；选项C，一般贷款业务，以利息收入全额为营业额；选项D，金融经纪业务，以金融服务手续费为营业额。

二、多项选择题

1. AB【解析】选项A和B均属于在我国境内提供的应税劳务，应当缴纳营业税。选项C为发生在境外的劳务，不征营业税。选项D为营业税免税项目。

2. ABD【解析】属于遗嘱人处分不动产的，遗嘱继承人须提交公证机关出具的"遗嘱公证书"和"遗嘱继承权公证书"、房产所有权证以及《个人无偿赠与不动产登记表》。

3. AB【解析】选项C错误是因为此种混合销售行为分别缴纳增值税和营业税必须同时符合规定的三个条件；选项D错误是因为经中国人民银行和商务部批准的融资租赁

业务，其营业额为收取的全部价款和价外费用减去出租货物的成本后的余额按直线法计算。

4. CD【解析】选项 A 和 B 均属于营业税条例出台以后国家补充规定的营业税优惠政策。

5. ACD【解析】电脑福利彩票投注点代销福利彩票取得的任何形式的手续费收入，应照章征收营业税。

6. ACD【解析】选项 B 错误是因为从事货物运输服务的纳税义务发生时间没有特别规定，为收讫营业收入款或者取得索取营业收入款凭据的当天，不是货物运达目的地的当天。

7. ABC

8. BCD【解析】向境外联运企业支付运费的国内运输企业，劳务发生地在中国境外不征营业税。

9. AB【解析】中国人民保险公司和中国进出口银行办理的出口信用保险业务，不作为境内提供保险，为非应税劳务，不征收营业税；保险公司开展的 1 年期以上返还性人身保险业务的保费收入免征营业税。

10. CD【解析】A 不得减除其销售商品的收入，B 不得减除拍卖过程中发生的费用。

11. AB【解析】以房产投资入股、以土地使用权投资入股不征收营业税。

12. ABD

13. ACD【解析】本题考核营业税的计税依据。根据规定，办理初保业务，营业额为纳税人经营保险业务向对方收取的全部价款，即向被保险人收取的全部保险费，因此选项 B 是错误的。

14. AC　15. BD　16. BD　17. AD　18. AB　19. AD　20. AD　21. ABD　22. BC

23. AB　24. ABD

25. ABC【解析】电信部门开办 168 台电话，利用电话开展有偿咨询、点歌等业务以及经营邮电礼仪业务均应当按邮电通信业征收营业税。特别注意，电话点歌不是娱乐业。

26. AC

27. BCD【解析】选项 A 属于"加工、修理修配劳务"，应该缴纳增值税。

28. AC【解析】根据规定，纳税人从事运输劳务，应当向其机构所在地主管税务机关申报纳税，选项 B 错误；纳税人在本省从事建筑劳务，应当向应税劳务发生地主管税务机关申报纳税，选项 D 错误。

三、判断题

1. ×【解析】提供货物加工修理修配劳务的收入，缴纳增值税。

2. ×【解析】自 2006 年 5 月 1 日起，纳税人销售自产建筑防水材料的同时提供建筑业劳务，凡符合《国家税务总局关于纳税人销售自产货物提供增值税劳务并同时提供建筑业劳务征收流转问题的通知》（国税发〔2002〕117 号）规定条件的，按照该文件的有关规定征收增值税、营业税。

3. ×【解析】只有经中国人民银行、商务部批准经营融资租赁的企业所从事的融资租赁业务，才能以其向承租人收取的全部价款和价外费用减去出租方承担的出租货物的实际成本后的余额为营业额。这里经过批准后的融资租赁的营业额要用直线法折算。

4. √【解析】转让房屋应缴纳营业税＝（30－20）×5％＝0.5（万元）

5. √【解析】对社保基金管理人从事基金管理活动应征收营业税，但对其从事买卖证券投资基金、股票、债券取得的差价收入，暂免征收营业税。

6. ×【解析】涉及不动产的应纳营业税行为，其纳税地点为不动产所在地。

7. √【解析】考点在融资租赁业务营业税计税依据不按收入全额，而按减除出租货物实际成本的差额作为营业额。

8. ×【解析】营业税以劳务发生地为原则，劳务发生地在我国境内，应缴纳营业税；但是，有免税劳务，如残疾人员个人为社会提供的劳务。

9. √【解析】纳税人（不包括个人自建自用住房销售）将自建的房屋对外销售，其自建行为应按建筑业缴纳营业税，再按销售不动产征收营业税。

10. ×【解析】"储金业务"的营业额，为纳税人在纳税期内的储金平均余额乘以人民银行公布的一年期存款的月利率。储金平均余额为纳税期期初储金余额与期末余额之和乘以50％。

11. ×【解析】不能分别核算或者不能正确核算的，其营业税的应税劳务应与增值税的应税劳务的货物的销售，一并征收增值税。

12. √　13. ×

14. ×【解析】出纳长款不征收营业税。

15. √　16. ×

17. ×【解析】非货物期货征收营业税，货物期货不涉及实物交割的也征营业税。

四、计算题

1. （1）B　　（2）D　　（3）A　　（4）C

2. 应缴纳的营业税＝［（20－12）＋（50－30）］×5％＝1.4（万元）

3. 放映业务门票收入，按"文化体育业"税目计税；场地租费，按"服务业"税目计税。

应缴纳的营业税＝80000×3％＋6000×5％＝2700（元）

应代扣歌舞团营业税＝（20000－6000－3000）×3％＝330（元）

应代扣经纪人营业税＝3000×5％＝150（元）

4. （1）受托发放贷款应扣缴营业税＝（200×3％÷4）×5％＝0.075（万元）

（2）用自有资金发放贷款1200万元，应收未收的利息收入未超过90天。

应缴纳的营业税＝（1200×3％÷4）×5％＝0.45（万元）

（3）取得受托贷款手续费收入、结算业务手续费收入、销售支票与账单凭证收入以及结算罚息与加息收入。

应缴纳的营业税＝（0.8＋30＋10＋3）×5％＝2.19（万元）

出纳长款收入不征营业税。

（4）纳税人经营融资租赁业务，以其向承租者收取的全部价款和价外费用（包括残值）减去出租方承担的出租货物的实际成本后的余额为营业额。出租货物的实际成本，包括由出租方承担的货物购入价、关税、增值税、消费税、运杂费、安装费、保险费等费用以及境外借款利息支出和人民币利息支出。

进口设备应缴纳的关税＝（900＋46）×10％＝94.6（万元）

进口设备应缴纳的增值税＝（900＋46＋94.6）×17％＝176.90（万元）

融资租赁设备本季度应缴纳的营业税

＝［3400－（900＋46＋94.6＋176.9＋144＋12）］×90÷（15×360）×5％

＝1.69（万元）

（5）该银行本期应缴纳的营业税＝0.45＋2.19＋1.69＝4.33（万元）

5.（1）甲公司的营业额＝7860＋10－1800＝6070（万元）（根据规定，建筑业的总承包人将工程分包或者转包给他人的，以工程的全部承包额减去付给分包人或者转包人的价款后的余额为营业额）

（2）甲公司承建住宅工程应缴纳的营业税＝6070×5％＝303.5（万元）

（3）甲公司应代扣代缴乙公司的营业税＝1800×5％＝90（万元）

（4）甲公司承建住宅工程应补缴的营业税＝303.5－273＝30.5（万元）

6.（1）甲建筑公司应缴纳的营业税＝（16000－7000）×3％＝270（万元）

乙建筑公司应缴纳的营业税＝7000×3％＝210（万元）

（2）房地产开发公司售房应缴纳的营业税＝4000×5％＝200（万元）

（3）甲建筑公司售房应缴纳的营业税＝2200×5％＝110（万元）

7.（1）代售门票手续费应缴纳的营业税＝1000×5％＝50（元）

福利彩票手续费应缴纳的营业税＝500×5％＝25（元）

照相馆收入应缴纳的营业税＝28000×5％＝1400（元）

培训班收入应缴纳的营业税＝（120000＋8000）×3％＝3840（元）

上述业务应缴纳的营业税＝50＋25＋1400＋3840＝5315（元）

（2）代扣代缴营业税＝21000×3％＝630（元）

8.（1）银行应缴纳的营业税

①向生产企业贷款应缴纳的营业税＝（600＋8）×6％＝36.48（万元）

②手续费收入应缴纳的营业税

＝（14＋5000×4.8％÷12×2×10％）×6％＝1.08（万元）

③有价证券买卖应缴纳的营业税＝（860－800）×6％＝3.6（万元）

④向商场贷款应缴纳的营业税＝1500×5.4％÷12×3×6％＝1.22（万元）

银行共计应缴纳的营业税＝36.48＋1.08＋3.6＋1.22＝42.38（万元）

（2）银行应代扣代缴营业税＝5000×4.8％÷12×2×6％＝2.4（万元）

9.（1）A　　（2）C　　（3）C　　（4）D

10.（1）当月餐饮收入应缴纳的营业税＝150×5％＝7.5（万元）

（2）当月住宿收入应缴纳的营业税＝86×5％＝4.3（万元）

（3）当月租金收入应缴纳的营业税＝9×5％＝0.45（万元）

（4）当月娱乐收入应缴纳的营业税

$= (17＋6＋23＋71) ×20\%＝117×20\%＝23.4（万元）$

五、综合业务题

1. （1）该公司1月份增值税销项税额

$=2457÷（1＋17\%）×17\%＋11.7÷（1＋17\%）×17\%＝358.7（万元）$

该公司1月份可抵扣的增值税进项税额$=6.3＋30＋10×7\%＝37（万元）$

（2）该公司1月份应缴纳的增值税$＝358.7－37＝321.7（万元）$

（3）该公司1月份应缴纳的消费税

$=（2457＋11.7）÷（1＋17\%）×30\%＝633（万元）$

（4）该公司1月份应缴纳的营业税$＝1×5\%＝0.05（万元）$

2. （1）A （2）BCD （3）D （4）B （5）D （6）A

3. （1）B （2）A （3）A （4）C （5）D （6）ABD

4. （1）当期进项税额$＝56500÷（1＋13\%）×13\%＋（2000×2）×10\%＝6900（元）$

当期销项税额$＝117000÷（1＋17\%）×17\%＋93600÷（1＋17\%）×17\%＋14040$
$÷（1＋17\%）×17\%＝32640（元）$

应缴纳的增值税$＝32640－6900＝25740（元）$

（2）该公司转让厂房应缴纳营业税

应缴纳的营业税$＝500000×5\%＝25000（元）$

5. （1）门票收入应缴纳的营业税$＝650×3\%＝19.5（万元）（文化体育业）$

（2）索道客运收入应缴纳的营业税$＝380×5\%＝19（万元）（服务业）$

（3）表演收入应缴纳的营业税$＝120×3\%＝3.6（万元）（文化体育业）$

（4）合作经营酒店应缴纳的营业税$＝20×5\%＝1（万元）（服务业）$

（5）商店应缴纳的营业税$＝10×5\%＝0.5（万元）$

（6）商店应缴纳的增值税$＝30÷（1＋4\%）×4\%＝1.15（万元）$

六、实训题

（一）

交通运输业营业税纳税申报表

（适用于交通运输业营业税纳税人）

纳税人识别号：32060201089456

纳税人名称（公章）：××运输有限责任公司

税款所属时间：自2009年1月1日至2009年1月31日　　　　　　填表日期：2009年2月8日

金额单位：元（列至角分）

应税项目	营业额						税率(%)	本期税款计算			税款缴纳						
	应税收入	应税减除项目金额			应税营业额	免税收入		小计	本期应纳税额	免(减)税额	期初前欠缴税额	期初多缴税额	本期已缴税额			本期应缴税额计算		
		小计	支付合作运方运费金额	其他减除项目金额									小计	已缴本期应纳税额	本期已缴欠缴税额	小计	本期期末应缴税额	本期期末应缴欠缴税额
1	2	3=4+5	4	5	6=2-3	7	8	9=10+11	10=(6-7)×8	11=7×9	12	13	14=15+16	15	16	17=18+19	18=10-15	19=12-13-16
铁路运输																		

续表

应税项目	营业额						税率(%)	本期税款计算			税款缴纳							
	应税收入	应税减除项目金额			应税营业额	免税收入		小计	本期应纳税额	免(减)税额	期初前期欠缴税额	前期多缴税额	本期已缴税额			本期应缴税额计算		
		小计	支付合作运输方运费金额	其他减除项目金额									小计	已缴本期应纳税额	本期已缴欠缴税额	小计	本期期末应缴税额	本期期末应缴欠缴税额
1	2	3=4+5	4	5	6=2-3	7	8	9=10+11	10=(6-7)×8	11=7×9	12	13	14=15+16	15	16	17=18+19	18=10-15	19=12-13-16
其中:货运																		
客运																		
公路运输	9000000	2000000	2000000		7000000		3	210000	210000							210000	210000	
其中:货运	9000000	2000000	2000000		7000000		3	210000	210000							210000	210000	
客运																		
水路运输																		
其中:货运																		
客运																		
航空运输																		
其中:货运																		
客运																		
管道运输																		
装卸搬运	150000				150000		3	4500	4500							4500	4500	
合计	9150000	2000000	2000000		7150000			214500	214500							214500	214500	

以下由税务机关填写:

受理人:　　　　　　　　　受理日期:　年　月　日　　　受理税务机关(签章):

本表为A3横式一式三份,一份纳税人留存,一份主管税务机关留存,一份征收部门留存。

（二）

服务业营业税纳税申报表

（适用于服务业营业税纳税人）

纳税人识别号：32060238695

纳税人名称（公章）：××旅行社

税款所属时间：自 2009 年 7 月 1 日至 2009 年 7 月 31 日　　　　　填表日期：2009 年 8 月 8 日

　　　　　　　　　　　　　　　　　　　　　　　　　　　　　　　　金额单位：元（列至角分）

应税项目	营业额				税率 (%)	本期税款计算			税款缴纳								
	应税收入	应税减除项目金额	应税营业额	免税收入		小计	本期应纳税额	免（减）税额	期初欠缴税额	前期多缴税额	本期已缴税额			本期应缴税额计算			
											小计	已缴本期应纳税额	本期已缴欠缴税额	小计	本期期末应缴税额	本期期末应缴欠缴税额	
1	2	3	4=2-3	5	6	7=8+9	8=(4-5)×6	9=5×6	10	11	12=13+14	13	14	15=16+17	16=8-13	17=10-11-14
旅店业																
饮食业																
旅游业	300000	195000	105000		5	5250	5250							5250	5250	
仓储业																
租赁业																
广告业																
代理业	10000		10000		5	500	500							500	500	
其他服务业	6000		6000		5	300	300							300	300	
合计	316000		121000			6050	6050							6050	6050	

以下由税务机关填写：

受理人：　　　　　　　　　　受理日期：　年　月　日　　　　受理税务机关（签章）：

本表为 A3 横式一式三份，一份纳税人留存，一份主管税务机关留存，一份征收部门留存。

第五章　关　税

复习与思考题

（略）

技能训练题

一、单项选择题

1. C【解析】邮递出口物品应以寄件人为出口关税的纳税人。

2. A【解析】在我国加入世界贸易组织之前，我国进口税则设有两栏税率，即普通税率和优惠税率；自 2002 年 1 月 1 日起，我国进口税则设有最惠国税率、协定税率、特惠税率、普通税率、关税配额税率等税率。

3. B【解析】对农药原药和中间体、乐器及生产设备实行暂定税率。对部分农产品和化肥产品实行关税配额税率。

4. D

5. D【解析】我国确定进口货物原产地主要是全部产地生产标准和实质性加工两个标准。

6. D【解析】陆运进口的货物如成交价格中包含运、保、杂费支付至内地到达口岸的，应该计算至目的地口岸；进口货物以离岸价格成交的，应加上途中实际支付的运保费，如实际支付的运保费无法确定时，海关应当按照货物进口同期运输行业公布的运费率计算运费，按照"货价加运费"两者总额的 3‰ 计算保险费。

7. C【解析】应缴纳的进口关税＝40×6％＝2.4（万元）。

8. C【解析】进口 1 年内在境内使用的货样应征税；为制造外销产品而进口的原材料和外国政府赠送的物资属于法定减免税；在境外运输途中遭受损坏的物品，海关可以酌情减免关税。

9. C【解析】完税价格＝海关审定的该货物原进口时的价格×［1－（申请补税时实际已使用的时间〈月〉）÷（监管年限×12）］。

完税价格＝300×（1－24÷60）＝180（万元）

应补缴关税＝180×10％＝18（万元）

10. D【解析】运往境外加工的货物，出境时已向海关报明，并在海关规定期限内复运进境的，应当以海关审定的境外加工费和料件费，以及该货物复运进境的运输及其相关费用、保险费估定完税价格。对于经海关批准的暂时进境的货物，应当按照一般进口货物估价办法的规定，估定完税价格。转让进口的免税旧货物需予补税时，应当以海关审定的该货物原进口时的价格，扣除折旧部分价值作为完税价格。

11. D【解析】经海关核准进口的无商业价值的广告品和货样。

12. B 13. B 14. C

15. D【解析】特别关税应包括报复性关税、反倾销税与反补贴税、保障性关税。

16. D

17. A【解析】选项 B 应当以海关审定的该货物原进口时的价格，扣除折旧部分价值作为完税价格；选项 C 应当按照一般进口货物估价方法的规定估定完税价格；选项 D 应该以海关审定的境外加工费和料件费，以及该货物复运进境的运输及其相关费用、保险费估定完税价格。

18. A 19. D 20. A 21. D

22. B【解析】根据规定，进口关税及其他国内税收，不计入进口货物关税完税价格中。

二、多项选择题

1. ABCD【解析】无论是贸易性商品，还是非贸易性的物品，均是关税的征税对象。

2. ACD【解析】目前，我国对部分鸡产品、啤酒、胶卷计征从量税。滑准税的特点是关税税率随进口商品价格由高到低而由低至高的变化。

3. ABD【解析】进口关税有正税和附加税之分。附加税不是一个独立的税种，从属于进口正税的一部分。它的目的和名称繁多，如反倾销税、反补贴税、报复关税、紧急进口税等。

4. ABD【解析】进口关税和国内税、货物运抵境内输入地点之后发生的费用，不能列入完税价格。买方为购进货物向代表双方利益的经纪人支付的劳务费属于应计入关税完税价格的部分。

5. BCD【解析】选项 A 不符合题意是因为进口货物起卸后海关放行前，因不可抗力遭受损坏或损失的，只能酌情减免税。

6. ABC

7. AD【解析】选项 B 错误是因为留购的租赁进口货物，应以海关审定的留购价格作为完税价格；选项 C 错误是因为接受捐赠进口的货物，按一般进口货物估价办法的规定估定完税价格。

8. CD【解析】选项 A 和 B 属于特定减免税范围。

9. AB【解析】海关查验时已经破漏、损坏或者腐烂，经证明不是保管不慎造成的，海关可以酌情减免关税；因不可抗力，缴税确有困难的纳税人进口的货物，可申请缓纳关税。

10. ABC【解析】纳税人或其代理人如遇下列情形之一，可自缴纳税款之日起，向海关申请退税，逾期不予受理。
    （1）因海关误征，多纳税款。
    （2）海关核准免验进口的货物，在完税后，发现有短缺情况，经海关审查认可的。
    （3）已征出口关税的货物，因故未装运出口，申报退关，经海关查验属实的。

11. AC【解析】关税法定纳税义务人，指进口货物的收货人、出口货物的发货人、进出境物品的所有人。

12. ABC【解析】D 答案错，税法规定：可根据境内生产相同或类似货物的成本、利润和一般费用、境内发生的运输及其相关费用、保险费计算所得的价格，作为出口货物完税价格。

13. BCD【解析】我国现行《税法》规定，由买方负担的除购货佣金以外的佣金和经纪费，应当计入完税价格。

14. AC【解析】选项 B 经海关总署批准，可以延期缴纳税款，但最长不得超过 6 个月；选项 D 经证明不是保管不慎造成的，才酌情减免。

15. AB

三、判断题

1. ×【解析】出口货物的完税价格，由海关以货物向境外销售的成交价格为基础审定，并包括货物运至我国境内输出地点装载前的运输及其相关费用、保险费。但其中包含的出口关税税额，应当扣除。

2. √【解析】运往境外修理的机器、工具等，海关审定的正常修理费和料件费，以及该货物复运进境的运输及其相关费用、保险费估定完税价格。$35×5\%＝1.75$（万元）。

3. √【解析】滑准税是一种关税税率随进口商品价格由高到低而由低至高设置计征关税的方法，可以使进口商品的价格越高，其进口关税税率越低；进口商品的价格越低，其进口关税税率越高。所以滑准税实质上是一种特殊的从价税。

4. ×【解析】海关可向进出口货物的收发货人及与其有资金往来或有其他业务往来的公司、企业调查与进出口货物价格有关的问题。

5. √　6. ×　7. ×　8. √

9. ×【解析】如果进口货物完税价格中所含的陆、空、邮运货物的保险费无法确定，海关应当按照"货价加运费"两者总额的 3‰ 计算保险费。

10. √

四、计算题

1. (1) 完税价格＝$720×500×8.3÷（1＋30\%）＝2298462$（元）

   (2) 出口关税税额＝$2298462×30\%＝689539$（元）

2. 应缴纳关税税额＝$80000×200×100\%＝1600$（万元）

3. 应缴纳关税税额＝$（200000＋30000－10000）×50\%＝11$（万元）

4. (1) 进口货物的完税价格由海关以进口应税货物的成交价格以及该货物运抵我国境内输入地点起卸前的运费及其相关费用、保险费为基础审查确定。所以进出口公司在进口该批机器设备过程中审定的成交价 200 万美元、货物运抵我国境内输入地点起卸前的运输费 10 万美元、保险费 20 万美元以及包装劳务费 3 万美元都应计入货物的完税价格。

   (2) 关税税额＝关税完税价格×关税税率＝$（200＋10＋20＋3）×8.3×30\%＝580.17$（万元）。

   (3) 进出口公司应当自运输该批机器设备的运输工具申报进境之日起 14 日内，向货物进境地海关申报。

5. (1) 借：在途物资（80000×7）　　　　　　　　　　　　　　　560000

　　　　　应交税费——应交增值税（进项税额）（560000×17%）　　95200

　　　　　　　贷：银行存款——美元户　　　　　　　　　　　　　　655200

   (2) 借：在途物资　　　　　　　　　　　　　　　　　　　　　　90000

　　　　　　　贷：银行存款——人民币户　　　　　　　　　　　　　　90000

   (3) 借：原材料　　　　　　　　　　　　　　　　　　　　　　　745200

　　　　　　　贷：在途物资　　　　　　　　　　　　　　　　　　　745200

6. (1) 9 月 1 日至 9 月 15 日免滞纳金。

   (2) 9 月 16 日至 9 月 28 日，13 天应缴滞纳金。

   (3) 应缴滞纳金＝$1000×10\%×0.5‰×13＝0.65$（万元）

7. （1）摄像机应缴纳关税＝7600×10×7×3%＝15960（元）

进口增值税＝（7600×10×7＋15960）×17%＝93153.2（元）

锌矿砂关税＝（240×5000×7）÷（1＋10%）×10%＝763636.36（元）

（2）进口摄像机时：

借：在途物资（7600×10×7＋15960）　　　　　　　　　　　547960

应交税费——应交增值税（进项税额）　　　　　　　　　93153.2

贷：银行存款——人民币户　　　　　　　　　　　　　641113.2

出口锌矿砂时：

借：营业税金及附加　　　　　　　　　　　　　　　　　763636.36

贷：银行存款　　　　　　　　　　　　　　　　　　763636.36

8. 完税价格＝（120000＋1200＋1500）×7＝858900（元）

应缴纳关税＝858900×12%＝103068（元）

应缴纳增值税＝（858900＋103068）×17%＝163534.56（元）

借：在途物资（858900＋103068）　　　　　　　　　　　　961968.00

应交税费——应交增值税（进项税额）　　　　　　　　163534.56

贷：银行存款——人民币户（103068＋163534.56）　　　266602.56

——美元户　　　　　　　　　　　　　　　858900.00

五、综合业务题

1. （1）免税进口一台设备在监管期内转售的应补缴关税

＝50×（1－18÷36）×10%＝2.5（万元）

（2）以租赁方式进口机械应按海关审定的租金价格计算关税

＝100×10%＝10（万元）

（3）运往境外加工后复运进境的货物应按海关审定的境外加工费和料件费，以及该货物复运进境的运输及相关费用、保险费用估定完税价格计算关税

＝（5＋8＋1.2＋0.5）×10%＝1.47（万元）

（4）进口原材料应按海关审定的完税价格计算关税

＝（150＋2＋1.5＋3×5）×10%＝16.85（万元）

该进出口公司当月应缴纳的关税合计＝2.5＋10＋1.47＋16.85＝30.82（万元）

2. （1）计算应缴纳的关税

关税完税价格＝离岸价＋软件费＋卖方佣金－买方佣金＋运输

保险费＝1410＋50＋15－10＋35＝1500（万元）

关税＝关税完税价格×关税税率＝1500×20%＝300（万元）

（2）计算应缴纳的消费税

组成计税价格＝（关税完税价格＋关税）÷（1－消费税税率）

＝（1500＋300）÷（1－10%）＝2000（万元）

消费税＝组成计税价格×税率＝2000×10%＝200（万元）

（3）计算应缴纳的增值税

组成计税价格＝关税完税价格＋关税＋消费税＝1500＋300＋200＝2000（万元）

增值税＝组成计税价格×税率＝2000×17％＝340（万元）

3. （1）关税完税价格＝9000－60－50＋180＋90＝9160（万元）

（2）进口关税＝9160×100％＝9160（万元）

（3）进口消费税＝（9160＋9160）÷（1－5％）×5％＝964.21（万元）

（4）进口增值税＝（9160＋9160＋964.21）×17％＝3278.32（万元）

关税滞纳金＝9160×（20－7）×1‰＝119.08（万元）

4. （1）11 月份应缴纳的增值税

＝28.08÷（1＋17％）×17％－［47.6＋（10＋2）×7％－200×（17％－13％）］

＝－36.36（万元）

免抵退税额＝200×13％＝26（万元）

应退的增值税为 26 万元。

（2）11 月份留抵的税额＝36.36－26＝10.36（万元）

（3）12 月份进口原材料应缴纳的关税

＝（120＋8＋3＋13）×10％＝14.40（万元）

（4）12 月份进口原材料应缴纳的增值税

＝（120＋8＋3＋13＋14.4）×17％＝26.93（万元）

（5）12 月份进口机械设备应缴纳的关税

＝（60＋3＋6＋2）×10％＝7.10（万元）

（6）12 月份进口机械设备应缴纳的增值税

＝（60＋3＋6＋2＋7.1）×17％＝13.28（万元）

（7）12 月份购进原材料和运费可抵扣的进项税额

＝（51＋12×7％）×（1－30％）＝36.29（万元）

（8）12 月份购入报废汽车部件可抵扣的进项税额

＝90×10％＝9（万元）

（9）12 月份销售 A 型小轿车的销项税额

＝397.8＋8÷（1＋17％）×17％＋10×397.8÷130＝429.56（万元）

（10）12 月份 B 型小轿车的销项税额为 0

（11）企业 12 月份应缴纳的增值税

＝429.56－（26.93＋36.29＋9＋7×7％）－10.36＝346.49（万元）

（12）企业 12 月份应缴纳的消费税（不含进口环节）

＝［2340＋8÷（1＋17％）＋10×2340÷130］×12％＝303.22（万元）

（13）企业 12 月份应缴纳的城市维护建设税和教育费附加

＝（346.49＋303.22）×（7％＋3％）＝64.97（万元）

提示：将小轿车用于碰撞试验既不缴纳消费税，也不缴纳增值税。

5. （1）小轿车在进口环节应缴纳的关税、消费税、增值税

①进口小轿车的货价＝15×30＝450（万元）

②关税的完税价格＝450＋9＋1.38＝460.38（万元）

③进口小轿车应缴纳的关税＝460.38×60％＝276.23（万元）

④进口环节小轿车应缴纳的消费税：

消费税组成计税价格＝（460.38＋276.23）÷（1－9％）＝809.46（万元）

应缴纳的消费税＝809.46×9％＝72.85（万元）

⑤进口环节小轿车应缴纳的增值税：

应缴纳的增值税＝809.46×17％＝137.61（万元）

（2）国内销售环节应缴纳的增值税

①销项税额＝40.95÷（1＋17％）×17％×24＝142.8（万元）

②进项税额＝（9×7％＋137.61）÷30×28＝129.02（万元）

③应纳税额＝142.8－129.02＝13.78（万元）

6. 该批商品的人民币进价＝200000×7＝1400000（元）

该批商品缴纳的进口关税＝1400000×30％＝420000（元）

应收取代理手续费＝200000×7×2％＝28000（元）

相关业务的会计处理如下：

收取委托单位预付款项时：

借：银行存款	2000000	
贷：应付账款——××单位		2000000

支付进口商品价款时：

借：应付账款——××单位	1400000	
贷：银行存款		1400000

缴纳进口关税时：

借：应付账款——××单位	420000	
贷：应交税费——应交关税		420000
借：应交税费——应交关税	420000	
贷：银行存款		420000

结算应收取手续费时：

借：应付账款——××单位	28000	
贷：代购代销收入（手续费）		28000

退回委托单位结算款余额＝2000000－140000－420000－28000＝152000（元）

借：应付账款——××单位	152000	
贷：银行存款		152000

第六章　　城市维护建设税

复习与思考题

（略）

技能训练题

一、单项选择题

1. A【解析】城建税随同主税实行属地原则，因此在经营地并按当地适用税率计征。

2. C【解析】应补缴城建税＝200000×7％＝14000（元）

应补缴滞纳金＝14000×0.5‰×5＝35（元）

3. A【解析】进口行为应缴纳增值税＝（100＋90）÷（1－5％）×17％＝34（万元）。

或＝（100＋90＋10）×17％＝34（万元）

内销行为应缴纳增值税＝300×17％－34＝17（万元）。由于进口环节不征城建税，

所以，应缴纳城建税＝17×7％＝1.19（万元）。

4. D【解析】580000×（1＋7％）×2＋580000×（1＋7％）×5÷10000×50＝1241200＋

15515＝1256715（元）。

5. C

6. B【解析】根据规定，城建税的计税义务为纳税人实际缴纳的“三税”之和，应缴纳

城市维护建设税＝（34＋12＋10）×7％＝3.92（万元）。

7. C

二、多项选择题

1. BD【解析】外商投资企业和外国企业，不缴纳城建税。

2. BD【解析】城建税出口不退，进口不征。主税的滞纳金和罚款，不作为城建税的计

税依据。

3. ACD【解析】缴纳增值税、消费税、营业税的企业不一定要缴纳城市维护建设税，例

如，外商投资企业和外国企业不需要缴纳城建税，再如进口货物不需要缴纳城建税。

4. ABC

5. BC【解析】增值税不能通过“主营业务税金及附加”科目核算，城市维护建设税、

教育费附加应通过“主营业务税金及附加”科目核算。矿产资源补偿费应通过“管

理费用”核算。

6. ACD【解析】罚款和滞纳金不能作为城建税的计税依据。

7. AD【解析】纳税人违反增值税、消费税、营业税规定被加罚的滞纳金和罚款不能作

为计征城建税的计税依据。

三、判断题

1. √【解析】城建税没有独立征收对象，主要为城市维护建设筹集资金。

2. √【解析】自1997年1月1日起，供货企业向出口企业和市县外贸企业销售出口产

品时，以增值税当期销项税额抵扣进项税额后的余额，计算城建税。

3. ×

4. ×【解析】自2005年起10月1日起，教育费附加按全额征收，不再减半优惠。

四、计算题

1.（1）应缴纳城市维护建设税＝（250000＋400000＋80000）×7％＝730000×7％＝

51100（元）

（2）应缴纳的教育费附加＝（500000＋30000）×3％＝530000×3％＝15900（元）

2. 应缴纳教育费附加＝（10＋30＋6）×3％＝1.38（万元）

应缴纳城建税＝（10＋30＋6）×5％＝2.3（万元）

3. 应补缴营业税58万元、城建税58×7％＝4.06（万元）；滞纳金＝（58＋4.06）×0.5‰×40＝1.24（万元）；由于罚款和补缴的税款等额，所以，罚款＝58＋4.06＝62.06万元；综上所述，该企业补缴的营业税、城建税及滞纳金、罚款合计＝58＋4.06＋1.24＋62.06＝125.36（万元）。

4. 进口增值税＝（150＋15）÷（1−5％）×17％＝29.53（万元）

收购粮食可抵扣进项税＝200×13％＝26（万元）

销售白酒增值税销项税额＝400×17％＝68（万元）

当期应缴纳的增值税＝68−29.53−26＝12.47（万元）

销售白酒应缴纳的消费税＝400×20％＋200×2000×0.5÷10000＝100（万元）

当期应缴纳的城建税及教育费附加＝（12.47＋100）×（7％＋3％）＝11.25（万元）

5.（1）销售摩托车应缴纳的消费税

＝不含税销售额×消费税税率＝［550＋5÷（1＋17％）］×10％＝55.43（万元）

（2）销售轮胎应缴纳的消费税

＝含增值税销售额÷（1＋增值税税率）×消费税税率

＝58.50÷（1＋17％）×3％＝1.5（万元）

【解析】消费税的计税依据是含消费税而不含增值税的销售额（纳税人销售应税消费品向购买方收取的全部价款和价外费用，价外费用视为含税收入）。

（3）5月份应缴纳的增值税

＝［550＋5÷（1＋17％）＋58.50÷（1＋17％）］×17％−（70＋3×7％）

＝32.52（万元）

（4）5月份应缴纳的营业税＝70×5％＝3.5（万元）

（5）5月份应缴纳的城建税＝（55.43＋1.5＋32.52＋3.5）×7％＝6.51（万元）

第七章 资源税

复习与思考题

（略）

技能训练题

一、单项选择题

1. A【解析】一般情况下，资源税的扣缴义务人应按收购地主管税务机关缴纳资源税。

2. A【解析】与原油同时开采的天然气应征收资源税，煤矿开采的天然气暂不征税。

3. C【解析】因不知道原矿的数量，因此应按精矿量和选矿比换算成的数量作为计税依据，铁矿石减按 40% 征收资源税。该铁矿 6 月份应缴纳的资源税 = （500×20）×2.4×40% = 9600（元）。

4. B【解析】该盐场应缴纳的资源税 = 300×5+90×10 = 2400（元）；该盐场应缴纳的增值税 = ［15+133.6+（133.6÷80）×10］×17%−130×17% = 6.001（万元）；该盐场应缴纳的资源税和增值税合计 = 2400+60010 = 62410（元）

5. B【解析】金属矿原矿可将其精矿按选矿比折算成原矿数量，以此作为课税数量；有色金属矿的资源税在规定税额的基数上减征 30%。

当月应缴纳的资源税 = （6+0.5÷40%）×10×40% = 29（万元）

6. B【解析】资源税的征税范围并不包括地下水。

7. A

8. B【解析】资源税税目所称的天然气，是指专门开采或与原油同时开采的天然气，暂不包括煤矿生产的天然气。

9. A　10. C

11. B【解析】应缴纳资源税 = （40000×0.6+9000÷40%×0.6）×（1−30%） = 26250（元）

12. C　13. D　14. A

15. C【解析】根据规定，开采原油过程中用于加热、修井的原油，免征资源税。纳税人开采或者生产资源税应税产品销售的，以销售数量为课税数量。应缴纳的资源税 = 3000×8 = 24000（元）。

二、多项选择题

1. ABC【解析】未列举名称的其他非金属矿原矿和其他有色金属矿是否征收资源税以及未列举名称的纳税人适用的税额标准，均由省、自治区、直辖市人民政府确定。

2. BCD

3. CD【解析】选项 A 错误是因为加工固体盐所耗用液体盐只有属于外购的，其已纳资源税税额才准予扣除；选项 B 错误是因为纳税人只有跨省开采，其下属生产单位和核算单位不在同一省、自治区、直辖市的，才对其开采的矿产品一律在开采地缴纳资源税。

4. BD【解析】选项 A 是分期收款方式下的纳税义务发生时间；选项 C 是预收货款方式下的纳税义务发生时间。

5. ACD　6. ACD

三、判断题

1. ×【解析】暂不征收资源税的仅限于中外合作开采原油和天然气的企业。

2. √【解析】资源税对进口应税产品不征税，对出口应税产品不退税。

3. ×【解析】纳税人应纳的资源税属于跨省开采，其下属生产单位与核算单位不在同一省、自治区、直辖市的，对其开采的矿产品一律在开采地纳税，所以这里销售的 350 万吨中有 50 吨不用在本省纳税。该企业在本省应缴纳的资源税 = （350−50）×4×40% = 480（万元）。

4. √【解析】资源税纳税人开采或者生产应税产品销售的、自用（非生产用）的都应缴纳资源税。

5. √【解析】进口的矿产品和盐不征收资源税，出口应税产品也不免征或退还已缴纳的资源税。

6. ×【解析】不包括中外合作开采石油、天然气的企业。

四、计算题

1. 应缴纳资源税＝（70＋5）×15＝1125（万元）

2. 4000×14×（1－60％）＝22400（元）

3. （10＋0.5）×12＝126（万元）

4.（1）原油应纳税额＝6×8＝48（万元）（用于加热、修井的原油免税）

（2）天然气应纳税额＝1×8＝8（万元）

（3）10月份油田应纳税额＝48＋8＝56（万元）

五、综合业务题

1.（1）计算资源税：

①外销原煤应纳资源税＝280×3＝840（万元）

②外销洗煤90万吨不能直接计算资源，应将洗煤的数量换算成原煤的数量后计算资源税。其应缴纳资源税＝90÷60％×3＝450（万元）

③将自产的原煤用于职工食堂和供暖，视同销售，应以自用数量为计税依据计算资源税。其应缴纳资源税＝0.25×3＝0.75（万元）

④外销天然气总量中包含的在采煤过程中生产的天然气不纳资源税，应减除其数量。

应缴纳资源税＝（37000－2000）×8÷10000＝28（万元）

应缴纳资源税合计＝840＋450＋0.75＋28＝1318.75（万元）

（2）计算增值税：

①销售原煤的增值税销项税额＝22400×13％＝2912（万元）

②销售洗煤的增值税销项税额＝15480×13％＝2059.2（万元）

③自产货物用于职工福利视同销售。

自用原煤的增值税销项税额＝（22400÷280×0.25）×13％＝2.6（万元）

④销售天然气的增值税销项税额＝6660×13％＝865.8（万元）

销项税额合计＝2912＋2059.2＋2.6＋865.8＝5839.6（万元）

⑤该企业购入采煤用原材料和低值易耗品的进项税额为1190万元；支付外购原材料运输费200万元，取得运输公司开具的普通发票，按7％的扣除率进行抵扣；购进采煤机械设备10台，虽取得增值税专用发票，但是按规定不得抵扣进项税额。

进项税额总计＝1190＋200×7％＝1204（万元）

应缴纳增值税＝5839.6－1204＝4635.6（万元）

2.（1）企业本月进口环节应缴纳的各项税金

冶炼设备进口环节关税＝（100000＋10000＋2500）×8.27×17％＝158163.75（元）

冶炼设备进口环节增值税＝（100000＋10000＋2500）×8.27×（1＋17％）×17％
＝185051.59（元）

进口铜矿石关税＝（100000＋1000）×8.27×3％＝25058.1（元）

进口铜矿石增值税＝（100000＋1000）×8.27×（1+3%）×13%
　　　　　　　＝111842.65（元）

该企业本月进口环节应缴纳的税金

＝158163.75＋185051.59＋25058.1＋111842.65＝480116.09（元）

（2）该企业本月应缴纳的增值税（包括进口环节缴纳的增值税）

业务③：进项税额＝111842.65（元）

业务④：销项税额＝2000×45×60%×13%+500×50×13%+3000×50×13%
　　　　　　　＝29770（元）

业务⑤：销项税额＝1728000÷80%×17%＝367200（元）

业务⑥：进项税额＝51000＋（12000＋8000）×7%＝52400（元）

业务⑦：进项税额＝1200元

业务⑧：应缴纳的增值税＝360000÷（1+4%）×4%×50%＝6923.08（元）

业务⑨：进项税额转出＝18×1500×13%＝3510（元）

应缴纳的增值税＝（29770+367200）－（111842.65+52400+1200-3510）+6923.08
　　　　　　　＝241960.43（元）

（3）该企业本月应缴纳的城市维护建设税及教育费附加

城市维护建设税及教育费附加＝241960.43×（5%+3%）＝19356.83（元）

（4）该企业本月应缴纳的资源税

业务④：应缴纳的资源税＝(2000×1.2+3000×1.2)×70%＝4200（元）

业务⑤：应缴纳的资源税＝2000×1.2×(1-30%)＝1680（元）

应缴纳的资源税＝4200+1680＝5880（元）

注：根据财税〔2005〕168号文的规定，有色金属矿资源税自2006年1月1日起恢复全额征收。

（5）企业应代扣代缴资源税

该企业应代扣代缴资源税＝3000×1.2+2000×1＝5600（元）

六、实训题

资源税纳税申报表

填表日期：　　年　　月　　日　　　　　　　　　　　　金额单位：元（列至角分）

纳税人识别号：32060219865984

纳税人名称：				税款所属时期：				
产品名称	课税单位	课税数量	单位税额	应纳税额	已纳税额	应补（退）税额	备注
	原油	吨	36000	8	288000		288000	
	天然气	千立方米	150	10	1500		500	
应纳税项目								

续表

产品名称		课税单位	课税数量	单位税额	应纳税额	已纳税额	应补（退）税额	备注
	原油	吨	500	8	4000		400	
减免税项目								

如纳税人填报，由纳税人填写以下各栏		如委托代理人填报，由代理人填写以下各栏		
会计主管	纳税人	代理人名称		代理人
		代理人地址		（公章）
（签章）	（公章）	经办人		电话
以下由税务机关填写				
收到申报表日期		接收人		

第八章　城镇土地使用税

复习与思考题

（略）

技能训练题

一、单项选择题

1. D【解析】经济发达地区的城镇土地使用税的适用税额标准可适当提高，但须报经财政部批准。

2. A【解析】企业内部子弟学校、医院占地面积不缴纳城镇土地使用税。该企业应纳土地使用税＝（30000－2000－1000）×3＝81000（元）。

3. B【解析】应纳税额＝（50000－2000－2000－1000）×3＋8000×3×8÷12＝15.1（万元）。

4. B【解析】应缴纳的城镇土地使用税＝（80000－3000－5000－1000－1000）×3×（5000－2000）÷5000＝126000（元）＝12.6（万元）。

5. D【解析】根据规定，城镇土地使用税计税依据为"实际占用的土地面积"。

6. D

7. B【解析】纳税单位无偿使用免税单位的土地，纳税单位应照章缴纳城镇土地使用税。

8. B【解析】应缴纳土地使用税＝（60000－28000）×0.8＝25600（元）。

直接用于农林牧渔业的生产用地免税；办公用地、加工占地是不免税的。对企业厂区以外的公共绿化用地暂免征收土地使用税，企业厂区以内的是不免税的。

二、多项选择题

1. AC【解析】土地使用税的征税范围是城市、县城、镇和工矿区，因此选项 A、C 符合题意。

2. ABC【解析】尚未核发土地使用证书的，应以纳税人申报的面积作为计税依据。

3. AD【解析】选项 A、D 不需要缴纳城镇土地使用税，是因为公园和国家机关作为非营利单位，其非营业用地免征土地使用税。选项 B 对外商投资企业需要缴纳城镇土地使用税。

4. ACD【解析】纳税人使用的土地在同一省（自治区、直辖市）管辖范围内，纳税人跨地区使用的土地，由各省、自治区、直辖市税务局确定纳税地点。

5. ABCD　6. ACD

三、判断题

1. ×【解析】土地使用权共有的，共有各方都是纳税人，由共有各方按比例确定占用面积后分别纳税。

2. ×【解析】经批准开山填海整治的土地和改造的废弃土地，土地使用税条例明确规定可以免税 5～10 年。省级地方税务局只能确定其免税期限，而不是确定是否能免税。

3. ×【解析】纳税人在全国范围内跨省、自治区、直辖市使用的土地，其城镇土地使用税分别向土地所在地的税务机关缴纳。

4. ×【解析】比例是 30%。

5. ×【解析】凡在城市、县城、建制镇、工矿区范围内的土地，不论是属于国家所有的土地，还是集体所有的土地，都是城镇土地使用税的征税对象。

6. ×【解析】尚未核发土地使用证书的，应由纳税人据实申报土地面积，据以纳税，待核发土地使用证书后再作调整。

7. ×

8. ×【解析】土地使用税及耕地占用税是不可能同时缴纳的，对缴纳耕地占用税的土地是不缴纳土地使用税的。为避免对一块土地同时征收耕地占用税和土地使用税，税法规定，对新征用的耕地，凡是缴纳了耕地占用税的，从批准征用之日起满一年后征收土地使用税；征用非耕地因不需要缴纳耕地占用税，应从批准征用次月起征收土地使用税。

四、计算题

1. 全年应缴纳城镇土地使用税税额＝10000×5＋3000×1＝53000（元）

2. 全年应缴纳城镇土地使用税税额＝9500×3＝28500（元）

3. 全年应缴纳税额＝实际占用应税土地面积×适用税额

＝（20000－3000）×10×12＝2040000（元）

第一季度应缴城镇土地使用税＝2040000÷4＝510000（元）

计提税金时：

　　借：管理费用　　　　　　　　　　　　　　　　　　　　　　　510000

　　　　贷：应交税费——应交城镇土地使用税　　　　　　　　　　　　510000

　上缴税金时：

　　借：应交税费——应交城镇土地使用税　　　　　　　　　　　510000

　　　　贷：银行存款　　　　　　　　　　　　　　　　　　　　　　　510000

五、实训题

城镇土地使用税纳税申报表

纳税人识别号：33060211132567890001

纳税人名称：（公章）京广机械有限公司

税款所属期限：自 2009 年 1 月 1 日至 2009 年 3 月 31 日

填表日期：2009 年 4 月 8 日　　　　　　　　　　　　　　　金额单位：元（列至角分）

坐落地点	上期占地面积	本期增减	本期实际占地面积	法定免税面积	应税面积	土地等级 Ⅰ	土地等级 Ⅱ	适用税额 Ⅰ	适用税额 Ⅱ	全年应缴税额	缴纳次数	本期 每次应纳税额	本期 已纳税额	本期 应补（退）税额
1	2	3	4=2+3	5	6=4-5	7	8	9	10	11=6×9 或 10	12	13=11÷12	14	15=11-14
温江区人民路 2 号	2000		2000		2000	√		5		10000	4	2500		7500
合计														

如纳税人填报，由纳税人填写以下各栏		如委托代理人填报，由代理人填写以下各栏			备注
会计主管（签章）　　　　纳税人（公章）		代理人名称		代理人（公章）	
		代理人地址			
		经办人		电话	
以下由税务机关填写					
收到申报表日期			接收人		

第九章　耕地占用税

复习与思考题

（略）

技能训练题

一、单项选择题

1. D 2. B 3. B

二、多项选择题

1. ACD 2. ACD 3. AB 4. BD

三、判断题

1. √ 2. √ 3. × 4. √

四、计算题

1. 该学校应缴纳的耕地占用税＝5×5000＝25000（元）

借：在建工程   25000

  贷：银行存款   25000

2. 应缴纳土地使用税＝（4000－1000）×5＋2000×5＋3000×3＝34000（元）

 应缴纳耕地占用税＝1200×4＝4800（元）

五、实训题

耕地占用税纳税申报表

纳税人识别号：32060219856   单位：元，平方米

纳税人全称	田野机械制造有限公司				经济类型	
纳税人地址	四川省成都市红河路2号				邮政编码	
经办人姓名					联系电话	
开户银行					银行账号	
占地位置						
批准占地文号					占地用途	
批准占地面积	10000平方米				批准占地日期	
实际占地面积	10000平方米				实际占地日期	
占地类型	计税面积	单位税额	计征税额	减免税额	应纳税额	
	10000平方米	40	400000		400000	
小计						
应纳合计						
如纳税人填报，由纳税人填写以下各栏			如委托税务代理机构填报，由税务代理机构填写以下各栏			
会计主管 （签章）	经办人 （签章）		税务代理机构名称		税务代理机构 （公章）	
			税务代理机构地址			

续表

申报声明	此申报表是根据国家税收法律规定填报的，我确信它是真实的、可靠的。 声明人： （法定代表人签字或盖章）（公章）	代理人 （签章）		联系电话		
		以下由税务机关填写				
		收到申报表日期		接收人		

第十章　车辆购置税

复习与思考题

（略）

技能训练题

一、单项选择题

1. C　2. D　3. B　4. A　5. C　6. A　7. D　8. A

二、多项选择题

1. ABD　2. ABCD

三、判断题

1. √　2. ×　3. √　4. ×　5. ×　6. ×

四、业务题

购进国产卡车应缴纳的车辆购置税＝45×2×10％＝9（万元）

卡车的入账价值＝450000＋76500＋90000＝616500（元）

会计分录如下：

借：固定资产——车辆　　　　　　　　　　　　　　　616500

　　贷：银行存款　　　　　　　　　　　　　　　　　　　526500

　　　　应交税费——应交车辆购置税　　　　　　　　　　90000

实际缴纳车辆购置税时：

借：应交税费——应交车辆购置税　　　　　　　　　90000

　　贷：银行存款　　　　　　　　　　　　　　　　　　　90000

进口小轿车应缴纳的车辆购置税：

应纳税额＝计税价格×税率＝（关税完税价格＋关税＋消费税）×税率

$$＝\left(260000＋260000×50.7\%＋\frac{260000＋260000×50.7\%}{1-8\%}×8\%\right)×10\%$$

$$＝42589（元）$$

小轿车的入账价值＝425890＋42589＝468479（元）

会计分录如下：

借：固定资产——车辆   468479

　　贷：银行存款   468479

五、实训题

车辆购置税纳税申报表

填表日期：2009 年 8 月 8 日   行业代码：   注册类型代码：

纳税人名称：××有限责任公司   金额单位：元

纳税人证件名称	××有限责任公司		证件号码		320602986753
联系电话		邮政编码		地址	温江区大学路 2 号
车辆基本情况					
车辆类别	1. 汽车 2. 摩托车 3. 电车 4. 挂车 5. 农用运输车				
生产企业名称	上海大众汽车公司		机动车销售统一发票（或有效凭证）价格		
厂牌型号			关税完税价格		
发动机号码			关税		
车辆识别代号（车架号码）			消费税		
购置日期	2009 年 8 月 8 日		免（减）税条件		
申报计税价格	计税价格	税率	免税、减税额		应纳税额
1	2	3	4＝2×3		5＝1×3 或 2×3
100000		10%			10000

申报人声明	授权声明
此纳税申报表是根据《中华人民共和国车辆购置税暂行条例》的规定填报的，我确信它是真实的、可靠的、完整的。 　　　　　　　　　　声明人签字：	如果你已委托代理人申报，请填写以下资料： 　　为代理一切税务事宜，现授权（　　　　），地址（　　　　）为本纳税人的代理申报人，任何与本申报表有关的往来文件，都可寄与此人。 　　　　　　　　　　授权人签字：

如委托代理人的，代理人应填写以下各栏		
纳税人签名或盖章	代理人名称	
	地址	代理人（章）
	经办人	
	电话	

接收人：

接收日期：   主管税务机关（章）：

第十一章 车船税

复习与思考题

（略）

技能训练题

一、单项选择题

1. D【解析】免税、减税车辆因转让、改变用途等原因不再属于免税、减税范围的，需要依法缴纳车辆购置税，其计税价格＝15×（1－3/15）×100％＝12（万元），车辆购置税税额＝12×10％＝1.2（万元）。

2. D【解析】车辆购置税应计入固定资产成本，房产税、土地使用税应计入"管理费用"科目，城市维护建设税应计入"营业税金及附加"科目。

3. C 4. C 5. B 6. B

7. B【解析】10＋5＝15（万元），增值税、消费税、城市维护建设税、所得税都不在管理费用中核算。

8. C【解析】应缴纳的车船税＝10×20×50＋10×15×50×70％＝15250（元）

二、多项选择题

1. ABCD【解析】车船使用税的征税范围包括行驶于中国境内公共道路的车辆和航行于中国境内河流、湖泊或者领海的船舶两大类。

2. B【解析】机动车挂车，按机动载货汽车税额的7折征收；客货两用汽车，载人部分按乘人汽车税额减半征税；载货部分按机动载货汽车税额征收。

应缴纳车船税＝20×25×30＋20×10×30×70％＋3×3×30＋120×3×50％＋120×2＝19890（元）

3. CD 4. ABD 5. ABCD 6. ACD 7. ACD

8. BD【解析】非机动驳船、专项作业车不在免税范围之内。

9. ABCD

10. ABCD【解析】根据规定，车船税的纳税人，是指在中国境内拥有或者管理车辆、船舶的单位和个人，包括外商投资企业、外籍个人。

三、判断题

1. × 2. √ 3. √ 4. √ 5. × 6. √

7. ×【解析】船舶不论净吨位或载重吨位，其尾数在半吨以下者免算，超过半吨者，按1吨计算，但不及1吨的小型船只，一律按1吨计算。这里注意不要与车辆的计税规则混淆。

四、计算题

1. 应纳税额＝40×10×40＋10×180＝17800（元）

2. 载货汽车应纳税额＝10×5×50＋5×5×50×70％＝2500＋875＝3375（元）

　　大客车应纳税额＝2×200＝400（元）

　　不在公共道路上行驶的小汽车不纳税。则：

　　该企业全年应纳车船税额＝3375＋400＝3775（元）

五、实训题

车船税纳税申报表

纳税人识别号：320602869481

纳税人名称：（公章）税款所属期限：自 2009 年 1 月 1 日至 2009 年 12 月 31 日

填表日期：2009 年 3 月 21 日

金额单位：元

<table>
<tr><td colspan="2">车船类别</td><td>计税单位</td><td>税额标准</td><td>数量</td><td>吨位</td><td>本期应纳税额</td><td>本期已缴税额</td><td>本期应补（退）税额</td></tr>
<tr><td rowspan="4">载客汽车</td><td>乘坐人数大于或等于 20 人</td><td>每辆</td><td>480</td><td>8</td><td></td><td>3840</td><td></td><td>3840</td></tr>
<tr><td>乘坐人数大于 9 人小于 20 人</td><td>每辆</td><td>420</td><td>4</td><td></td><td>1680</td><td></td><td>1680</td></tr>
<tr><td>乘坐人数小于或等于 9 人</td><td>每辆</td><td>360</td><td>2</td><td></td><td>720</td><td></td><td>720</td></tr>
<tr><td>发动机气缸总排气量小于或等于 1 升</td><td>每辆</td><td></td><td></td><td></td><td></td><td></td><td></td></tr>
<tr><td colspan="2">载货汽车（包括半挂牵引车、挂车）</td><td>按自重每吨</td><td>80</td><td>12</td><td></td><td>5240</td><td></td><td>5240</td></tr>
<tr><td colspan="2">三轮汽车</td><td>按自重每吨</td><td></td><td></td><td></td><td></td><td></td><td></td></tr>
<tr><td colspan="2">低速货车</td><td>按自重每吨</td><td></td><td></td><td></td><td></td><td></td><td></td></tr>
<tr><td colspan="2">摩托车</td><td>每辆</td><td></td><td></td><td></td><td></td><td></td><td></td></tr>
<tr><td colspan="2">专项作业车</td><td>按自重每吨</td><td></td><td></td><td></td><td></td><td></td><td></td></tr>
<tr><td colspan="2">轮式专用机械车</td><td>按自重每吨</td><td></td><td></td><td></td><td></td><td></td><td></td></tr>
<tr><td colspan="3">小　计</td><td>—</td><td></td><td></td><td>11480</td><td></td><td>11480</td></tr>
<tr><td rowspan="4">船舶</td><td>净吨位小于或等于 200 吨</td><td>每吨</td><td></td><td>3</td><td></td><td></td><td></td><td></td></tr>
<tr><td>净吨位 201 吨至 2000 吨</td><td>每吨</td><td>4</td><td>4</td><td>600</td><td>9600</td><td></td><td>9600</td></tr>
<tr><td>净吨位 2001 吨至 10000 吨</td><td>每吨</td><td>5</td><td>2</td><td>2500</td><td>25000</td><td></td><td>25000</td></tr>
<tr><td>净吨位 10001 吨及其以上</td><td>每吨</td><td>6</td><td>2</td><td>15000</td><td>180000</td><td></td><td>180000</td></tr>
<tr><td colspan="3">小　计</td><td>—</td><td></td><td></td><td>214600</td><td></td><td>214600</td></tr>
<tr><td colspan="3">合　计</td><td></td><td></td><td></td><td>226080</td><td></td><td>226080</td></tr>
<tr><td rowspan="2" colspan="2">此纳税申报表是根据国家税收法律的规定填报的，我确信它是真实的、可靠的、完整的。</td><td colspan="6">如纳税人填报，由纳税人填写以下各栏</td></tr>
<tr><td colspan="2">经办人（签章）</td><td colspan="2">会计主管（签章）</td><td colspan="2">法定代表人（签章）</td></tr>
<tr><td rowspan="3" colspan="2">声明人：（法定代表人签字或盖章）（公章）</td><td colspan="6">如委托代理人填报，由代理人填写以下各栏</td></tr>
<tr><td colspan="2">代理人名称</td><td colspan="2"></td><td rowspan="2" colspan="2">代理人（公章）</td></tr>
<tr><td colspan="2">经办人（签章）
联系电话</td><td colspan="2"></td></tr>
</table>

第十二章　印花税

复习与思考题

（略）

技能训练题

一、单项选择题

1. D【解析】应缴纳印花税的证照仅限于房屋产权证、工商营业执照、商标注册证、专利证、土地使用证 5 种。

2. D【解析】以物易物合同应按购销金额合计计税贴花，应税合同在签订时产生纳税义务，不论合同是否兑现，均应贴花。应纳印花税＝（200＋150＋50）×0.3‰×10000＝1200（元）。

3. D【解析】无息贷款合同，免征印花税。该企业 2006 年度应缴纳印花税＝10×3×1‰＋20×0.5‰＝400（元）。

4. D【解析】伪造印花税票的，由税务机关责令改正，处 2000 元以上 10000 元以下的罚款，情节严重的，处 10000 元以上 50000 元以下的罚款，构成犯罪的，依法追究刑事责任。

5. B【解析】营业账簿中记载资金的账簿不实行按件贴花，而是实行按金额比例贴花。

6. C　7. A　8. B　9. B

10. B【解析】依据规定，载有两个或两个以上应适用不同税率经济事项的同一凭证，如分别记载金额的，应分别计算应纳税额，相加后按合计税额贴花；如未分别记载金额的，按税率高的计算贴花。应缴印花税＝300×0.5‰＝0.15（万元）。

11. D

12. D【解析】按委托加工合同缴纳印花税＝（1000＋20）×0.3‰＋50×0.5‰＝3310（元）；甲乙双方各需缴纳 3310 元，合计应缴 6620 元。

13. A【解析】印花税的比例税率分为 4 个档次，分别是 0.05‰、0.3‰、0.5‰、1‰。

14. A【解析】应补缴印花税＝（5000＋7500）×1‰－5＝7.5（元）。

15. A　16. A

二、多项选择题

1. ABC　2. ABCD

3. AD【解析】一些事业单位实行企业化管理，从事生产经营活动，其账簿应视同于企业账簿，缴纳印花税；而一些企业单位内的职工食堂、工会组织以及自办的学校、托儿所、幼儿园设置的经费收支账簿，不反映生产经营活动，不属于"营业账簿"税目的适用范围。

4. AD【解析】纳税人购买了印花税票不等于履行了纳税义务，只有在将印花税票贴在应税凭证上即行注销以后，才算完成了纳税义务；凡多贴印花税票者，不可申请退税或者抵扣。

5. ABCD【解析】以上四项均属于印花税征税范围。土地使用权的出让和转让合同按照"产权转移书据"贴花。

6. AC　7. BC

8. ABC【解析】印花税是只对列举项目征税的，选项 A、B、C 均不属于印花税的征税范围。选项 D 购销合同的纳税义务发生时间为合同签订时，对未能兑现的合同不退税。

9. ABD【解析】选项 C 是技术合同的范围。

三、判断题

1. ×【解析】目前比例税率中最高 1‰，最低 0.05‰，这样最高的是最低的 20 倍。

2. ×【解析】国际货物联运如果由外国企业运输的，外国运输企业不缴纳印花税。

3. ×【解析】可以免征印花税的慈善性捐赠财产转移书据仅限于捐赠给政府、社会福利单位和学校三种情况。

4. ×【解析】合同金额增加的，就其增加部分补税。合同未修改的，不补税。

5. ×【解析】汽车制造厂将自产小汽车捐赠给北京大学，应当按视同销售计征增值税、消费税、企业所得税，同时还应当缴纳城建税、教育费附加。但对于纳税人将财产赠给政府、社会福利单位、学校所立的书据免征印花税。

6. √　7. ×　8. √

四、计算题

1. （1）D　（2）D　（3）B　（4）B

2. （1）领受权利许可证照应缴纳的印花税

$=5+5+5=15$（元）

（2）设置账簿应缴纳的印花税

$=7×5+2200000×0.5‰=35+1100=1135$（元）

（3）签订购销合同应缴纳的印花税

$=2800000×0.3‰=840$（元）

（4）借款合同应缴纳的印花税

$=500000×0.05‰=25$（元）

注：利息不缴纳印花税。

（5）广告制作合同应缴纳的印花税

$=30000×0.5‰+70000×0.3‰=36$（元）

注：这里原材料是由广告公司提供的，也就是承揽方提供，应当按照购销合同计算贴花。

（6）技术服务合同应缴纳的印花税

$=600000×0.3‰=180$（元）

（7）租赁合同应缴纳的印花税

$=500000×0.1‰=500$（元）

（8）专有技术使用权转让合同应缴纳的印花税

$=1500000×0.05\%=750$（元）

3. （1）企业领受权利、许可证照应纳税额：

应纳税额$=3×5=15$（元）

（2）企业订立租赁合同应纳税额：

应纳税额$=2000000×1‰=2000$（元）

（3）企业订立购销合同应纳税额：

应纳税额$=8000000×3‰=2400$（元）

（4）企业订立借款合同应纳税额：

应纳税额$=4000000×0.5‰=200$（元）

（5）企业记载资金的账簿应纳税额：

应纳税额$=8000000×5‰=4000$（元）

（6）企业其他营业账簿应纳税额：

应纳税额$=8×5=40$（元）

（7）2003年企业应缴纳印花税总额：

$15+2000+2400+200+4000+40=8655$（元）

4. （1）记载资金账簿应纳印花税$=（1000+500）×0.05\%×10000=7500$（元）

其他账簿应纳印花税$=10×5=50$（元）

（2）租赁合同应纳印花税$=300×0.1\%×10000=3000$（元）

（3）购销合同应纳印花税$=800×0.3‰×10000=2400$（元）

（4）货运合同应纳印花税$=7.5×0.5‰×10000=37.5$（元）

（5）仓储保管合同应纳印花税$=20×1‰×10000=200$（元）

5. 补缴购销合同应补印花税额$=8000000×0.3‰=2400$（元）

委托加工合同应补印花税额$=1500000×0.5‰-25=725$（元）

补缴税款时：

借：管理费用   3125

  贷：银行存款   3125

上缴罚款时：

借：营业外支出——税务罚款   12500

  贷：银行存款   12500

6. 根据财政部、国家税务总局《关于印花税若干政策的通知》（财税〔2006〕162号）规定，对纳税人以电子形式签订的各类应税凭证，应按规定征收印花税。因此，电子商务公司签订电子形式的合约或协议，也应缴纳印花税。

五、实训题

印花税纳税申报表

填报日期：2009 年 3 月 8 日　　　　申报流水号：

税费所属期限：2009 年 1 月 1 日至 2009 年 3 月 31 日

纳税人编码：3206849382　　　　　　　　　　　　　　管理机关：

☐正常申报　　☐自行补报　　☐被查补报　　☐延期申报预缴　　单位：元（列至角分）

纳税人名称（签章）	文峰股份有限责任公司		注册类型		联系电话	
注册地址	江苏省南通市南大街 2 号				邮政编码	
开户银行	中国银行南通分行		账 号			
征收品目	计税金额（计税数量）	税率（单位税额）	应纳税额	购花数量		
				面 额	数量（枚）	金 额
建筑工程合同	5000 万	0.3‰	15000	壹元		
				贰元		
				伍元		
				拾元		
				伍拾元		
				壹佰元		
合计						

如纳税人填报，由纳税人填写以下各栏	如委托税务代理机构填报，由税务代理机构填写以下各栏
纳税人声明： 　此纳税申报表是根据国家税收法律的规定填报的，我确信它是真实的、可靠的、完整的。 　　　　　　　声明人签名：	代理人声明： 　此纳税申报表是根据国家税收法律的规定填报的，我确信它是真实的、可靠的、完整的。 　　　　　　　声明人签名：

主管会计		税务代理机构名称		
经办人		税务代理机构地址		经办人
税务机关填写	受理人签名： 受理申报日期：　年　月　日	审核人签名： 审核日期：　年　月　日		录入人员签名： 录入日期：　年　月　日

注：本表一式两份，一份由主管税务机关留存，一份退还纳税人。

第十三章　契税

复习与思考题

（略）

技能训练题

一、单项选择题

1. C【解析】契税的计税依据是成交价格。

2. C【解析】房地产交换价值相等的，免征契税。

3. B【解析】张某的外祖父、姐姐、祖母均属于法定继承人，继承其房屋时不需缴纳契税，而张某的表弟不属于法定继承人，应按接受捐赠缴纳契税。

4. C【解析】将价值 60 万元的自有房产作股投入本人经营企业，免纳契税。契税是以所有权发生转移的不动产为征税对象，以自有的房地产投入本人独资经营的企业，产权所有人和使用权使用人未发生变化，不需办理房产变更手续，也不办理契税手续。土地使用权相交换的，其计税依据是所交换的土地使用权、房屋的价格差额，应由多付货币、实物、无形资产或者其他经济利益的一方缴纳契税。

甲某上述经济事项应缴纳契税＝200×4％＋（200−160）×4％＝9.6（万元）

5. D【解析】100×3％＝3（万元）。由于契税是属于买方税，房屋出售的，出售方不缴纳契税。

6. D　7. B　8. A　9. B　10. D　11. D

12. B【解析】销售旧房及建筑物的评估价格应当以重置成本价乘以成新率。

评估价格＝1000×70％＝700（万元）

13. B【解析】房屋交换，由支付补价的一方缴纳契税。

14. D　15. A　16. B

17. B【解析】契税以在我国境内转让土地、房屋权属的行为作为征税对象。土地、房屋权属未发生转移的，不征收契税。土地使用权转让中的农村集体土地承包经营权的转移以及土地、房屋权属的典当、继承、出租或者抵押等，均不属于契税的征收范围。

二、多项选择题

1. ABD【解析】承受的房屋附属设施权属如为单独计价的，按照当地确定的适用税率征收契税；如与房屋统一计价的，适用与房屋相同的契税税率。

2. BD【解析】房屋的转让者不是契税的纳税人，因此选项 A 和 C 不符合题意。

3. AB【解析】人民医院属于非营利部门，其购买的医疗大楼属于用于医疗的房屋，因此可以免征契税。

4. AC　5. CD　6. AB　7. AC　8. ABCDE　9. BD　10. ABC　11. ACD

12. ABCD　13. BC

14. ABD【解析】根据规定，契税的课税对象具体包括五项内容：国有土地使用权出让，土地使用权转让，房屋买卖，房屋赠与，房屋交换。房屋租赁由于没有发生房屋权属的变更，因此不需要缴纳契税。

三、判断题

1. √【解析】债权人承受关闭、破产企业土地、房屋权属以抵偿债务的，免征契税。非债权人承受关闭、破产企业土地、房屋权属享受减半征收契税，必须符合"妥善安置原企业 30％以上职工"这个条件。

2. √【解析】企业分立中，对派生方、新设方承受原企业土地、房屋权属的，不征收契税。

3. ×【解析】对国有控股公司以部分资产投资组建新公司，且该国有控股公司占新公司股份 85％ 以上的，对新公司承受该国有控股公司土地、房屋权属免征契税。

4. √【解析】根据规定，房屋互换中，互换价格不相等的，由多交付货币的一方缴纳契税。本题中，多交付货币的一方是甲方，因此应该由甲方缴纳契税。

5. √　6. √　7. √　8. √　9. ×

10. ×【解析】以自有房屋作抵押，土地、房屋权属并没有发生转移，所以不属于契税的征税范围。

四、计算题

1. 乙为纳税人，应纳税额＝（12－10）×5％＝0.1（万元）

2. 企业应纳契税＝10×5％＝0.5（万元）

3. 甲应缴纳契税＝6×3％＝0.18（万元）

　　乙应缴纳契税＝24×3％＝0.72（万元）

　　丙不缴纳契税。

4. 应缴契税＝460×4％＝18.4（万元）

　　计提税金时：

借：固定资产	4784000
贷：营业外收入	3450000
递延所得税负债	1150000
应交税费——应交契税	184000

　　上缴契税时：

借：应交税费——应交契税	184000
贷：银行存款	184000

第十四章　房产税

复习与思考题

（略）

技能训练题

一、单项选择题

1. B【解析】选项 A 明显错误，选项 C、D 的表述均不如选项 B 的表述准确。

2. A【解析】选项 B 和 C 错误是因两者都应该参照同类房屋确定原值。选项 D 错误是因为应该对出租方按租金收入计征房产税。

3. A【解析】个人所有非营业用房产免征房产税，原值 60 万元的房产供自己及家人居住的用房是免房产税的；另外一处，也只就其出租期间缴纳房产税，出租后仍用于居住的，减按 4％ 税率征收。应缴纳房产税＝1200×4％×6＝288（元）。

4. C【解析】该人出租房本年应缴纳的房产税＝50×10％×12％＋0.2×3×4％×12＝

0.6＋0.288＝0.888（万元）

5. A【解析】应缴纳房产税＝1200×（1−20％）×1.2‰×4/12＋1000×（1−20％）×
1.2‰×8/12＋10×12‰×4＝15.04（万元）。

6. A　7. C　8. A　9. A

10. B【解析】我国现行税法规定，纳税单位和个人无租使用房产管理部门、免税单位
及纳税单位的房产，应由使用人代为缴纳房产税。

11. B【解析】应缴纳的房产税＝1100×（1−30％）×1.2‰×3/12＝2.31（万元）。
施工企业将材料棚交还或估价转让给基建单位的，应从基建单位接受的次月起照章
纳税；纳税人委托施工企业建设的房屋，从办理验收手续之次月起缴纳房产税。

12. B【解析】应缴纳的房产税＝500000×（1−25％）×1.2‰＝4500（元）。

13. C【解析】根据规定，从价计征的房产税，以房产余值为计税依据。该企业2008年
应缴纳的房产税＝5000×（1−30％）×1.2‰＝42（万元）。

二、多项选择题

1. BD

2. AB【解析】选项C错误是因为纳税人确有困难的，应由省级人民政府确定定期减免
房产税。选项D错误是因为营利性医疗机构自用的房产，自2000年起免征房产税
3年。

3. AD【解析】自行新建房用于生产经营，应从建成次月起缴纳房产税；纳税人出借房
产，自交付出借房产之次月起，缴纳房产税。

4. ABC【解析】产权出典的房屋，承典人为纳税人。

5. ACD【解析】我国现行税法规定，个人出租居民用房应按有关规定缴纳房产税。

6. BC【解析】选项A应当是从生产经营之月起缴纳房产税；选项D应该是房屋交付使
用之次月起缴纳房产税。

7. AC【解析】个人出租居民住房的，用于居住，按4％的税率征税；房产税是产权所
有人出租方征收的。

三、判断题

1. √

2. ×【解析】《国家税务总局关于进一步明确房屋附属设备和配套设施计征房产税有关
问题的通知》（国税发〔2005〕173号）规定，为了维持和增加房屋的使用功能或使
房屋满足设计要求，凡以房屋为载体，不可随意移动的附属设备和配套设施，如给
排水、采暖、消防、中央空调、电气及智能化楼宇设备等，无论在会计核算中是否
单独记账与核算，都应计入房产原值，计征房产税。

3. √【解析】以融资租赁方式租出的房屋，不属于出租计征房产税的房屋。

4. ×【解析】纳税人购置房屋缴纳房产税的纳税义务发生时间应根据是否属于新建商
品房还是存量房而有不同规定。如果纳税人购置的是存量房，此题正确。如果纳税
人购置的是新建商品房，则应自房屋交付使用之次月起缴纳房产税。

5. ×【解析】对投资联营的房产，在计征房产税时应予以区别对待。如果投资者参与
投资利润分红，共担风险，按房产余值作为计征依据计征房产税；如果只收取固定

收入，不承担联营风险，则按租金收入计缴房产税。

6. ×【解析】房屋出租时，如果以劳务报酬抵付房租收入的，应根据当地同类房产的租金水平，确定一个标准租金额从租计征。

四、计算题

1. 全年应纳房产税税额＝1200×（1－30％）×1.2％＋150×12％＝28.08（万元）

2. 应纳营业税税额＝20×5％＝1（万元）

　应纳城建税税额＝1×5％＝0.05（万元）

　应纳房产税税额＝100×（1－30％）×1.2％÷12×4＋20÷12×8×12％＝1.88（万元）

3. 实际缴纳的房产税＝3264÷2＝1632（元）

　会计分录：

　借：应交税费——应交房产税　　　　　　　　　　　　　　　　1632

　　　贷：银行存款　　　　　　　　　　　　　　　　　　　　　　　1632

4. 年应纳税额＝（660－100）×（1－20％）×1.2％＝5.376（万元）

　月应纳税额＝53760÷12＝4480（元）

　每月预提税金时：

　借：管理费　　　　　　　　　　　　　　　　　　　　　　　　4480

　　　贷：应交税费——应交房产税　　　　　　　　　　　　　　　　4480

　每月缴纳税金时：

　借：应交税费——应交房产税　　　　　　　　　　　　　　　　4480

　　　贷：银行存款　　　　　　　　　　　　　　　　　　　　　　　4480

5.（1）全年应缴纳的城镇土地使用税＝5000×6＝30000（元）

　计提时：

　借：管理费用　　　　　　　　　　　　　　　　　　　　　　　30000

　　　贷：应交税费——应交城镇土地使用税　　　　　　　　　　　　30000

　实际缴纳时：

　借：应交税费——应交城镇土地使用税　　　　　　　　　　　　30000

　　　贷：银行存款　　　　　　　　　　　　　　　　　　　　　　　30000

（2）全年应缴纳的车船税＝5×50×2＋500＋300＝1300（元）

　计提时：

　借：管理费用　　　　　　　　　　　　　　　　　　　　　　　1300

　　　贷：应交税费——应交车船税　　　　　　　　　　　　　　　　1300

　实际缴纳时：

　借：应交税费——应交车船税　　　　　　　　　　　　　　　　1300

　　　贷：银行存款　　　　　　　　　　　　　　　　　　　　　　　1300

（3）全年应缴纳的房产税＝3200×（1－20％）×1.2％－200×（1－20％）×1.2％÷12×4＋1.5×12％×4＝30.72－0.64＋0.72＝30.8（万元）

　计提时：

　借：管理费用　　　　　　　　　　　　　　　　　　　　　　　308000

　　　　贷：应交税费——应交房产税　　　　　　　　　　　　　308000
实际缴纳时：
　　借：应交税费——应交房产税　　　　　　　　　　　　　308000
　　　　贷：银行存款　　　　　　　　　　　　　　　　　　　　308000
（4）租赁合同应纳印花税＝1.5×24×1‰＝0.036（万元）
　　借：管理费用　　　　　　　　　　　　　　　　　　　　　360
　　　　贷：库存现金　　　　　　　　　　　　　　　　　　　　　360
（5）10月购入土地使用权应缴纳契税＝1800×4％＝72（万元）
计提时：
　　借：无形资产——土地使用权　　　　　　　　　　　　　720000
　　　　贷：应交税费——应交契税　　　　　　　　　　　　　　720000
实际缴纳时：
　　借：应交税费——应交契税　　　　　　　　　　　　　　720000
　　　　贷：银行存款　　　　　　　　　　　　　　　　　　　　720000
（6）10月购入土地使用权应缴纳的耕地占用税＝3×5＝15（万元）
计提时：
　　借：无形资产——土地使用权　　　　　　　　　　　　　150000
　　　　贷：应交税费——应交耕地占用税　　　　　　　　　　　150000
实际缴纳时：
　　借：应交税费——应交耕地占用税　　　　　　　　　　　150000
　　　　贷：银行存款　　　　　　　　　　　　　　　　　　　　150000
（7）转让商品房合同应缴纳的印花税＝4000×0.5‰＝2（万元）
　　借：管理费用　　　　　　　　　　　　　　　　　　　　20000
　　　　贷：银行存款　　　　　　　　　　　　　　　　　　　　　20000
（8）转让商品房应缴纳的营业税＝4000×5％＝200（万元）
　　借：营业税金及附加　　　　　　　　　　　　　　　　　2000000
　　　　贷：应交税费——应交营业税　　　　　　　　　　　　　2000000
（9）转让商品房应缴纳的城市维护建设税＝200×7％＝14（万元）
计提时：
　　借：营业税金及附加　　　　　　　　　　　　　　　　　140000
　　　　贷：应交税费——应交城市维护建设税　　　　　　　　　140000
实际缴纳时：
　　借：应交税费——应交城市维护建设税　　　　　　　　　140000
　　　　贷：银行存款　　　　　　　　　　　　　　　　　　　　140000
（10）转让商品房应缴纳的教育费附加＝200×3％＝6（万元）
计提时：
　　借：营业税金及附加　　　　　　　　　　　　　　　　　60000
　　　　贷：应交税费——应交教育费附加　　　　　　　　　　　60000

实际缴纳时：

借：应交税费——应交教育费附加　　　　　　　　　　　　　　　　60000

　　贷：银行存款　　　　　　　　　　　　　　　　　　　　　　　　　　　60000

（11）转让商品房应缴纳土地增值税：

增值额＝4000－1400－800－100－（800＋1400）×5％－200－20－（800＋1400）×20％＝1700－110－200－20－440＝930（万元）

增值率＝930÷［800＋1400＋（110－10）＋（800＋1400）×5％＋200＋20＋（800＋1400）×20％］×100％＝930÷3070×100％＝30.29％

所以适用30％的增值税率。

应缴纳土地增值税＝930×30％＝279（万元）

计提时：

借：营业税金及附加　　　　　　　　　　　　　　　　　　　　　　2790000

　　贷：应交税费——应交土地增值税　　　　　　　　　　　　　　　　2790000

实际缴纳时：

借：应交税费——应交土地增值税　　　　　　　　　　　　　　　　2790000

　　贷：银行存款　　　　　　　　　　　　　　　　　　　　　　　　2790000

五、实训题

房产税纳税申报表

纳税人识别号：320605969493

填表日期：2009年3月10日　　　　　　　　　　　　　　　　　单位：元（列至角分）

纳税人名称		××运输有限责任公司			税款所属时期							
房产坐落地点					建筑面积（m²）					房屋结构		
上期申报房产（原值评估值）	本期增减	本期实际房产原值	其中		税法规定的免税房产原值	扣除率%	以房产余值计征房产税			以租金收入计征房产税			全年应纳税额	缴纳次数	本期		补（退）税额
			从价计税的房产原值	从租计税的房产原值			房产余值	适用税率1.2%	应纳税额	租金收入	适用税率12%	应纳税额			应纳税额	已纳税额	
1	2	3=1+2	4=3-5-6	5=3-4-6	6	7	8=4-4×7	9	10=8×9	11	12	12=11×12	14=10+13	15	16=14÷15	17	18=16-17
7000000		7000000	3500000	28000	700000	30	2450000	1.2%	29400	200000	12%	24000	53400	2	26700		26700
合计																	

房产税税收缴款书号

如纳税人填报，由纳税人填写以下各栏		如委托代理人填报，由代理人填写以下各栏				备注
会计主管	纳税人	代理人名称		代理人（公章）		
		代理人地址				
（签章）	（公章）	经办人姓名		电话		
以下由税务机关填写						
收到申报表日期		接收人				

第十五章　土地增值税

复习与思考题

（略）

技能训练题

一、单项选择题

1. C【解析】房地产抵押期间产权未发生权属变更，不属于土地增值税征收范围；抵押期满权属转让给债权人的，征收土地增值税。

2. D【解析】应扣除的房地产开发费用和"其他扣除项目"的金额＝$10000×10\%+10000×20\%=3000$（万元）。

   公司没有按房地产项目计算分摊银行借款利息，期间费用扣 10%，房地产开发企业可以加计扣除费用 20%，有关税金为 200 万元是干扰项。

3. C【解析】扣除项目金额＝$1000+3000+（1000+3000）×10\%+6000×5\%+6000×0.05\%=4703$（万元）

   增值额＝$6000-4703=1297$（万元）

   增值率＝$1297÷4703×100\%=27.58\%$

   适用税率 30%。

   应纳税额＝$1297×30\%=389.1$（万元）

4. C【解析】（1）转让行为应缴纳营业税＝$10000×5\%=500$（万元）

   应缴纳城建税和教育费附加＝$500×（5\%+3\%）=40$（万元）

   应缴纳印花税＝$10000×0.05\%=5$（万元）

   （2）扣除项目金额＝$1000+2000+3000×10\%+10000×5\%×（1+5\%+3\%）+（1000+2000）×20\%=3000+300+540+600=4440$（万元）

   （3）增值额＝$10000-4440=5560$（万元）

   （4）增值率＝$5560÷4440×100\%=125.23\%$，适用税率 50%，速算扣除率 15%。

   应纳土地增值税＝$5560×50\%-4440×15\%=2114$（万元）

5. B【解析】土地增值税应按房地产所在地分别纳税。

6. D　7. B

8. A【解析】选项 B、C 房地产开发企业办理土地增值税清算所附送的前期工程费、建筑安装工程费、基础设施费、开发间接费用的凭证或资料不符合清算要求或不实的，地方税务机关可参照当地建设工程造价管理部门公布的建安造价定额资料，结合房屋结构、用途、区位等因素，核定上述四项开发成本的单位面积金额标准，并据以计算扣除。具体核定方法由省税务机关确定。选项 D 房地产开发企业销售已装修的房屋，其装修费用可以计入房地产开发成本，没有金额的限制。

9. D【解析】土地增值税实行四级超率累进税率。

10. B　11. B

二、多项选择题

1. AD【解析】出让国有土地不征土地增值税，转让集体土地违法，不征收土地增值税。

2. ABCD【解析】转让旧房的扣除项目主要包括 ABD，为取得土地使用权和转让环节按国家规定缴纳的有关费用也可以扣除，因此选项 C 也正确。

3. ABCD　4. ABC

5. ABD【解析】按照相关规定，本题中涉及营业税和土地增值税。由于张某在 2005 年购买的房屋，于 2006 年转让，在 5 年以内，因此也要按照规定缴纳个人所得税。

6. BCD【解析】（1）与转让房地产有关的税金包括营业税、城市维护建设税、印花税、教育费附加和土地增值税；（2）契税由买方缴纳，因此选项 A 是错误的。

7. BD　8. ABCD　9. ABC

10. AB【解析】房地产的出租由于产权不变更，不属于土地增值税的征税范围。将房地产转让到所投资、联营的企业中时，暂免征收土地增值税。对投资、联营企业将上述房地产再转让的，应征收土地增值税。对个人之间互换自有居住用房地产的，经当地税务机关核定，可以免征土地增值税。

11. BC【解析】合作建房，建成后按比例分房自用的，暂免征收土地增值税；建成后转让的，应征收土地增值税。但土地增值税的计税依据是增值额，而不是转让收入。注意免征和不征的区别。

12. ABD

13. BCD【解析】根据规定，契税属于买方税，由买方缴纳，销售方不用缴纳。

三、判断题

1. ×【解析】土地增值税的纳税期限是 7 日，契税是 10 日。

2. ×【解析】房地产开发企业销售已装修的房屋，其装修费用可以计入房地产开发成本。房地产开发企业的预提费用，除另有规定外，不得扣除。

3. ×【解析】对于已竣工验收的房地产开发项目，已转让的房地产建筑面积占整个项目可售建筑面积的比例在 85% 以上，或该比例虽未超过 85%，但剩余的可售建筑面积已经出租或自用的，税务机关可以要求纳税人进行土地增值税的清算。

4. ×　5. √　6. ×　7. ×

8. ×【解析】纳税人建造普通标准住宅出售，增值额超过扣除项目金额 20% 的，应就其全部增值额计征土地增值税。

9. √【解析】根据规定，土地增值税纳税期限为纳税义务发生之日起 7 日内，契税纳税期限为纳税义务发生之日起 10 日内。

四、计算题

1. ①允许扣除项目的金额 $=200+700+120+140+（200+700）\times 5\%+（200+700）\times 20\%=1385$（万元）

②增值额 $=2400-1385=1015$（万元）

③增值率＝1015÷1385≈73.29％

④应纳税额＝1015×40％－1385×5％＝336.75（万元）

2.（1）扣除项目金额合计＝5000＋3000＋150＋990＋800＋1600＝11540（万元）

销售写字楼增值额＝18000－11540＝6460（万元）

增值额与扣除项目比率＝6460÷11540≈55.98％

应缴纳土地增值税＝11540×50％×30％＋（6460－11540×50％）×40％＝1731＋276＝2007（万元）

或：应缴纳土地增值税＝6460×40％－11540×5％＝2584－577＝2007（万元）

（2）当月应缴纳营业税＝（18000＋200＋100＋20）×5％＝916（万元）

3.（1）转让房地产的收入＝600（万元）

（2）确定转让房地产的扣除项目金额：

①取得土地使用权所支付的金额＝100（万元）

②房地产开发成本＝300（万元）

③房地产开发费用＝（100＋300）×10％＝40（万元）

④与转让房地产有关的税金＝600×5％×（1＋7％＋3％）＝33（万元）

⑤从事房地产开发的加计扣除金额＝（100＋300）×20％＝80（万元）

⑥转让房地产的扣除项目金额＝100＋300＋40＋33＋80＝553（万元）

（3）转让房地产的增值额＝600－553＝47（万元）

（4）增值额与扣除项目金额的比率＝（47÷553）×100％≈8.5％

（5）确定是否应缴纳土地增值税。

由于该房地产开发公司转让此普通标准住宅取得的增值额未超过扣除项目金额的20％，因此按规定免征土地增值税。

4.（1）缴纳税金总计＝2300×5‰＋2300×5％×（1＋7％＋3％）＝138（万元）

（2）楼房评估价格＝2500×50％＝1250（万元）

（3）补交土地转让金＝95（万元）

（4）扣除项目金额合计＝138＋1250＋95＝1483（万元）

（5）转让增值额＝2300－1483＝817（万元）

（6）增值率＝（817÷1483）×100％≈55％

（7）应缴纳土地增值税＝817×40％－1483×5％＝326.8－74.15＝252.65（万元）

5.（1）扣除项目金额＝850＋160＋70＋1520＋240＋134＋76＋245＝3295（万元）

（2）转让房地产的增值额＝4900－3295＝1605（万元）

（3）增值额与扣除项目金额的比率＝（1605÷3295）×100％≈48.71％

（4）应纳税额＝1605×30％＝481.5（万元）

6.（1）应缴纳的相关税费合计

＝5000×5％×（1＋7％＋3％）＋5000×0.5‰＝277.5（万元）

（2）扣除项目金额＝1200＋1800＋277.5－5000×0.5‰＋（1200＋1800）×（10％＋20％）＝4175（万元）

（3）增值额＝5000－4175＝825（万元）

（4）825÷4175＝19.8%＜20%，所以该公司可以免交土地增值税。

7. ①扣除项目金额＝开发土地和新建房及配套设施的成本＋利息支出＋其他房地产开发费用＋营业税＋城市维护建设税＋教育费附加＋加计20%扣除＝18000000＋170000＋900000＋2000000＋140000＋60000＋18000000×20%＝24870000（元）

②增值额＝房地产转让收入－扣除项目金额＝40000000－24870000＝15130000（元）

③增值额占扣除项目的比例＝15130000÷24870000×100%≈61%

④土地增值税税额＝15130000×40%－24870000×5%＝6052000－1243000＝4808500（元）

会计处理如下：

①计提土地增值税时：

借：营业税金及附加		4808500
贷：应交税费——应交土地增值税		4808500

②实际缴纳土地增值税时：

借：应交税费——应交土地增值税		4808500
贷：银行存款		4808500

8. 购进时：

借：固定资产		4200000
贷：银行存款		4200000

转让时：

借：固定资产清理		3800000
累计折旧		400000
贷：固定资产		4200000

收到 A 企业的转让收入时：

借：银行存款		5500000
贷：固定资产清理		5500000

应交营业税等流转税时：

借：固定资产清理		300000
贷：应交税费——应交营业税等		300000

计算应纳土地增值税：

①增值额＝5500000－4200000－300000＝1000000（元）

②增值额占扣除项目比例＝1000000÷4500000＝22.22%

③应纳税额＝1000000×30%＝300000（元）

计提土地增值税时：

借：固定资产清理		300000
贷：应交税费——应交土地增值税		300000

上缴税金时：

借：应交税费——应交土地增值税		300000
——应交营业税等		300000

　　贷：银行存款　　　　　　　　　　　　　　　　　　　　　　　　600000

9.（1）外商投资企业不适用房产税，所以应缴纳的房产税＝0

　　（2）应缴纳的营业税＝15000×5％＋250×5％＝762.5（万元）

　　（3）公司缴纳土地增值税时应扣除的土地使用权的金额＝（6000＋240）×2/3＝6240×2/3＝4160（万元）

提示：将写字楼作价与他人联营开设一商场，收取固定收入，不承担经营风险的行为，实质上是出租行为，是不征收土地增值税的，不确认收入，也不扣除相应的成本和费用；与住宅配套的会所产权属于全体业主所有的，其成本、费用可以扣除，但不确认收入。

　　（4）公司缴纳土地增值税时应扣除的开发成本的金额＝3000＋480＝3480（万元）

　　（5）公司缴纳土地增值税时应扣除的开发费用和其他扣除项目＝（300−40）＋（3000＋6240÷3）×5％＋（480＋6240÷3）×10％＋（3480＋4160）×20％＝2298（万元）

　　（6）公司缴纳土地增值税时应扣除的税金＝15000×5％＝750（万元）

　　（7）增值额＝15000−（4160＋3480＋2298＋750）＝15000−10688＝4312（万元）

增值率＝4312÷10688×100％≈40.34％，适用30％的税率。

应缴纳土地增值税＝4312×30％＝1293.6（万元）

五、实训题

土地增值税纳税申报表（一）
（从事房地产开发的纳税人适用）

税款所属时间：2009年1月1日　　　　　　　　　　　　填表日期：2009年2月8日

纳税人编码：　　　　　　　　　　　　　　　　　　金额单位：元　面积单位：平方米

纳税人名称	南通市世纪房地产开发公司	项目名称		项目地址	
业别		经济性质	纳税人地址	邮政编码	
开户银行		银行账号	主管部门	电话	
项　目			行次	金　额	
一、转让房地产收入总额1＝2＋3			1	11000000	
其中	货币收入		2	11000000	
	实物收入及其他收入		3		
二、扣除项目金额合计4＝5＋6＋13＋16＋20			4	50800000	
1．取得土地使用权所支付的金额			5	10000000	
2．房地产开发成本6＝7＋8＋9＋10＋11＋12			6	25000000	

续表

	项 目	行次	金 额
其中	土地征用及拆迁补偿费	7	4000000
	前期工程费	8	2000000
	建筑安装工程费	9	8500000
	基础设施费	10	7000000
	公共配套设施费	11	2500000
	开发间接费用	12	1000000
3. 房地产开发费用 13＝14＋15		13	2750000
其中	利息支出	14	1000000
	其他房地产开发费用	15	1750000
4. 与转让房地产有关的税金等 16＝17＋18＋19		16	6050000
其中	营业税	17	5500000
	城市维护建设税	18	3850000
	教育费附加	19	1650000
5. 财政部规定的其他扣除项目		20	7000000
三、增值额 21＝1－4		21	59200000
四、增值额与扣除项目金额之比（％）22＝21÷4		22	116.53
五、适用税率（％）		23	50
六、速算扣除系数（％）		24	15
七、应缴土地增值税税额 25＝21×23－4×24		25	21980000
八、已缴土地增值税税额		26	0
九、应补（退）土地增值税税额 27＝25－26		27	21980000

授权代理人	（如果你已委托代理申报人，请填写下列资料） 　　为代理一切税务事宜，现授权＿＿＿＿＿＿ （地址）＿＿＿＿＿＿为本纳税人的代理申报人， 任何与本报表有关的来往文件都可寄与此人。 　　授权人签字：＿＿＿＿＿	声明	我声明：此纳税申报表是根据《中华人民共和国土地增值税暂行条例》及其《实施细则》的规定填报的。我确信它是真实的、可靠的、完整的。 　　声明人签字：＿＿＿＿＿

纳税人 （签章）		法人代表 （签章）		经办人员（代理申报人） （签章）		备注	

第十六章　企业所得税

复习与思考题

（略）

技能训练题

一、单项选择题

1. D　2. C　3. B　4. C　5. B　6. B　7. C　8. C　9. C　10. A　11. C　12. C
13. A　14. C　15. D　16. A　17. D　18. C　19. A　20. A　21. C　22. B　23. D
24. A　25. B　26. B　27. B　28. C　29. C　30. B　31. C　32. B　33. B　34. A
35. D　36. A　37. C　38. C　39. D　40. B　41. C　42. B　43. A　44. D　45. A
46. B　47. D　48. B　49. A　50. D　51. D　52. C　53. A　54. C　55. A　56. C
57. A　58. D　59. C　60. C　61. D　62. C　63. B　64. D　65. B　66. C　67. A
68. C　69. A　70. A　71. A　72. C　73. C　74. A　75. C　76. B　77. D　78. D
79. A　80. C　81. B　82. D　83. C　84. A

二、多项选择题

1. AB　2. CD　3. AB　4. CD　5. ABC　6. ABD　7. ABCE　8. AB　9. ABC
10. ABD　11. ABCDE　12. BC　13. ABC　14. ABC　15. ABCD　16. ABCDEFG
17. ABC　18. ABC　19. ABC　20. ABCD　21 ABCD　22. ACD　23. ABCDEFG
24. BC　25. ABCD　26. ABC　27. BCD　28. BCD　29. ADEF　30. AB　31. ABCD
32 ABD　33. ABD　34. ABCDEF　35. ABCD　36. ABCDEF　37. ABCDEFG
38. ABCDEFGH　39. ABCD　40. BCD　41. AD　42. ABD　43. BC　44. ABCD
45. ABC　46. ACD　47. AC　48. ABCD　49. ACD　50. BCD　51. AB　52. ABCD
53. ABD　54. AB　55. ABC　56. ABCDE　57. ABCD　58. ABD　59. BCDE
60. AB　61. ABCD　62. ABCD　63. AD　64. ABCDE　65. ABCDE　66. ABC
67. ABCDEF　68. ABCDEFGH　69. ABD　70. AD　71. AB　72. ABCD　73. AC
74. AC　75. ABCD　76. ABC　77. ABCDEFH　78. ABC　79. BCD　80. ACD
81. ACD　82. ABCD　83. ABCD　84. BCD　85. ABD　86. AB　87. ABD　88. ACD
89. ABCDEFGH　90. ABD　91. ABCDEFGH　92. ABCDEFG　93. AB
94. AB【解析】房地产企业的看护费属于房地产开发业务的纳税人的销售费用。
95. ABD　96. AD　97. BD　98. AD　99. ABCD　100. ABC　101. AB　102. ABC
103. ABC　104. ABCD　105. ABCD　106. ABCD　107. ABC　108. ABCD　109. AB
110. ABC　111. ABCD　112. AB　113. ACD　114. BCD　115. CD　116. ABD
117. ABC【解析】本题考核企业所得税扣除的有关规定。（1）纳税人为全体雇员按照
国家规定缴纳的基本养老保险费、基本医疗保险费、基本失业保险费，可以按一

定标准在税前扣除；（2）纳税人为其投资者或雇员个人向商业保险机构投保的人寿保险、财产保险，以及在基本保险以外为雇员投保的补充保险，不得在税前扣除。

118. BCD【解析】对符合条件的小型微利企业实行 20％ 的优惠税率，对国家需要重点扶持的高新技术企业，减按 15％ 的税率征收企业所得税。创业投资企业从事国家需要重点扶持和鼓励的创业投资，可以按投资额的一定比例抵扣应纳税所得额。企业购置用于环境保护、节能节水、安全生产等专用设备的投资额，可以按一定比例实行税额抵免。

119. ABC【解析】根据规定，与经营活动无关的固定资产，不得计提折旧在企业所得税前扣除。题目其他所列三项，均可以计提折旧在税前扣除。

三、判断题

1. √ 2. × 3. √ 4. × 5. × 6. √ 7. × 8. × 9. √ 10. × 11. ×
12. √ 13. × 14. × 15. × 16. × 17. √ 18. √ 19. √ 20. √ 21. ×
22. × 23. √ 24. × 25. √ 26. √ 27. √ 28. √ 29. √ 30. √ 31. √
32. √ 33. √ 34. √ 35. √ 36. √ 37. √ 38. √ 39. √ 40. √ 41. √
42. √ 43. √ 44. √ 45. √ 46. √ 47. √ 48. √ 49. √ 50. √ 51. √
52. √ 53. √ 54. √ 55. √ 56. √ 57. √ 58. √ 59. √ 60. √ 61. √
62. × 63. √ 64. √ 65. √ 66. √ 67. √ 68. √ 69. √ 70. √ 71. √
72. × 73. √ 74. √ 75. √ 76. √ 77. √ 78. √ 79. √ 80. √ 81. √
82. √ 83. √ 84. √ 85. √ 86. √ 87. √ 88. √ 89. × 90. √ 91. ×
92. √ 93. √ 94. √ 95. √ 96. √ 97. √ 98. √ 99. √ 100. √ 101. √
102. × 103. √ 104. × 105. √ 106. √ 107. √ 108. √ 109. √ 110. √
111. √ 112. √ 113. √ 114. √ 115. √ 116. × 117. √ 118. √ 119. √
120. √ 121. × 122. √ 123. √ 124. √ 125. √

四、计算题

1. 答：自 2008 年起，外国企业从外商投资企业取得的税后利润不再免征所得税，应当缴纳 10％ 的预提所得税，取得的利息、租金、特许权使用费所得，以收入全额为应纳税所得额；转让财产所得，以收入全额减除财产净值后的余额为应纳税所得额。
   预提所得税＝［200＋300＋（3000－400）］×10％＝310（万元）

2. （1）会计利润＝3000＋50－2800－35＝215（万元）
   （2）公益性捐赠扣除限额＝215×12％＝25.8（万元）＞10 万元，公益性捐赠的部分可以据实扣除。
   （3）直接捐赠不得扣除，纳税调增 5 万元。
   （4）非广告性赞助支出 20 万元需要调增。
   （5）应纳税所得额＝215＋5＋20＝240（万元）
   （6）应纳所得税额＝240×25％＝60（万元）

3. （1）存在的问题：
   ①向其他企业借款的利息支出超过按中国银行（金融企业）同期同类贷款利率计算

的利息支出部分在税前扣除 [实施条例第 38 条]。

②业务招待费扣除超规定标准。

③计提工会经费未拨缴不得税前扣除 [实施条例第 41 条]；计提教育经费未发生支出不得税前扣除 [实施条例第 42 条]。

④固定资产直接列入管理费用，未通过计提折旧摊销，税前多列支费用。

⑤提取坏账准备金按 3% 计提，超过税法规定 5‰ 的扣除标准。

（2）①不得税前扣除的利息支出＝200000×（10%－5%）＝10000（元）

②不得税前扣除的业务招待费＝250000－150000＝100000（元）

业务招待费扣除限额＝150000 元 [60000000×5‰＝300000（元）＞250000×60%＝150000（元）]

③不得税前扣除工会经费和教育经费＝24000＋38000＝62000（元）

④不得税前扣除管理费用中固定资产部分＝6000－6000÷（6×12）×6＝5500（元）

⑤不得扣除坏账准备金＝（1500000×3%－6000）－（1500000×5‰－6000）＝37500（元）

⑥应补缴企业所得税额＝（10000＋100000＋62000＋5500＋37500）×25%＝53750（元）

4.（1）2008 年利润总额＝（9000＋1000）－（4500＋500）－（200＋50）＋50－（2000＋200＋1200）－800　＝600（万元）

（2）2008 年收入总额＝9000＋1000＋10＝10010（万元）

其中：免税收入＝10 万元

（3）2008 年各项扣除　　　　　一般项目　　　　环保项目

①成本　　　　　　　　　4500　　　　　500　　　　　　合计 5000

②销售税金及附加　　　　200　　　　　　50　　　　　　合计　250

③期间费用　　　　　　　3028.5　　　　336.5　　　　　合计 3365

其中：销售费用 2000 万元（广告费在销售营业收入的 15% 内，可以据实扣除）

财务费用 200（万元）

管理费用＝1200－35＝1165（万元）

业务招待费限额＝50（万元）（10000×5‰＝50＜85×60%＝51）

期间费用分配率＝（2000＋200＋1165）÷（9000＋1000）×100%＝33.65%

④营业外支出＝800－（100－72）－50＝722（万元）

公益性捐赠支出扣除限额＝600×12%＝72（万元）

⑤工资三项经费调整＝9＋1＝10（万元）

其中：教育经费调整＝25－15＝10（万元）

（4）2008 年应纳税所得额＝10010－10－（5000＋250＋3365＋722－10）－30×50%（加计扣除）－50（2007 年亏损）＝10000－9327－15－50＝608（万元）

（5）2008 年应纳所得税额＝608×25%－[1000－（500＋50＋336.5－1）]×25%＝152－28.625＝123.375（万元）

5.（1）采用双倍余额递减法每年可提取的折旧额：

年折旧率＝2/预计使用年限

年折旧额＝固定资产年初余额×年折旧率

特点：折旧率不变，净值逐年减少；开始时折旧额较多，以后年度逐年减少；最后两年净值扣除预计残值后平均计算。

2008 年：$2 \times 220 \div 5 = 88$（万元）

2009 年：$2 \times (220 - 88) \div 5 = 52.80$（万元）

2010 年：$2 \times (220 - 88 - 52.80) \div 5 = 31.68$（万元）

2011 年及 2012 年各为：$(220 - 88 - 52.80 - 31.68 - 10) \div 2 = 18.76$（万元）

（2）采用年数总和法每年可提取的折旧额：

年折旧率＝尚可使用年数/预计使用年限的年数总和

预计使用年限的年数总和＝预计使用年限×（1＋预计使用年限）÷2

年折旧额＝（固定资产原值－预计残值）×年折旧率

特点：净值不变，折旧率逐年递减；开始时折旧额较多，以后年度逐年减少。

2008 年：$(220 - 10) \times 5 \div 15 = 70$（万元）

2009 年：$(220 - 10) \times 4 \div 15 = 56$（万元）

2010 年：$(220 - 10) \times 3 \div 15 = 42$（万元）

2011 年：$(220 - 10) \times 2 \div 15 = 28$（万元）

2012 年：$(220 - 10) \times 1 \div 15 = 14$（万元）

6.（1）2008 年利润总额＝$2000 - 1000 = 1000$（万元）

（2）2008 年收入总额＝2000 万元

其中：免税收入＝100 万元

（3）2008 年各项扣除调整数

①业务招待费超支额＝$100 - 9 = 91$（万元）

业务招待费限额＝9（万元）（$1800 \times 5‰ = 9 < 100 \times 60\% = 60$）

②工资三项经费调整额＝$(50 + 10) - [200 \times (14\% + 2\%)] = 28$（万元）

③提取准备金支出调整＝100 万元

④税收滞纳金调整＝10 万元

（4）2008 年应纳税所得额＝$2000 - 100 - 1000 + (91 + 28 + 100 + 10) = 1129$（万元）

（5）2008 年应纳所得税额＝$1129 \times 25\% - 500 \times 10\% = 282.25 - 50 = 232.25$（万元）

7.（1）该企业 2008 年度应纳税所得额

①收入总额＝产品销售收入＋劳务收入＋租金收入＝$800 + 40 + 5 = 845$（万元）

②准予扣除项目金额＝产品销售成本＋销售费用＋管理费用＋财务费用＋（营业外支出－滞纳金）＋除增值税外的其他税金＋其他准予扣除项目

＝$430 + 80 + 20 + 10 + (3 - 1) + 7.20 + 23 = 572.20$（万元）

③该企业 2008 年度应纳税所得额＝收入总额－准予扣除项目金额

＝$845 - 572.20 = 272.80$（万元）

（2）该企业 2008 年度应纳所得税额＝应纳税所得额×税率

＝$272.80 \times 25\% = 68.2$（万元）

8.（1）该企业当年准予抵扣的进项税额＝$81.6 + 48 \times 7\% - 30 \times 17\% - 400 \times (17\% - 13\%) = 81.6 + 3.36 - 5.1 - 16 = 63.86$（万元）

（2）该企业当年应缴纳的增值税＝150×17％－63.86＝－38.36（万元）

应纳税额小于 0，不缴纳增值税。

（3）该企业当年应退增值税：

免抵退税额＝400×13％＝52（万元），大于未抵扣完的进项税额 38.36 万元。

应退增值税＝38.36 万元

（4）该企业当年应缴纳的消费税＝150×10％＝15（万元）

（5）当年应缴纳的城建税＝15×7％＝1.05（万元）

（6）当年实现的收入＝400＋150＝550（万元）

（7）当年所得税前准予扣除的成本、费用、税金和损失＝300（成本）＋90（管理费用）＋40（销售费用）＋15（消费税）＋1.05（城建税）＋（30＋30×17％）（损失）＝481.15（万元）

（8）当年应缴纳的企业所得税＝（550－481.15）×25％＝17.21（万元）

9.（1）收入总额＝5000＋20＋30＋20＝5070（万元）

（2）产品销售成本、消费税、城市维护建设税和教育费附加、销售费用、财务费用、管理费用均是可以直接扣除的，营业外支出中的环保罚款属于行政罚款，不能税前扣除；管理费用中的新产品研发费用可以加计扣除 50％，加计扣除额＝90×50％＝45（万元）；增值税属于价外税金，不能在税前扣除。

税前扣除项目合计＝3000＋110＋14＋6＋250＋12＋802＋45＋70－15＝4294（万元）

（3）应纳企业所得税＝（5070－20－4294）×25％＝189（万元）

10.（1）利润总额＝（1500＋500）－（300＋750＋320＋108＋300）＝222（万元）

（2）国债利息收入免征所得税，应调减应纳税所得额 100 万元。

国债转让收益 100 万元、股票转让净收益 100 万元应缴纳所得税，无需进行税务调整。

（3）违法经营的罚款不得在税前扣除，应调增应纳税所得额 10 万元。

（4）应纳税所得额＝222－100＋10＝132（万元）

（5）2008 年应纳企业所得税＝132×25％＝33（万元）

11.（1）支付在建办公楼的工程款属于资本性支出，应该调增 60 万元；

支付的诉讼费不属于行政罚款，可以扣除；

境外取得的所得＝64÷（1－20％）＝80（万元）

应该调增应纳税所得额＝80－64＝16（万元）

2008 年应纳税所得额＝100＋60＋16＝176（万元）

（2）应纳所得税税额＝176×25％－80×20％＝28（万元）

（3）2008 年汇算清缴所得税应该补缴所得税＝28－25＝3（万元）

12.（1）计算 2007 年应纳税所得额

应纳税所得额＝200＋10＋10×（14％＋2.5％＋2％）＋8＋3.15＋7－6＋60＋4＋50－15＝323（万元）

（2）计算 2007 年末递延所得税资产和递延所得税负债余额

①存货项目的递延所得税资产年末余额＝60×25％＝15（万元）

②固定资产项目的递延所得税资产年末余额＝4×25％＝1（万元）

③预计负债项目的递延所得税资产年末余额＝50×25％＝12.5（万元）

2007年递延所得税资产年末余额＝15＋1＋12.5＝28.5（万元）

④长期股权投资项目的递延所得税负债年末余额＝15×25％＝3.75（万元）

2007年递延所得税负债年末余额＝3.75万元

（3）计算2007年所得税费用

2007年所得税费用＝当期应纳税所得额×税率＋（期末递延所得税负债－期初递延所得税负债）－（期末递延所得税资产－期初递延所得税资产）＝323×25％＋（3.75－0）－（28.5－0）＝80.75＋3.75－28.5＝56（万元）

（4）会计分录

借：递延所得税资产　　　　　　　　　　　　　　　285000

　　贷：所得税费用——递延所得税费用　　　　　　　　　　285000

借：所得税费用——递延所得税费用　　　　　　　　37500

　　贷：递延所得税负债　　　　　　　　　　　　　　　　37500

借：所得税费用——递延所得税费用　　　　　　　　807500

　　贷：应交税费——应交所得税　　　　　　　　　　　　807500

实际缴纳时：

借：应交税费——应交所得税　　　　　　　　　　　807500

　　贷：银行存款　　　　　　　　　　　　　　　　　　807500

年末结转：

借：本年利润　　　　　　　　　　　　　　　　　　560000

　　贷：所得税费用　　　　　　　　　　　　　　　　　　560000

13. 该企业5年间的暂时性差异对所得税影响按以下步骤计算：

（1）计算每年税法折旧＝200000÷5＝40000（元）

（2）计算每年会计折旧

第1年：200000×40％＝80000（元）

第2年：（200000－80000）×40％＝48000（元）

第3年：（200000－80000－48000）×40％＝28800（元）

第4年：（200000－80000－48000－28800）÷2＝21600（元）

第5年：（200000－80000－48000－28800）÷2＝21600（元）

（3）计算税法上每年计提折旧及设备计税基础明细表

税法计提折旧及设备计税基础明细表　　　　　　　单位：元

项目	第1年	第2年	第3年	第4年	第5年
设备原值	200000				
年折旧	40000	40000	40000	40000	40000
累计折旧	40000	80000	120000	160000	200000
设备计税基础	160000	120000	80000	40000	0

（4）计算会计上每年计提折旧及设备账面净值明细表

会计计提折旧及设备账面净值明细表　　　　单位：元

项目	第1年	第2年	第3年	第4年	第5年
设备原值	200000				
年折旧	80000	48000	28800	21600	21600
累计折旧	80000	128000	156800	178400	200000
设备账面净值	120000	72000	43200	21600	0

（5）根据以上资料计算计提累计暂时性差异表

累计暂时性差异表　　　　单位：元

项目	第1年	第2年	第3年	第4年	第5年
设备账面净值	120000	72000	43200	21600	0
设备计税基础	160000	120000	80000	40000	0
累计暂时性差异	−40000	−48000	−36800	−18400	0

（6）根据上表采用资产负债表债务法计算每年确认、转回的递延所得税资产，应缴所得税及所得税费用：

第1年：应缴所得税＝（150000−40000）×25％＝27500（元）

应确认递延所得税资产＝累计暂时性差异×所得税率＝−40000×25％＝−10000（元）

所得税费用＝27500−10000＝17500（元）

会计分录：

借：所得税费用　　　　　　　　　　　　　　　　　　17500

　　递延所得税资产　　　　　　　　　　　　　　　　10000

　　　贷：应交税费——应交所得税　　　　　　　　　　　　27500

第2年：应交所得税＝（150000−40000）×25％＝27500（元）

累计应确认的递延所得税资产＝累计暂时性差异×所得税率

＝−48000×25％＝−12000（元）

因为年初递延所得税资产余额为10000元，所以

本期再确认递延所得税资产＝−12000＋10000＝−2000（元）

所得税费用＝27500−2000＝25500（元）

会计分录：

借：所得税费用　　　　　　　　　　　　　　　　　　25500

　　递延所得税费用　　　　　　　　　　　　　　　　2000

　　　贷：应交税费——应交所得税　　　　　　　　　　　　27500

第3年：应交所得税＝（150000－40000）×25％＝27500（元）

累计应确认的递延所得税资产＝累计暂时性差异×所得税率

＝－36800×25％＝－9200（元）

因为年初递延所得税资产余额为12000元，所以

本期再确认递延所得税资产＝－9200＋12000＝2800（元）

所得税费用＝27500＋2800＝30300（元）

会计分录：

借：所得税费用		30300
贷：应交税费——应交所得税		27500
递延所得税资产		2800

第4年：应交所得税＝（150000－40000）×25％＝27500（元）

累计应确认的递延所得税资产＝累计暂时性差异×所得税率

＝－18400×25％＝－4600（元）

因为年初递延所得税资产余额为9200元，所以

本期应转回递延所得税资产＝－4600＋9200＝4600（元）

所得税费用＝27500＋4600＝32100（元）

会计分录：

借：所得税费用		32100
贷：应交税费——应交所得税		27500
递延所得税资产		4600

第5年：应交所得税＝（150000－40000）×25％＝27500（元）

累计应确认的递延所得税资产＝累计暂时性差异×所得税率＝0

因为年初递延所得税资产余额为4600元，所以

本期应转回递延所得税资产＝0＋4600＝4600（元）

所得税费用＝27500＋4600＝32100（元）

会计分录：

借：所得税费用		32100
贷：应交税费——应交所得税		27500
递延所得税资产		4600

14. 该项规定资产各年度账面价值与计税基础确定如下：

（1）第一年资产负债表日：

账面价值＝实际成本－会计折旧＝525000－87500＝437500（元）

计税基础＝实际成本－税前扣除的折旧额＝525000－150000＝375000（元）

因账面价值437500元大于其计税基础375000元，两者之间产生的62500元差异会增加未来期间的应交所得税，属于应纳税暂时性差异，应确认与相关的递延所得税负债15625元（62500×25％），账务处理如下：

借：所得税费用		15625
贷：递延所得税负债		15625

(2) 第二年资产负债表日：

账面价值＝525000－87500－87500＝350000（元）

计税基础＝实际成本－累计已税前扣除的折旧额＝525000－275000＝250000（元）

因资产账面价值350000元大于其计税基础100000元，两者之间的差异为应纳税暂时性差异，应确认与相关的递延所得税负债25000元，但递延所得税负债的期初余额为15625元，当期应进一步确认递延所得税负债9375元，账务处理如下：

借：所得税费用　　　　　　　　　　　　　　　　　　　　　9375
　　贷：递延所得税负债　　　　　　　　　　　　　　　　　　　　9375

(3) 第三年资产负债表日：

账面价值＝525000－262500＝262500（元）

计税基础＝525000－375000＝150000（元）

因账面价值262500元大于其计税基础150000元，两者之间为应纳税暂时性差异，应确认递延所得税负债28125元，但递延所得税负债的期初余额为25000元，当期应进一步确认递延所得税负债3125元，账务处理如下：

借：所得税费用　　　　　　　　　　　　　　　　　　　　　3125
　　贷：递延所得税负债　　　　　　　　　　　　　　　　　　　　3125

(4) 第四年资产负债表日：

账面价值＝525000－350000＝175000（元）

计税基础＝525000－450000＝75000（元）

因账面价值175000元大于其计税基础75000元，两者之间为应纳税暂时性差异，应确认递延所得税负债25000元，但递延所得税负债的期初余额为28125元，当期应转回原已确认的递延所得税负债3125元，账务处理如下：

借：递延所得税负债　　　　　　　　　　　　　　　　　　　　3125
　　贷：所得税费用　　　　　　　　　　　　　　　　　　　　　3125

(5) 第五年资产负债表日：

账面价值＝525000－437500＝87500（元）

计税基础＝525000－500000＝25000（元）

因账面价值87500元大于其计税基础25000元，两者之间为应纳税暂时性差异，应确认递延所得税负债15625元，但递延所得税负债的期初余额为25000元，当期应转回递延所得税负债9375元，账务处理如下：

借：递延所得税负债　　　　　　　　　　　　　　　　　　　　9375
　　贷：所得税费用　　　　　　　　　　　　　　　　　　　　　9375

(6) 第六年资产负债表日：

该项固定资产的账面价值及计税基础均为零，两者之间不存在暂时性差异，原已确认的与该项资产相关的递延所得税负债应予全额转回，账务处理如下：

借：递延所得税负债　　　　　　　　　　　　　　　　　　　15625
　　贷：所得税费用　　　　　　　　　　　　　　　　　　　　15625

15. 该经营亏损不是资产、负债的账面价值与其计税基础不同产生的，但从性质上看可以减少未来期间的应纳税所得额和应交所得税，属于可抵扣暂时性差异。企业预计未来期间能够产生足够的应纳税所得额利用该可抵扣亏损时，应确认相关的递延所得税资产。

第一年利润总额＝－2000 万元

所得税费用＝－2000×25%＝－500（万元）

该公司第一年的账务处理如下：

借：递延所得税资产 5000000

　贷：所得税费用 5000000

第二年利润总额＝1000 万元

所得税费用＝1000×25%＝250（万元）

该公司第二年的账务处理如下：

借：所得税费用 2500000

　贷：递延所得税资产 2500000

第三年利润总额＝800 万元

所得税费用＝800×25%＝200（万元）

该公司第三年的账务处理如下：

借：所得税费用 2000000

　贷：递延所得税资产 2000000

第四年利润总额＝600 万元

所得税费用＝600×25%＝150（万元）

应交所得税＝［600－（2000－1000－800）］×25%＝400×25%＝100（万元）

该公司第四年的账务处理如下：

借：所得税费用 1500000

　贷：应交税费——应交所得税 1000000

　　　递延所得税资产 500000

16.（1）10、11、12 月份的利润总额＝50＋48＋（80＋4－5＋11）＝188（万元）

预提所得税＝188×25%＝47（万元）

计提所得税时：

借：所得税费用 470000

　贷：应交税费——应交所得税 470000

实际上缴时：

借：应交税费——应交所得税 470000

　贷：银行存款 470000

（2）年终汇算时：

全年利润总额＝410＋188＝598（万元）

应纳税所得额＝598－8－160＝430（万元）

应缴纳所得税＝430×25%＝107.5（万元）

已预缴税额＝47＋102.5＝149.5（万元）

应退税款＝107.5－149.5＝42（万元）

借：应交税费——应交所得税　　　　　　　　　　　　　420000

　　贷：所得税费用　　　　　　　　　　　　　　　　　　　　420000

借：银行存款　　　　　　　　　　　　　　　　　　　　420000

　　贷：应交税费——应交所得税　　　　　　　　　　　　　420000

17. (1) 会计利润总额＝880－490－100－80－120－40－14＝36（万元）

(2) 工资费用超标准＝98－90＝8（万元），应调增应纳税所得额 8 万元。

(3) 工会经费、福利费、教育经费超标准＝98×（2％＋14％＋2.5％）－90×（2％＋14％＋2.5％）＝1.48（万元），应调增应纳税所得额 1.48 万元。

(4) 业务招待费发生额的 60％＝8×60％＝4.8（万元），最高扣除限额＝880×5‰＝4.4（万元），应调增应纳税所得额＝8－4.4＝3.6（万元）。

(5) 税收滞纳金不能税前扣除，应调增应纳税所得额 4 万元。

(6) 捐款限额＝36×12％＝4.32（万元），应调增应纳税所得额＝5－4.32＝0.68（万元）。

应纳税所得额＝36＋8＋1.48＋3.6＋4＋0.68＝53.76（万元）

应缴纳企业所得税＝53.76×20％＝10.752（万元）

18. (1) 广告费和业务宣传费扣除错误。按税法规定，企业发生的符合条件的广告费和业务宣传费支出，除国务院财政、税务主管部门另有规定外，不超过当年销售（营业）收入 15％的部分，准予扣除；超过部分，准予在以后纳税年度结转扣除。广告费和业务宣传费扣除限额＝2500×15％＝375（万元），因此，应调增应纳税所得额＝390－375＝15（万元）。

(2) 租赁费用扣除错误。按税法规定，以经营租赁方式租入固定资产发生的租赁费支出，按照规定租赁期限均匀扣除。因此，应调增应纳税所得额＝6－6÷10×5＝3（万元）。

(3) 业务招待费用扣除错误。按税法规定，企业发生的与生产经营活动有关的业务招待费用支出，按照发生额的 60％扣除，但最高不得超过当年销售（营业）收入的 5‰。业务招待费用发生额的 60％＝30×60％＝18（万元），业务招待费用扣除最高限额＝2500×5‰＝12.5（万元），因此，应调增应纳税所得额＝30－12.5＝17.5（万元）。

(4) 固定资产减值准备扣除错误。按税法规定，固定资产减值准备不能在所得税前扣除。因此，应调增应纳税所得额 4 万元。

(5) 上交总机构的管理费用扣除错误。按税法规定，企业之间支付的管理费、企业内营业机构之间支付的租金和特许权使用费，以及非银行企业内营业机构之间支付的利息，不得扣除。因此，应调增应纳税所得额 1 万元。

(6) 国库券利息收入计税错误。按税法规定，企业的国债利息收入为免税收入。因此，应调减应纳税所得额 12 万元。

(7) 捐赠扣除错误。按税法规定，企业发生的公益性捐赠支出，不超过年度利润总额 12％的部分，准予扣除。捐赠扣除限额＝645×12％＝77.4（万元），因此，应调增应纳税所得额＝80－77.4＝2.6（万元）。

综上，应调增应纳税所得额＝15＋3＋17.5＋4＋1－12＋5＋2.6＝36.1（万元）。

因此，应补缴企业所得税如下：

2009年度该企业补缴企业所得税＝36.1×25％＝9.025（万元）

19. （1）按我国税法计算境内、境外所得应缴的税款：

应纳税额＝（境内所得＋境外所得）×境内税率

＝（400＋160＋64）×25％＝156（万元）

（2）计算甲、乙两国扣除限额：

甲国扣除限额＝境内境外所得按税法计算的应纳税总额×来源于甲国的所得额÷境内境外所得总额＝（400＋160＋64）×25％×160÷624＝40（万元）

乙国扣除限额＝（400＋160＋64）×25％×64÷624＝16（万元）

甲国分支机构实际缴纳的32万元所得税税款，低于40万元的甲国扣除限额，可以如数抵免。

乙国分支机构实际缴纳25.6万元所得税，高于16万元的乙国扣除限额，只能抵免16万元。

（3）计算该公司实际向我国税务机关缴纳的税款：

实际应纳税额＝156－32－16＝108（万元）

20. （1）该企业的会计利润总额。

企业账面利润＝2000＋10＋1.7＋60＋10＋2－1000－500－300－50－40＝193.7（万元）

（2）2万元国债利息属于免税收入应调减应纳税所得额。

（3）该企业对广告费用的纳税调整额。

广告费限额＝（2000＋10）×15％＝301.5（万元）

广告费超支＝400－301.5＝98.5（万元）

调增应纳税所得额98.5万元。

（4）招待费纳税调整额。

招待费限额计算：

60％的招待费＝80×60％＝48（万元）

招待费列支限额＝（2000＋10）×5‰＝10.05（万元）

超支额＝80－10.05＝69.95（万元）

（5）新技术开发费用加计扣除额。

新技术开发费用加计扣除额＝70×50％＝35（万元）

（6）营业外支出的纳税调整额。

捐赠限额＝193.7×12％＝23.244（万元）

该企业20万元公益性捐赠在限额以内可以扣除；直接对私立小学的捐赠不得扣除；行政罚款不得扣除。

对营业外支出的纳税调整12万元。

（7）该企业应纳税所得额＝193.7－2＋98.5＋69.95－35＋12＝337.15（万元）

（8）该企业应缴纳所得税＝337.15×25％＝84.29（万元）

21. （1）本年生产成本＝140＋24＋12＋22＋2.52＋6＝206.52（万元）

（2）本年产品成本＝12＋206.52－10＝208.52（万元）

(3) 本年销售成本＝5＋208.52－4＝209.52（万元）

(4) 销售利润＝280－209.52－1－3－9－3＝54.48（万元）

(5) 利润总额＝54.48＋2.4－0.5＝56.38（万元）

(6) 应缴纳的所得税＝56.38×25％＝14.095（万元）

22. (1) 实际发放工资＝87＋21.6＋23＝131.6（万元）

准许列支的职工福利费＝131.6×14％＝18.424（万元），实际列支18.52万元，超支，则：

调增应纳税所得额＝18.52－18.424＝0.096（万元）

准许列支的工会经费＝131.6×2％＝2.632（万元），实际列支2.632万元，未超支。

准许列支的教育经费＝131.6×2.5％＝3.29（万元），实际列支1.974万元，未超支。

(2) 准许扣除的折旧＝200×6％＋300×8％＋100×4％＝40（万元）

实际提取折旧＝16＋30＋8＝54（万元）

调增应纳税所得额＝54－40＝14（万元）

(3) 可以扣除的业务招待费＝6×60％＝3.6（万元）

业务招待费最高限额＝900×5‰＝4.5（万元）

调增应纳税所得额＝6－3.6＝2.4（万元）

(4) 准许扣除的利息＝100×10％×6÷12＝5（万元）

实际发生的利息支出＝7万元

调增应纳税所得额＝7－5＝2（万元）

(5) 罚款调增应纳税所得额＝1万元

(6) 非广告赞助调增＝1万元

(7) 准许扣除的公益性捐赠＝300×12％＝36（万元）

实际捐赠5万元，所以捐赠项目不调整。

(8) 准许扣除的广告费＝900×15％＝135（万元）

实际列支广告费50万元，所以广告费不调整，则：

应纳税所得额＝300＋0.096＋14＋2.4＋2＋1＋1＝320.496（万元）

应缴纳企业所得税＝320.496×25％＝80.124（万元）

第十七章　个人所得税

复习与思考题

（略）

技能训练题

一、单项选择题

1. C　2. B　3. C

4. C【解析】根据规定，稿酬所得是指个人因其作品以图书、报刊形式出版、发表而取得的所得。因此本题中，作家将其书画作品通过出版取得的报酬，应属于"稿酬所得"。

5. B【解析】20000×(1－20％)×20％×(1－30％)＋(4000－800)×20％＝2240＋640＝2880（元）

6. A

7. C【解析】劳务报酬所得、特许权使用费所得、财产转让所得以取得一次确定应纳税所得额。

8. B【解析】同一作品在报刊上连载取得的收入，以连载完成后取得的所有收入合并为一次，计征个人所得税。该作家应纳个人所得税＝（3000＋4000＋5000）×（1－20％）×20％×（1－30％）＝1344（元）。

9. C【解析】根据个人所得税法律制度规定，个人将其所得通过中国境内社会团体、国家机关向教育、公益事业和遭受严重自然灾害地区、贫困地区的捐赠，捐赠额不超过应纳税所得额30％的部分，可以从其应纳税所得额中扣除。

10. B

11. A【解析】根据规定，退休工资、保险赔偿和国债利息收入，属于个人所得税的免税项目。

12. A【解析】财产转让所得，是指个人转让有价证券、股票、建筑物、土地使用权、机器设备及其他财产取得的所得。个人转让房屋，计算个人所得税适用的税目为财产转让所得。

二、多项选择题

1. ABD　2. AB

3. AB【解析】本题考核个人所得税的计税方法。根据规定，劳务报酬所得、稿酬所得、特许权使用费所得和财产租赁所得按照定额与比例相结合的方法扣除费用。

4. ACD【解析】本题考核个人所得税的减免规定。根据规定，个人银行储蓄存款利息应按照"利息、股息、红利所得"纳税。

5. ACD【解析】依据规定，按照国家统一规定发给的补贴、津贴；保险赔偿；按照国家统一规定发给干部、职工的安家费、退职费、退休工资、离休工资、离休生活补助费等免征个人所得税，但是出租房屋的所得属于财产租赁所得，需要缴纳个人所得税。

6. BD　7. BC　8. ABC

9. AD【解析】我国现行税法规定，集体所有制企业在改制为股份合作制企业时，对职工个人以股份形式取得的拥有所有权的企业量化资产，暂缓征收个人所得税。

10. ABD【解析】根据《个人所得税法》的规定，只要达到征税标准的个人所得，一般都由支付者代扣代缴个人所得税。如个人分别取得几处未达到计税标准的所得和没有扣缴义务人的，就必须自行申报纳税。

11. AC【解析】选项A适用于五级超额累进税率；选项C适用九级超额累进税率；选项B、D均适用于比例税率。

三、判断题

1. ×【解析】财产租赁是按比例征收的。

2. √　3. ×　4. √　5. ×　6. ×　7. ×　8. ×　9. √　10. √　11. ×　12. √

13. √　14. √

15. ×【解析】纳税年度内个人投资者从其投资企业（个人独资企业、合伙企业除外）借款，在该纳税年度终了后既不归还，又未用于企业生产经营的，其未归还的借款可视为企业对个人投资者的红利分配，依照"利息、股息、红利所得"项目计征个人所得税。

16. ×【解析】自 2004 年 1 月 20 日起，对商品营销活动中，企业和单位对营销业绩突出的雇员以培训班、研讨会、工作考察等名义组织旅游活动，通过免收差旅费、旅游费对个人实行的营销业绩奖励（包括实物、有价证券等），应根据所发生费用的全额并入营销人员当期的劳务收入，按照"工资、薪金"所得项目征收个人所得税，由提供上述费用的企业和单位代扣代缴。

17. √【解析】应缴纳个人所得税 $=10\times(1-20\%)\times20\%\times(1-30\%)=1.12$（万元），根据规定，个人取得的稿酬所得可以减征 30% 的个人所得税。

四、计算题

1. 李大夫的应纳税所得额 $=(3200+1600)-2000=2800$（元）

　李大夫的应纳税额 $=2800\times15\%-125=295$（元）

2. (1) 王某全年一次性奖金应缴纳个人所得税的计算

　①先将王某当月内取得的全年一次性奖金除以 12 个月，按其商数确定适用税率和速算扣除数，$12000\div12=1000$（元），适用 10% 的税率，速算扣除数为 25。

　②应缴纳个人所得税 $=12000\times10\%-25=1175$（元）

　(2) 王某当月工资应缴纳个人所得税的计算

　应缴纳个人所得税 $=(2500-2000)\times5\%=25$（元）

　(3) 王某 4 月份应缴纳个人所得税 $=1175+25=1200$（元）

3. (1) 工资收入应缴纳个人所得税 $=(2900-2000)\times10\%-25=65$（元）

　(2) 稿费收入应缴纳个人所得税 $=5000\times(1-20\%)\times20\%\times(1-30\%)=560$（元）

　(3) 讲学收入 500 元低于扣除额 800 元，不纳税。

　(4) 翻译收入应缴纳个人所得税 $=(3000-800)\times20\%=440$（元）

　(5) 李某当月应缴纳个人所得税 $=65+560+440=1065$（元）

4. (1) 参加文艺演出应纳税额 $=20000\times(1-20\%)\times20\%\times5=16000$（元）

　【解析】劳务报酬按次计征。

　(2) ①稿酬的扣除限额 $=250000\times(1-20\%)\times20\%\times(1-30\%)=28000$（元），超过抵减限额的 2000 元，可在以后年度抵减。

　②演出的扣除限额 $=10000\times(1-20\%)\times20\%=1600$（元），境外已缴纳 1500 元，应补缴个人所得税 100 元。

　(3) 足球彩票收入的应纳税额 $=(50000-50000\times30\%)\times20\%=7000$（元）

　(4) 国债利息收入免税。

（5）保险赔偿所得免税。

（6）储蓄存款利息应纳税额＝6000×20％＝1200（元）

（7）财产转让所得应纳税额＝（300000－150000－21000）×20％＝25800（元）

（8）投资个人独资企业应纳税额

＝（110000－51000－30000）×20％－1250＝4550（元）

（9）张某2007年应纳个人所得税额

＝16000＋100＋7000＋1200＋25800＋4550＝54650（元）

5.（1）稿酬所得应纳个人所得税额

＝(1300－800)×20％×(1－30％)＋(900－800)×20％×(1－30％)＝84（元）

（2）为同一企业作专题讲座，应以一个月为一次所得计算，按劳务报酬所得征税，按次计税：

3000×4×(1－20％)×20％＝1920（元）

（3）销售房产，按财产转让所得计税：

(250000－110000－5000)×20％＝27000（元）

王教授应缴纳的个人所得税总额＝84＋1920＋27000＝29004（元）

6.（1）应纳个人所得税额＝（2000－800）×20％＝240（元）

（2）应纳个人所得税额＝5000×（1－20％）×20％＝800（元）

（3）应纳个人所得税额＝40000×（1－20％）×30％－2000＝7600（元）

7.（1）工资、薪金所得应当是实际发放到职工手中的工资，所以在计算个人所得税时，不并入请假扣除的部分工资。

依据是：①《个人所得税法实施条例》（国务院令第519号）第八条规定，工资、薪金所得是指个人因任职或者受雇而取得的工资、薪金、奖金、年终奖金、劳动分红、津贴、补贴以及与任职或者受雇有关的其他所得。

②国家税务总局《关于企业工资、薪金及职工福利费扣除问题的通知》（国税函[2009]3号）第一条规定，合理工资、薪金是指企业按照股东大会、董事会、薪酬委员会或相关管理机构制定的工资、薪金制度规定实际发放给员工的工资、薪金。

（2）根据《个人所得税法实施条例》的规定，工资、薪金所得，是指个人因任职或者受雇取得的工资、薪金、奖金、年终奖金、劳动分红、津贴、补贴，以及与任职或者受雇有关的其他所得。故个人取得高温补助要并入工资、薪金所得计算缴纳个人所得税。

（3）按照财政部、国家税务总局《关于企业以免费旅游方式提供对营销人员个人奖励有关个人所得税政策的通知》（财税[2004]11号）规定，企业和单位对营销业绩突出人员以培训班、研讨会、工作考察等名义组织旅游活动，通过免收差旅费、旅游费对个人实行的营销业绩奖励（包括实物、有价证券等），应根据所发生费用全额计入营销人员应税所得，依法征收个人所得税，并由提供上述费用的企业和单位代扣代缴。

8.（1）当月工资薪金收入应缴纳的个人所得税

＝（8000－2000）×20％－375＝825（元）

（2）该笔奖金适用的税率和速算扣除数为：

每月奖金平均额＝20000÷12＝1666.67（元）

根据工资、薪金九级超额累进税率的规定，适用的税率为10％，速算扣除数为25。

一次性奖金应纳个人所得税额＝20000×10％－25＝1975（元）

（3）股息红利收入应缴纳的个人所得税＝10000×20％＝2000（元）

（4）稿费收入应缴纳的个人所得税＝（2000－800）×20％×（1－30％）＝168（元）

（5）讲座收入应缴纳的个人所得税＝5000×（1－20％）×20％＝800（元）

五、实训题

扣缴个人所得税申报表

扣缴义务人编码：□□□□□□□□□□□□□□□□□□□□□

扣缴义务人名称（公章）：四湖商贸有限责任公司　　　　　　填表日期：2009 年 7 月 5 日

金额单位：元（列至角分）

序号	纳税人姓名	身份证照类型	身份证照号码	国籍	所得项目	所得期间	收入额	免税收入额	允许扣除的税费	费用扣除标准	准予扣除的捐赠额	应纳税所得额	税率（％）	速算扣除数	应扣税额	已扣税额	备注
1	2	3	4	5	6	7	8	9	10	11	12	13	14	15	16	17	18
	合计									—	—			—			
1	陈灿						5500		600	2000		3900	15	125	160		
2	刘效良						4500		550	2000		3950	15	125	167.5		
3	赵贺辉						4300		500	2000		3800	15	125	155		
4	顾昕						4100		500	2000		3600	10	25	135		
5	汪唯						3600		400	2000		3200	10	25	95		
6	李杰						3500		400	2000		3100	10	25	85		
	合计						25500					22550			797.5		

扣缴义务人声明	我声明：此扣缴申报表是根据国家税收法律、法规的规定填报的，我确信它是真实的、可靠的、完整的。 　　　　　　　　　　　　　　　　　　　声明人签字：
会计主管签字：　　　　　　负责人签字：　　　　　　扣缴单位（或法定代表人）（签章）：	
受理人（签章）：　　　　受理日期：　　年　月　日　　受理税务机关（章）：	

国家税务总局监制

第十八章　纳税检查与账务调整

复习与思考题

（略）

技能训练题

实训题

（1）根据税法规定，纳税人领用本企业产品用于新建工程为视同销售，应增加纳税年度收入 60 万元，成本 50 万元。

（2）根据税法规定，环保罚款 4 万元不得税前扣除，直接向贫困学生发放的捐款 6 万元不得税前扣除，应调增应纳税所得额。

（3）根据税法规定，公司业务招待费税法规定内可税前扣除，超过税法规定标准部分不得税前扣除。

实际列支业务招待费＝8 万元

业务招待费的 $5‰＝(1000+60)×5‰＝5.3$（万元）

发生额的 $60\%＝8×60\%＝4.8$（万元）

允许列支的业务招待费＝4.8 万元

超标列支＝$8-4.8＝3.2$（万元）

应调增应纳税所得额 3.2 万元。

（4）根据税法规定，公司广告费支出不超过规定的可据实扣除。

实际列支广告费＝80 万元

允许列支广告费＝$(1000+60)×15\%＝159$（万元）

由于实际发生额未超过全年收入的 15%，因此，不用做调整。

调整后应纳税所得额＝$300+(60-50)+4+6+3.2＝323.2$（万元）

全年应缴纳所得税＝$323.2×25\%＝80.8$（万元）

应补缴所得税＝$80.8-50＝30.8$（万元）

实际缴纳时，会计分录为：

借：以前年度损益调整　　　　　　　　　　　　　　　　　308000

　　贷：应交税费——应交所得税　　　　　　　　　　　　　308000

借：应交税费——应交所得税　　　　　　　　　　　　　　308000

　　贷：银行存款　　　　　　　　　　　　　　　　　　　　308000

第十九章 税收征收管理

复习与思考题

（略）

技能训练题

一、单项选择题

1. B
2. B【解析】查定征收主要对生产不固定、账册不健全的单位采用。
3. C 4. A 5. D 6. C 7. C 8. C 9. B 10. D 11. D 12. B 13. B
14. B【解析】（1）加收滞纳金的起止时间为税款缴纳期限届满次日起至纳税人实际缴纳税款之日止（12月6日至12月15日）；（2）滞纳金＝20×0.05‰×10＝1000（元）。
15. D 16. C 17. A 18. B
19. D【解析】纳税人采取转移或者隐匿财产的手段，使税务机关无法追缴纳税人所欠缴的税款的行为属于逃避追缴欠税款行为。
20. C 21. D 22. B 23. C 24. D 25. D 26. B
27. C【解析】税务机关对单价5000元以下的生活用品，不采取税收保全和强制执行措施。
28. B【解析】纳税人不办理税务登记的，由税务机关责令限期改正；逾期不改正的，经税务机关申请，由工商行政管理机关吊销其营业执照。

二、多项选择题

1. BC【解析】选项AD属于税收保全措施。
2. AB【解析】（1）选项C缺少过渡条件：税务机关有根据认为纳税人有逃避纳税义务行为时，可以责令纳税人在规定的纳税期之前限期缴纳应纳税款。只有在限期内，纳税人有明显的转移、隐匿其应纳税的商品、货物以及其他财产或者应纳税收入迹象的，税务机关有权责令纳税人提供纳税担保。（2）选项D：税务机关有权核定其应纳税额。
3. ABC【解析】选项D属于工商部门的权限。
4. ABCD 5. ABC 6. ABCD 7. ABCD 8. ABCD
9. ABC【解析】选项D属于逃避税务机关追缴欠税行为。
10. ACD【解析】税务机关的职权包括税务管理、税款征收、税务检查、税务处罚。
11. BCD 12. ACD
13. ABC【解析】纳税担保的具体方式包括纳税保证、纳税质押、纳税抵押。
14. ACD 15. AC 16. ABCD 17. ABCD 18. ABC 19. AC 20. AD 21. ABD
22. ABC

23. BD【解析】根据规定，依法被查封、扣押和监管的财产，不能作为纳税抵押。

24. ABCD　25. ABCD　26. ABC　27. ABCD　28. AC

29. ABCD【解析】税款的征收方式包括查账征收、查定征收、查验征收、定期定额征收、代扣代缴、代收代缴、委托代征、邮寄申报纳税等。

30. CD　31. ABCD

32. BD【解析】临时取得应税收入或者发生应税行为以及缴纳个人所得税、车船税的单位和个人，无需向税务机关办理税务登记。

33. BD【解析】纳税人在办理注销税务登记前，应当向税务机关结清应纳税款、滞纳金、罚款，缴销发票和其他税务证件。不涉及提供清缴欠税的纳税担保和缴纳保证金。

34. ABCD

三、判断题

1. ×　2. ×　3. ×　4. √　5. √　6. √　7. √　8. ×　9. ×　10. √　11. √

12. √

13. ×【解析】税务机关依法行使代位权、撤销权的，不能免除欠缴税款的纳税人尚未履行的纳税义务和应承担的税收法律责任。

14. ×【解析】纳税人享受减税、免税待遇的，在减税、免税期间应当按照规定办理纳税申报。

15. √

16. √【解析】纳税人欠缴的税款发生在纳税人以其财产设定抵押、质押或者纳税人的财产被留置之前的，税收应当优先于抵押权、质权、留置权执行。

17. √　18. √　19. √　20. ×　21. ×　22. √　23. √

24. ×【解析】纳税人欠缴的税款发生在纳税人以其财产设定抵押质之前的，税收应当先于抵押权。

25. √

26. ×【解析】临时取得应税收入或发生应税行为的纳税人不用办理税务登记。

27. √【解析】税务所虽然不是税务行政处罚的主体，但其可以对个体工商户及未取得营业执照的单位进行处罚。

28. ×【解析】纳税人可以向主管税务机关申请减免税，也可以直接向有权审批的税务机关审批。

29. √　30. √

31. ×【解析】税务机关行使代位权、撤销权的，不免除欠缴税款的纳税人尚未履行的纳税义务和应承担的法律责任。

四、案例分析题

1. (1) D　(2) B　(3) A　(4) C　(5) D

2. (1) 该企业的行为属于偷税行为。该企业的行为不构成犯罪。

   (2) 该企业应承担的法律责任是：由税务机关追缴其不缴或者少缴的税款（或：应补缴不缴或少缴的税款、滞纳金），并处不缴或者少缴的税款50%以上5倍以下的罚款（或：处以 4500 元以上 45000 元以下的罚款）。

3. (1) 增值税的纳税义务发生时间为 6 月 5 日。根据规定，纳税人以托收承付方式销售货物，增值税纳税义务发生时间为发出货物并办妥托收手续的当天。

(2) 税务机关可以行使撤销权。根据规定，纳税人放弃到期债权，对国家税收造成损害的，税务机关可以依照《合同法》的规定行使撤销权。

(3) 甲公司尚未履行的纳税义务不能免除。根据规定，税务机关依照规定行使代位权、撤销权后，不免除欠缴税款的纳税人尚未履行的纳税义务和应承担的法律责任。

4. (1) 税收优先于 A 银行。根据规定，税收优先于无担保债权。

(2) 税收优先于 B 银行。根据规定，纳税人欠缴的税款发生在纳税人以其财产设定抵押之前的，税收优先于抵押权执行。

(3) 税收优先于工商行政管理部门的罚款。根据规定，纳税人欠缴税款，同时又被行政机关处以罚款的，税收优先于罚款。

(4) 对于甲企业放弃其对 C 企业 100 万元债权的行为，税务机关可以行使撤销权，但甲企业的纳税义务和法律责任不能免除。欠缴税款的纳税人放弃到期债权，对国家税收造成损害的，税务机关可以行使撤销权。但税务机关行使撤销权后，并不免除欠缴税款的纳税人尚未履行的纳税义务和应承担的法律责任。

5. (1) 乙税务机关的主张符合规定。根据规定，"工商部门罚款"不得在税前扣除。

(2) 丙税务机关的做法符合规定。根据规定，纳税人同税务机关在纳税上发生争议而未缴清税款，需要申请行政复议的，需要纳税人提供纳税担保。

(3) 甲企业不能直接提起税务行政诉讼。根据规定，纳税人同税务机关在纳税上发生争议时，必须先按照税务机关的决定缴纳税款或者提供相应的担保，然后可以依法申请行政复议，对行政复议决定不服的才可以依法向人民法院提起诉讼。

6. (1) 该公司的行为属于偷税。

(2) 税务机关对该公司的处罚不准确。

(3) 偷税数额占应纳税额的比重：$187600 \div (187600 + 430000) \times 100\% = 30.38\%$

(4) 税务机关除追缴税款 187600 元以外，因为偷税数额超过应纳税额的 30%，并且偷税数额在 10 万元以上，根据刑法应处纳税人 3～7 年有期徒刑，并处偷税数额 1～5 倍的罚金。

7. 该娱乐中心的行为属于偷税行为。因为娱乐中心采取虚假的纳税申报手段，少缴税款 20 万元，且占应纳税额的 40%。根据《税收征收管理法》和《刑法》有关规定，该娱乐中心犯偷税罪，可对该娱乐中心处 1 倍以上 5 倍以下罚金，对直接责任人员可处 3 年以上 7 年以下有期徒刑。

8. (1) 甲公司发票填写项目不齐全，属于违反发票管理规定的行为。

根据规定，有违反发票管理规定的行为之一的单位和个人，由税务机关责令限期改正，没收非法所得，可以并处 1 万元以下的罚款。税务机关对甲公司停止供应发票的处理不符合规定。

(2) 这里必须分析是乙公司欠税在前，还是该房产设定抵押在前。如果乙公司欠缴的税款发生在丙公司以其房产设定抵押前，则税收应当先于抵押权执行，税务机关有权查封乙公司的房产并以其拍卖所得抵缴税款；如果乙公司欠缴的税款发生在财产抵押后，则应保障债权人（丙公司）的合法权益，税务机关查封该房产的决定应予以撤销。

（3）A企业欠付的货款早已到期，而丁公司从未向A企业追讨过欠款，税务机关可以向法院提出请求，以税务机关的名义代替丁公司行使该债权，向A企业追要这笔货款，以抵偿税款，维护国家税收权益。

第二十章　税收筹划

复习与思考题

（略）

技能训练题

计算题

1. 纳税筹划：如果展览公司采取减少流转环节，分解营业额的方法，展览公司举办展览时，让客户分别缴费，其中场租费直接付给出租场地的展览馆，由展览馆向参展商开出发票（实际操作中，为方便参展商，可以与展览馆联合办公，直接由展览馆收费开票，也可由展览公司代理收款，发票由展览馆出具）；而展览公司只收取参展费，并向客户开出发票。营业额分解后，展览馆为取得的场租费缴纳营业税数额不变，而展览公司应缴纳营业税为：

$120 \times 3\% = 3.6$（万元）

结果分析：在不影响其他业务单位收支的前提下，展览公司减少纳税3.4万元（7－3.6），利润也相应增加了3.4万元。

2. 纳税筹划前：马先生按一次申报纳税，其应纳税额为：

$72000 \times (1 - 20\%) \times 40\% - 7000 = 16040$（元）

纳税筹划：该单位每月平均支付报酬6000元，并按月申报纳税。

纳税筹划后：每月应纳税额＝$6000 \times (1 - 20\%) \times 20\% = 960$（元）

全年应纳税额＝$960 \times 12 = 11520$（元）

纳税筹划效果：按月支付收入纳税可少缴4520元（16040－11520），节税比例为28%。效果较好。

附2 税收实务训练自测模拟卷答案

税收实务训练自测模拟卷（一）答案

一、单项选择题

1. C 2. B 3. B 4. C 5. C 6. B

7. B 【解析】应缴纳房产税＝500000×（1－25%）×1.2%＝4500（元）。

8. B 9. D 10. B 11. A 12. D 13. B 14. A 15. C

二、多项选择题

1. ABC 2. ABC 3. ABCD 4. ABC 5. ABD 6. ACD 7. ACD 8. BC 9. AC
10. ABCD

三、判断题

1. × 2. × 3. √ 4. × 5. √ 6. × 7. × 8. √ 9. × 10. ×

四、计算题

1. （1）因为该企业为有出口经营权的生产企业，所以出口退税适用"免、抵、退"办法。

（2）外销货物出口环节应纳增值税为零。因为出口免税。

（3）当期不予抵扣或退税的金额＝1000×8.3×（17%－15%）＝166（万元）

（4）当期应纳税额＝3000×17%－（5000×17%－166）－5＝－179（万元）

（5）出口货物占全部销售货物的比重＝1000×8.3÷（1000×8.3＋3000）≈73.5%

∴当期应予退税。

∵ 1000×8.3×15%＝1245（万元）＞179万元

∴实际退税额＝179万元

2. 旅游业务以全部的收费减去替旅游者付给其他单位的餐费、住宿费、交通费、门票费和其他代付费用后的余额为营业额。应缴纳的营业税＝（2000－500－500－400－80）×5%×50＝1300（元）

3. （1）会计利润＝3000＋50－2800－35＝215（万元）

（2）公益性捐赠扣除限额＝215×12%＝25.8（万元）＞10万元，公益性捐赠的部分可以据实扣除。

（3）直接捐赠不得扣除，调增应纳税所得额5万元。

（4）非广告性赞助支出20万元需要调增应纳税所得额。

（5）应纳税所得额＝215＋5＋20＝240（万元）

（6）应纳所得税＝240×25％＝60（万元）

五、案例分析题

（1）税收优先于A银行。根据规定，税收优先于无担保债权。

（2）税收优先于B银行。根据规定，纳税人欠缴的税款发生在纳税人以其财产设定抵押之前的，税收优先于抵押权执行。

（3）税收优先于工商行政管理部门的罚款。根据规定，纳税人欠缴税款，同时又被行政机关处以罚款的，税收优先于罚款。

（4）对于甲企业放弃其对C企业100万元债权的行为，税务机关可以行使撤销权，但甲企业的纳税义务和法律责任不能免除。欠缴税款的纳税人放弃到期债权，对国家税收造成损害的，税务机关可以行使撤销权。但税务机关行使撤销权后，并不免除欠缴税款的纳税人尚未履行的纳税义务和应承担的法律责任。

税收实务训练自测模拟卷（二）答案

一、单项选择题

1. A 2. C 3. A 4. B 5. A 6. B 7. C 8. D 9. C 10. C 11. D 12. D 13. D 14. B 15. C

二、多项选择题

1. AB 2. CD 3. BD 4. ABCD 5. BC 6. ACD 7. ABCD 8. ABCD 9. AB 10. BC

三、判断题

1. √ 2. × 3. × 4. × 5. × 6. × 7. × 8. √ 9. × 10. √

四、计算题

1.（1）增值税组成计税价格＝（50＋50×5％）＝52.5（万元）

进口环节应缴纳的增值税＝52.5×17％＝8.93（万元）

（2）当月允许抵扣的增值税进项税额＝8.93＋3×7％＝9.14（万元）

（3）销项税额＝100×17％＝17（万元）

应缴纳的增值税＝17－9.14＝7.86（万元）

2. 应缴纳的营业税＝［（20－12）＋（50－30）］×5％＝1.4（万元）

3. 应缴纳的房产税＝1200×（1－20％）×1.2％×4/12＋1000×（1－20％）×1.2％×8/12＋10×12％×4＝15.04（万元）

4.（1）2008年利润总额＝2000－1000＝1000（万元）

（2）2008年收入总额＝2000（万元）

其中：免税收入＝100万元

（3）2008年各项扣除调整数

①业务招待费超支额＝100－9＝91（万元）

业务招待费限额＝1800×5‰＝9（万元）＜100×60％＝60（万元）

②工资三项经费调整额＝（50＋10）－[200×（14％＋2％）]＝28（万元）

③提取准备金支出调整＝100万元

④税收滞纳金调整＝10万元

（4）2008年应纳税所得额＝2000－100－1000＋（91＋28＋100＋10）＝1129（万元）

（5）2008年应纳所得税额＝1129×25％－500×10％＝282.25－50＝232.25（万元）

税收实务训练自测模拟卷（三）答案

一、单项选择题

1. B 2. A 3. C 4. B 5. B 6. A 7. B 8. A 9. C 10. B 11. C 12. B
13. D 14. A 15. D

二、多项选择题

1. ABCD 2. CD 3. ABD 4. ABC 5. ABCD 6. AD 7. ABD 8. ABD
9. ABC 10. AC

三、判断题

1. ×【解析】超过起征点的，应当就全部数额征税。

2. × 3. × 4. × 5. √ 6. × 7. × 8. × 9. √ 10. √

四、计算题

1. ①应缴纳进口关税＝（90＋20）×15％＝16.5（万元）

②进口环节应缴纳的增值税＝（110＋16.5）×17％＝21.505（万元）

③国内销售环节应缴纳的增值税＝150×17％－21.505＝3.995（万元）

2. （1）从国外进口A类化妆品的组成计税价格＝（820000＋230000）÷（1－30％）＝1500000（元）

进口A类化妆品，应缴纳消费税＝1500000×30％＝450000（元）

（2）委托加工的B类化妆品的组成计税价格＝（68000＋2000）÷（1－30％）＝100000（元）

委托加工B类化妆品应缴纳消费税＝100000×30％＝30000（元）

（3）销售C类护肤品应缴纳消费税＝580000×8％＝46400（元）

（4）"三八"妇女节发放的C类护肤品应缴纳消费税＝8000×8％＝640（元）

该企业3月份应缴纳消费税＝450000＋30000＋46400＋640＝527040（元）

3. （1）应该缴纳的相关税费合计＝5000×5％×（1＋7％＋3％）＋5000×0.5‰＝277.5（万元）

（2）扣除项目金额＝1200＋1800＋277.5－5000×0.5‰＋（1200＋1800）×（10％＋20％）＝4175（万元）

（3）增值额＝5000－4175＝825（万元）

（4）825÷4175＝19.8％＜20％，所以该公司可以免缴土地增值税。

4.（1）该公司应纳税所得额的计算不正确。

（2）错误如下：

①年折旧＝200÷5＝40（万元），超标准列支额 160 万元（200－40），应调增应纳税所得额 160 万元。

②未经核定的准备金支出 25 万元，赞助支出 10 万元，均属于不得扣除项目，应调增应纳税所得额 35 万元。

③调整后的应纳税所得额为：

应纳税所得额＝160＋35＝195（万元）

或：应纳税所得额＝1000－50－5－400－400－110＋160＝195（万元）

（3）该企业应纳所得税额＝195×25％＝48.75（万元）

（4）该公司的行为属于偷税。

（5）税务机关有权行使代位权。根据规定，欠缴税款的纳税人因怠于行使到期债权，对国家税收造成损害的，税务机关可以行使代位权。

税收实务训练自测模拟卷（四）答案

一、单项选择题

1. B　2. A　3. A　4. C　5. B　6. D　7. B　8. C　9. B　10. B　11. D　12. C
13. D　14. A　15. C

二、多项选择题

1. ABC　2. ABCD　3. ABD　4. ABC　5. AC　6. ABCD　7. ABC　8. ACD
9. ABC　10. ABC

三、判断题

1. ×　2. √　3. ×　4. √　5. ×　6. ×　7. ×　8. ×　9. √　10. ×

四、计算题

1.（1）进项税额＝100000×17％＋3500×7％＝17245（元）

（2）销项税额＝30000×17％＝5100（元）

（3）销项税额＝23400÷（1＋17％）×17％＋11700÷（1＋17％）×17％＋60000×17％＝15300（元）

（4）进项税额转出＝8000×17％＝1360（元）

（5）销项税额＝50000×17％＝8500（元）

应缴纳的增值税＝5100＋15300＋1360＋8500－17245＝13015（元）

2.（1）甲建筑公司应缴纳营业税＝（16000－7000）×3％＝270（万元）

甲建筑公司应代扣代缴乙建筑公司建筑业营业税＝7000×3％＝210（万元）

（2）房地产开发公司售房缴纳营业税＝4000×5％＝200（万元）

（3）甲建筑公司售房缴纳营业税＝2200×5％＝110（万元）

3. 应缴纳教育费附加＝（10＋30＋6）×3％＝1.38（万元）

应缴纳城建税＝（10＋30＋6）×5％＝2.3（万元）

4.（1）扣除项目金额＝850＋160＋70＋1520＋240＋134＋76＋245＝3295（万元）

（2）转让房地产的增值额＝4900－3295＝1605（万元）

（3）增值额与扣除项目金额的比率＝（1605÷3295）×100％＝48.71％

（4）应纳税额＝1605×30％＝481.5（万元）

5.（1）收入总额＝5000＋20＋30＋20＝5070（万元）

（2）产品销售成本、消费税、城建税和教育费附加、销售费用、财务费用、管理费用均是可以直接扣除的，营业外支出中的环保罚款属于行政罚款，不能税前扣除；管理费用中的新产品研发费用可以加计扣除50％，加计扣除额＝90×50％＝45（万元）。增值税属于价外税金，不能在税前扣除。

税前扣除项目合计＝3000＋110＋14＋6＋250＋12＋802＋45＋70－15＝4294（万元）

（3）应缴纳企业所得税＝（5070－20－4294）×25％＝189（万元）

税收实务训练自测模拟卷（五）答案

一、单项选择题

1. D　2. C　3. B　4. C　5. C　6. A　7. B　8. B　9. B　10. A　11. B　12. A
13. C　14. C　15. C

二、多项选择题

1. ABC　2. ABC　3. ABC　4. ABD　5. BCD　6. ABD　7. ABCD　8. AC
9. ABCD　10. ABCD

三、判断题

1. ×　2. ×　3. √　4. ×　5. √　6. ×　7. ×　8. √　9. √　10. √

四、计算题

1. 应纳关税税额＝80000×200×100％＝1600（万元）

2.（1）门票收入应缴纳的营业税＝650×3％＝19.5（万元）（文化体育业）

（2）索道客运收入应缴纳的营业税＝380×5％＝19（万元）（服务业）

（3）表演收入应缴纳的营业税＝120×3％＝3.6（万元）（文化体育业）

（4）合作经营酒店应缴纳的营业税＝20×5％＝1（万元）（服务业）

（5）商店应缴纳的营业税＝10×5％＝0.5（万元）

（6）商店应缴纳的增值税＝30÷（1＋4％）×4％＝1.15（万元）

（7）售价低于原值，免征增值税。

3.（1）销售A产品销项税额＝8000×50×17％＝68000（元）

将B产品分配给投资者的销项税额＝6000×（1＋10％）×20×17％＝22440（元）

改、扩建幼儿园领用A产品销项税额＝8000×5×17％＝6800（元）

当月销项税额＝68000＋22440＋6800＝97240（元）

（2）当月进项税转出

单位内部基建领用甲材料＝1000×50×17％＝8500（元）

改、扩建幼儿园领用甲材料＝200×50×17％＝1700（元）

当月丢失库存乙材料＝800×20×17％＝2720（元）

进项税转出合计＝12920元

当月可抵扣进项税额＝70000－12920＝57080（元）

（3）当月应缴纳增值税＝97240－57080＝40160（元）

4. ①允许扣除项目的金额＝200＋700＋120＋140＋（200＋700）×5％＋（200＋700）×20％＝1385（万元）

②增值额＝2400－1385＝1015（万元）

③增值率＝1015÷1385×100％＝73.29％

④应纳税额＝1015×40％－1385×5％＝336.75（万元）

5. （1）利润总额＝（1500＋500）－（300＋750＋320＋108＋300）＝222（万元）

（2）国债利息收入免征所得税，应调减应纳税所得额100万元。

【解析】国债转让收益100万元、股票转让净收益100万元应缴纳所得税，无须进行税务调整。

（3）违法经营的罚款不得在税前扣除，应调增应纳税所得额10万元。

（4）应纳税所得额＝222－100＋10＝132（万元）

（5）2008年应纳企业所得税和地方所得税＝132×25％＝33（万元）